Die Aufklärung des Organspendeempfängers
über Herkunft und Qualität des zu transplantierenden Organs

Recht und Medizin

Herausgegeben von den Professoren
Dr. Erwin Deutsch, Dr. Bernd-Rüdiger Kern, Dr. Adolf Laufs,
Dr. Hans Lilie, Dr. Hans-Ludwig Schreiber, Dr. Andreas Spickhoff

Bd./Vol. 117

Zur Qualitätssicherung und Peer Review der vorliegenden Publikation

Die Qualität der in dieser Reihe erscheinenden Arbeiten wird vor der Publikation durch Herausgeber der Reihe geprüft.

Notes on the quality assurance and peer review of this publication

Prior to publication, the quality of the work published in this series is reviewed by editors of the series.

Sebastian Müller

Die Aufklärung des Organspendeempfängers über Herkunft und Qualität des zu transplantierenden Organs

Ärztliche Pflichten im Spannungsfeld zwischen Standardbehandlung und Neulandmedizin

Bibliografische Information der Deutschen Nationalbibliothek
Die Deutsche Nationalbibliothek verzeichnet diese Publikation
in der Deutschen Nationalbibliografie; detaillierte bibliografische
Daten sind im Internet über http://dnb.d-nb.de abrufbar.

Zugl.: Halle-Wittenberg, Univ., Diss., 2013

Gedruckt auf alterungsbeständigem,
säurefreiem Papier.

3
ISSN 0172-116X
ISBN 978-3-631-64817-9 (Print)
E-ISBN 978-3-653-03704-3 (E-Book)
DOI 10.3726/978-3-653-03704-3
© Peter Lang GmbH
Internationaler Verlag der Wissenschaften
Frankfurt am Main 2013
Alle Rechte vorbehalten.
PL Academic Research ist ein Imprint der Peter Lang GmbH.

Peter Lang – Frankfurt am Main · Bern · Bruxelles · New York ·
Oxford · Warszawa · Wien

Dieses Buch erscheint in einer Herausgeberreihe bei PL Academic Research
und wurde vor Erscheinen peer reviewed.
www.peterlang.com

Meiner Familie

Vorwort

Die vorliegende Arbeit wurde im Sommersemester 2013 durch die Juristische und Wirtschaftswissenschaftliche Fakultät der Martin-Luther-Universität Halle-Wittenberg als Dissertation angenommen. Das Manuskript wurde im Januar 2013 fertiggestellt. Gesetzgebung, Literatur und Rechtsprechung wurden nach dem Rigorosum bis einschließlich Juli 2013 berücksichtigt.

Alle die, die sich der Herausforderung einer Arbeit stellen, die über einen längeren Zeitraum viel Anstrengung, Ausdauer, Zeit erfordert, wissen, welche Bedeutung die Unterstützung hat, die man während dieser Zeit erfährt. Daher möchte ich hier die Gelegenheit nutzen, für die Unterstützung zu danken, die mir während der letzten Jahre zuteil geworden ist.

Mein besonderer Dank gilt meinem Doktorvater Herrn Prof. Dr. Hans Lilie, der das Thema der Arbeit angeregt hat und die Fertigstellung durch fachlichen Rat und seine besondere Expertise als Vorsitzender der Ständigen Kommission Organtransplantation begleitet und gefördert hat. Die langjährige Tätigkeit an seinem Lehrstuhl als wissenschaftliche Hilfskraft und später als wissenschaftlicher Mitarbeiter war über die wissenschaftliche Arbeit hinaus auch persönlich eine unglaubliche Bereicherung für mich. Herrn Prof. Dr. Günter Kirste danke ich für die Erstellung des Zweitgutachtens, die hilfreichen Anmerkungen zum Manuskript sowie die anregende Diskussion bei der Verteidigung.

Sicher wäre diese Arbeit auch nicht ohne die Unterstützung meiner Kollegen am Lehrstuhl und dem Interdisziplinären Zentrum Medizin-Ethik-Recht möglich gewesen, wofür ich sehr dankbar bin. Die geistreichen und anregenden Diskussionen haben mich immer wieder motiviert und viel zu meinem wissenschaftlichen Verständnis beigetragen. An die herzliche und freundschaftliche Atmosphäre werde ich sehr gern zurückdenken.

Eine Arbeit im Bereich der Transplantationsmedizin wäre wohl zudem kaum denkbar ohne das erforderliche Verständnis für die praktischen Abläufe einer Transplantation. Mein Dank gilt hier Herrn Prof. Dr. Fornara sowie den Ärzten und Mitarbeitern des Transplantationszentrums Halle, die mir wertvolle Einblicke in den Alltag der Transplantationsmedizin ermöglicht haben.

Meiner Familie gilt mein ganzer Dank für ihre liebevolle Begleitung während meiner Ausbildung. Besonderer Dank gilt hier neben meinen Schwestern Elisabeth und Johanna vor allem meinen Eltern Karla und Winfried Müller. Sie haben es verstanden, mir stets den notwendigen Freiraum zu geben und mich dennoch vorbehaltlos zu unterstützen. Durch ihre liebevolle Erziehung und den Rückhalt, den sie mit geben, haben sie die wesentlichen Grundlagen für meinen Werdegang gelegt.

Abschließend möchte ich mich vor allem bei Desirée bedanken. Sie hat das Entstehen und die Fertigstellung der Arbeit durch unzählige geduldige Diskussionen begleitet und stand mir immer ermutigend und verständnisvoll zur Seite. Überdies war sie eine unschätzbare Hilfe bei der Korrektur des Manuskriptes. Durch ihre liebevolle Unterstützung hat sie im wesentlichen Maße zum Gelingen der Arbeit beigetragen.

Halle (Saale), Juli 2013   Sebastian Müller

Inhaltsverzeichnis

Für die Erläuterung der verwendeten **Abkürzungen** wird, sofern diese nicht allgemein gebräuchlich oder verständlich sind, verwiesen auf:

Kirchner, Hildebert/ Pannier, Dietrich, Abkürzungsverzeichnis der Rechtssprache, 6. Auflage, Berlin 2008.

Kapitel 1

Einleitung

A. Einführung

Im August 2012 verstarb eine 27-jährige Britin, 16 Monate nach einer bei ihr durchgeführten Lungentransplantation an Lungenkrebs. Kurz darauf erklärte der Vater in den Medien, dass seine Tochter der Organübertragung nicht zugestimmt hätte, wenn sie gewusst hätte, dass die Spenderlunge, die sie erhalten hatte, von einem Raucher stammt. Daraufhin entschuldigte sich die Klinikgesellschaft öffentlich, die Patientin nicht aufgeklärt zu haben und teilte mit, dass sie die Chance hätte bekommen müssen, selbst zu entscheiden. Zwar hatten die behandelnden Ärzte nichts von dem Tumor in der Lunge gewusst. Ihnen war jedoch bekannt gewesen, dass es sich um die Lunge eines Rauchers handelte.[1]

Die Aufklärung des Organempfängers ist, anders als die Aufklärung des Lebendorganspenders nicht gesetzlich geregelt.[2] Wer sich im Schrifttum auf die Suche nach Ausführungen zur ärztlichen Aufklärungspflicht gegenüber dem Empfänger einer Organspende und damit auch der Frage nach einer Aufklärungspflicht des Arztes über die Herkunft und die Qualität des Transplantates begibt, stellt schnell fest, dass diese Aspekte des Transplantationsrechtes, wenn überhaupt, nur sehr knapp abgehandelt werden. Häufig wird darauf verwiesen, dass es sich um einen Heileingriff handle und insoweit kaum nennenswerte Abweichungen zu üblichen ärztlichen Informationspflichten bestünden.[3] So erklärt *Voll* etwa, dass „die Einwilligung des Organempfängers [...] in aller Regel keine Schwierigkeiten [bereite], weil die Organeinpflanzung für den Betroffenen eine Heilbehandlung" sei.[4] Der Organempfänger sei daher im Wesentlichen über Behandlungsalternativen, spezifische Operationsrisiken sowie die weitere Lebensdauer und -qualität aufzuklären. Dagegen kommt nach *v. Bubnoff* dem Selbstbestimmungsrecht des Organempfängers angesichts der bestehenden Risiken eine erhöhte Bedeutung zu, weshalb eine „weitgehende ärztliche Aufklärung" des Organempfängers erforderlich sei.[5] Allerdings wird auch hier nicht die Frage erörtert, ob der Arzt verpflichtet ist, über die Qualität und die Herkunft des Transplantates aufzuklären.

---

1   http://www.aerztezeitung.de/politik_gesellschaft/gesundheitspolitik_international/article/829004/
     transplantation-britin-stirbt-krebs-durch-spenderlunge.html.

2   Anders als etwa in Italien, Polen, Portugal, Russland, der Slowakischen Republik und Ungarn, in denen die Aufklärung des Organspendeempfängers gesetzlich vorgeschrieben ist. Vgl. die Nachweise bei: *Gutmann/Schroth*, Organlebendspende in Europa, S. 48.

3   *Gutmann*, in: Schroth/König/Gutmann/Oduncu (Hrsg.), TPG, § 8 Rn. 48; *Hirsch/Schmidt-Didczuhn*, Transplantation und Sektion, S. 23; *Augsberg*, in: Höfling (Hrsg.), TPG, § 8 Rn. 81; *Rüping*, GA 1978, 129, 134; *Schreiber*, Die gesetzliche Regelung der Lebendspende von Organen in der Bundesrepublik Deutschland, S. 89; *Voll*, Die Einwilligung im Arztrecht, S. 273.

4   *Voll*, Die Einwilligung im Arztrecht, S. 273.

5   *v. Bubnoff*, GA 1968, 65, 78.

Dabei darf nicht außer Acht gelassen werden, dass die Arbeit von *v. Bubnoff* aus der Anfangszeit der Transplantationsmedizin in den 50er und 60er Jahren[6] stammt, in der etwa die Transplantation eines Herzens nicht als Heilbehandlung (im juristischen Sinn) angesehen werden konnte.[7] Die Transplantationsmedizin hat sich seit dieser Zeit erheblich weiterentwickelt und ist inzwischen therapeutischer Standard für viele schwere Erkrankungen.[8] Für viele Patienten ist die Organtransplantation daher die einzige Überlebenschance und die Aussicht auf eine bessere Lebensqualität.[9]

Die Etablierung der Transplantationsmedizin als Standardtherapie und die Kodifizierung des Transplantationsrechtes im TPG haben dazu geführt, dass der Bedarf an vermittlungspflichtigen Organen nahezu stetig angestiegen ist.[10] Dem steht jedoch ein relativer Mangel an verfügbaren Spenderorganen gegenüber. Infolgedessen hat sich die Wartezeit der Patienten auf ein Organ verlängert, was gleichzeitig zu einem Anstieg der „Mortalität auf der Warteliste" geführt hat. In Anbetracht dieser Entwicklung werden seit einiger Zeit Organe von Spendern akzeptiert, die zuvor abgelehnt worden wären. Dafür enthalten die Richtlinien der Bundesärztekammer für die Wartelistenführung und die Organvermittlung gem. § 16 Abs. 1 S. 1 Nrn. 2 u. 5 TPG, als allgemeine Grundsätze für die Vermittlung postmortal gespendeter Organe, eine generelle Verpflichtung für die Vermittlungsstelle, auch für eingeschränkt vermittelbare Organe ein Vermittlungsverfahren durchzuführen.[11] Der Wandel der Spenderkriterien hin zur Akzeptanz sog. marginaler Organe bzw. Organe mit erweiterten Spenderkriterien hat indes nicht nur Vorteile für die potentiellen Organempfänger. So beträgt etwa die 3-Jahres-Funktionsrate nach postmortaler Nierentransplantation infolge eines Schädel-Hirn-Traumas bei Spendern unter 55 Jahren 85 %, während sie bei älteren Spendern infolge nichttraumatischer Ursachen nur bei 72 % liegt.[12]

---

6   Hierzu: *Hohmann*, Das Transplantationswesen in Deutschland, Österreich und der Schweiz, S. 25; *Schreiber*, Die gesetzliche Regelung der Lebendspende von Organen in der Bundesrepublik Deutschland, S. 15 ff.

7   *v. Bubnoff*, GA 1968, 65, 78 (Fn. 89).

8   Stellungnahme des Deutschen Ethikrates vom 24. April 2007 „Zahl der Organspenden erhöhen – Zu einem drängenden Problem der Transplantationsmedizin in Deutschland" S. 7; *Norba*, Rechtsfragen der Transplantationsmedizin aus deutscher und europäischer Sicht, S. 23.

9   Stellungnahme des Deutschen Ethikrates vom 24. April 2007 „Zahl der Organspenden erhöhen – Zu einem drängenden Problem der Transplantationsmedizin in Deutschland" S. 7; *Norba*, Rechtsfragen der Transplantationsmedizin aus deutscher und europäischer Sicht, S. 23.

10 Vgl. die Zahlen in: Organspende und Organtransplantation, Jahresbericht der DSO 2012. Im Internet abrufbar unter: http://www.dso.de/servicecenter/downloads/jahresberichte-und-grafiken.html. Sowie Annual Eurotransplant Report 2012, S. 50 f. Im Internet abrufbar unter: http://www.eurotransplant.org/cms/index.php?page=annual_reports.

11 Punkt II.3.1. der allgemeinen Grundsätze für die Vermittlung postmortal gespendeter Organe der Richtlinien für die Wartelistenführung und die Organvermittlung gem. § 16 Abs. 1 S. 1 Nrn. 2 und 5 TPG, DÄBl. 2011, A 2425, 2427.

12 *Palmes/Spiegel/Dietl*, in: Krukemeyer, Manfred/Lison, Arno (Hrsg.), Transplantationsmedizin, S. 81.

Diese Veränderungen in der Transplantationsmedizin haben nicht nur Auswirkungen auf die Transplantatfunktion sowie das Transplantat- und Empfängerüberleben, sondern werfen auch die Frage auf, inwieweit der Organempfänger in den Entscheidungsprozess über die Akzeptanz eines Transplantates einzubeziehen und über die Herkunft und die Qualität des zu transplantieren Organs aufzuklären ist. Der eingangs geschilderte Fall zeigt, dass sich Angaben zur Herkunft und zur Qualität des Organs häufig nicht klar unterscheiden lassen.

Ungeachtet der sicher zutreffenden Feststellung *Langs*, dass „der Patient [nach Aufnahme in die Warteliste] eine Behandlung erstreben und sich in der Regel höheren Risiken aussetzen wird",[13] ist die Einwilligung nur wirksam, wenn der Patient zuvor hinreichend aufgeklärt wurde.

Wer sich hingegen mit der ärztlichen Aufklärungspflicht befasst und diese gar in bestimmten Bereichen erweitert, sieht sich schnell von ärztlicher, wie auch juristischer Seite Kritik ausgesetzt. So wird konstatiert, dass „die geforderte Aufklärung [...] nicht akzeptabel [ist] und [...] von mangelnder Sach- und Fachkenntnis [zeugt]".[14] „Die Anforderungen werden immer höher geschraubt", so *Ehlers*, „so daß selbst für die erfahrenen und im Arztrecht bewanderten Juristen die Rechtsprechung und Literatur zur ärztlichen Aufklärungspflicht nicht mehr überschaubar ist."[15] Erforderlich ist nach *Franzki* eine „eindeutige und praktikable Handlungsanweisung, [...] der ständig weiter ausdifferenzierten, auch vom juristischen Kenner der Materie in ihren letzten Verästelungen kaum noch überschaubaren Rechtsprechung".[16] Als Ursachen für die zunehmende Differenzierung der ärztlichen Aufklärungspflicht werden neben der Tatsache, dass der Mensch selbstbewusster und mündiger geworden ist und somit mehr Fragen an den Mediziner hat, eine starke Betonung des Selbstbestimmungsrechtes in einem humanistischen Weltbild und die Feststellung, dass Patienten nicht mehr gewillt sind, fehlgeschlagene Behandlungen als Schicksalsschlag hinzunehmen, vorgebracht.[17] Zudem habe die medizinische Entwicklung zwar ungeahnte Fortschritte gemacht. Dennoch sei sie in vielen Bereichen nach wie vor umstritten.[18]

Um der Kritik an der bestehenden Aufklärungspflicht zu begegnen wurde bereits mehrfach darauf hingewiesen, dass generalklauselartige Anforderungen an die ärztliche Aufklärungspflicht unumgänglich sind.[19] Hierzu trägt sicher auch die zuletzt erfolgte Kodifizierung der ärztlichen Aufklärungspflicht im BGB durch das Patienten-

---

13   *Lang*, in: Höfling (Hrsg.), TPG, § 10 Rn. 13.

14   *Lange*, Die Klinik: Was Patienten nicht wissen, S. 68.

15   *Ehlers*, Die ärztliche Aufklärung vor medizinischen Eingriffen, S. 6.

16   *Franzki*, MedR 1994, 171, 176.

17   *Wachsmuth/Schreiber*, FAZ v. 03.10.1980, S. 10; *dies.*, NJW 1981, 1985 ff.; *Tempel*, NJW 1980, 609, 610.

18   *Wachsmuth/Schreiber*, FAZ v. 03.10.1980, S. 10.

19   *Giesen*, Arzthaftungsrecht, S. 301; *ders.*, Jura 1981, 10, 17; *Katzenmeier*, Arzthaftung, S. 354; *Taupitz*, NJW 1986, 2851, 2861.

rechtegesetz[20] bei. Da durch das Patientenrechtegesetz jedoch vor allem richter-rechtlich entwickelte Grundsätze in das Gesetz aufgenommen wurden, kommt der arzthaftungsrechtlichen Rechtsprechung nach wie vor große Bedeutung zu. Anderer-seits darf nicht übersehen werden, dass nicht alle Disziplinen der Medizin gleiche Anforderungen aufweisen und auch nicht alle Arzt-Patienten-Beziehungen general-klauselartigen Maßstäben zugänglich sind. Allgemeine Anforderungen sind daher immer auch auf die einzelnen Gebiete der Medizin anzuwenden.

B. Eingrenzung des Untersuchungsgegenstandes

Mit der vorliegenden Arbeit sollen Antworten auf die soeben aufgeworfenen Fragen der ärztlichen Aufklärungspflicht gegenüber Organspendeempfängers gefunden wer-den. Hierbei können die medizinischen Aspekte der Organtransplantation und der ärztlichen Aufklärung nur aus der fachfremden Perspektive des Juristen betrachtet werden. Gegenstand der Untersuchung sind daher nicht die medizinischen Bestand-teile der Aufklärung, sondern der rechtliche Rahmen. Zugleich kann keine umfassen-de und vor allem keine abschließende Darstellung der Aufklärung des Organemp-fängers geboten werden. Diese ist, wie bereits gezeigt, immer auch eine Frage des Einzelfalles und der individuellen Arzt-Patienten-Beziehung. Die Darstellung be-schränkt sich angesichts der beschriebenen Entwicklungen demzufolge vor allem auf die zentrale Frage der Aufklärungspflicht über die Herkunft und Qualität des Trans-plantates vor der Organübertragung.

Das TPG gilt gem. § 1 Abs. 2 S. 1 TPG für die Spende und die Entnahme von menschlichen Organen oder Geweben zum Zwecke der Übertragung sowie für die Übertragung der Organe oder der Gewebe einschließlich der Vorbereitung dieser Maßnahmen. Dabei liegt dem TPG ein sehr umfassender Organ- und Gewebebegriff zugrunde, § 1a Nr. 1 und 4 TPG. Vermittlungspflichtige und nicht regenerierungsfä-hige Organe nehmen auf Grund zahlreicher Besonderheiten eine tatsächliche, medi-zinisch-biologische und rechtliche Sonderstellung ein.[21] Zum einen sind sie nur sehr begrenzt konservierungsfähig und zum anderen ist der Bedarf an diesen Organen höher, als die zur Verfügung stehenden Spender.[22] Inhaltlich beschränkt sich die Ar-beit bei der postmortalen Organspende auf die vermittlungspflichtigen und bei der Lebendspende auf die nicht regenerierungsfähigen Organe. Nach der Legaldefinition des § 1a Nr. 2 TPG sind vermittlungspflichtige Organe (einer postmortalen Organ-spende) soweit sie nach §§ 3 und 4 TPG entnommen werden, die Organe Herz, Lunge, Leber, Niere, Bauchspeicheldrüse und Darm. Im Zusammenhang mit der Le-bendspende sind die nicht regenerierungsfähigen Organe von Bedeutung. Nicht re-generierungsfähige Organe sind alle Organe, die sich beim Spender nach der Ent-nahme nicht wieder bilden können. Nach § 8 Abs. 1 S. 2 TPG ist nur die Entnahme einer Niere, des Teils einer Leber oder anderer nicht regenerierungsfähiger Organe

---

20   BGBl. I vom 20.02.2013, S. 277 ff.
21   *Norba*, Rechtsfragen der Transplantationsmedizin aus deutscher und europäischer Sicht, S. 27.
22   *Norba*, Rechtsfragen der Transplantationsmedizin aus deutscher und europäischer Sicht, S. 27.

zum Zweck der Lebendspende zulässig. Ausgeklammert werden folglich sowohl die nicht-vermittlungspflichtigen Organe, als auch Gewebe. Exemplarisch beschränkt sich die Darstellung auf die Niere. Da Nieren sowohl bei postmortalen Spendern, als auch bei Lebendspendern entnommen und transplantiert werden, kann so auf die Besonderheiten dieser Transplantationsverfahren eingegangen werden.

C. Gang der Untersuchung

Die Untersuchung gliedert sich in fünf Teile. Eine Untersuchung der ärztlichen Aufklärungspflicht gegenüber dem Organspender setzt zunächst einen Überblick über das System der ärztlichen Aufklärungspflicht voraussetzt. Deshalb soll nach der Einführung in die Thematik in Kapitel 2 ein Überblick über die wesentlichen Grundlagen der ärztlichen Aufklärungspflicht gegeben werden. Angesichts der bereits sehr umfangreichen Literatur zur Aufklärungspflicht soll diese Darstellung freilich in der gebotenen Kürze erfolgen.

Anschließend soll in Kapitel 3 die ärztliche Aufklärungspflicht über die Herkunft des zu transplantierenden Organs untersucht werden. Hierbei wird mit Blick auf die Regelung zum Offenbarungsverbot personenbezogener Daten in § 14 Abs. 2 TPG zu unterscheiden sein zwischen den Angaben zur Identität des postmortalen Spenders und den übrigen Angaben zur Herkunft des Transplantates.

Da die Vermittlung von vermittlungspflichtigen Organe nur möglich ist, wenn der potentielle Organempfänger personenbezogene Daten offenbart, stellt sich daran anknüpfend die Frage, inwieweit über die Erhebung und den Umgang personenbezogenen Daten vor der Transplantation aufzuklären ist. Diesem Aspekt soll in Kapitel 4 der Arbeit nachgegangen werden. In diesem Zusammenhang ist zunächst die Rechtsgrundlage einer möglichen Informationspflicht zu untersuchen, bevor in einem zweiten Schritt die inhaltliche Ausgestaltung und Reichweite einer Aufklärungspflicht zu erörtern ist.

In Kapitel 5 werden mögliche ärztliche Aufklärungspflichten über die Qualität des zu transplantierenden Organs untersucht. Ausgangspunkt der Darstellung ist dabei der Zeitpunkt nach der Entscheidung der Vermittlungsstelle, welchem Patienten das gemeldete, postmortal gespendete Organ vermittelt werden soll. Den ersten Teil der Bearbeitung bildet die Darstellung des Organallokationsverfahrens. Anschließend ist eine Abgrenzung von Behandlungsfehlertatbestand und Aufklärungspflicht vorzunehmen. Ausgehend von der Unterscheidung nach dem Standard sind darauf Abstufungen bei der Qualität postmortal gespendeter Organe in Bezug auf die ärztliche Aufklärungspflicht zu untersuchen. Im zweiten Teil des Kapitels sollen Besonderheiten bei der Lebendorganspende und daraus folgende ärztliche Aufklärungspflichten erörtert werden. Anschließend ist der Frage nachzugehen, die im Zusammenhang mit der ärztlichen Aufklärungspflicht bislang noch nicht eingehend erörtert wurde:

Muss der Organempfänger einer Lebendspende über die Risiken des Spenders aufgeklärt werden?

Aufgrund medizinischer und organisatorischer Besonderheiten kommt dem Zeitpunkt der Aufklärung in der Transplantationsmedizin eine erhebliche Bedeutung zu. Daher soll der zeitliche Aspekt der Aufklärungspflicht in Kapitel 6 der Arbeit genauer untersucht werden. Um den Zeitpunkt der Patientenaufklärung für die Transplantationsmedizin zu bestimmen, ist methodisch zunächst die Rechtsprechung auf diese Frage hin zu analysieren. Anschließend sind die Maßstäbe der Rechtsprechung auf die Transplantationsmedizin anzuwenden. Dabei werden die spezifischen Gegebenheiten bei der Transplantation, insbesondere die Unterschiede von Lebendorganspende und postmortaler Organspende zu beachten sein. Im Zusammenhang mit der postmortalen Organspende wird insbesondere zu diskutieren sein, ob der Organempfänger bereits vor der Aufnahme in die Warteliste aufzuklären ist und ob gegebenenfalls eine erneute Aufklärung nach Organzuteilung erforderlich ist.

Abschließend werden die wesentlichen Ergebnisse der Arbeit zusammengefasst.

Kapitel 2

Die Selbstbestimmungsaufklärung im System der ärztlichen Aufklärungspflicht

A. Gegenstand der Selbstbestimmungsaufklärung

Durch die Selbstbestimmungsaufklärung soll der Patient in die Lage versetzt werden, eine freie und eigenverantwortliche Entscheidung zu treffen.[23] Die inhaltliche Ausgestaltung dieser Aufklärungspflicht wird durch die verschiedenen Arten der Selbstbestimmungsaufklärung konkretisiert. Allgemein wird zwischen der Diagnose-, der Verlaufs- und der Risikoaufklärung unterschieden. Während sich die Diagnose- und Verlaufsaufklärung auf den medizinischen Befund sowie die Art, den Umfang und die Durchführung des Eingriffes erstrecken, umfasst das Feld der Risikoaufklärung die Informationspflicht hinsichtlich der durch die Behandlung drohenden Gefahren für den Patienten.[24] Bezugspunkt dieser Aufklärungspflicht ist dabei stets die in Aussicht gestellte Therapie bzw. der in Aussicht gestellte medizinische Eingriff. Aus diesem Grund wird die Selbstbestimmungsaufklärung auch als Eingriffsaufklärung bezeichnet.[25]

Hintergrund der Selbstbestimmungsaufklärung ist die Notwendigkeit der Einwilligung des Patienten in die konkrete Behandlung. Da „auch der zu Heilzwecken vorgenommene Eingriff [...] die leibliche und gegebenenfalls auch die seelische Integrität des Menschen"[26] berührt, bedarf dieser einer rechtfertigenden Einwilligung.[27] Die Einwilligung in den Heileingriff ist dagegen nur wirksam, wenn der Arzt den Patienten zuvor aufgeklärt hat.

Die Selbstbestimmungsaufklärung ist von der therapeutischen Aufklärung zu unterscheiden. Ziel der therapeutischen Aufklärung ist es, durch Schutz- und Warnhinweise sowie Ratschläge und Verhaltensregelungen die notwendige Mitwirkung des Patienten sicherzustellen und mögliche Gefahren durch Selbstgefährdung zu verhindern.[28] Aufklärungspflichtig sind sämtliche Informationen, die im gesundheitlichen Interesse des Patienten geboten sind.[29] Damit dient dieser Teil der ärztlichen Aufklärungspflicht als eine Art „informationeller Gefahrenabwehr"[30] dem gesundheitlichen Wohl des Patienten. Die therapeutische Aufklärung wird daher auch als „Sicherheits-

---

23   *Laufs,* in: Laufs/Kern (Hrsg.), Handbuch des Arztrechts, § 59 Rn. 11.

24   *Deutsch/Spickhoff,* Medizinrecht, Rn. 266 ff.

25   *Deutsch/Spickhoff,* Medizinrecht, Rn. 266; *Steffen/Pauge,* Arzthaftungsrecht, Rn. 366.

26   BVerfGE 52, 131, 175.

27   Seit RGSt 25, 375 ff.; Ausführlich hierzu: *Tag,* Der Körperverletzungstatbestand im Spannungsfeld zwischen Patientenautonomie und Lex artis, S. 13 ff.

28   *Katzenmeier,* Arzthaftung, S. 327.

29   *Glatz,* Der Arzt zwischen Aufklärung und Beratung, S. 237; *Katzenmeier,* in: Laufs/Katzenmeier/Lipp (Hrsg.), Arztrecht, V. Rn. 16; *Laufs,* in: Laufs/Kern (Hrsg.), Handbuch des Arztrechts, § 58 Rn. 1.

30   *Glatz,* Der Arzt zwischen Aufklärung und Beratung, S. 237.

aufklärung"[31] bezeichnet. Sie ist Teil der ärztlichen Behandlung und eine vertragliche (Neben-)Pflicht, weshalb die unzureichende therapeutische Aufklärung einen Behandlungsfehler darstellt.[32]

B. Rechtsgrundlage der Aufklärungspflicht

Die ärztliche Aufklärungspflicht hat ihre verfassungsrechtliche Grundlage im Selbstbestimmungsrecht des Patienten.[33] Die Art. 1 Abs. 1 und Art. 2 Abs. 1 sowie Art. 2 Abs. 2 S. 1 GG verpflichten zum Schutz und zur Achtung der Würde und der Freiheit des Menschen und seines Rechts auf Leben und körperliche Unversehrtheit. Aus diesen Grundsätzen folgt die Notwendigkeit der Einwilligung in medizinische Eingriffe.[34] Aus der Verknüpfung der Einwilligung zu ärztlichen Heileingriffen mit grundlegenden Verfassungsprinzipien zum Zweck, dem Patienten die Möglichkeit einzuräumen und sein Selbstbestimmungsrecht über die leiblich-seelische Integrität wahrzunehmen, folgt ein „von der Verfassung geforderter normativer Kernbereich der Einwilligung" und die dementsprechende ärztliche Aufklärungspflicht.[35] „Verfehlt wäre es," so das BVerfG in einer viel beachteten und oft zitierten Entscheidung, „dem Kranken oder Gebrechlichen, weil seine Gesundheit oder sein Körper bereits versehrt [...] [sind], nur ein gemindertes Maß an Selbstbestimmungsrecht zuzusprechen und deshalb Eingriffe zum Zwecke der Diagnose, Vorbeugung, Linderung, Besserung oder Behebung eines Leidens dem Erfordernis der Einwilligung zu entziehen oder nur geringere Anforderungen an die Einwilligung und das in ihrem Rahmen gebotene Maß an Aufklärung zu stellen."[36]

Lange Zeit waren der ärztliche Heileingriff, die ärztliche Aufklärungspflicht und die Einwilligung, abgesehen von einigen Ausnahmen,[37] allgemein gesetzlich nicht geregelt. Umrisse und Ausprägung hat die Aufklärungspflicht stattdessen durch die Rechtsprechung erfahren. Darüber hinaus wurden Mitteilungs- und Aufklärungspflichten als Vertragspflichten zum Behandlungsvertrag angesehen.[38]

---

31 BGH, NJW 1994, 3013; *Laufs*, in: Laufs/Kern (Hrsg.), Handbuch des Arztrechts, § 58 Rn. 1.

32 *Deutsch/Spickhoff*, Medizinrecht, Rn. 277 f.; *Katzenmeier*, in: Laufs/Katzenmeier/Lipp (Hrsg.), Arztrecht, V. Rn. 16; *Laufs*, in: Laufs/Kern (Hrsg.), Handbuch des Arztrechts, § 58 Rn. 2.

33 Zu den Rechtsgrundlagen der Aufklärungspflicht auch: *Schwill*, Aufklärungsverzicht und Patientenautonomie, S. 35 ff.

34 BVerfGE 52, 131, 175; *Laufs*, in: Laufs/Kern (Hrsg.), Handbuch des Arztrechts, § 57 Rn. 15.

35 BVerfGE 52, 131, 175 f.

36 BVerfGE 52, 131, 173. Die verfassungsrechtliche Verortung des Selbstbestimmungsrechtes wird unten unter: 5. B. V. 3. b) genauer untersucht.

37 Gesetzliche Regelungen zur Aufklärung und Einwilligung finden sich etwa für die klinische Prüfung von Arzneimitteln in den §§ 40 Abs. 2, 41 Abs. 3 Nr. 2 AMG, für die Organentnahme in den §§ 3 Abs. 1, 4 Abs. 1, 8 Abs. 1 Nr. 1 TPG und in § 3 Abs. 1 KastrG.

38 *Deutsch/Spickhoff*, Medizinrecht, Rn. 249; *Laufs*, in: Laufs/Kern (Hrsg.), Handbuch des Arztrechts, § 57 Rn. 14.

Im Bereich der Transplantationsmedizin ist die Aufklärung des Lebendorganspenders in § 8 Abs. 2 TPG detailliert geregelt. Reglungen zur Aufklärung des Organempfängers fehlen hingegen.

Mit dem Patientenrechtegesetz wurden die durch das Richterrecht entwickelten Grundsätze des Arzthaftungs- und Behandlungsrechts in das BGB aufgenommen. Mitteilungs- und Informationspflichten sind in den §§ 630c Abs. 2 und 630e BGB geregelt. Die Selbstbestimmungsaufklärung wurde in § 630e BGB geregelt. Das Gesetz differenziert zwischen Informationspflichten in § 630c Abs. 2 S. 1 BGB, die die Behandlung im weitesten Sinne als Gegenstand des Behandlungsvertrages betreffen und den konkreten Aufklärungspflichten in § 630e BGB.[39] Trotz dieser neu eingeführten Unterscheidung sollen die von der Rechtsprechung entwickelten Grundsätze nach dem ausdrücklichen Willen des Gesetzgebers fortgelten.[40]

Nach § 630e Abs. 1 BGB ist der Patient über sämtliche für die Einwilligung wesentlichen Umstände aufzuklären. Hierzu gehören gem. § 630e Abs. 1 S. 2 BGB insbesondere Art, Umfang, Durchführung, zu erwartende Folgen und Risiken der Maßnahme sowie ihre Notwendigkeit, Dringlichkeit, Eignung und Erfolgsaussichten im Hinblick auf die Diagnose oder die Therapie. Zudem ist der Patient nach § 630e Abs. 1 S. 3 BGB über bestehende Alternativen zur Maßnahme aufzuklären, wenn mehrere gleichermaßen medizinisch indizierte und übliche Methoden zu wesentlich unterschiedlichen Belastungen, Risiken oder Heilungschancen führen können. Die formellen Anforderungen an die Aufklärung wurden in § 630e Abs. 2 BGB geregelt.

In der Begründung zum Patientenrechtegesetz wird allerdings ausdrücklich darauf hingewiesen, dass der Katalog der aufklärungsbedürftigen Umstände in § 630e Abs.1 S. 2 BGB lediglich beispielhaft und keinesfalls als abschließend zu verstehen ist. „Im Einzelfall", so der Gesetzgeber, „kann es erforderlich sein, über weitere Umstände aufzuklären."[41] Da durch das Patientenrechtegesetz vor allem die (gefestigte) Rechtsprechung kodifiziert wurde, wird im Folgenden, neben den gesetzlichen Regelungen zur Aufklärungspflicht, die Rechtsprechung zu den hier aufgeworfenen Fragen untersucht.

Darüber hinaus ist die Aufklärungspflicht im ärztlichen Berufsrecht verankert. § 8 S. 2 der Musterberufsordnung für die in Deutschland tätigen Ärztinnen und Ärzte (MBO-Ä)[42] regelt, dass der Einwilligung grundsätzlich eine erforderliche Aufklärung vorauszugehen hat. Nach § 8 S. 3 MBO-Ä hat „die Aufklärung [...] der Patientin oder dem Patienten insbesondere vor operativen Eingriffen Wesen, Bedeutung und Tragweite

---

39   BT-Drs. 17/10488, S. 21.
40   BT-Drs. 17/10488, S. 21.
41   BT-Drs. 17/10488, S. 24.
42   (Muster-)Berufsordnung für die in Deutschland tätigen Ärztinnen und Ärzte (MBO-Ä), in der Fassung der Beschlüsse des 114. Deutschen Ärztetages 2011 in Kiel. Im Internet abrufbar unter: http://www.bundesaerztekammer.de/downloads/MBO_08_20111.pdf

der Behandlung einschließlich Behandlungsalternativen und die mit ihnen verbundenen Risiken in verständlicher und angemessener Weise zu verdeutlichen." Zudem muss die Aufklärung gem. § 8 S. 3 MBO-Ä rechtzeitig erfolgen. Der Umfang der Aufklärung ist nach Maßgabe des § 8 S. 4 MBO-Ä an der Dringlichkeit und der Tragweite der Maßnahme auszurichten.

C. Diagnose- und Verlaufsaufklärung

Ausgangspunkt der ärztlichen Aufklärung ist in der Regel der ärztliche Befund. Durch die *Diagnose*aufklärung ist der Patient über den Befund zumindest in den „groben Zügen" zu informieren.[43] Die Information, dass der Patient krank ist und an welcher Krankheit er leidet, bildet die notwendige Grundlage für dessen Entscheidung, ob überhaupt ein medizinischer Eingriff durchgeführt werden soll.[44] Als Folge der Verknüpfung von Aufklärung und Einwilligung gehen Rechtsprechung und Teile der Literatur davon aus, dass die Diagnoseaufklärung (vornehmlich) nur dann erforderlich ist, wenn die Offenbarung des Befundes Voraussetzung einer medizinisch relevanten Entscheidung ist.[45] Dagegen halten Teile des Schrifttums die Diagnoseaufklärung auch dann für geboten, wenn sie nicht für einen bevorstehenden Eingriff erforderlich ist.[46] Überzeugend wird angeführt, dass das Wissen um die Diagnose nicht nur für eine Behandlungsentscheidung von Bedeutung ist, sondern auch für die Regelung der eigenen Angelegenheiten und gegebenenfalls für die Vorbereitung auf den Tod wichtig sein kann.[47] Zugleich ist die Kenntnis des Befundes sowohl für die Arztwahl, als auch für die Entscheidung, sich überhaupt dem Eingriff zu unterziehen von großer Bedeutung.[48] Von der Mitteilung des Befundes kann dagegen abgesehen werden, wenn „die Bekanntgabe zu einer ernsten und nicht behebbaren Gesundheitsschädigung führen würde".[49]

Durch die *Verlaufs*aufklärung soll dem Patienten die in Aussicht gestellt Therapie, d.h. die Art, das Wesen, der Umfang und die Durchführung des Eingriffes erläutert werden. So soll dem Patienten eine annähernde Vorstellung vermittelt werden, wie der Eingriff ablaufen soll. Dies umfasst auch die Aufklärung darüber, wie sich der gesundheitliche Zustand voraussichtlich mit und ohne die in Aussicht gestellte Therapie entwickeln wird und welche sicheren Behandlungsfolgen eintreten werden. In diesem

---

43   *Deutsch/Spickhoff*, Medizinrecht, Rn. 267; *Laufs*, in: Laufs/Kern (Hrsg.), Handbuch des Arztrechts, § 59 Rn. 13.

44   *Laufs*, in: Laufs/Kern (Hrsg.), Handbuch des Arztrechts, § 59 Rn. 13.

45   RGSt 66, 181, 182; BGHZ 29, 176, 184 f.; OLG Stuttgart, VersR 1988, 695, 696; OLG Köln, VersR 1988, 139; *Deutsch*, NJW 1988, 2306, 2308.

46   *Herrmann*, MedR 1988, 1, 4; LK-*Hirsch*, § 228 Rn. 24; *Schwill*, Aufklärungsverzicht und Patientenautonomie, S. 48 f.; *Tag*, Der Körperverletzungstatbestand im Spannungsfeld zwischen Patientenautonomie und Lex artis, S. 272 f.

47   *Schwill*, Aufklärungsverzicht und Patientenautonomie, S. 49.

48   LK-*Hirsch*, § 228 Rn. 24.

49   LK-*Hirsch*, § 228 Rn. 25.

Zusammenhang ist dem Patienten mitzuteilen, wie die Erfolgschancen des Eingriffs einzuschätzen sind.[50] Die Darstellung darf sich allerdings nicht nur auf den technischen Ablauf der Operation beschränken, sondern bedarf vielmehr „einer detaillierten, für den medizinischen Laien verständlichen Darlegung des Für und Wider, um sicherzugehen, daß sich der Patient über die Erfolgschancen der geplanten Operation und über das, was er im Falle eines Fehlschlagens unter Umständen auf sich nehmen muß, keine Illusionen macht".[51] Die Verlaufsaufklärung erfasst folglich nicht nur die Prognose, wie sich der Gesundheitszustand mit und ohne die Behandlung entwickeln wird und welche sicheren Behandlungsfolgen und Nebenfolgen eintreten werden, sondern auch, mit welchem Grad an Erfolgsaussicht zu rechnen ist.[52]

D. Risikoaufklärung

Medizinischer, vor allem aber auch juristischer Schwerpunkt der Aufklärungspflicht ist die Risikoaufklärung.[53] Durch diese soll der Patient über die mit der Behandlung verbundenen Risiken, d.h. mögliche dauernde oder vorübergehende Nebenfolgen informiert werden.[54] Im Gegensatz zur therapeutischen Aufklärung, die die Risiken des Gesundheitszustandes des Patienten umfasst und damit vor gesundheitlichen Gefahren durch die bestehende Krankheit schützen soll,[55] ist vor allem auf die Gefahren der ärztlichen Behandlung der Krankheit hinzuweisen. Die Schwierigkeit besteht vor allem darin, festzustellen, welche Risiken für die Aufklärung im konkreten Fall von Bedeutung sind.

Der Zweck der Risikoaufklärung, dem Patienten die für seine Entscheidung notwendigen Fakten in einer für den medizinischen Laien verständlichen Form mitzuteilen und ihm so zu ermöglichen, dass er selbst entscheiden kann, ob er sich einer Operation unterzieht,[56] macht bereits deutlich, dass die Risikoaufklärung nicht nur an allgemeingültigen Regeln festgemacht werden kann, sondern stets auch abhängig ist, vom konkreten Patienten und dem individuell geplanten Eingriff. Trotzdem lassen sich in der Rechtsprechung Anhaltspunkte für eine Bestimmung der Risikoaufklärung erkennen, die aufgrund ihrer Bedeutung für die Aufklärungspflicht im Folgenden nä-

---

50 *Laufs*, in: Laufs/Kern (Hrsg.), Handbuch des Arztrechts, § 59 Rn. 20; *Tag*, Der Körperverletzungstatbestand im Spannungsfeld zwischen Patientenautonomie und Lex artis, S. 273.

51 BGH, NJW 1981, 1319, 1320.

52 *Deutsch/Spickhoff*, Medizinrecht, Rn. 268; *Laufs*, in: Laufs/Kern (Hrsg.), Handbuch des Arztrechts, § 59 Rn. 18; *Tag*, Der Körperverletzungstatbestand im Spannungsfeld zwischen Patientenautonomie und Lex artis, S. 273.

53 *Katzenmeier*, in: Laufs/Katzenmeier/Lipp (Hrsg.), Arztrecht, V. Rn. 14; *Prutsch*, Die ärztliche Aufklärung, S. 142; *Ulsenheimer*, Arztstrafrecht in der Praxis, Rn. 65; *Schwill*, Aufklärungsverzicht und Patientenautonomie, S. 50; *Voll*, Die Einwilligung im Arztrecht, S. 117.

54 *Schwill*, Aufklärungsverzicht und Patientenautonomie, S. 70; *Tag*, Der Körperverletzungstatbestand im Spannungsfeld zwischen Patientenautonomie und Lex artis, S. 273.

55 *Glatz*, Der Arzt zwischen Aufklärung und Beratung, S. 237, 245.

56 BGH, NJW 1986, 780.

her betrachtet werden sollen. Hierbei ist zwischen verschiedenen Ebenen[57] zu differenzieren:

Zunächst ist mit der sog. „Aufklärung im Großen und Ganzen" und dem Leitbild des „verständigen Patienten" der Einstieg und Rahmen der Risikoaufklärung zu erörtern. Nach diesen allgemeinen Kriterien ist in einem zweiten Schritt auf Umstände einzugehen, die die Aufklärungspflicht im Einzelfall konkretisieren.

I. Leitgedanken der Risikoaufklärung

1. Aufklärung "im Großen und Ganzen"

Die Risikoaufklärung soll die Folgen und Risiken des ärztlichen Eingriffes vermitteln. Hierfür genügt nach Auffassung des BGH grundsätzlich eine Aufklärung des Patienten "im Großen und Ganzen", weshalb nicht über jede, noch so entfernt liegende Gefahrenmöglichkeit aufgeklärt werden muss.[58] Dies betrifft dagegen nur die Risiken, die bei der Anwendung der gebotenen Sorgfalt, d.h. bei fehlerfreier Durchführung der Heilbehandlung, nicht mit Gewissheit ausgeschlossen werden können.[59] Gefahren fehlerhafter Behandlung, wie etwa die eines Kunstfehlers und andere vermeidbare Risiken, sind nicht aufklärungsbedürftig. Dies folgt schon daraus, dass der Patient weder ausdrücklich, noch konkludent in Behandlungsfehler einwilligen kann.[60]

Die Rechtsprechung fordert, dass dem Patienten „eine allgemeine Vorstellung von dem Ausmaß der mit dem Eingriff verbundenen Gefahren vermittelt werden" muss.[61] Zu informieren ist daher über die Art des Eingriffes und seine nicht ganz außerhalb der Wahrscheinlichkeit liegenden Risiken, sofern diese nicht ohnehin bekannt sind und die Informationen darüber hinaus für die Entscheidung des Patienten von Bedeutung sind.[62] Dies ist der Erkenntnis geschuldet, dass eine allzu umfassende Aufklärung nicht nur die Ärzte unnötig belastet, sondern auch dem Patienten die Entscheidungsfindung in seiner psychischen Ausnahmesituation erschwert.[63] Die Erfolgsaussicht der konkreten Behandlung und die Möglichkeit eines Fehlschlages der Behandlung sind, obgleich Gegenstand der Verlaufsaufklärung,[64] jedenfalls in die Aufklärung einzubeziehen.

---

57 Ähnliche Ansätze finden sich bei *Glatz*, Der Arzt zwischen Aufklärung und Beratung, S. 246 ff. und *Schwill*, Aufklärungsverzicht und Patientenautonomie, S. 51 ff.

58 BGHZ 90, 103, 106; BGH, NJW 1992, 2351, 2352; NJW 2009, 1209, 1210; *Spickhoff*, NJW 2003, 1701, 1707. Dazu auch: *Schwill*, Aufklärungsverzicht und Patientenautonomie, S. 52.

59 *Deutsch/Spickhoff*, Medizinrecht, Rn. 282; *Krudop-Scholz*, Die ärztliche Aufklärung bei der Arzneibehandlung, S. 88 f.; *Laufs*, in: Laufs/Kern (Hrsg.), Handbuch des Arztrechts, § 60 Rn. 1.

60 BGH, MedR 1998, 218, 219. Der nur schwerlich vorstellbare Fall der Forderung nach einer fehlerhaften Behandlung ist sittenwidrig, vgl. *Deutsch/Spickhoff*, Medizinrecht, Rn. 254.

61 BGHZ 90, 103, 106; BGH, NJW 1992, 2351, 2352.

62 BGH, NJW 2009, 1209, 1210. *Schwill*, Aufklärungsverzicht und Patientenautonomie, S. 52.

63 *Wendt*, Die ärztliche Dokumentation, S. 99

64 BGH, NJW 1981, 633; *Deutsch/Spickhoff*, Medizinrecht, Rn. 283.

Zudem muss das Risiko zum Zeitpunkt der Aufklärungspflicht nach medizinischer Erfahrung bekannt gewesen sein, bzw. muss vorausgesetzt werden können, dass das Risiko den behandelnden Ärzten bekannt sein könnte.[65] Naturgemäß kann über unbekannte Risiken nicht aufgeklärt werden. Ist ein bestimmtes Risiko dem aufklärenden Arzt also nicht bekannt und kann nicht vorausgesetzt werden, dass er das Risiko zu kennen hat, weil es etwa nur in anderen Spezialgebieten der medizinischen Wissenschaft diskutiert wird, so unterfällt dies nicht der Aufklärungspflicht.[66]

2. Der „verständige Patient"

a) Leitbild des „verständigen Patienten"

Im Zusammenhang mit der Frage, welche Risiken aufklärungsbedürftig sind, hat der BGH mit der Entwicklung der Rechtsprechung zur Aufklärungspflicht bereits früh die Rechtsfigur des sog. „verständigen Patienten"[67] entwickelt. Danach sind (typische) Risiken nicht aufklärungsbedürftig, wenn sie „bei einem verständigen Patienten für seinen Entschluß, in die Behandlung einzuwilligen, nicht ernsthaft ins Gewicht fallen."[68] Zu unterscheiden ist der „verständige Patient" vom sog. „wissenden Patienten". Während die Figur des „verständigen Patienten" zunächst einen Rahmen für die Aufklärungspflicht bietet, beschränkt der „wissende Patient" die Aufklärungspflicht. Ein bereits informierter Patient braucht durch den Arzt nicht mehr aufgeklärt zu werden.[69]

Das Leitbild des „verständigen Patienten" darf nicht als Erweiterung der ärztlichen Pflichten, sondern muss als Begrenzung der ärztlichen Aufklärungspflicht über Behandlungsrisiken verstanden werden.[70] Es bietet Orientierungshilfe bei der Bestimmung von Inhalt und Umfang der ärztlichen Risikoaufklärung, indem es unterstellt, dass diejenigen Umstände, die einem vernünftigen Patienten wissenswert erscheinen würden, mitgeteilt werden müssen[71] und verknüpft damit letztlich „das Sollen mit dem Praktizierbaren".[72] Mit dem Versuch, die Aufklärungspflicht praktikabler zu gestalten, dient das Leitbild des „verständigen Patienten" letztlich auch dem Selbstbe-

---

65   BGH, NJW 2010, 3230, 3231.

66   BGH, NJW 2011, 375; Borgmann, NJW 2010, 3190.

67   Sog. 2. Elektroschockurteil: BGH, NJW 1959, 811. Dazu auch: Schwill, Aufklärungsverzicht und Patientenautonomie, S. 52.

68   BGH, NJW 1959, 811.

69   BGH, NJW 1984, 1807, 1808.

70   Eisner, Die Aufklärungspflicht des Arztes, S. 74; Hauschild, Der Maßstab für die ärztliche Aufklärung im amerikanischen, englischen und deutschen Recht, S. 94 ff.; RGRK-Nüßgens, § 823 Anh. II, Rn. 112; Schwill, Aufklärungsverzicht und Patientenautonomie, S. 53.

71   Schwill, Aufklärungsverzicht und Patientenautonomie, S. 53.

72   Laufs, in: Faller/Kirchhof/Träger (Hrsg.), FS für Geiger, S. 236.

stimmungsrecht des Patienten.[73] Anderseits fordert dieses Leitbild vom Patienten, Fragen zu stellen, sofern ihm gewisse Punkte der Aufklärung unklar geblieben sind.[74]

Ohne diese Rechtsfigur ausdrücklich zu benennen, lässt sich die Rechtsprechung auch später von ihr leiten, wenn etwa vorausgesetzt wird, dass ein Operateur grundsätzlich bei jedem Patienten die Kenntnis der allgemeinen Risiken, die mit jedem größeren operativen Eingriff unter Narkose verbunden sind, voraussetzen darf.[75] Vereinzelt finden sich jedoch auch ausdrückliche Erwähnungen des sog. „verständigen Patienten" bzw. „verständigen Menschen"[76] in Entscheidungen, die seltene Risiken von der Entscheidungserheblichkeit ausklammern oder in denen festgestellt wird, dass Risiken umso aufklärungsbedürftiger sind, je dringlicher der Eingriff ist.[77]

Darüber hinaus fand eine Übertragung von der Risikoaufklärung auf andere Bereiche der Aufklärungspflicht, wie etwa den Bereich der Aufklärungspflicht über Behandlungsalternativen[78] oder hinsichtlich der Fragelast des aufgeklärten Patienten, statt.[79] Außerdem bildet der „verständige Patient" einen Bezugspunkt für die Feststellung der mutmaßlichen Einwilligung.[80]

Bis heute hat sich der BGH, soweit ersichtlich, nicht ausdrücklich gegen diese Rechtsfigur ausgesprochen. Auch die Instanzgerichte wenden sie bis heute an.[81] Schließlich fand der „verständige Patient" auch Eingang in einen Alternativentwurf des Strafgesetzbuches: „Die Einwilligung ist nur wirksam, wenn der Einwilligende über Art, Tragweite und solche möglichen Folgen der Behandlung aufgeklärt worden ist, die für die Entscheidung eines verständigen Menschen ins Gewicht fallen können."[82]

---

73   *Steffen*, MedR 1983, 88, 89; *Schwill*, Aufklärungsverzicht und Patientenautonomie, S. 54.

74   *Ulsenheimer*, Arztstrafrecht in der Praxis, Rn. 78.

75   BGH, NJW 1986, 780; NJW 1980, 633; 1992, 743. Vgl. auch: *Schwill*, Aufklärungsverzicht und Patientenautonomie, S. 53.

76   BGH, VersR 1973, 244, 245.

77   BGHZ 29, 176, 182; BGH, VersR 1972, 153, 155; BGH, NJW 1977, 337. Vgl. auch: OLG Frankfurt a.M., VersR 1979, 651, 652; OLG Celle, VersR 1981, 1184, 1185.

78   BGH, NJW 1988, 1516 „vernünftiger Durchschnittspatient"; *Schwill*, Aufklärungsverzicht und Patientenautonomie, S. 53.

79   BGH, VersR 1973, 244, 245; VersR 1974, 752; *Schwill*, Aufklärungsverzicht und Patientenautonomie, S. 53.

80   Vgl. hierzu: *Steffen*, MedR 1983, 88, 91 f. Als Anhaltspunkt für die Ermittlung des individuellen Willens: BGHSt 45, 219, 221; 40, 257, 263.

81   Aus der neueren Rechtsprechung: OLG Dresden, Urteil vom 14.07.2010, 4 U 1834/09; OLG Hamm, Urteil vom 29.09.2010, 3 U 169/09, I-3 U 169/09; OLG Koblenz, VersR 2010, 770; OLG München, Urteil vom 14.08.2008, 1 U 3709/07; OLG Koblenz, NJW 1999, 3419.

82   *Baumann/Brauneck/Grünwald/Hanack/Kaufmann/Kaufmann/Klug/Lampe/Lenckner/Maihofer/ Noll/Roxin/Schmitt/Schultz/Stratenwerth/Stree*, Alternativ-Entwurf eines Strafgesetzbuches, Besonderer Teil, Straftaten gegen die Person, Erster Halbband, § 123 Abs. 4, S. 78 f.

Während die Rechtsprechung die Rechtsfigur bis heute anwendet, findet sich indes weder in der Ausgangsentscheidung, noch in den darauf folgenden Urteilen eine Präzisierung. Die abstrakte Beschränkung der Aufklärungspflicht auf solche Umstände, die einem vernünftigen Patienten wissenswert erscheinen würden, erschwert die Anwendung im Einzelfall. Daneben wird die Orientierung am „verständigen Patienten" bei der Patientenaufklärung von Stimmen in der Literatur unter verschiedenen Blickwinkeln auch kritisch betrachtet.

Auch für die Bestimmung der Aufklärung des Organempfängers bei der Transplantation ist diese Diskussion von Bedeutung. Sie betrifft gewissermaßen den Ausgangspunkt der ärztlichen Aufklärungspflicht. Es stellt sich die Frage, ob sich der aufklärende Arzt für die Risikoaufklärung zunächst daran orientieren kann, was einem vernünftigen Patienten wissenswert erscheint oder ob er die Aufklärung stets nur nach dem individuellen Patienten bestimmen muss. Aus diesem Grund soll die Debatte um die Rechtsfigur des „verständigen Patienten" zunächst einer kritischen Betrachtung unterzogen werden, bevor spezifische Kriterien der Rechtsprechung zur Risikoaufklärung dargestellt werden.

b) Kritische Betrachtung der Rechtsfigur

Zum Teil findet sich die Auffassung, der Arzt dürfe sich nicht am irrealen Bild des wirklichkeitsfremden, abstrakt-vernünftigen Wesens des „verständigen Patienten", orientieren, sondern habe sich *nur* nach dem individuellen Patienten zu richten.[83] Das Leitbild des „verständigen Patienten" vernachlässige die Individualität des konkreten Patienten und übersehe die Notwendigkeit der Abwägung, was und wie viel der Arzt seinem Patienten zumuten könne. Dabei läge es gerade in der ärztlichen Verantwortung, den einzelnen Patienten als Individuum zu erfassen und abzuwägen, in welchem Ausmaß Aufklärung notwendig ist.[84]

Die Forderung nach einer Abwägungsmöglichkeit für den Arzt, was und wie viel er dem einzelnen Patienten mitteilt, ist unabweislich verbunden mit der Einräumung eines Ermessensspielraumes für den behandelnden und aufklärenden Arzt.[85] Er gestaltet das Aufklärungsgespräch nach einer Beurteilung des Patienten ex-ante.[86] Dieser einzuräumende Ermessensspielraum unterstellt indes, dass der Patient in vielen Fällen seine Selbstbestimmung nach entsprechender Aufklärung entweder

---

83 *Deutsch/Spickhoff*, Medizinrecht, Rn. 282; *Giesen*, Arzthaftungsrecht, S. 190; *ders.*, JZ 1987, 282, 287 f. Vgl. dazu auch *Wachsmuth/Schreiber*, FAZ v. 03.10.1980, S. 10; *dies.*, NJW 1981, 1985 ff.

84 Besonders: *Wachsmuth/Schreiber*, FAZ v. 03.10.1980, S. 10 f.; *dies.*, NJW 1981, 1985 ff.; *Giesen*, Arzthaftungsrecht, S. 190. Vgl. auch: *Bochnik/Gärtner/Richtberg*, VersR 1981, 793 f.

85 So zutreffend folgernd: *Hauschild*, Der Maßstab für die ärztliche Aufklärung im amerikanischen, englischen und deutschen Recht, S. 97. Auch *Bodenburg*, NJW 1981, 601, 604 und *Laufs*, in: Faller/Kirchhof/Träger (Hrsg.), FS für Geiger, S. 236 f. fordern, freilich von einer anderen Ausgangsposition her, die Anerkennung eine Einschätzungsprärogative für den Arzt.

86 Bereits: *Bodenburg*, NJW 1981, 601, 604.

infolge der Krankheit, aufgrund der angespannten Situation oder aufgrund grundsätzlichen Unvermögens, die medizinischen Aspekte der Behandlung zu verstehen, nicht wahrnehmen kann oder nicht will.[87]

Diese Vorstellung geht zurück auf ein überholtes, paternalistisch verstandenes Arzt-Patienten-Verhältnis. Sicher ist den Kritikern zuzugestehen, dass wohl nur ein verschwindend geringer Teil der tatsächlichen Patienten einem verallgemeinerten Patientenbild entspricht.[88] Gleichermaßen konstruiert ist jedoch auch das Bild des Arztes, der stets gewissenhaft, einfühlsam und verantwortungsbewusst auf das Patientenwohl bedacht ist.[89]

Beide Auffassungen sehen sich den gleichen praktischen Problemen ausgesetzt. Auf der einen Seite fällt es schwer, unter zivilrechtlicher Perspektive einen ex-post nur eingeschränkt überprüfbaren Beurteilungsspielraum des Arztes anzuerkennen. Auf der anderen Seite wird häufig nicht durch die aufklärenden Ärzte, sondern durch die Gerichte ex-post festgestellt, welches Informationsbedürfnis ein „verständiger Patient" hat.

Das Leitbild des „verständigen Patienten" ist entgegen aller Kritik vielmehr als *„generell individueller* Standard"[90] zu verstehen. Es stellt eine Verknüpfung genereller und individueller Anforderungen dar. Es ist insofern *generell*, soweit es sich an einem „verständigen Patienten" orientiert, der keine individuellen Aufklärungsbedürfnisse besitzt und *individuell*, insofern der Arzt stets gehalten ist, das Aufklärungsbedürfnis des konkreten Patienten bei der Aufklärung zu beachten.[91] Mit der Feststellung, welches Informationsbedürfnis ein „verständiger Patient" in der konkreten Lage gerade dieses Patienten hat, wird dem Aufklärungsbedürfnis dieses individuellen Patienten entsprochen. Der Arzt hat dabei sowohl die psychischen und physischen Besonderheiten des Patienten, als auch dessen individuelles Informationsbedürfnis zu berücksichtigen. Zudem trifft den Arzt freilich die Pflicht, aufgeworfene Nachfragen des Patienten entsprechend zu beantworten.[92]

---

87 *Hauschild*, Der Maßstab für die ärztliche Aufklärung im amerikanischen, englischen und deutschen Recht, S. 97.

88 *Ankermann*, DRiZ 1991, 23 weist sogar darauf hin, dass Patienten eine gründliche Aufklärung nicht wahrnehmen oder diese rasch verdrängen und schon aus diesem Grund die Anforderungen nicht überzogen werden sollten.

89 *Hauschild*, Der Maßstab für die ärztliche Aufklärung im amerikanischen, englischen und deutschen Recht, S. 98.

90 *Brüggemeier*, Deliktsrecht, Rn. 720; *Glatz*, Der Arzt zwischen Aufklärung und Beratung, S. 247; *Schramm*, VersR 1991, 284; *Schwill*, Ausklärungsverzicht und Patientenautonomie, S. 53.

91 *Brüggemeier*, Deliktsrecht, Rn. 720; *Hauschild*, Der Maßstab für die ärztliche Aufklärung im amerikanischen, englischen und deutschen Recht, S. 99; RGRK-*Nüßgens*, § 823 Anh. II, Rn. 112; *Schwill*, Ausklärungsverzicht und Patientenautonomie, S. 53; *Steffen*, MedR 1983, 88, 89 f.

92 *Francke/Hart*, Ärztliche Verantwortung und Patienteninformation, S. 28.

Was zunächst wie die sprichwörtliche „Quadratur des Kreises" anmutet, stellt sich bei näherer Betrachtung als praktikable Umsetzung des Selbstbestimmungsrechtes des Patienten heraus, die „im Dienst des Patienten-Selbstbestimmungsrecht"[93] steht. Der „verständige Patient" darf nicht als standardisierter Patient begriffen werden, durch den der Umfang der Risikoaufklärung vereinheitlicht wird,[94] sondern als „Bezugsperson", die in Beziehung zu setzten ist zum konkreten Patienten in der konkreten Behandlungssituation.[95] Mithilfe der Rechtsfigur sollen keine Patientenrechte gekürzt oder ersetzt, sondern die Aufklärung im täglichen Umgang mit dem Patienten praktikabel gestaltet werden.[96] Nach *Steffen*, dem ehemaligen Vorsitzenden im für Arzthaftung zuständigen VI. Zivilsenat des BGH, dient das Leitbild des „verständigen Patienten" dabei als eine Art „erste Hilfe"[97] bis zur Feststellung des individuellen Aufklärungsumfanges, an dem sich der Arzt bis zum Zeitpunkt genauerer Kenntnis orientieren kann. Das „Verständigsein" bezieht sich hierbei nicht auf das medizinisch Vernünftige, sondern sowohl „auf die normale Fähigkeit und Bereitschaft eines medizinischen Laien, das Für und Wider der Behandlung" abzuwägen, als auch auf ein „normales Spektrum der dafür relevanten Faktoren."[98] Stets hat aber der erkennbare Wille des Patienten Vorrang vor der Orientierung an einem „verständigen Patienten". Damit bestimmt der Patient, welchen Umfang an Informationen er benötigt, um seine Entscheidung zu treffen.

Für diese Auffassung sprechen letztlich auch praktische Erwägungen. Der Arzt geht mit einem medizinisch geprägten Vorverständnis vom Eingriff und den notwendigen Informationen hierfür in das Aufklärungsgespräch. Hierdurch wird der Aufklärung solange ein Rahmen gegeben, bis die individuellen Informationsbedürfnisse des Patienten vom Arzt feststellbar sind. Es ist kaum vorstellbar, dass ein Arzt ein Aufklärungsgespräch damit beginnt, zunächst die Informationsbedürfnisse des konkreten Patienten festzustellen, um anschließend über den Eingriff zu informieren. Auch *Giesen*, der die Aufklärung im Einzelfall ohne Orientierung an einem Leitbild fordert, erkennt, dass der Arzt „dem Patienten positiv auf jeden Fall (zunächst) das (Mindest-)Maß an Aufklärung schuldet, das für jeden anderen in dieser Situation zu erfahren relevant wäre."[99] Damit stellt das Leitbild keine Begrenzung des Selbstbestimmungs-

---

93   *Steffen*, MedR 1983, 88, 89. Dies aufgreifend: *Schwill*, Aufklärungsverzicht und Patientenautonomie, S. 54. *Brüggemeier*, Deliktsrecht, Rn. 720, bezeichnet die Rechtsfigur als ersten „Orientierungspunkt".

94   Die Rechtsfigur dient auch nicht der Beantwortung der Frage, ob die Entscheidung für die Behandlung das Verständigste ist. Ist es nicht „verständig", in die Behandlung einzuwilligen, ist die Behandlung nicht indiziert und damit bestünde kaum eine Aufklärungspflicht. Vgl. dazu auch: *Schlund*, VersR 1977, 496, Anm. 80.

95   *Steffen*, MedR 1983, 88, 90.

96   *Katzenmeier*, Arzthaftung, S. 331.

97   *Steffen*, MedR 1983, 88, 89.

98   *Steffen*, MedR 1983, 88, 90.

99   *Giesen*, Arzthaftungsrecht, S. 244. Wobei sich berechtigterweise die Frage stellt, worin der Unterschied liegt zwischen der Aufklärung über das, was für jeden anderen in dieser Situation zu

rechtes dar, sondern soll vor allem die Aufklärung und damit auch die Umsetzung der Patientenselbstbestimmung praktikabel gestalten.

Die bei diesem Standpunkt verbleibende Kritik, dass es im Licht des Selbstbestimmungsrechtes fragwürdig sei, dass das Informationsbedürfnis des Patienten und dessen Umfang letztlich von außen bestimmt werde,[100] ist indes hinzunehmen. Neben der Tatsache, dass *Schwill* diesen von ihm aufgeworfenen Aspekt selbst nivelliert, indem er feststellt, dass der Arzt damit eine informierte Entscheidung überhaupt ermöglicht, was sich als eine Art „Fürsorge in Selbstbestimmungsangelegenheiten" darstellt,[101] ist dies auch ein Ausdruck des in den meisten Fällen vorhandenen (unvermeidbaren) Informationsgefälles zwischen Arzt und Patient. Auf den genauen Umfang der Aufklärung kann der Patient (in der ganzen Bandbreite zwischen Aufklärungsverzicht und ergänzenden Nachfragen) überdies Einfluss nehmen. Hier bedarf das Leitbild des „verständigen Patienten" jedenfalls auch des für das Selbstbestimmungsrecht des Patienten aufgeschlossenen „verständigen Arztes".

Neben der auf das Selbstbestimmungsrecht des Patienten gestützten Kritik werden gegenüber der Rechtsfigur des „verständigen Patienten" auch weitergehende verfassungsrechtliche Bedenken geäußert. Ein einfachrechtliches Abrücken der verfassungsrechtlich gebotenen, allumfassenden Aufklärung durch den Arzt sei vor dem Hintergrund der grundgesetzlich garantierten Patienten-Selbstbestimmung unzulässig.[102] Insbesondere sei es ein Verstoß gegen das verfassungsrechtlich verbürgte Selbstbestimmungsrechts des Patienten, den Aufklärungsumfang von „der Notwendigkeit des ärztlichen Eingriffs einerseits, sowie Gewicht und Wahrscheinlichkeitsausmaß der zu erwartenden schädlichen Folgen andererseits abhängig" zu machen.[103]

Obgleich damit zunächst das Verhältnis zwischen Dringlichkeit des Eingriffes und Umfang der Aufklärung gemeint ist, richtet sich diese Kritik gleichsam gegen den „vernünftigen Menschen als Maßstab spontan geschuldeter Aufklärung".[104] Letztlich werde dem Patienten zugemutet, nach den Maßstäben Dritter vernünftig zu sein, wenn nur über die Umstände und Folgen aufgeklärt werden müsse, die für einen

---

erfahren relevant wäre und der Aufklärung, bei der das für jeden anderen Irrelevante weggelassen wird. Vgl. auch *Kurcz*, Die Begrenzung der ärztlichen Aufklärungspflicht unter Einschränkung des Selbstbestimmungsrechts des Patienten, S. 20.

100   *Schwill*, Auskklärungsverzicht und Patientenautonomie, S. 54.

101   *Schwill*, Auskklärungsverzicht und Patientenautonomie, S. 54

102   Ohne weitere Begründung: *Kaufmann*, Die Beweislastproblematik im Arzthaftungsprozeß, S. 38.

103   So das abweichende Votum der Verfassungsrichter *Hirsch*, *Steinberger* und *Niebler*, BVerfGE 52, 171 ff., Rn. 148 ff.

104   So: *Stürner*, NJW 1979, 2334, 2336. Ihm folgend auch: *Hauschild*, Der Maßstab für die ärztliche Aufklärung im amerikanischen, englischen und deutschen Recht, S. 101.

vernünftigen Menschen von Bedeutung seien, da der Patient nur diese Maßstäbe für seine Entscheidung abwägen könne.[105]

Gegen diesen Standpunkt lassen sich allerdings einige Einwände anführen. Überzeugend verdeutlicht *Stürner*, dass die Verfassung keineswegs ein umfassendes „Dienstleistungssystem" vom Arzt fordern kann, das die gesamten Informationen dem Patienten unaufgefordert andient. Vielmehr kann nur eine „faire Chance zur Selbstbestimmung" vom Arzt verlangt werden.[106] Auch unter sozialstaatlichen Gesichtspunkten lässt sich kein „verfassungsrechtlicher Dienstleistungsanspruch" aus dem Recht der Selbstbestimmung ableiten.[107] Dies wäre auch eine zu einseitige Gewichtung der Rechte des Patienten gegenüber denen des Arztes. Dem entspricht auch das Mehrheitsvotum des BVerfG in der genannten Entscheidung. Ist Grundlage des Arzt-Patienten-Verhältnisses kein paternalistisches Verständnis, lässt „sich in diesem Bereich sozialer Einbindung in den für das Gemeinwohl unabdingbaren Berufsauftrag des Arztes diesem nicht die ganze Last des Arzt-Patientenverhältnisses auferlegen."[108] Folglich ist auch der Patient mitverantwortlich in den (Aufklärungs-)Dialog einzubeziehen. Andernfalls wird die ärztliche Tätigkeit in eine, dem Sozialauftrag der Medizin nicht mehr gerecht werdende, defensive Rolle gedrängt.[109]

Letztlich führt eine Überdehnung der Risikoaufklärung auch nur dazu, dass die Ärzte zu Beweiszwecken und um so der Gefahr der Unvollständigkeit zu begegnen, mit Hilfe umfassender und detaillierter, für den Einzelfall vorbereiteter Formulare aufklären. Hierdurch ist dem Selbstbestimmungsrecht nicht besser gedient.

3. Zwischenergebnis

Dem Patienten sind zunächst diejenigen Risiken mitzuteilen, denen ein „verständiger Patient" in der konkreten, dem Arzt bekannten bzw. erkennbaren Situation Bedeutung beimessen würde. Das Leitbild des „verständigen Patienten" bietet dem Arzt dabei eine Orientierung bei der Gestaltung der Aufklärung. Er kann sich an der gewöhnlichen Fähigkeit und Bereitschaft eines medizinischen Laien orientieren, das Für und Wider der Behandlung abwägen und muss das hierfür normale Spektrum der dafür relevanten Informationen liefern. Ergibt sich vor oder während des Aufklärungsgespräches durch den individuellen Patienten ein modifiziertes Informationsbedürfnis hat dieses Vorrang, vor der Orientierung am Leitbild des „verständigen Patienten". Daneben hat der BGH den allgemeinen Grundsatz aufgestellt, dass eine Aufklärung "im Großen und Ganzen" genügt.

---

105 BVerfGE 52, 171 ff., Rn. 150.
106 *Stürner*, NJW 1979, 2334, 2336.
107 *Stürner*, NJW 1979, 2334, 2336.
108 BVerfGE 52, 131 ff, Rn. 116.
109 BVerfGE 52, 131 ff, Rn. 116.

19

II. Spezifische Kriterien

Nachdem der allgemeine Rahmen der Risikoaufklärung bestimmt wurde, sind im Folgenden spezielle Kriterien zu behandeln, die es dem Arzt im Einzelfall ermöglichen, festzustellen, welche Informationen für die Abwägungsentscheidung des Patienten erheblich sind.[110]

1. Komplikations- und Risikodichte

Nach der ständigen Rechtsprechung des BGH erfordert die Risikoaufklärung nicht, dem Patienten „genaue oder annähernd genaue Prozentzahlen über die Möglichkeit der Verwirklichung eines Behandlungsrisikos" mitzuteilen und alle möglichen negativen Folgen der Behandlungen aufzuzeigen.[111] Die Entscheidungsfreiheit des Patienten kann vielmehr auch durch extrem seltene Risiken betroffen sein.[112] Zudem fehlen regelmäßig verlässliche statistische Daten für den konkreten Eingriff oder die vorhandenen Daten sind widersprüchlich. Hinzu kommt, dass sich vorhandene Statistiken oft nur an medizinischen Häufigkeiten orientieren und nicht zwischen vermeidbaren und unvermeidbaren Risiken differenzieren.[113] Schließlich haben Durchschnittsstatistiken nur einen begrenzten Aussagewert hinsichtlich der konkreten Wahrscheinlichkeit des speziellen Arztes im einzelnen Krankenhaus.[114] Dem alleinigen statistischen Wert einer bestimmten Risikoverwirklichung kommt für den konkreten Patienten damit regelmäßig nur ein geringer Aussagewert zu.[115]

Entscheidender für die Risikoaufklärung ist, dass das Risiko „dem Eingriff spezifisch anhaftet und [...] bei seiner Verwirklichung die Lebensführung des Patienten besonders belastet."[116] Nur im Zusammenhang mit diesen Aspekten ist der Wahrscheinlichkeitsgrad des Risikos von Bedeutung. Der Patient ist folglich gegebenenfalls auch über extrem seltene Risiken eines Eingriffes aufzuklären.[117] Sofern die Komplikations- und Risikodichte für die Aufklärung im konkreten Fall eine Rolle spielt, ist nicht „auf allgemeine Durchschnittswerte in Spezialkliniken", die sich auf optimale Verhältnissen beziehen, abzustellen, sondern vielmehr auf die Komplikationsdichte in der

---

110 Hierzu bereits: *Schwill*, Aufklärungsverzicht und Patientenautonomie, S. 55 ff.

111 BGH, VersR 1984, 582, 583; BGH, NJW 1961, 2203; NJW 1992, 2351, 2352; NJW 2009, 1209, 1210. Eine Aufklärung über alle denkbaren Folgen ist vom BGH nie verlangt worden. A.A. wohl noch: *Neidhardt*, NJW 1956, 1097, 1098.

112 BGH, NJW 1972, 335, 336; NJW 1980, 633, 634 f.; NJW 1985, 2192; *Schwill*, Aufklärungsverzicht und Patientenautonomie, S. 56.

113 *Steffen/Pauge*, Arzthaftungsrecht, Rn. 380. Vgl. auch: RGRK-*Nüßgens*, § 823 Anh. II, Rn. 114.

114 BGH, VersR 1982, 1142 im Anschluss an OLG Celle, VersR 1981, 1184; RGRK-*Nüßgens*, § 823 Anh. II, Rn. 114; *Steffen/Pauge*, Arzthaftungsrecht, Rn. 380.

115 In den 50er Jahren orientierte sich der BGH noch am Grad der Gefährlichkeit des Eingriffes, vgl. BGH, NJW 1956, 1106, 1107.

116 BGH, NJW 2000, 1784, 1785

117 BGH, NJW 1980, 633, 635.

konkreten Klinik und das Können und die Erfahrung der im speziellen Fall handelnden Ärzte.[118]

2. Grundaufklärung und typische Risiken

Über Risiken, die dem Eingriff „*typisch* anhaften", ist der Patient stets aufzuklären.[119]
Solche *typischen* Risiken sind Gefahren, die mit einer Behandlung „verbunden zu
sein pflegen und mit deren Eintreten nach dem Stande ärztlicher Erfahrung und Wissenschaft gerechnet werden" muss.[120] Über Risiken, die beim konkreten Eingriff im
Gegensatz zu anderen Behandlungen auftauchen, aber auch über mögliche typische
Misserfolge und typische Zwischenfälle ist, unabhängig von deren statistischer Bedeutung, aufzuklären. In der neueren Rechtsprechung findet sich auch der Begriff
des „*spezifischen* Risikos".[121] Umgekehrt bedeutet das, dass auf *allgemeine* Risiken
einer größeren, unter Narkose vorgenommen Operation (etwa Wundinfektionen,
Narbenbrüche oder Embolien[122]) nicht hingewiesen werden muss, da der Patient mit
diesen im Allgemeinen rechnet.[123] Die Kenntnis dieser Risiken kann gewissermaßen
als „Basiswissen" vorausgesetzt werden.[124] Die ärztliche Aufklärungspflicht erstreckt
sich damit nicht auf alle denkbaren oder möglich erscheinenden Nebenwirkungen
des Eingriffes. Eine Aufklärungspflicht besteht hinsichtlich dieser *allgemeinen* Risiken
nur, wenn für den Arzt erkennbar ist, dass der Patient den nicht zweifelsfrei gebotenen Eingriff nicht hinreichend ernst nimmt.[125]

Dies stellt den Arzt dagegen vor die Frage, ob ein Risiko als *allgemeines* oder dem
Eingriff *typisches* einzuordnen ist. Es fehlt, wie von *Eisner*[126] zutreffend kritisiert, an
klaren Konturen der Rechtsprechung. Zwar wird von der Rechtsprechung ein gewis-
ses Grundwissen beim Patienten vorausgesetzt, in einigen Fällen wird dagegen dennoch eine Aufklärungspflicht auch für allgemeine Risiken angenommen, wenn besondere Anhaltspunkte hierfür sprechen.[127] Vom aufklärenden Arzt verlangt dies im

---

118 BGH, NJW 1961, 2203; NJW 1971, 1887; NJW 1980, 1905, 1907.

119 BGH, NJW 1984, 1395, 1396; BGH, NJW 1994, 3012, 3013; BGH, NJW 2000, 1784, 1785.

120 BGHZ 29, 46, 58; RGRK-*Nüßgens*, § 823 Anh. II, Rn. 113 spricht von „notwendig auftretenden
Folgen des Eingriffes".

121 BGH,NJW 1996, 776; NJW 1996, 779, 781; NJW 1996, 3073, 3074.

122 BGH, NJW 1986, 780.

123 BGH, NJW 1980, 633, 635; BGH, NJW 1992, 743. Auch: *Schwill*, Aufklärungsverzicht und Patientenautonomie, S. 56.

124 BGH, NJW 1992, 743.

125 BGH, VersR 1979, 1012, jedoch mit der Einschränkung, dass Infektionen an Großgelenken vor
allem bei längerer Dauer des Eingriffs nicht selten sind und auch, jedenfalls soweit sie nicht auf
den Außenbereich beschränkt bleiben, sehr häufig zu geringfügigen bis schweren Funktions-
einschränkungen führen.

126 *Eisner*, Die Aufklärungspflicht des Arztes, S. 73.

127 BGH, NJW 1989, 1533. Zwar sei über das allgemeine Risiko einer Wundinfektion nach Operationen, das zu den allgemeinen Gefahren gehöre, mit denen der Patient rechne, nicht aufzuklä-

konkreten Behandlungsfall, zu erkennen, ob Anhaltspunkte gegeben sind, die dem Grundsatz der Kenntnis des Patienten über allgemeine Risiken widersprechen und damit eine Aufklärung auch über diese Risiken erforderlich ist. Während die Kenntnis bestimmter allgemeiner Risiken von der Rechtsprechung vermutet wird und der Informationsbedarf des individuellen Patienten vom Arzt zu bestimmen ist, trifft daneben auch den Patienten in einem zweiten Schritt die Pflicht, die Aufklärung durch Nachfragen zu beeinflussen.

Versäumt der Arzt den Hinweis auf ein bestimmtes Risiko, so wird die mangelnde Aufklärung nur dann dem Arzt zugerechnet, wenn der Patient nicht einmal die sog. Grundaufklärung, d.h. den Hinweis auf das schwerste Risiko erhalten hat.[128] Die Grundaufklärung erfordert, dass dem Patienten „ein zutreffender Eindruck von der Schwere des Eingriffes und von der Art der Belastungen vermittelt wird, die für seine Integrität und Lebensführung auf ihn zukommen können."[129] Hierfür muss der Patient in der Regel zumindest „einen Hinweis auf das schwerste möglicherweise in Betracht kommende Risiko erhalten".[130] Fehlt es an der Grundaufklärung, so haftet der Arzt für alle eingetretenen Schäden, unabhängig davon, ob sie aus einem aufklärungsbedürftigen Risiko entstanden sind oder aus einem sonstigen Risiko.

3. Bedeutung des Risikos für den Patienten

Neben der Gefahrentypizität ist nach der Rechtsprechung des BGH ausschlaggebend dafür, ob ein Risiko aufklärungsbedürftig ist, die Bedeutung, die das konkrete Risiko für die Entscheidung des Patienten haben kann.[131] Hat das jeweilige Risiko im Falle seiner Verwirklichung eine besonders schwere Belastung für seine Lebensführung zur Folge, „so ist die Information über ein solches Risiko für die Einwilligung des Patienten auch dann von Bedeutung, wenn sich das Risiko sehr selten verwirklicht."[132] Dies trägt dem Umstand Rechnung, dass gerade die individuelle Situation des Patienten entscheidend für die Bestimmung der Risikoaufklärung ist.

III. Zusammenfassung

Durch die Risikoaufklärung soll dem Patienten ein allgemeines Bild von der Art und Schwere des Eingriffes und den hieraus resultierenden Risiken, insbesondere möglichen vorübergehenden oder dauernden Nebenfolgen, vermittelt werden. Hierbei kann der Arzt zunächst vom Leitbild des „verständigen Patienten" ausgehen. Er kann sich an der gewöhnlichen Fähigkeit und Bereitschaft eines medizinischen Laien orientieren, das Für und Wider der Behandlung abzuwägen und muss das hierfür nor-

---

ren, der Arzt, der eine Injektion setze, könne aber ein solches allgemeines Gefahrenbewusstsein bei seinem Patienten nicht voraussetzen, weshalb er hierüber aufzuklären habe.
128   BGH, NJW 1989, 1533, 1539; BGH, NJW 1991, 2346; NJW 2001, 2798.
129   BGH, NJW 1991, 2346, 2347.
130   BGH, NJW 1991, 2346, 2347.
131   BGH, NJW 2009, 1209, 1210.
132   BGH, NJW 2009, 1209, 1210.

male Spektrum der dafür relevanten Informationen liefern. Darüber hinausgehende Informationsbedürfnisse des individuellen Patienten sind in jedem Fall zu beachten.

Allgemeingültigen Regeln, die statisch auf alle Fälle der Risikoaufklärung angewendet werden können, existieren nicht. Dennoch bietet die Rechtsprechung Kriterien und Maßstäbe, die auf die konkrete Behandlung angewendet werden können. So ist die bloße statistische Häufigkeit eines Risikos für die Frage, ob der Arzt über dieses Risiko aufklären muss, nicht entscheidend. Der Arzt muss den Patienten nicht über alle Risiken einer Behandlung informieren. Entscheidender ist, ob das Risiko „dem Eingriff spezifisch anhaftet" und bei seiner Verwirklichung die Lebensführung des Patienten besonders belastet. Über typische Risiken, die mit der speziellen Behandlung verbunden zu sein pflegen und mit deren Eintreten nach dem Stand ärztlicher Erfahrung und Wissenschaft gerechnet werden muss, sowie über typische Misserfolge und typische Zwischenfälle, ist unabhängig von der statistischen Häufigkeit aufzuklären. Ein sog. „Basiswissen" über allgemeine Komplikationen einer Operation kann beim Patienten hingegen vorausgesetzt werden. Schließlich sind diejenigen Risiken aufklärungsbedürftig, die im Falle ihrer Verwirklichung die Lebensführung des Patienten erheblich belasten.

E. Aufklärung über Behandlungsalterativen und Qualitätsaufklärung

§ 630c Abs. 1 S. 3 BGB verpflichtet den Arzt, bei der Aufklärung auch auf *Alternativen zur beabsichtigten Maßnahme* hinzuweisen, sofern mehrere medizinisch gleichermaßen indizierte und übliche Methoden zu wesentlich unterschiedlichen Belastungen, Risiken oder Heilungschancen führen können. Zwar ist die Wahl der Behandlungsmethode nach dem Grundsatz der Therapiefreiheit grundsätzlich Sache des Arztes.[133] Stehen jedoch „mehrere medizinisch gleichermaßen indizierte und übliche Behandlungsmethoden, die wesentlich unterschiedliche Risiken und Erfolgschancen aufweisen [zur Verfügung], besteht mithin eine echte Wahlmöglichkeit für den Patienten, dann muss diesem nach entsprechend vollständiger ärztlicher Aufklärung die Entscheidung überlassen bleiben, auf welchem Wege die Behandlung erfolgen soll und auf welches Risiko er sich einlassen will."[134] Über Behandlungsmethoden, die sich dagegen noch in der Erprobung befinden, muss der Arzt nicht aufklären.[135]

Der Bereich der sog. *Qualitätsaufklärung* ist dogmatisch der Aufklärung über alternative Behandlungsmethoden und damit der Risikoaufklärung als Teil der Selbstbestimmungsaufklärung zuzuordnen.[136] Aufklärungspflichten über die personelle und sachliche Ausstattung sowie über Qualitätsabstufungen in der Qualifikation und Behandlung wurden durch das Patientenrechtegesetz nicht geregelt und auch von der Rechtsprechung werden diesbezügliche Hinweispflichten nur sehr beschränkt ange-

---

133 BGH, NJW 2005, 1718,
134 BGH, NJW 2005, 1718. Vgl. auch: BGHZ 102, 17, 22; BGH, NJW 1988, 765.
135 BT-Drs. 17/10488, S. 24.
136 *Hart*, MedR 1999, 47, 50; *Pflüger*, MedR 2000, 6, 7.

nommen. Jedenfalls solange die Behandlung dem jeweils zu fordernden medizinischen Standard genügt, ist der Arzt grundsätzlich nicht in der Pflicht, den Patienten etwa darauf hinzuweisen, dass in einem Kreiskrankenhaus die personelle und sachliche Versorgung nicht der einer besser ausgestatteten Klinik (bspw. eines Universitätskrankenhauses) entspricht.[137]

Aufklärungspflichten ergeben sich jedoch, sofern der Arzt von der Standardbehandlung abweicht.[138] Anknüpfungspunkt für die Beurteilung des Umfanges einer Aufklärungspflicht ist folglich der medizinische Standard.[139] Erst die Kenntnis, welche Behandlung dem medizinischen Standard entspricht, ermöglicht dem Patienten eine selbstbestimmte Entscheidung zwischen verschiedenen Behandlungsbedingungen.[140] Dem medizinischen Standard kommt dabei in zweierlei Hinsicht Bedeutung zu. Zum einen dient er der Feststellung des Aufklärungsumfanges und zum anderen ist er maßgeblich für die Abgrenzung von Aufklärungspflichtverletzung und Behandlungsfehler.[141]

F. Einschränkungen der Aufklärungspflicht

Die Aufklärungspflicht kann im Einzelfall aus unterschiedlichen Gründen begrenzt sein. Zu diesen Gründen, die ausnahmslos mit der Person des Patienten verbunden sind, hat die Rechtsprechung eine Reihe von Fallkonstellationen entwickelt.[142] Mit dem Patientenrechtegesetz wurden diese Einschränkungen, bei denen es gegebenenfalls keiner Aufklärung des Patienten bedarf, gesetzlich geregelt. Die §§ 630c Abs. 4 und 630e Abs. 3 BGB legen fest, dass es der Aufklärung des Patienten nicht bedarf, soweit diese auf Grund besonderer Umstände entbehrlich ist, insbesondere wenn die Maßnahme unaufschiebbar ist oder der Patient auf die Aufklärung ausdrücklich verzichtet hat. Übereinstimmend mit der Rechtsprechung ist nach dieser nicht abschließenden Regelung in den §§ 630c Abs. 4 und 630e Abs. 3 BGB zwischen Notfallsituationen, dem Aufklärungsverzicht, der therapeutischen Kontraindikation und dem bereits informierten Patienten zu differenzieren:

---

137 BGHZ 102, 17; BGH, NJW 1988, 2302, sowie: *Damm*, NJW 1989, 737, 739.

138 BGH, NJW 1962, 1780, 1782; 1988, 763; *Haindl/Helle*, MedR 2001, 411, 417; *Jäkel*, MedR 2011, 485, 487.

139 BGHZ 102, 17; BGH, NJW 1988, 2302; *Schelling*, Die ärztliche Aufklärung über die Qualität der Behandlung, S. 52.

140 *Schelling*, Die ärztliche Aufklärung über die Qualität der Behandlung, S. 52.

141 *Schelling*, Die ärztliche Aufklärung über die Qualität der Behandlung, S. 52.

142 Dazu bereits: *Deutsch/Spickhoff*, Medizinrecht, Rn. 320 ff.; *Katzenmeier*, in: Laufs/Katzenmeier/Lipp (Hrsg.), Arztrecht, V. Rn. 31 ff.; *Laufs*, in: Laufs/Kern (Hrsg.), Handbuch des Arztrechts, § 60 Rn. 15 ff.; *Roßner*, Begrenzung der Aufklärungspflicht des Arztes bei Kollision mit anderen ärztlichen Pflichten, S. 95 f.; *Schwill*, Aufklärungsverzicht und Patientenautonomie, S. 69 ff.; *Voll*, Die Einwilligung im Arztrecht, S. 128 ff.

Ist eine medizinische Behandlung des Patienten dringend geboten (*Notfallbehandlung*), kann die Aufklärung unmöglich oder entbehrlich sein.[143] Nach § 630e Abs. 3 BGB bedarf es keiner Aufklärung, wenn die Maßnahme unaufschiebbar ist. In der Regel wird allerdings auch bei Notfallsituationen die Aufklärungspflicht lediglich begrenzt. Selbst bei vitaler Indikation ist dem Patienten die Entscheidung selbst zu überlassen, ob er den Eingriff gegebenenfalls ablehnt, auch wenn ein solcher Entschluss medizinisch unvernünftig ist.[144] Der bewusstlose Patient kann freilich nicht aufgeklärt werden. Ist in diesem Fall kein Vertreter vorhanden und besteht eine vitale Indikation, so kann der Arzt den Eingriff ohne Einwilligung und Aufklärung mit der mutmaßlichen Einwilligung vornehmen, wenn anzunehmen ist, dass „normalerweise ein Patient in dieser Lage nach einer ausreichenden Aufklärung zugestimmt hätte".[145]

Auf die Aufklärung kann der Patient auch verzichten (*Aufklärungsverzicht*). Als Ausdruck der Selbstbestimmung kann der Patient, etwa um sich Beunruhigungen zu ersparen, ohne die sonst erforderlichen Informationen, dem Arzt freie Hand geben, nachdem er sich bereits von der Notwendigkeit des Eingriffs überzeugt hat.[146] Obgleich die Möglichkeit des Aufklärungsverzichts in § 630c Abs. 3 BGB ausdrücklich geregelt wurde, sind an den Verzicht hohe Anforderungen zu stellen.[147] Zum einen muss der Verzicht deutlich und unmissverständlich erklärt werden.[148] Zum anderen muss der der Patient regelmäßig die Erforderlichkeit des Eingriffes, dessen Art und den Umstand, dass er nicht ganz ohne Risiko verläuft, kennen.[149] Ein Verzicht ist in der Regel daher nur über Einzelheiten der Aufklärung möglich.

Ist indes zu befürchten, „daß die mit der Aufklärung verbundene Eröffnung der Natur des Leidens zu einer ernsten und nicht behebbaren Gesundheitsschädigung des Patienten führen würde,"[150] so kann die Aufklärung kontraindiziert sein (*therapeutische Kontraindikation*).[151] Dass der Aufklärungspflicht therapeutische Gründe entgegenstehen können, hat auch der Gesetzgeber deutlich gemacht. Stehen der Aufklärung erhebliche therapeutische Gründe entgegen, so kann die Aufklärung gem. § 630e

---

143 *Roßner*, Begrenzung der Aufklärungspflicht des Arztes bei Kollision mit anderen ärztlichen Pflichten, S. 95; *Schwill*, Aufklärungsverzicht und Patientenautonomie, S. 69.

144 BGHZ 90, 103, 105; *Schwill*, Aufklärungsverzicht und Patientenautonomie, S. 69.

145 *Voll*, Die Einwilligung im Arztrecht, S. 136.

146 BGH, NJW 1973, 556, 558. Ausführlich hierzu: *Schwill*, Aufklärungsverzicht und Patientenautonomie, S. 96 f.

147 BT-Drs. 17/10488, S. 22. Vgl. schon *Roßner*, NJW 1990, 2291, 2293 ff.

148 BGHZ 29, 46, 54; OLG Bremen, MedR 1983, 111 f.; *Tempel*, NJW 1980, 609, 614. Der konkludente Aufklärungsverzicht ist damit jedoch nicht ausgeschlossen, *Katzenmeier*, in: Laufs/Katzenmeier/Lipp (Hrsg.), Arztrecht, V. Rn. 34; *Roßner*, NJW 1990, 2991, 2993 f.

149 *Katzenmeier*, in: Laufs/Katzenmeier/Lipp (Hrsg.), Arztrecht, V. Rn. 34.

150 BGHZ 29, 176, 185.

151 BGHZ 29, 46, 56 f.; 29, 176, 185; *Deutsch/Spickhoff*, Medizinrecht, Rn. 321; *Katzenmeier*, in: Laufs/Katzenmeier/Lipp (Hrsg.), Arztrecht, V. Rn. 36; *Laufs*, in: Laufs/Kern (Hrsg.), Handbuch des Arztrechts, § 60 Rn. 20; *Schwill*, Aufklärungsverzicht und Patientenautonomie, S. 76.

Abs. 3 BGB entbehrlich sein.[152] Da das Selbstbestimmungsrecht jedoch nur unter sehr eingeschränkten Voraussetzungen beschränkt werden dürfe, seien „die Anforderungen an diese therapeutischen Gründe sehr streng".[153] Obgleich der BGH eine Beschränkung der Aufklärungspflicht zum Wohl des Patienten nicht generell anerkannt hat, „damit das durch die Aufklärung zu wahrende Selbstbestimmungsrecht des Patienten nicht unterlaufen wird", lässt er in Ausnahmefällen Einschränkungen zu.[154] Daher kann ein Absehen von der Aufklärungspflicht „nur in dem besonderen Falle, daß die mit der Aufklärung verbundene Eröffnung der Natur des Leidens zu einer ernsten und nicht behebbaren Gesundheitsschädigung des Patienten führen würde, [...] gerechtfertigt sein."[155] Sind dagegen „therapeutische Gründe für eine besondere Schonung des Patienten nicht ersichtlich"[156] oder besteht die Gefahr, dass der Patient gegebenenfalls eine unvernünftige Entscheidung trifft,[157] so sind keine Einschränkungen zulässig. Selbst „erhebliche seelische Belastungen" als Folge der Aufklärung sind, nach der insoweit überzeugenden Darstellung der Richter *Hirsch*, *Niebler* und *Steinberger* in der abweichenden Meinung zum Beschluss des Zweiten Senats vom 25. Juli 1979,[158] gerade die „Kehrseite freier Selbstbestimmung"[159] des Patienten.

Die Aufklärung ist nicht mehr erforderlich, wenn der Patient bereits über sämtliche, für eine wirksame Einwilligung notwendigen Informationen verfügt, unerheblich, woher dieses Wissen stammt (*bereits informierter Patient*).[160] Der Wissensstand kann sich aus einer eigenen medizinischen Ausbildung oder Tätigkeit ergeben,[161] aus früheren Erfahrungen mit der Erkrankung resultieren[162] oder durch eine vorausgehende Aufklärung des überweisenden Hausarztes oder sonstige Umstände in der Vorgeschichte des Patienten bestehen.[163] Vom bereits informierten Patienten ist der

---

152 BT-Drs. 17/10488, S. 25.

153 BT-Drs. 17/10488, S. 25.

154 BGH, NJW 1972, 335; BGHZ 90, 103, 109 f.; *Schwill*, Aufklärungsverzicht und Patientenautonomie, S. 77.

155 BGHZ 29, 176, 182, 185. Vgl. auch BT-Drs. 17/10488, S. 25 und *Schwill*, Aufklärungsverzicht und Patientenautonomie, S. 77.

156 BGH, NJW 1979, 1933, 1934; *Schwill*, Aufklärungsverzicht und Patientenautonomie, S. 76.

157 BGH, VersR 1980, 429.

158 BVerfGE 52, 171 ff.

159 BVerfGE 52, 171, 180 sowie: *Schwill*, Aufklärungsverzicht und Patientenautonomie, S. 76.

160 BGH, NJW 1994, 2414, 2415; *Roßner*, Begrenzung der Aufklärungspflicht des Arztes bei Kollision mit anderen ärztlichen Pflichten, S. 95; *Schwill*, Aufklärungsverzicht und Patientenautonomie, S. 70. Vgl. auch die Begründung zu § 630c Abs. 3 BGB, BT-Drs. 17/10488, S. 25.

161 BGH, VersR 1961, 1036, 1037; 1979, 58, 59. Auch: *Schwill*, Aufklärungsverzicht und Patientenautonomie, S. 70.

162 BGH, VersR 61, 1036, 1038; BGH, NJW 1973, 556, 558; 1976, 363, 364. Sowie: *Schwill*, Aufklärungsverzicht und Patientenautonomie, S. 70.

163 BGH, NJW 1976, 363; *Roßner*, Begrenzung der Aufklärungspflicht des Arztes bei Kollision mit anderen ärztlichen Pflichten, S. 95.

Patient zu unterscheiden, der sich bereits zum Eingriff entschlossen hat[164] (*bereits entschlossener Patient*). In Anlehnung an den Aufklärungsverzicht muss der bereits zum Eingriff entschlossene Patient allerdings zumindest Kenntnis von Verlauf, Art und Umfang des Eingriffs haben.[165] Als Ausdruck des Selbstbestimmungsrechts hat die Entschlossenheit des Patienten zwar Einfluss auf den Aufklärungsumfang, dass der Arzt dennoch verpflichtet ist, Basisinformationen abzusichern, folgt dagegen aus der Fürsorge des Arztes in Selbstbestimmungsangelegenheiten.[166]

G. Durchführung der Aufklärung

Die Durchführung und die formellen Anforderungen an die Aufklärung sind in § 630e Abs. 2 S. 1 BGB geregelt. Nach § 630e Abs. 2 S. 1 Nr. 1 BGB hat die Aufklärung mündlich zu erfolgen. Das Vertrauensverhältnis zwischen Arzt und Patient und der bereits dargestellte individuelle Charakter der Aufklärung erfordern die Aufklärung des Patienten im persönlichen Gespräch.[167] Auf diese Weise wird zugleich gewährleistet, dass der Patient die Möglichkeit hat, Fragen zu stellen. Sowohl die Aufklärung, als auch die Einwilligung sind daher grundsätzlich formfrei.[168]

Bei der Durchführung und *sprachlichen Gestaltung* der Aufklärung wird dem Ermessen des Arztes „ein weiter Spielraum gelassen".[169] Die Aufklärung muss freilich für den Patienten verständlich sein, § 630c Abs. 2 S. Nr. 3 BGB. Die Informationen sind entsprechend dem Bildungsstand, dem Alter und der gesundheitlichen Verfassung des Patienten anzupassen.[170] Es ist nicht erforderlich, dem Patienten medizinisches Detailwissen zu vermitteln. Ihm sind die Schwere und die Tragweite des beabsichtigten Eingriffes als Grundlage für die Ausübung seines Selbstbestimmungsrechts zu vermitteln.[171] Dabei ist dem Patienten die Möglichkeit zu eröffnen, in einem persönlichen Gespräch Fragen zu stellen. Lediglich ergänzend darf auf Formularblätter zurückgriffen werden.[172] Daher regelt § 630c Abs. 2 S. 1 Nr. 1 BGB auch, dass (lediglich) ergänzend auf Unterlagen Bezug genommen werden kann, die der Patient in Textform erhält. Zwar sind schriftliche Aufzeichnungen nach Auffassung des BGH „nützlich und (zu Beweiszwecken) dringend zu empfehlen".[173] Allerdings kann der Rückzug auf Formulare und Merkblätter mit dem „Wesen und Sinn der Patientenauf-

---

164   BGH, VersR 1961, 1036, 1038; BGH, NJW 1976, 363, 364; 1980, 633, 635.
165   *Schwill*, Aufklärungsverzicht und Patientenautonomie, S. 76.
166   *Schwill*, Aufklärungsverzicht und Patientenautonomie, S. 76.
167   *Deutsch/Spickhoff*, Medizinrecht, Rn. 308; *Katzenmeier*, in: Laufs/Katzenmeier/Lipp (Hrsg.), Arztrecht, V. Rn. 45; *Laufs*, in: Laufs/Kern (Hrsg.), Handbuch des Arztrechts, § 62 Rn. 14.
168   BGHZ 67, 48, 55.
169   BGH, NJW 1971, 1887, 1888; *Schwill*, Aufklärungsverzicht und Patientenautonomie, S. 82.
170   *Tempel*, NJW 1980, 609, 615.
171   BT-Drs. 17/10488, S. 24.
172   BT-Drs. 17/10488, S. 24.
173   BGH, NJW 1985, 1399.

klärung geradezu in Widerspruch geraten."[174] Zum einen orientieren sich die Formulare nicht am individuellen Patienten. Zum anderen kann der Arzt ohne persönliches Gespräch nicht sicherstellen, dass der Patient die Ausführungen verstanden hat.[175] Entscheidend bleibt daher das persönliche Gespräch, das durch Formulare allenfalls vorbereitet und begleitet werden kann.[176]

Die Aufklärung ist eine originär ärztliche Tätigkeit und obliegt grundsätzlich der Person, die bei Mängeln zivil- und strafrechtlich gegenüber dem Patienten haftet (*Aufklärungspflichtiger*).[177] Da die Wirksamkeit der Einwilligung in den ärztlichen Eingriff von einer hinreichenden Aufklärung abhängt, hat die Aufklärung folglich grundsätzlich durch den Arzt zu erfolgen, der den Eingriff durchführt.[178] Sofern der den Eingriff durchführende Arzt die Aufklärung etwa aus organisatorischen Gründen nicht selbst durchführt, kann er die Durchführung auf einen hinreichend qualifizierten ärztlichen Mitarbeiter übertragen.[179] Nach § 630e Abs. 2 S. 1 Nr. 1 BGB hat die Aufklärung durch eine Person zu erfolgen, die über die zur Durchführung der Maßnahme notwendige Befähigung verfügt. Die Delegation auf nichtärztliches Personal[180] oder einen fachfremden Arzt ohne hinreichende Sachkunde[181] ist unzulässig. Der behandelnde Arzt muss dann „durch geeignete organisatorische Maßnahmen und Kontrollen [...] [sicherstellen], dass eine ordnungsgemäße Aufklärung durch den damit betrauten Arzt gewährleistet ist."[182]

Aufzuklären ist die Person, bei der der Eingriff durchgeführt werden soll und die damit ihre Einwilligung hierzu zu geben hat (*Aufzuklärender*). § 630e Abs. 1 S. 1 BGB spricht davon, dass der Patient aufzuklären ist. Dies ist entweder der einwilligungsfähige Patient oder bei minderjährigen oder einwilligungsunfähigen Kranken deren gesetzliche Vertreter.[183] Da über ein höchstpersönliches Rechtsgut verfügt wird, kommt es für die Einwilligungsfähigkeit nicht auf die Geschäftsfähigkeit, sondern auf die na-

174 BGH, NJW 1985, 1399.
175 *Katzenmeier*, in: Laufs/Katzenmeier/Lipp (Hrsg.), Arztrecht, V. Rn. 46.
176 BGH, NJW 1985, 1399; *Deutsch/Spickhoff*, Medizinrecht, Rn. 308; *Katzenmeier*, in: Laufs/Katzenmeier/Lipp (Hrsg.), Arztrecht, V. Rn. 46; *Schwill*, Aufklärungsverzicht und Patientenautonomie, S. 83; *Voll*, Die Einwilligung im Arztrecht, S. 119.
177 *Schwill*, Aufklärungsverzicht und Patientenautonomie, S. 79.
178 OLG München, NJW 1983, 2642; *Laufs*, in: Laufs/Kern (Hrsg.), Handbuch des Arztrechts, § 62 Rn. 1. Bei mehreren, an der Behandlung beteiligten Ärzte, ist jeder verpflichtet, über den Teil der Behandlung aufzuklären, den er durchführt, OLG Hamm, VersR 1994, 815.
179 BGH, NJW 1980, 1905, 1907; VersR 1990, 1010; BGHZ 169, 364; *Laufs*, in: Laufs/Kern (Hrsg.), Handbuch des Arztrechts, § 62 Rn. 14
180 BGH, NJW 1974, 604, 605; *Bohne*, Delegation ärztlicher Tätigkeiten, S. 22 ff.; *Tempel*, NJW 1980, 609, 615.
181 *Schwill*, Aufklärungsverzicht und Patientenautonomie, S. 80.
182 BGHZ 169, 364, 367.
183 Eltern, Vormund, Pfleger, Betreuer oder Vorsorgebevollmächtigter, *Laufs*, in: Laufs/Kern (Hrsg.), Handbuch des Arztrechts, § 62 Rn. 7. Zur Mitentscheidungsbefugnis von Minderjährigen: *Nebendahl*, MedR 2009, 197 ff.

türliche Einsichts- und Entschlussfähigkeit an.[184] Ein Minderjähriger kann in einen ärztlichen Eingriff wirksam einwilligen, wenn er „nach seiner geistigen und sittlichen Reife die Bedeutung und Tragweite des Eingriffs und seiner Gestattung zu ermessen vermag"[185] Im Übrigen sind die Eltern nach §§ 1626 Abs. 1, 1627, 1629 Abs. 1 BGB Träger der Zustimmungsbefugnis.

Eine hinreichende Aufklärung erfordert neben den inhaltlichen Anforderungen und dem gebotenen Umfang, zur Wahrung des Selbstbestimmungsrechtes des Patienten auch, dass sie *rechtzeitig* erfolgt.[186] Nach § 630e Abs. 2 S. 1 Nr. 2 BGB hat die Aufklärung so rechtzeitig zu erfolgen, dass der Patient seine Entscheidung über die Einwilligung wohlüberlegt treffen kann. Der Patient muss in der Lage sein, durch Abwägung der für und gegen den Eingriff sprechenden Gründe, seine „Entscheidungsfreiheit und damit sein Selbstbestimmungsrecht in angemessener Weise" zu wahren.[187] Der Zeitpunkt muss daher so festgelegt werden, dass dem Patienten eine überlegte und frei von äußerem und zeitlichem Entscheidungsdruck gebildete Entscheidung ermöglicht wird. In einem sehr weitgehenden Urteil hat der BGH dazu den Grundsatz aufgestellt, dass die Aufklärung „so frühzeitig wie nötig" zu erfolgen habe.[188] Eine ausführliche Betrachtung zum Zeitpunkt der Aufklärung soll in Kapitel 6 erfolgen.

---

184 *Katzenmeier*, in: Laufs/Katzenmeier/Lipp (Hrsg.), Arztrecht, V. Rn. 41.
185 BGHZ 29, 33, 36.
186 BGH, NJW 1992, 2351.
187 BGH, NJW 2003, 2012, 2013. Ebenso: OLG Düsseldorf, NJW 1963, 1679, 1680.
188 BGH, NJW 1992, 2351.

Kapitel 3

Die Aufklärungspflicht über die Herkunft des zu transplantierenden Organs

A. Einleitung

Bereits lange vor dem Inkrafttreten des TPG und zum Teil auch bevor die Arbeitsgemeinschaft der Transplantationszentren im Jahre 1987, als Ausdruck der Selbstkontrolle und Selbstverantwortung, den „Transplantationskodex"[189] beschloss, wurde in der Wissenschaft diskutiert, ob der Empfänger einer Organspende über die Herkunft des Transplantates aufgeklärt werden soll.

I. Ausgangspunkt der Untersuchung

Während nach *Rüping*[190] der Spender vorbehaltlich enger persönlicher Verhältnisse anonym bleiben sollte, war *Kramer*[191] der Auffassung, dass dem Organempfänger vor der Transplantation auch über die Herkunft der zu implantierenden Organe Auskunft gegeben werden muss, ohne dass präzisiert wird, welche Angaben hierunter zu fassen sind.

Selbst im Hinblick auf die Frage, ob dem Patienten eröffnet werden soll, dass er das Organ eines Verstorbenen bekommen soll, herrschte Uneinigkeit. Einige Stimmen forderten, dass der Umstand, dass das Organ von einem Frischverstorbenen stamme, dem Organempfänger nicht verschwiegen werden dürfe.[192] *Rüping* dagegen ging davon aus, dass die Information auch unterbleiben könne, „wenn die Eröffnung den Patienten erheblich belasten oder zu einer sachfremden Weigerung veranlassen würde."[193]

Im Transplantationskodex wurde festgelegt, dass "die Angehörigen des Verstorbenen [...] nicht über die Identität des Empfängers bzw. der Empfänger von Organen informiert [werden]".[194] Dieser Grundsatz wurde in der Folge auch vom Gesetzgeber aufgegriffen und bei der Schaffung des TPG übernommen.

Das Transplantationsgesetz enthält nunmehr in § 14 detaillierte Regelungen zum Datenschutz bei Transplantationen. Speziell im § 14 Abs. 2 TPG befindet sich die Regelung, dass die Offenbarung personenbezogener Daten unzulässig ist. Konkret heißt dies, dass die Angehörigen eines Organspenders etwa den Namen des Organ-

---

189 Abgedruckt in *Deutsch*, Arztrecht und Arzneimittelrecht, 2. Auflage, S. 269 ff.

190 *Rüping*, GA 1978, 129, 133.

191 *Kramer*, Rechtsfragen der Organtransplantation, S. 26.

192 *Kopetzki*, Organgewinnung zu Zwecken der Transplantation, S. 127; *Kramer*, Rechtsfragen der Organtransplantation, S. 27; *Schöning*, Rechtliche Aspekte der Organtransplantation, 251; *v. Bubnoff*, GA 1968, S. 69, 79.

193 *Rüping*, GA 1978, 129, 137.

194 Abschnitt e) des Transplantationskodex, vgl. *Deutsch*, Arztrecht und Arzneimittelrecht, 2. Auflage, S. 270.

empfängers nicht erfahren dürfen und auch dem Organempfänger der Name des Organspenders nicht mitgeteilt werden darf. Um die Anonymität zu gewährleisten sind die an der Entnahme, Vermittlung und Übertragung der Organe beteiligten Personen verpflichtet, die Identität von Spender und Empfänger geheim zu halten.[195]

II. Konsequenzen des Offenbarungsverbotes

Soweit ersichtlich war das Offenbarungsverbot personenbezogener Daten im Transplantationsbereich noch nicht Gegenstand gerichtlicher Entscheidungen und im Gesetzgebungsverfahren wurde der Datenschutz, sofern überhaupt nachvollziehbar, nur am Rande abgehandelt.[196]

Über § 19 Abs. 3 Nr. 3 TPG ist eine Verletzung des Offenbarungsverbotes aus § 14 Abs. 2 TPG unter Strafe gestellt. Mit Freiheitsstrafe bis zu einem Jahr oder mit Geldstrafe wird bestraft, wer entgegen § 14 Abs. 2 TPG personenbezogene Daten offenbart oder verwendet. Die Strafandrohung gilt nach dem allgemeinen strafrechtlichen Grundsatz des § 14 StGB nicht für Institutionen wie die Koordinierungsstelle oder die Überwachungsstelle, sondern für deren Mitarbeiter und Vertreter nach außen. Die versuchte Tatbegehung und die fahrlässige Begehung sind dagegen nicht strafbar.[197]

Zivilrechtlich kann die unbefugte Offenbarung personenbezogener Daten, neben der vertraglichen Pflichtverletzung, über § 823 Abs. 2 BGB i.V.m. § 19 Abs. 3 Nr. 3 und § 14 Abs. 2 TPG (Schutzgesetz) sowie durch eine Persönlichkeitsverletzung nach § 823 Abs. 1 BGB zum Schadensersatz verpflichten.[198] Dieser Anspruch ist allerdings durch die Einwilligung der Betroffenen ausgeschlossen.

Insgesamt kann davon ausgegangen werden, dass unter den mit der Transplantation befassten Personen Konsens darüber herrscht, dass die (postmortale) Organspende anonym ist und die gegenseitige Bekanntgabe der personenbezogenen Daten (selbst bei Einwilligung der Betroffenen) stets unzulässig ist.[199] Es handelt sich, sicher nicht zuletzt aus den genannten Gründen, um ein bisher allenfalls am Rande behandeltes Problem des Transplantationsrechts.[200] So zitiert etwa die aktuelle Kommentarliteratur zum Strafgesetzbuch vielfach, die Subsidiaritätsklausel des § 19

---

195   *Stockter*, in: Höfling (Hrsg.), TPG, § 14 Rn. 33 ff.
196   Vgl. dazu: *Weichert*, DANA 4/5 1996, 23.
197   „argumentum e contrario" aus § 19 Abs. 4 und Abs. 5 TPG. So auch: *Rixen*, in: Höfling (Hrsg.), TPG, 1. Auflage, § 19 Rn. 66.
198   *Schlund*, in: Laufs/Kern (Hrsg.), Handbuch des Arztrechts, § 73 Rn. 2.
199   Dies lässt sich nicht zuletzt etwa dadurch belegen, dass viele Transplantationszentren auf ihren Internetseiten auf die Anonymität der Organspende hinweisen.
200   Vgl. etwa die nur knappen Randbemerkungen bei: *Ulsenheimer*, Arztstrafrecht in der Praxis, Rn. 309c und *Parzeller*, in: Pühler/Middel/Hübner (Hrsg.), Praxisleitfaden Gewebegesetz, S. 115. Dagegen finden sich zuletzt bei *Stockter*, in: Höfling (Hrsg.), TPG, § 14 Rn. 22 ff. eingehende Ausführungen.

Abs. 3 TPG a.F.,[201] obwohl diese infolge der Änderungen des Gewebegesetzes bereits 2007 weggefallen ist.[202]

III. Problemstellung

Das grundsätzliche, strafbewehrte Verbot der Offenbarung personenbezogener Daten von Organspender und -empfänger bildet den Ausgangspunkt der weiteren Untersuchung. Hieran anknüpfend ergeben sich zwei weitergehende Fragestellungen: zum einen ist bislang unklar, welche Reichweite das Offenbarungsverbot personenbezogener Daten hat und welche Auswirkungen damit für die Aufklärungspflicht des Arztes verbunden sind. Zum anderen ist fraglich, ob neben den personenbezogenen Daten Angaben zur Herkunft des zu transplantierenden Organs verfügbar sind, die nicht vom Gebot der Anonymität erfasst sind und sich daher insoweit eine auf diese Angaben beschränkte Aufklärungspflicht zur Herkunft des Transplantates ergeben kann.

In einem ersten Schritt ist daher aufzuzeigen, wer sowohl über die personenbezogenen Daten des Spenders, als auch des Empfängers einer Organspende verfügt.[203] Nur wenn es eine Stelle gibt, die die Daten von Spender und Empfänger zusammenführen kann, ist eine Offenbarung überhaupt möglich. Sofern der Arzt nicht über die maßgeblichen Angaben verfügt, kann er den Patienten auch nicht informieren. Im Anschluss daran ist durch Auslegung der Normen zu ermitteln, ob vom grundsätzlichen Verbot der Anonymität der Organspende Ausnahmen gemacht werden können, sofern der Organempfänger und die Angehörigen des Organspenders in die Weitergabe der Daten einwilligen.

Schließlich ist zu klären, welche Angaben nicht vom Gebot der Anonymität von Organspender und -empfänger erfasst werden. Sollten den Ärzten vor der Transplantation Angaben zur Herkunft des Transplantates vorliegen, so ist anschließend zu untersuchen, ob diese Angaben dem Patienten mitgeteilt werden müssen.

B. Erfassung und Verwendung von Spender- und Empfängerdaten

Mit der Struktur des TPG ist zwischen der Entscheidung über die Annahme eines Patienten zur Organübertragung sowie dessen Aufnahme in die Warteliste und der Allokationsentscheidung bei einer Organspende zu differenzieren. Bei beiden Entscheidungsgeschehen spielen personenbezogene Daten eine Rolle.

---

201 AnwK-StGB/*Popp*, § 203 Rn. 59; *Bosch*, in: Satzger/Schmitt/Widmaier, StGB, § 203 Rn. 51; Schönke/Schröder-*Lenckner/Eisele*, § 203 Rn. 76; LK-*Schünemann*, § 203 Rn. 166; *Weidemann*, in: v. Heintschel-Heinegg (Hrsg.), StGB, § 203 Rn. 54.

202 Gesetz über Qualität und Sicherheit von menschlichen Geweben und Zellen, Gewebegesetz, BGBl. I vom 20.07.2007, S. 1574 ff.

203 Eingehend zu den Datenerfassung in der Transplantationsmedizin: *Stockter*, in: Höfling (Hrsg.), § 14 Rn. 95 ff.

I. Datenschutzrechtliche Terminologie

Um Missverständnisse bei der hier verwendeten Terminologie zu vermeiden ist die primär datenrechtliche Terminologie zu unterscheiden und zu definieren.

Der Begriff der „personenbezogenen Daten" wird in § 3 Abs. 1 Bundesdatenschutzgesetz (BDSG) definiert. Er umfasst alle Einzelangaben über *persönliche oder sachliche Verhältnisse* einer bestimmten oder bestimmbaren natürlichen Person. Die Wendung der *persönlichen oder sachlichen Verhältnisse*, die sich daneben etwa in § 203 Abs. 2 S. 2 StGB findet und dort einem Geheimnis gleichgestellt wird, ist sehr weit gefasst. Sie umfasst neben äußerlichen, körperlichen Merkmalen auch innere, geistige Zustände sowie Handlungen, Äußerungen und sonstige Verhaltensweisen, Verbindungen und Beziehungen.[204] Auch der Name und die als Namensersatz fungierenden Angaben, die der Identifikation dienen, fallen unter den Terminus der personenbezogenen Daten. Die Legaldefinition im BDSG deckt sich mit den Definitionen in den landesrechtlichen Datenschutzbestimmungen.[205]

Sensitive Daten sind nach der Legaldefinition des § 3 Abs. 9 BDSG besondere Arten personenbezogener Daten, die Angaben über die rassische und ethnische Herkunft, politische Meinungen, religiöse oder philosophische Überzeugungen, Gewerkschaftszugehörigkeit, Gesundheit oder Sexualleben betreffen. Angaben über einzelne Krankheiten sowie Ablauf und Inhalt der medizinischen Behandlung und der verordneten Medikation sowie der Befund, die Feststellung der Genesung oder der völligen Gesundheit zählen zu den Angaben über die Gesundheit.[206] Daten*erhebung* ist gem. § 3 Abs. 3 BDSG das Beschaffen von Daten über den Betroffenen. Das *Verarbeiten* von Daten umfasst nach § 3 Abs. 4 BDSG das Speichern, Verändern, Übermitteln, Sperren und Löschen personenbezogener Daten. Daten*nutzung* ist schließlich jede Verwendung personenbezogener Daten, soweit es sich nicht um Verarbeitung handelt, § 3 Abs. 5 BDSG.

Unter personenbezogenen Daten sind damit hier sämtliche Informationen über eine Person zu verstehen. In der Transplantationsmedizin umfassen sie sowohl medizinische, als auch sonstige persönliche Angaben einer Person. Das Gebot der Anonymität im TPG erstreckt sich sowohl auf die personenbezogenen Daten der Organspender als auch auf die der Organempfänger.

Das TPG gilt gem. § 1 Abs. 1 für die Spende und die Entnahme von menschlichen Organen oder Geweben zum Zwecke der Übertragung sowie für die Übertragung der Organe oder der Gewebe. Die Pflicht zur Geheimhaltung personenbezogener Daten

---

204   *Dammann*, in: Simitis (Hrsg.), Bundesdatenschutzgesetz, § 3 Rn. 10.

205   Art. 4 Abs. 1 BayDSG; § 4 Abs. 1 BlnDSG; § 2 Abs. 1 BremDSG; § 2 Abs. 1 DSG LSA; § 3 Abs. 1 DSG RLP; § 2 Abs. 1 HDSG; § 4 Abs. 1 HmbDSG; § 3 Abs. 1 NDSG; § 3 Abs. 1 NRW DatenSchG; § 3 Abs. 1 SächsDSG; § 3 Abs. 1 SDSG; § 3 Abs. 1 ThürDSG.

206   *Simitis*, in: Simitis (Hrsg.), Bundesdatenschutzgesetz, § 3 Rn. 260.

wird im Bereich der Lebendorgantransplantation eingeschränkt. Nur soweit die personenbezogenen Daten des Organspenders und des Organempfängers nicht bekannt sind, besteht eine Geheimhaltungspflicht.[207]

Da § 8 Abs. 1 S. 2 TPG den Lebendspenderkreis für Transplantation von Nieren, Teilen der Leber und anderer nicht regenerierungsfähiger Organe auf einen engen Kreis beschränkt, dürfte diese Regelung im Bereich der Lebendorganspenden der genannten Organe keine Bedeutung haben. Wenn das notwendige Näheverhältnis nicht gegeben ist, ist eine Lebendspende nicht möglich. Eine anonyme Lebendspende nicht regenerationsfähiger Organe ist unzulässig.[208] Es ist somit davon auszugehen, dass sich Lebendorganspender und Organempfänger stets kennen.

Die Einschränkung des Personenkreises für eine Lebendspende nach § 8 Abs. 1 S. 2 TPG gilt jedoch nur für Transplantationen nicht regenerationsfähiger Organe. Die Entnahme von Geweben bei Lebenden ist nach Maßgabe des § 8 TPG dagegen bei einem weiteren Personenkreis zulässig. Das Gebot der Anonymität aus § 14 Abs. 2 TPG erstreckt sich indessen umfassend auf Organ- und Gewebespenden. Personenbezogene Daten sowohl der Spender von Organen, als auch der Spender von Geweben sind durch ein Offenbarungsverbot geschützt.

II. Daten des postmortalen Organspenders

Ausgangspunkt und Voraussetzung einer postmortalen Organspende ist gem. § 3 Abs. 1 Nr. 2, Abs. 2 Nr. 1 TPG der (Hirn-)Tod einer Person. Die Entnahme von Organen bei verstorbenen Spendern darf gem. § 9 Abs. 1 TPG nur in Entnahmekrankenhäusern nach § 9a TPG durchgeführt werden.[209] Diese sind nach § 9a Abs. 2 Nr. 1 TPG verpflichtet, den endgültigen, nicht behebbaren Ausfall der Gesamtfunktion des Großhirns, des Kleinhirns und des Hirnstamms von Patienten, die nach ärztlicher Beurteilung als Organspender nach § 3 oder § 4 in Betracht kommen, nach § 5 festzustellen und der Koordinierungsstelle nach § 11 unverzüglich mitzuteilen. Gem. § 10a TPG stellt die von der Koordinierungsstelle beauftragte Person unter ärztlicher Beratung und Anleitung sicher, dass die Organe für eine Übertragung nur freigegeben werden, wenn nach ärztlicher Beurteilung die Organ- und Spendercharakterisierung nach dem Stand der medizinischen Wissenschaft und Technik ergeben hat, dass das Organ für eine Übertragung geeignet ist.

In Vorbereitung der Organentnahme erhebt die Koordinierungsstelle gem. § 11 Abs. 4 S. 3 PG die Personalien des möglichen Organspenders und weitere für die

---

207 BT-Drs. 13/4355, S. 27 zu § 13 Abs. 2. Vgl. auch: *Stockter*, in: Höfling (Hrsg.), TPG, § 14 Rn. 53.

208 Vgl. auch *Schreiber*, Die gesetzliche Regelung der Lebendspende von Organen in der Bundesrepublik Deutschland, S. 186.

209 Diese Änderung wurde durch das Gesetz zur Änderung des Transplantationsgesetzes (TPGÄndG) vom 21.Juli 2012 (BGBl. I, 2012, S. 1601) eingefügt und dient der Umsetzung des Art. 5 Abs. 1 der Richtlinie 2010/53/EU, vgl. BT-Drs. 17/7376, S. 18.

Durchführung der Organentnahme und -vermittlung erforderliche personenbezogene Daten. Die Entnahmekrankenhäuser sind verpflichtet, diese Daten an die Koordinierungsstelle zu übermitteln, § 11 Abs. 4 S. 4 TPG.

In § 7 TPG wurden Auskunftsberechtigungen und Auskunftspflichten für die Organ- und Gewebeentnahme normiert. Den Ärzte, die die Entnahme von Organen nach § 3 oder § 4 TPG beabsichtigen und in einem Krankenhaus tätig sind, das nach § 108 des Fünften Buches Sozialgesetzbuch oder nach anderen gesetzlichen Bestimmungen für die Übertragung solcher Organe zugelassen ist oder mit einem solchen Krankenhaus zum Zwecke der Entnahme solcher Organe zusammenarbeitet, sowie der Transplantationsbeauftragte des Entnahmekrankenhauses und der verantwortliche Arzt des Transplantationszentrums, in dem das Organ übertragen werden soll oder übertragen worden ist, Ärzte, die die Entnahme von Geweben nach § 3 oder § 4 beabsichtigen oder unter deren Verantwortung Gewebe nach § 3 Abs. 1 Satz 2 entnommen werden sollen und in einer Einrichtung der medizinischen Versorgung tätig sind, die solche Gewebe entnimmt oder mit einer solchen Einrichtung zum Zwecke der Entnahme solcher Gewebe zusammenarbeitet und den von der Koordinierungsstelle beauftragte Personen sind nach Maßgabe des § 7 Abs. 3 Nr. 1-3 TPG die entsprechenden Auskünfte zu erteilen. Eingeholt werden darf die Auskunft erst, nachdem der Tod des möglichen Organ- oder Gewebespenders festgestellt ist.

Auskunftspflichtig sind insbesondere die Ärzte, die den möglichen Organ- oder Gewebespender wegen einer dem Tode vorausgegangenen Erkrankung behandelt haben, § 7 Abs. 2 Nr. 1 TPG. Daneben besteht jedoch auch eine Auskunftspflicht für die Einrichtung der medizinischen Versorgung, in der der Tod des möglichen Organ- oder Gewebespenders nach § 3 Abs. 1 Satz 1 Nr. 2 TPG festgestellt worden ist (§ 7 Abs. 2 Nr. 3 TPG), für Ärzte, die die Leichenschau vorgenommen haben (§ 7 Abs. 2 Nr. 4 TPG), die Behörden, in deren Gewahrsam oder Mitgewahrsam sich der Leichnam des möglichen Organ- oder Gewebespenders befindet (§ 7 Abs. 2 Nr. 5 TPG) und der Transplantationsbeauftragte des Entnahmekrankenhauses (§ 7 Abs. 2 Nr. 6 TPG).[210] Im Gegensatz zu § 14 Abs. 2 TPG stellt § 7 Abs. 2 TPG eine befugte Offenbarung der Patientendaten dar. Eine Verletzung der ärztlichen Schweigepflicht ist, auch wenn dies gesetzlich nicht explizit normiert ist, bei der Auskunftserteilung nicht gegeben.[211]

---

[210] § 7 Abs. 2 Nr. 2 TPG der eine Auskunftspflicht für Ärzte, die über den möglichen Organ- oder Gewebespender eine Auskunft aus dem Organ- und Gewebespenderegister nach § 2 Abs. 4 TPG erhalten haben statuiert, ist bislang ohne Bedeutung, da kein Organ- und Gewebespenderegister eingerichtet wurde. Die Errichtung eines Organ- und Gewebespenderegister ist bislang auch nicht zu erwarten, vgl. *Rixen*, in: Höfling (Hrsg.), TPG, 1. Auflage, § 2 Rn. 46; *ders.*, DuD 1998, 75, 76. Kritisch auch: *Engels*, in: Höfling (Hrsg.), TPG, § 2 Rn. 41.

[211] Nickel/Schmidt-Preisigke/Sengler, TPG, Erl. § 7 Rn. 4; Parzeller/Rothschild/Bratzke, Rechtsmedizin 2004, 258, 259.

Um den Schutz der Daten des Organspenders zu gewährleisten, ist die Koordinierungsstelle nach § 13 Abs. 1 TPG verpflichtet, in einem mit den Transplantationszentren abgestimmten Verfahren, die personenbezogenen Daten des Organspenders zu verschlüsseln. Durch die Bildung einer Kenn-Nummer soll ausschließlich der Koordinierungsstelle ein Rückschluss auf die Person des Organspenders möglich sein. Diese Kenn-Nummer ist auch Bestandteil der Begleitpapiere eines entnommenen, vermittlungspflichtigen Organs. Für die nähere Ausgestaltung dieses Verfahrens verweist § 13 Abs. 1 S. 5 TPG auf den Vertrag mit der Koordinierungsstelle.

Im Vertrag mit der Koordinierungsstelle wird in § 2 Abs. 3 S. 1 Nr. 9 bestimmt, dass die Koordinierungsstelle zur Erfüllung ihrer gesetzlichen und vertraglichen Aufgaben, ein geeignetes Datenverarbeitungssystem vorzuhalten hat. Die §§ 2 Abs. 3 S. 2 und S. 4 des Vertrages mit der Koordinierungsstelle enthalten schließlich eine Folgeverweisung, auf einen gesonderten Vertrag, in dem das Nähere zur Durchführung der Aufgaben zu regeln ist. Die daraufhin vereinbarten „Durchführungsbestimmungen zur Datenverarbeitung und Begleitpapiere" konkretisieren schließlich den Inhalt des § 13 Abs. 1 TPG.

Punkt 2. dieser Durchführungsbestimmungen ermächtigt die Koordinierungsstelle, neben der Kenn-Nummer für das Spenderorgan, das Geburtsdatum, Geschlecht, Körpergewicht und -länge, die Kenn-Nummer des entnehmenden Zentrums und medizinische Angaben an die Vermittlungsstelle zu senden.

Zur Organspendendokumentation und -koordinierung arbeitet die Koordinierungsstelle seit 2006 mit dem Informationssystem *DSO.isys*.[212] Über dieses Datensystem werden die Organspenden gemeldet. Mit der Erweiterung durch das sog. *DSO.isys+* werden alle relevanten Angaben online für Transplantationszentren, Krankenhäuser und beteiligte Labore verfügbar. Nur ein Teil dieser Informationen, d.h. die für die Allokation notwendigen Angaben, wird an die Vermittlungsstelle weitergeleitet. Einsehbar sind dabei im DSO-Informationssystem nach den Angaben der DSO nur anonymisierte[213] Patientendaten.[214] Welche Angaben weitergeleitet werden, ergibt sich aus den Vereinbarungen über die Entwicklung und den Betrieb eines Informationssystems in der Transplantationsmedizin (ETIS),[215] die auf Grundlage des § 4 des

---

212 Vgl. die Pressemeldung der DSO unter: http://www.dso.de/infomaterial/presseservice/2006/06-07-04_idx.html.

213 Der Terminus „anonymisiert" wird dabei nicht zutreffend verwendet. Anonymisieren bedeutet nach der Legaldefinition des § 3 Abs. 6 BDSG das Verändern personenbezogener Daten derart, dass die Einzelangaben über persönliche oder sachliche Verhältnisse nicht mehr oder nur mit einem unverhältnismäßig großen Aufwand an Zeit, Kosten und Arbeitskraft einer bestimmten oder bestimmbaren natürlichen Person zugeordnet werden können. Werden die personenbezogenen Daten hingegen mit einer Kennziffer versehen, so handelt es sich um eine Pseudonymisierung, vgl. die Legaldefinition in § 3 Abs. 6a BDSG.

214 Vgl. die Angaben aus dem Informationsblatt der DSO: http://dso.de/pdf/dso_isys_plus.pdf.

215 BAnz. Nr. 124a vom 06.07.2005, S. 4.

Vertrages zur Beauftragung einer Koordinierungsstelle gem. § 11 TPG und gem. § 4 Abs. 4 des Vertrages zur Beauftragung einer Vermittlungsstelle nach § 12 TPG getroffen wurden.

Nach § 2 Abs. 3 Nr. 3 der Vereinbarungen wird von der Koordinierungsstelle neben der Organmeldung und den für die Organvermittlung entsprechend der Anlage zu § 2 Abs. 3 des Vertrages nach § 11 TPG erforderlichen medizinischen Angaben, die Kenn-Nummer an die Vermittlungsstelle weitergeleitet (sog. Vermittlungsdaten).

Nach § 3 Abs. 3 S. 3 TPG sowie § 5 Abs. 2 S. 4 TPG haben die nächsten Angehörigen i.S.d. § 1a Nr. 5 TPG das Recht auf Einsichtnahme in die Unterlagen zum Ablauf und Umfang der Organentnahme. Diese Unterlagen enthalten jedoch keine Angaben dazu, wem das Organ zugeteilt wurde. Demzufolge ist es den Angehörigen nicht möglich die personenbezogenen Daten des Organempfängers selbst zu ermitteln.

III. Daten des Organempfängers

Ist bei einem Patienten die Übertragung vermittlungspflichtiger Organe medizinisch angezeigt, so ist der Patient nach § 13 Abs. 3 S. 1 TPG durch den behandelnden Arzt unverzüglich, d.h. ohne schuldhaftes Zögern i.S.d. § 121 Abs. 1 S. 1 BGB, dem Transplantationszentrum zu melden, in dem die Organübertragung vorgenommen werden soll. Mit der Meldung werden auch personenbezogene Daten an das Transplantationszentrum weitergegeben, was die schriftliche Einwilligung des Patienten erfordert, § 13 Abs. 3 S. 1, 3 und 5 TPG.[216] Ohne die vorherige schriftliche Einwilligung ist die Meldung des Patienten und die Weiterleitung seiner Daten dagegen nur zulässig, wenn wegen der Gefahr des Todes oder einer schweren Gesundheitsschädigung des Patienten kein Aufschub geduldet werden kann. In diesen Fällen ist die Einwilligung jedoch unverzüglich nachzuholen.

Die Transplantationszentren sind sodann verpflichtet, unverzüglich über die Annahme des Patienten zur Übertragung von vermittlungspflichtigen Organen sowie seine Aufnahme in die Warteliste und den Verbleib in der Liste zu entscheiden, § 10 Abs. 2 TPG. Seit der letzten Änderung der Richtlinien der Bundesärztekammer entscheidet über die Aufnahme eines Patienten in die Warteliste, ihre Führung sowie über die Abmeldung eines Patienten eine ständige, interdisziplinäre und organspezifische Transplantationskonferenz des Transplantationszentrums.[217] Die durch die jeweiligen Transplantationszentren geführten (Patienten-)Wartelisten müssen gem. § 10 Abs. 2 Nr. 1 TPG alle für die Organvermittlung erforderlichen Angaben enthalten und eine

---

216 Es ist strittig, ob die Einwilligung dabei eine Warnfunktion wahrnimmt (so: *Rixen*, in: Höfling [Hrsg.], TPG, 1. Auflage, § 13 Rn. 6; *Krüger/Lautenschläger/Lilie*, in: Pühler/Middel/Hübner [Hrsg.], Praxisleitfaden Gewebegesetz, S. 100 f.) oder lediglich Beweiszwecken dient (so: *König*, in: Schroth/König/Gutmann/Oduncu [Hrsg.], TPG, § 13 Rn. 5). Vermittelnd: *Stockter*, in: Höfling (Hrsg.), TPG, § 13 Rn. 53 („im Wesentlichen Beweisfunktion").

217 DÄBl. 2013, A 241 f.

Vermittlung nach medizinischen Kriterien (§ 12 Abs. 3 S. 1 TPG) ermöglichen.[218] Die Führung von Wartelisten durch die Transplantationszentren soll dabei gewährleisten, dass die notwendigen Daten erhoben werden können.[219] Weitergehende Regelungen zur konkreten Wartelistenführung (neben der Notwendigkeit der Erfassung der „erforderlichen Angaben") enthält das TPG hingegen nicht. Offen bleibt, ob die Identität zu den „erforderlichen Angaben" gehört. Gegen die Führung der Wartelisten mit Namen wurde während des Gesetzgebungsverfahrens angeführt, dies berge die Gefahr einer sachlich nicht gerechtfertigten Bevorzugung bestimmter Patienten.[220] Dem solle durch eine rechtzeitige Anonymisierung entgegengewirkt werden. Da der personenbezogene Name für die Organvermittlung keineswegs erforderlich (i.S.d. § 10 Abs. 2 Nr. 1 TPG) sei, könne eine Zuteilung von Referenznummern bereits im Transplantationszentrum erfolgen.[221] Die Gefahr einer Zahlenverwechslung bestünde in gleicher Weise wie die Gefahr der Verwechslung von Namen und schaffe kein darüber hinausgehendes Risiko.[222]

Gem. § 2 Abs. 6 des Vertrages mit der Vermittlungsstelle ist die Vermittlungsstelle verpflichtet, ein geeignetes Datenverarbeitungssystem vorzuhalten, um die gesetzlichen und vertraglichen Pflichten zu erfüllen. Für die nähere Festlegung wird in § 3 Abs. 2 S. 3 des Vertrages über die Vermittlungsstelle auf Festlegungen durch die Vermittlungsstelle und die Transplantationszentren verwiesen. Entsprechend den Vereinbarungen über die Entwicklung und den Betrieb eines Informationssystems in der Transplantationsmedizin (ETIS)[223] vom 18. April 2005 betreibt Eurotransplant hierzu das Eurotransplant Network Information System (ENIS). In diesem Datensystem werden die zukünftigen Organempfänger registriert.[224] Dabei sind die einzelnen Wartelisten der Transplantationszentren von Eurotransplant als einheitliche Warteliste zu behandeln.[225]

Welche konkreten Daten und Angaben für die Organvermittlung erforderlich sind, ergibt sich aus den §§ 10 Abs. 2 Nr. 1, 12 Abs. 4 Nr. 1 TPG i.V.m. § 3 Abs. 2 des Vertrages mit der Vermittlungsstelle. Übermittelt werden demnach sowohl persönli-

---

218 BT-Drs. 13/4355, S. 22.
219 *Norba*, Rechtsfragen der Transplantationsmedizin aus deutscher und europäischer Sicht, S. 110.
220 *Weichert*, DANA 4/5 1996, 23, 25.
221 *Rixen*, DuD 1998, 75, 78; *Weichert*, DANA 4/5 1996, 23, 25.
222 *Rixen*, DuD 1998, 75, 78. Die Gefahr könne sich durch die Einhaltung der gebotenen Sorgfalt verringern oder gar vermeiden lassen.
223 BAnz. Nr. 124a vom 06.07.2005 S. 4.
224 Ausführlich zur Entwicklung des ENIS: *Galden*, Geschichte & Ethik der Verteilungsverfahren von Nierentransplantaten durch Eurotransplant, S. 118 ff.
225 Vgl. auch § 12 Abs. 3 S. 2 TPG sowie § 3 Abs. 1 des Vertrages über die Vermittlungsstelle nach § 12 TPG.

che,[226] als auch medizinische Daten. Anschließend wird dem Patienten erst auf der Warteliste eine Kenn-Nummer (sog. ET-Nummer) zugeteilt.

IV. Prozess der Organvermittlung

Nachdem dargestellt wurde, welche Daten von Organspender und Organempfänger erfasst werden, ist in einem letzten Schritt die Zusammenführung dieser Daten durch die Organvermittlung zu untersuchen. Gem. § 12 Abs. 3 TPG trifft die Vermittlungsstelle anhand der medizinischen Daten nach den Regeln, die dem Stand der Erkenntnisse der medizinischen Wissenschaft entsprechen, insbesondere nach Erfolgsaussicht und Dringlichkeit, eine Vermittlungsentscheidung.[227] Grundlage der Entscheidung ist die von der Koordinierungsstelle übermittelte Organmeldung, die aus der nach § 13 Abs. 1 S. 1 TPG gebildeten Kenn-Nummer (DSO-Nummer) und den für die Organvermittlung erforderlichen medizinischen Angaben besteht, § 4 Abs. 1 des Vertrages mit der Vermittlungsstelle. Entsprechend den oben genannten Regeln erstellt die Vermittlungsstelle eine Rangliste geeigneter Patienten. Anschließend wird dem Transplantationszentrum, bei dem der auf dieser Liste für das betreffende Organ an erster Stelle stehende Patient gemeldet ist, das Organ verbindlich angeboten, § 5 Abs. 4 S. 2 des Vertrages mit der Vermittlungsstelle. Die Vermittlungsentscheidung wird dem Transplantationszentrum und der Koordinierungsstelle gem. § 12 Abs. 3 S. 3 TPG unter Verwendung der Kenn-Nummer mitgeteilt.

V. Prüfungs- und Überwachungsinstanzen

Neben den unmittelbar am Organspendeprozess beteiligten Personen und Institutionen ist abschließend der Blick auf Kontrollinstanzen zu richten. Es ist grundsätzlich denkbar, dass mit der Überwachung und Kontrolle des Transplantationssystems Rechte verbunden sind, die es Kontrollinstanzen ermöglichen, Einsicht in Patientenakten zu nehmen, die zur Folge haben, dass diese Gremien sowohl über die personenbezogenen Daten der Spender, als auch über personenbezogenen Daten der Empfänger verfügen. Das TPG normiert Kontroll- und Überwachungsinstanzen nur sehr knapp. Allein in den §§ 11 und 12 TPG finden sich vereinzelte Regelungen.

1. Überwachungskommission

Die §§ 11 Abs. 3 S. 3 und 12 Abs. 5 S. 3 TPG normieren übereinstimmend, dass der Spitzenverband Bund der Krankenkassen (jetzt: Spitzenverband Bund der Gesetzlichen Krankenversicherungen [GKV][228]), die Bundesärztekammer und die Deutsche

---

226 Gemeint sind die „personenbezogenen Daten" i.S.d. § 3 Abs. 1 BDSG. Hier handelt es sich vermutlich um eine terminologische Ungenauigkeit in den vertraglichen Vereinbarungen. Die personenbezogenen Daten umfassen dabei auch die medizinischen Angaben.

227 Vgl. hierzu *Lilie*, in: Dierks/Wienke (Hrsg.), Die Allokation von Spenderorganen, S. 53, 56.

228 Gesetz zur Stärkung des Wettbewerbs in der gesetzlichen Krankenversicherung (GKV-Wettbewerbstärkungsgesetzes – GKV-WSG) vom 26. März 2007, BGBl. I vom 26.03.2007, S. 378 ff.

Krankenhausgesellschaft[229] oder die Bundesverbände der Krankenhausträger gemeinsam, die Einhaltung der Vertragsbestimmungen überwachen. Der Spitzenverband der Gesetzlichen Krankenkassen, die Deutsche Krankenhausgesellschaft und die Bundesärztekammer haben die Überwachung und Einhaltung der Vertragsbestimmungen in einer Grundlagenvereinbarungen vom 18.12.1998 und einer ergänzenden Vereinbarung vom 28.02.2001 geregelt.[230] Auf Grundlage der §§ 11 Abs. 3 S. 3 und S. 4 und 12 Abs. 5 S. 3 TPG i.V.m. § 10 Abs. 1 des Vertrages zur Beauftragung einer Koordinierungsstelle und § 14 des Vertrages zur Beauftragung einer Vermittlungsstelle wurde eine Kommission zur Überwachung und Einhaltung der Vertragsbestimmungen (Überwachungskommission) errichtet.[231] Der Überwachungskommission obliegt die Aufgabe, darauf zu achten, dass die Regelungen des TPG eingehalten werden.[232]

Die inhaltliche Ausgestaltung der Befugnisse der Überwachungskommission zur Erfüllung dieser Aufgabe ergeben sich aus § 11 Abs. 3 S. 5 TPG, der Grundlagenvereinbarung und der Geschäftsordnung,[233] den Verträgen mit der Koordinierungsstelle und der Vermittlungsstelle. Die Koordinierungsstelle, die Transplantationszentren und die Entnahmekrankenhäuser sind nach § 11 Abs. 3 S. 5 TPG verpflichtet, der Kommission die erforderlichen Unterlagen zur Verfügung zu stellen und die erforderlichen Auskünfte zu erteilen.

Sowohl der Vertrag über die Koordinierungsstelle als auch der Vertrag über die Vermittlungsstelle sehen vor, dass der Kommission die erforderlichen Unterlagen zur Verfügung zu stellen und die erforderlichen Auskünfte zu erteilen sind, § 10 Abs. 2 des Vertrages über die Koordinierungsstelle sowie § 14 Abs. 2 des Vertrages über die Vermittlungsstelle. Auch wenn der Begriff der „Erforderlichkeit" stets ein begrenzendes Moment inne hat, weshalb sicher nicht alle Unterlagen, sondern eben nur die für die Überwachung notwendigen Unterlagen erfasst sind, wird damit gleichwohl ein umfassendes Auskunfts- und Vorlagerecht statuiert, denn die Erfüllung der übertragenen Kontrollpflicht ist nur dann möglich, wenn sie mit einem umfassenden Auskunfts- und Vorlagerecht einhergeht.[234] Regelungen zur Durchsetzung und Umsetzung dieser Befugnisse fehlen indessen.[235]

---

229 Diese werden auch als sog. Auftraggeber bezeichnet.
230 Die Dokumente sind bei der Bundesärztekammer auf Nachfrage erhältlich.
231 Vgl. dazu die Geschäftsordnung der Überwachungskommission, die auf der Internetseite der Bundesärztekammer unter: http://www.bundesaerztekammer.de/page.asp?his=0.1.15.9760 abrufbar ist.
232 *Lilie*, in: FS für Deutsch zum 80. Geburtstag, S. 331, 333.
233 Die Geschäftsordnung enthält lediglich Verfahrensvorschriften.
234 *Böning*, Kontrolle im Transplantationsgesetz, S. 86; *Lilie*, in: FS für Deutsch zum 80. Geburtstag, S. 331, 337; *ders.*; DÄBl. 2009, A 2537, 2538 .
235 Es besteht zwar keine Pflicht der in den Transplantationszentren tätigen Ärzte und Mitarbeiter, mit der Kommission zusammenzuarbeiten, erteilen diese Personen der Kommission jedoch

Mit der Möglichkeit für die Überwachungskommission, Einsicht in Unterlagen zu nehmen und Auskünfte zu verlangen, besteht grundsätzlich auch die Möglichkeit, personenbezogene Daten von Organspendern und Organempfängern zu erlangen. Durch die Einsicht in Unterlagen der DSO, die die Angaben aus den Begleitpapieren mit den personenbezogenen Daten des Organspenders zur weiteren Information über diesen gem. § 13 Abs. 2 TPG nur gemeinsam verwenden, insbesondere zusammenführen und an die Transplantationszentren weitergeben darf, soweit dies zur Abwehr einer zu befürchtenden gesundheitlichen Gefährdung der Organempfänger erforderlich ist, gelangt auch die Überwachungskommission denkbar in die Position eine Zusammenführung von personenbezogenen Daten des Spenders eines Organs mit dem Empfänger vorzunehmen.[236]

2. Prüfungskommission

Neben der Überwachungskommission fordert § 12 Abs. 4 S. 2 Nr. 4 TPG die Überprüfung von Vermittlungsentscheidungen in regelmäßigen Abständen durch eine von den Vertragspartnern bestimmte Prüfungskommission gem. § 12 Abs. 5 S. 4 TPG. Die Befugnisse der Prüfungskommission zur Wahrnehmung der Überprüfungspflicht waren zunächst nur in § 10 Abs. 3 des Vertrages über die Vermittlungsstelle geregelt. Danach war die Vermittlungsstelle verpflichtet, sämtliche vermittlungsrelevanten Unterlagen der Prüfungskommission zur Verfügung zu stellen sowie Auskünfte zu erteilen. Dass Vermittlungsentscheidungen dokumentiert werden müssen ergibt sich aus § 12 Abs. 3 S. 3 TPG. Die Formulierung „sämtliche" geht dabei über die der „erforderlichen" hinaus.[237] Erfasst sind damit die dokumentierten Änderungen der Warteliste, sämtliche Organangebote und die konkreten Vermittlungsentscheidungen.[238] Nunmehr sieht § 12 Abs. 5 S. 5 TPG vor, dass die Vermittlungsstelle und die Transplantationszentren verpflichtet sind, der Kommission die erforderlichen Auskünfte zu erteilen.[239] Dabei wird deutlich, dass die Prüfungskommission nur Einblick in die Unterlagen der Organvermittlung bei Eurotransplant und gegebenenfalls der Transplantationszentren gelangt.

Die Prüfungskommission hat dagegen keinen Zugang zu personenbezogenen Daten der Organspendeempfänger. Die Daten der Spender werden von der Koordinie-

---

Auskünfte, so besteht die Gefahr einer Strafbarkeit wegen unbefugter Datenweitergabe. Es bedarf damit einer Regelung, die eine Offenbarungspflicht statuiert. Vgl. *Böning*, Kontrolle im Transplantationsgesetz, S. 110 ff. und *Angstwurm*, in: Middel/Pühler/Lilie/Vilmar (Hrsg.), Novellierungsbedarf des Transplantationsrechts, S. 239, 240 f. Dazu auch Lang, in: Höfling (Hrsg.), TPG, § 11 Rn. 61.

236 Dabei darf freilich nicht übersehen werden, dass die Angehörigen der Überwachungskommission z.T. auch Mitglied in der Prüfungskommission sind.

237 Dazu auch: *Lilie*, in: FS für Deutsch zum 80. Geburtstag, S. 331, 337.

238 *Böning*, Kontrolle im Transplantationsgesetz, S. 96.

239 Eingefügt durch das Gesetz zur Änderung des Transplantationsgesetzes, BGBl. I vom 21.07.2012, S. 1601, 1606.

rungsstelle mit einer Kenn-Nummer versehen. Nur diese Kenn-Nummer und die medizinischen Angaben werden von der Koordinierungsstelle an die Vermittlungsstelle gesendet. Eine Zusammenführung der personenbezogenen Daten durch die Prüfungskommission ist damit prinzipiell ausgeschlossen.

3. Zusammenfassung

Die Überwachung und Kontrolle des Transplantationssystems obliegt der Prüfungs- und der Überwachungskommission. Die Befugnis der Überwachungskommission, Einsicht in die erforderlichen Unterlagen zu nehmen und Auskünfte zu verlangen, kann es im Einzelfall theoretisch möglich machen, dass den Mitgliedern eine Zusammenführung von personenbezogenen Daten von Organspender und Empfänger möglich ist. Freilich ist diese Möglichkeit auf einige wenige Fälle beschränkt.

Dagegen besteht diese Möglichkeit bei der Prüfungskommission grundsätzlich nicht. Lediglich Eurotransplant ist gegenüber der Prüfungskommission verpflichtet, sämtliche vermittlungsrelevanten Unterlagen der Prüfungskommission zur Verfügung zu stellen sowie Auskünfte zu erteilen. Dabei handelt es sich nur um die Angaben der Organempfänger. Die personenbezogenen Daten der Organspender werden durch die Koordinierungsstelle mit einer Kenn-Nummer versehen.

VI. Dauer der Datenspeicherung und Verfügbarkeit

Nach erfolgter Transplantation sind gem. § 3 Abs. 6 des Vertrages mit der Vermittlungsstelle die Transplantationszentren verpflichtet, unverzüglich den Organempfänger aus ihrer Warteliste herauszunehmen. Dies ist der Vermittlungsstelle mitzuteilen. Auch die Vermittlungsstelle nimmt sodann den Empfänger aus der einheitlichen Warteliste.

Jedoch werden durch das TPG in § 15 Abs. 1 TPG umfangreiche Datenaufbewahrungspflichten nach erfolgter Transplantation statuiert. Insbesondere die Dokumentationen der Organentnahme, der Organvermittlung und der Organübertragung sind gem. § 15 Abs. 1 S. 1 a. E. TPG mindestens 30 Jahre aufzubewahren. Nach S. 2 sind die in diesen Aufzeichnungen und Dokumentationen enthaltenen personenbezogenen Daten spätestens bis zum Ablauf eines weiteren Jahres zu löschen.[240] „Löschen" meint dabei das Unkenntlichmachen gespeicherter personenbezogener Daten i.S.d. § 3 Abs. 4 Nr. 5 des BDSG.

Gem. § 15 Abs. 2 TPG, der für die Verfügbarkeit der Aufzeichnungen nach § 15 Abs. 1 S. 1 TPG entsprechend anzuwenden ist,[241] müssen die dokumentierten Daten unverzüglich zur Verfügung gestellt werden können. Die personenbezogenen Daten

---

240 Eine andere Regelung gilt nach § 15 Abs. 2 TPG für Gewebe. Diese müssen mindestens 30 Jahre aufbewahrt werden. Vgl. auch Art. 8 Abs. 4 der Geweberichtlinie.

241 *Krüger/Lautenschläger/Lilie*, in: Pühler/Middel/Hübner (Hrsg.), Praxisleitfaden Gewebegesetz, S. 103.

sind damit mindestens 30 Jahre verfügbar und können unverzüglich zur Verfügung gestellt werden.

VII. Ergebnis

Die komplexen Systeme der Datenerfassung und -weiterleitung wurden dargestellt, um festzustellen, welcher Personenkreis sowohl über personenbezogene Daten des Organempfängers, als auch des Organspenders verfügt.

Mit Blick auf die Strukturen des Organspende- und Transplantationsprozess ist dabei zwischen zwei Datenerfassungsprozessen und zwei Datenverfassungssystemen zu differenzieren. Die personenbezogenen Daten des Organempfängers werden vom behandelnden Arzt nach Einwilligung des Patienten an ein Transplantationszentrum weitergeleitet, in dem die Transplantation vorgenommen werden soll. Das Transplantationszentrum meldet die „persönlichen und medizinischen Daten" anschließend über das ENIS an die Vermittlungsstelle, wo dem Patienten eine Kenn-Nummer zugeteilt wird. Über die personenbezogenen Daten des Organempfängers verfügen infolgedessen sowohl der behandelnde Arzt, als auch das Transplantationszentrum sowie die Vermittlungsstelle.

Der zweite Datenerfassungsprozess betrifft die personenbezogenen Daten des postmortalen Organspenders. In Zusammenarbeit mit der Koordinierungsstelle klärt das zuständige Transplantationszentrum, ob die Voraussetzungen für eine Organ- oder Gewebeentnahme vorliegen. Hierfür werden durch das zuständige Transplantationszentrum personenbezogene Daten erhoben und an die Koordinierungsstelle weitergeleitet. Anschließend verschlüsselt die Koordinierungsstelle, in einem mit den Transplantationszentren abgestimmten Verfahren, die personenbezogenen Daten des Organspenders und versieht diese mit einer Kenn-Nummer, sodass nur der Koordinierungsstelle ein Rückschluss auf die Person des Spenders möglich ist. Wurden die Voraussetzungen für eine Organentnahme festgestellt, wird von der Koordinierungsstelle die Kenn-Nummer für das Spenderorgan, das Geburtsdatum, Geschlecht, Körpergewicht und -länge, die Kenn-Nummer des entnehmenden Zentrums und die medizinischen Angaben an die Vermittlungsstelle gesendet.[242]

Die Vermittlungsstelle trifft anschließend anhand der medizinischen Daten nach den Regeln, die dem Stand der Erkenntnisse der medizinischen Wissenschaft entsprechen, insbesondere nach Erfolgsaussicht und Dringlichkeit, eine Vermittlungsentscheidung. Diese Vermittlungsentscheidung wird dem Transplantationszentrum, bei dem der auf dieser Rangliste für das betreffende Organ an erster Stelle stehende Patient gemeldet ist und der Vermittlungsstelle unter Verwendung der Kenn-Nummer mitgeteilt.

---

242 Zu den Angaben in den Begleitpapieren vgl. unten: 3. F. I.

Über die personenbezogenen Daten des Organspenders verfügt somit sowohl das Entnahmekrankenhaus, als auch die Koordinierungsstelle.

Festzuhalten bleibt, dass eine Überschneidung der personenbezogenen Daten bei einer am Organspendeprozess beteiligten Person oder Institution nach der Konzeption des Transplantationsgesetzes sowie dem Vertrag über die Vermittlungsstelle und dem Vertrag über die Koordinierungsstelle ausgeschlossen ist. Außer der Koordinierungsstelle, die den anonymen Briefkontakt zwischen den Angehörigen des Spenders und dem Empfänger der Organspende organisiert,[243] verfügt keine Stelle über personenbezogene Daten von Organspender und Empfänger. Diese darf die Daten aus den Begleitpapieren gem. § 13 Abs. 2 TPG mit den personenbezogenen Daten des Organspenders nur gemeinsam verwenden, insbesondere zusammenführen und an die Transplantationszentren weitergeben, in denen Organe des Spenders übertragen worden sind, soweit dies zur Abwehr einer zu befürchtenden gesundheitlichen Gefährdung der Organempfänger erforderlich ist.

Denkbar bleibt daneben eine freilich seltene und vom Zufall abhängige Möglichkeit der Datenzusammenführung. Meldet ein Transplantationszentrum einen Organspender der Koordinierungsstelle und bekommt wenig später die Vermittlungsentscheidung von der Vermittlungsstelle zurück, so ist nicht ausgeschlossen, dass den transplantierenden Ärzten[244] dieses Transplantationszentrums eine Zusammenführung der Daten möglich ist. Zwar wird die Vermittlungsentscheidung nur unter Verwendung der Kenn-Nummer für das Spenderorgan von der Vermittlungsstelle übermittelt, jedoch werden auch Geburtsdatum und Geschlecht mitgeteilt. Mit diesen Daten ist es denkbar, dass den Ärzten eine Zurückführung auf die Person, des im gleichen Transplantationszentrum behandelten oder gemeldeten Organspenders, möglich ist. Da diese Ärzte wissen, wem das (durch die Vermittlungsstelle allozierte) Organ übertragen wird, verfügen sie sowohl über die personenbezogenen Daten des Organempfängers und denkbar auch über die des Organspenders.[245]

---

243 Zur internen Datentrennung bei der Koordinierungsstelle: *Lilie*, in: FS für Deutsch zum 70. Geburtstag, S. 643, 661 f.

244 § 5 Abs. 2 S. 1 TPG fordert, dass die todesfeststellenden Ärzte weder an der Entnahme noch an der Übertragung der Organe oder Gewebe des Spenders beteiligt sein dürfen. Das Gesetz schließt indessen nicht aus, dass entnehmender Arzt und transplantierender Arzt identisch sind. *Lilie*, in: FS für Deutsch zum 70. Geburtstag, S. 643, 646 weist darauf hin, dass „eine zwingende organisatorische Trennung von Entnahme- und Implantationsteams […] in der Sachverständigenanhörung des Gesundheitsausschusses des Deutschen Bundestages in der 67. Sitzung vom 9.10.1996 ausdrücklich als nicht erforderlich bezeichnet worden und dementsprechend auch im Gesetz nicht durchgeführt" ist.

245 Zumindest theoretisch denkbar wäre es daneben, eine Veranstaltung durch die Koordinierungsstelle, zu organisieren, zu der Angehörige von Organspendern und Organempfänger eingeladen werden. Dann bleibt es den Beteiligten überlassen, sich gegenseitig „zu finden", ohne dass personenbezogene Daten offenbart werden.

C. Auslegung der Regelung

Grundlage der Anonymität von postmortalem Organspender und Organempfänger(n) ist, dass § 14 Abs. 2 S. 1 TPG die Offenbarung personenbezogener Daten von Spender und Empfänger verbietet.[246] Die Koordinierungsstelle bietet Organempfängern die Möglichkeit an, einen Brief an die Angehörigen des toten Organspenders zu verfassen. Voraussetzung hierfür ist, dass eine Identifikation des Organempfängers durch den Brief ausgeschlossen ist. Den Angehörigen des Organspenders ist es dann freigestellt, auf den Brief, ebenfalls in anonymer Form zu antworten. Außerdem erfahren die Angehörigen nach der Transplantation von der Koordinierungsstelle, wenn auch ohne Nennung des Namens, von den Organempfängern und dem Transplantationsergebnis.[247] Zudem können sich die Angehörigen bei der Koordinierungsstelle nach erfolgter Transplantation nach dem Gesundheitszustand der Organempfänger erkundigen.

Während im Bundesdatenschutzrecht die Regelung des § 4 Abs. 1 BDSG gilt, wonach die Erhebung, Verarbeitung und Nutzung personenbezogener Daten nur zulässig ist, sofern das BDSG oder eine andere Rechtsvorschrift dies erlaubt oder anordnet oder der Betroffene eingewilligt hat, fehlt eine vergleichbare Regelung im TPG. Dagegen finden sich auch im TPG einige Ausnahmen, die den Grundsatz der Anonymität durchbrechen und so einen persönlichen Kontakt zwischen Spender und Empfänger gestatten. Neben der bereits genannten Ausnahme der Lebendspende, ist dies das Recht des Kindes auf Kenntnis der eigenen Abstammung aus § 14 Abs. 3 S. 1 TPG[248] und die Möglichkeit nach § 14 Abs. 3 S. 2 TPG, bei einer Knochenmarkspende die Identität des Gewebespenders und des Gewebeempfängers gegenseitig oder den jeweiligen Verwandten bekannt zu gegeben, wenn der Gewebespender und der Gewebeempfänger oder ihre gesetzlichen Vertreter darin ausdrücklich eingewilligt haben. Darüber hinaus wurde durch das Gesetz zur Änderung des Transplantationsgesetzes (TPGÄndG) vom 21. Juli 2012[249] die Ausnahmevorschrift des § 14 Abs. 2a TPG eingefügt. Danach dürfen personenbezogene Daten zur wissenschaftlichen Forschung verwendet werden.

Im Folgenden ist durch Auslegung des § 14 Abs. 2 S. 1 sowie des § 19 Abs. 3 Nr. 2 TPG zu bestimmen, ob es jenseits der im TPG geregelten Ausnahmen zulässig sein kann, die personenbezogenen Daten von Organspender bzw. dessen Angehörigen und dem Organempfänger gegenseitig bekannt zu geben. Vorausgesetzt wird, dass

---

246 Die Ausführungen zur Auslegung wurden in gekürzter Form bereits veröffentlicht: *Müller*, Die Anonymität der postmortalen Organspende – Warum ist in Deutschland für die Angehörigen kein direkter Kontakt zu den transplantierten Patienten möglich?, Diatra-Journal 3/2012, Forum Organspende, S. 32 ff.

247 http://dso.de/spenderfamilien/index.html.

248 Vgl. hierzu auch die Entscheidung des OLG Hamm, NJW 2013, 1167 ff. mit Anm. *Kingreen* FamRZ 2013, 641 f.

249 BGBl. I vom 21.07.2012, S. 1601 ff.

eine Einwilligung der Angehörigen des postmortalen Organspenders und des Organempfängers gegeben ist. Mit der Auslegung wird das Ziel verfolgt, festzustellen, ob im Falle einer Einwilligung die Weitergabe der personenbezogenen Daten im Einzelfall zulässig ist und sich hieraus eine ärztliche Aufklärungspflicht ergeben kann.

Bei der Auslegung sind, wie das Bundesverfassungsgericht unlängst festgestellt hat, auch im Bereich der Transplantationsmedizin die üblichen Auslegungsmethoden heranzuziehen.[250]

I. Auslegungsziel

In der juristischen Methodenlehre sind im Wesentlichen vier Auslegungsmethoden anerkannt. Diese vier Methoden sind, wenn auch bei einzelnen Autoren unterschiedlich benannt: die Auslegung nach dem Wortlaut, die systematische Auslegung, die Entstehungsgeschichte und der Sinn und Zweck der Norm. Von den Auslegungsmethoden ist das Auslegungsziel zu unterscheiden. Strittig ist dabei, ob der Wille des Gesetzgebers (subjektive Theorie) oder der Wille des Gesetzes (objektive Theorie) das Ziel der Auslegung ist.[251] Nach Ansicht des BVerfG[252] und der weit verbreiteten Auffassung in der Literatur[253] ist nicht der subjektive Wille des Gesetzgebers, sondern der in einer Norm zum Ausdruck kommende objektive gesetzgeberische Wille entscheidend bei der Auslegung von Gesetzen. Demzufolge sind Gesetze losgelöst von der Intention des Gesetzgebers und können im Laufe der Zeit Bedeutungen annehmen, an welche der Gesetzgeber zum Zeitpunkt des Erlasses nicht gedacht hat.[254] Dies gewährleistet eine höhere Anpassungsfähigkeit und Flexibilität eines Gesetzes,[255] eine voraussehbare und transparente Rechtsanwendung und letztlich auch Rechtssicherheit.[256]

Damit ist die Berücksichtigung der Entstehungsgeschichte und der subjektiven Intention des Gesetzgebers keineswegs ausgeschlossen. Der historischen Auslegungsmethode, der Untersuchung der Regelungsabsichten und konkreten (historischen) Normvorstellungen, kommt jedoch nur dann Bedeutung zu, wenn durch ihre Anwen-

---

250 BVerfG, NJW 1999, 3399, 3400; *Rixen*, in: Höfling (Hrsg.), TPG, Einf. I Rn. 8.
251 Ausführlich hierzu jeweils m.w.N. *Bydlinski*, Juristische Methodenlehre und Rechtsbegriff, S. 434 ff.; *Larenz/Canaris*, Methodenlehre der Rechtswissenschaft, S. 137 ff.; *Rüthers/Fischer*, Rechtstheorie, Rn. 796 ff.
252 BVerfGE 1, 299, 312; 8, 274, 307; 11, 126, 130; 59, 128, 153; 71, 108, 115; 105, 135, 157. Dennoch wird der Wille des Gesetzgebers nicht völlig außen vor gelassen: BVerfGE 2, 266, 276; 65, 182, 193; 88, 40, 56 f.
253 *Köhler*, BGB AT, § 4 Rn. 13; *Schenke*, AöR 103 (1978), 566, 580; *Weber*, in: Baumann/Weber/Mitsch (Hrsg.), Strafrecht, Allgemeiner Teil, § 9 Rn. 76; *Wessels/Beulke*, Strafrecht, Allgemeiner Teil, Rn. 57; *Wolff/Bachof/Stober/Kluth*, Verwaltungsrecht I, § 28 Rn. 60.
254 *Walz*, ZJS 2010, 482, 485.
255 *Walz*, ZJS 2010, 482, 485.
256 *Zillgens*, Die strafrechtlichen Grenzen der Lebendorganspende, S. 126.

dung Zweifel behoben werden können oder die mit den anderen Methoden gefundenen Ergebnisse bestätigt werden können.[257]

Für „zeitlich neue und sachlich neuartige Regelungen" soll nach Auffassung des BVerfG[258] den „anhand des Gesetzgebungsverfahrens deutlich werdenden Regelungsabsichten des Gesetzgebers erhebliches Gewicht bei der Auslegung" zukommen, „sofern Wortlaut und Sinnzusammenhang der Norm Zweifel offenlassen."[259]

Die erste Fassung des TPG stammt aus dem Jahr 1997 und stellt damit eine vergleichsweise neue Regelung dar. Außerdem handelt es sich, mangels vorausgehender gesetzlicher Vorschriften,[260] auch um ein neuartiges Gesetz, sodass im Rahmen der Auslegung auch die gesetzgeberische Intention sowie die Entstehungsgeschichte der Norm von Bedeutung sind.

II. grammatische Auslegung

Die Auslegung hat zunächst mit einer Analyse des Wortsinns zu beginnen.[261] Dabei ist die Bedeutung des Ausdrucks oder einer Wortverbindung im allgemeinen- bzw. im speziellen Sprachgebrauch des Gesetzes zu untersuchen.[262]

Das Gesetz spricht in § 14 Abs. 2 S. 1 TPG davon, dass „die an der Erteilung oder Weitergabe der Auskunft nach § 2 Abs. 4 beteiligten Personen [...], die an der Mitteilung, Unterrichtung oder Übermittlung nach § 11 Abs. 4 sowie die an der Organ- oder Gewebeentnahme, der Organvermittlung oder -übertragung oder der Gewebeabgabe oder -übertragung beteiligten Personen, personenbezogene Daten der Spender und der Empfänger nicht offenbaren" dürfen.

Im allgemeinen Sprachgebrauch ist unter „offenbaren" zu verstehen, dass etwas, was bisher verborgen, bzw. nicht bekannt war, offen gezeigt oder enthüllt wird.[263] „Personenbezogen" sind nach dem gewöhnlichen Wortverständnis die eine Person betreffenden Daten.[264] Sind die personenbezogenen Daten des postmortalen Organspenders bzw. der Angehörigen und des Organempfängers gegenseitig nicht bekannt, so ist damit nach dem Wortlaut die (gegenseitige) Bekanntgabe der Daten

---

257 *Bleckmann*, JuS 2002, 942, 943. Für den Bereich der Transplantationsmedizin: *Rixen*, in: Höfling (Hrsg.), TPG, Einf. I Rn. 12.

258 BVerfGE 54, 277, 297.

259 Sog. „geltungszeitliche-subjektive Auslegung", vgl. dazu *Wank*, Die Auslegung von Gesetzen, S. 32 f.

260 Zuvor galt nur der sog. Transplantationskodex, eine Zusammenfassung medizinischer, ärztlicher, ethischer und juristischer Grundsätze bei Organtransplantationen. Abgedruckt in *Deutsch*, Arztrecht und Arzneimittelrecht, 2. Auflage, S. 269.

261 BVerfGE 71, 108, 115; 105, 135, 137; *Fikentscher*, Methoden des Rechts, Band III, S. 670; LK-*Dannecker*, § 1 Rn. 300; *Rüthers/Fischer*, Rechtstheorie, Rn. 731.

262 *Larenz/Canaris*, Methodenlehre der Rechtswissenschaft, S. 141.

263 Duden, Deutsches Universalwörterbuch, 6. Auflage, Stichwort: offenbaren.

264 Duden, Deutsches Universalwörterbuch, 6. Auflage, Stichwort: personenbezogen.

unzulässig. Eine Ausnahme hiervon lässt der Wortlaut nicht erkennen. Eindeutig ist zudem der Wortlaut der Strafvorschrift. Nach § 19 Abs. 3 Nr. 3 TPG wird bestraft, wer entgegen § 14 Abs. 2 S. 1 TPG, auch in Verbindung mit S. 2, oder S. 3 personenbezogene Daten offenbart oder verwendet. Ausnahmen hiervon sind dem eindeutigen Wortlaut nicht zu entnehmen.

Angesichts des strafrechtlichen Sanktionscharakters, den § 14 Abs. 2 S. 1 TPG durch die Verweisung in § 19 Abs. 3 Nr. 3 TPG aufweist, ist bei der Auslegung der Normen besondere Sorgfalt zu wahren. Es gelten stets die durch das Grundgesetz in Art. 103 Abs. 2 gezogenen Grenzen: Die Rechtskonkretisierung darf keinesfalls dazu führen, dass eine Strafbarkeit in den Fällen angenommen wird, die der Wortsinn nicht hergibt.[265] Überschreitet die Auslegung und Anwendung einer Rechtsnorm den Wortlaut, verstößt dies gegen den Grundsatz der staatlichen Selbstbindung beim Einsatz von Strafgewalt und die demokratische Legitimation.[266] Dagegen ist eine Auslegung und Analogie zugunsten des Täters stets zulässig.[267]

III. systematische Auslegung

Ausgehend von der Vorstellung, dass ein Gesetz eine Einheit bildet, ist in einem zweiten Schritt die Norm im Gesetzeskontext zu betrachten.[268] Der Sinn einer Regelung kann sich dadurch erschließen, dass man ihn als Teil eines Normkomplexes betrachtet, zu der sie gehört.[269]

Das Transplantationsgesetz steht als „Querschnittsgesetz"[270] ausdrücklich und auch mittelbar in Zusammenhang mit zahlreichen anderen Normen anderer Rechtsgebiete, die bei der Auslegung des Transplantationsgesetzes berücksichtigt werden müssen.[271] Daher sind die §§ 14 Abs. 2 S. 1 und 19 Abs. 3 Nr. 3 TPG im Folgenden sowohl im Verhältnis zu anderen Normen des TPG als auch zu übrigen Normen zu untersuchen. Dabei ist sowohl die äußere Systematik des Gesetzes als auch die innere Systematik der Rechtsordnung im Sinne einer logischen Vereinbarkeit zu betrachten.[272] Ausgehend vom Gedanken der „Einheit der Rechtsordnung" sind die älteren Gesetze dabei an den Wertungen der aktuelleren Gesetze auszurichten.[273]

---

265 *Schmahl*, in: Schmidt-Bleibtreu/Hofmann/Hopfauf (Hrsg.), GG-Kommentar, Art. 103 Rn. 33; *Nolte*, in: v.Mangoldt/Klein/Starck, GG-Kommentar, Art. 103 Rn. 158; *Roxin*, Strafrecht Allgemeiner Teil, Band I, § 5 Rn. 40.

266 *Roxin*, Strafrecht Allgemeiner Teil, Band I, § 5 Rn. 30.

267 *Roxin*, Strafrecht Allgemeiner Teil, Band I, § 5 Rn. 44.

268 LK-*Dannecker*, § 1 Rn. 310.

269 *Larenz/Canaris*, Methodenlehre der Rechtswissenschaft, S. 146.

270 *Rixen*, in: Höfling (Hrsg.), TPG, Einf. I Rn. 9.

271 *Rixen*, in: Höfling (Hrsg.), TPG, Einf. I Rn. 9.

272 *Wank*, die Auslegung von Gesetzen, S. 55 ff.

273 *Wank*, Die Auslegung von Gesetzen, S. 55.

Regelungen zur (ärztlichen) Schweigepflicht und zum Schutz von Patientendaten finden sich neben den genannten Normen im TPG, in den Datenschutzgesetzen des Bundes und der Länder, in § 203 StGB sowie im Berufsrecht der Ärzte.

1. Regelungen des TPG

Systematisch befindet sich das Gebot der Anonymität von Organspender und - empfänger im 5. Abschnitt des TPG. Sowohl die Überschrift des 5. Abschnittes „Meldungen, Dokumentation, Rückverfolgung, Datenschutz, Fristen" als auch die Überschrift des § 14 TPG „Datenschutz" lassen erkennen, dass diesen Regelungen das Ziel des Datenschutzes immanent ist. Zentrale Norm des Datenschutzes im Bereich der Transplantationen von Organen und Geweben ist § 14 TPG. Bereits die Stellung dieser Regelungen im TPG lässt jedoch erkennen, dass es sich bei den datenschutzrechtlichen Vorschriften um einen „konzeptionellen Annex"[274] zu den eigentlichen Transplantationsvorschriften handelt.

In engem Zusammenhang mit der hier auszulegenden Vorschrift des § 14 Abs. 2 TPG stehen die Abs. 1 und 3 des § 14 TPG. Während § 14 Abs. 1 TPG die Aufsicht über die Einhaltung der datenschutzrechtlichen Bestimmungen regelt, enthält Abs. 3 Ausnahmevorschriften vom Grundsatz der Anonymität. Das Gebot der Anonymität wird ferner flankiert von einem Zweckbindungsgebot in § 14 Abs. 2 S. 4 TPG, wovon S. 5 für gerichtliche Verfahren, deren Gegenstand die Verletzung des Offenbarungsverbots nach S. 1 oder S. 2 ist, eine Ausnahme statuiert. Die im Rahmen des TPG erhobenen personenbezogenen Daten dürfen demzufolge für andere als in diesem Gesetz genannte Zwecke nicht verwendet werden. Festzuhalten bleibt damit zunächst, dass der gesamte Bereich der Organ- und Gewebetransplantation als „Geheimsphäre vor unberechtigten Zugriffen Dritter"[275] geschützt werden soll. Neben den genannten Ausnahmevorschriften enthalten die auszulegenden Normen keine Ermächtigungsregelung in die Weitergabe personenbezogener Daten bei Einwilligungen des Berechtigten.

Ob mit dem Umkehrschluss daraus gefolgert werden kann, dass die Weitergabe personenbezogener Daten abgesehen von den genannten Ausnahmen unzulässig ist, ist eine Frage, die dogmatisch über die Auslegung hinausgeht und in den Bereich der Rechtsfortbildung gehört. Zudem erfordert der Umkehrschluss die Kenntnis des gesetzgeberischen Normzweckes, der hier noch nicht ermittelt wurde.

---

274 *Rixen*, DuD 1998, 75.
275 *Rixen*, in: Höfling (Hrsg.), TPG, 1. Auflage, § 14 Rn. 4. Differenzierend: *Stockter*, in: Höfling (Hrsg.), TPG, Vor §§ 13-15, Rn. 33 ff.

2. Datenschutzgesetze

Bei der systematischen Auslegung sind daneben Normen heranzuziehen, die mit der auszulegenden Vorschrift in Zusammengang stehen.[276] Der Bereich des Datenschutzes wird sowohl auf Landes-, als auch auf Bundesebene gesetzlich geregelt.

a) grundsätzlich anwendbares Datenschutzrecht

Das Nebeneinander von bundes-, wie auch landesrechtlichen Datenschutzregelungen wirft, neben der grundsätzlichen Frage nach dem systematischen Zusammenhang, das Problem auf, welches Datenschutzrecht für die Transplantationsmedizin Anwendung findet. Das BDSG gilt gem. § 1 Abs. 2 für alle öffentlichen Stellen des Bundes (Nr. 1), für die öffentlichen Stellen der Länder nur, soweit der Datenschutz nicht durch Landesgesetze geregelt ist (Nr. 2) sowie für nicht-öffentliche Stellen. Öffentliche Stellen der Länder sind gem. § 2 Abs. 2 BDSG auch alle öffentlich-rechtlich organisierten Einrichtungen eines Landes, einer Gemeinde, eines Gemeindeverbands und sonstiger der Aufsicht des Landes unterstehender juristischer Personen des öffentlichen Rechts sowie deren Vereinigungen, ungeachtet ihrer Rechtsform.

Transplantationszentren sind nach § 10 Abs. 1 S. 1 TPG Krankenhäuser oder Einrichtungen an Krankenhäusern, die nach § 108 SGB V oder nach anderen gesetzlichen Bestimmungen für die Übertragung von Organen verstorbener Spender sowie für die Entnahme und Übertragung von Organen lebender Spender zugelassen sind. Entnahmekrankenhäuser sind gem. § 9a Abs. 1 S. 1 TPG die nach § 108 SGB V oder nach anderen gesetzlichen Bestimmungen zugelassenen Krankenhäuser, die nach ihrer räumlichen und personellen Ausstattung in der Lage sind, Organentnahmen von möglichen Spendern nach § 3 oder § 4 nach Maßgabe des § 11 Absatz 4 Satz 5 zu ermöglichen.

Grundlage dieser Verweisung ist die grundgesetzliche Kompetenzverteilung, die das Krankenhausplanungsrecht dem Zuständigkeitsbereich der Länder zuweist.[277] Danach ist zu unterscheiden zwischen Hochschulkliniken, Plankrankenhäusern, Krankenhäuser, die einen Versorgungsvertrag mit den Landesverbänden der Krankenkassen und den Verbänden der Ersatzkassen abgeschlossen haben und nach anderen Rechtsvorschriften, wie etwa § 30 Gewerbordnung, zugelassenen Krankenhäusern.[278] Die Mehrheit der Krankenhäuser wird folglich von Ländern, Städten und Gemeinden bzw. Privatunternehmen geführt.[279] Grundsätzlich sind damit sowohl das BDSG, als auch die Landesdatenschutzgesetze anwendbar.

---

276 *Pawlowski*, Methodenlehre für Juristen, Rn. 362. Zum Teil wird diese Frage auch der teleologischen Auslegung zugeordnet, vgl. *Fikentscher*, Methoden des Rechts, Band III, S. 676 ff.
277 BVerwGE 115, 103, 106.
278 BVerwGE 115, 103, 106; *Lang*, in: Höfling (Hrsg.), TPG, 1. Auflage, § 10 Rn. 8; *Rixen*, in: Höfling (Hrsg.), TPG, § 9a Rn. 2.
279 *Jandt/Roßnagel*, MedR 2011, 140, 142.

Der Schutz von Patientendaten ist, mit Ausnahme von Niedersachsen, Schleswig-Holstein und Sachsen-Anhalt durch die Länder in Sondervorschriften geregelt,[280] die jedoch häufig auf die Landesdatenschutzgesetze verweisen. Nimmt die öffentlich-rechtliche Stelle jedoch am Wettbewerb teil, so wird durch das Landesdatenschutz-recht auf das BDSG verwiesen, sodass letztlich das BDSG Anwendung findet.[281] Für Sachsen-Anhalt etwa regeln § 3 Abs. 1 und Abs. 2 Datenschutzgesetz Sachsen-Anhalt (DSG-LSA) sowie die entsprechende Verwaltungsvorschrift zu § 3 DSG-LSA, dass Krankenhäuser in öffentlich-rechtlicher Trägerschaft grundsätzlich zu den öffentlich-rechtlichen Wettbewerbsunternehmen gehören.

Daneben verfügt die Koordinierungsstelle über personenbezogene Daten. Diese Aufgabe wird von der Deutschen Stiftung Organtransplantation, einer rechtsfähigen, gemeinnützigen Stiftung des Bürgerlichen Rechts,[282] wahrgenommen, auf die nach Maßgabe des § 1 Abs. 2 Nr. 3 BDSG auch das BDSG Anwendung findet. Damit ist hier im Wesentlichen auf die Bestimmungen des BDSG abzustellen.[283]

b) systematischer Zusammenhang

Nach § 1 Abs. 1 BDSG dient das BDSG dazu, den Einzelnen davor zu schützen, dass er durch den Umgang mit seinen personenbezogenen Daten in seinem Persön-lichkeitsrecht beeinträchtigt wird.[284] Der Begriff des „Offenbarens" wird dagegen im BDSG nicht genutzt. Stattdessen verwendet das BDSG den Begriff des „Verarbei-tens". Nach § 3 Abs. 4 ist unter „Verarbeiten" das Speichern, Verändern, Übermitteln, Sperren und Löschen personenbezogener Daten zu verstehen. Übermitteln ist nach § 3 Abs. 4 Nr. 3 BDSG das Bekanntgeben gespeicherter oder durch Datenverarbei-tung gewonnener personenbezogener Daten an einen Dritten in der Weise, dass entweder die Daten an den Dritten weitergegeben werden oder der Dritte zur Einsicht oder zum Abruf bereitgehaltene Daten einsieht oder abruft.

Die Verarbeitung personenbezogener Daten in Form des „Übermittelns" an Dritte im BDSG, die dem „Offenbaren" personenbezogener Daten gegenüber Dritten im TPG entspricht, ist insbesondere nur dann zulässig,[285] wenn der Betroffene nach § 4 Abs. 1 BDSG hierin eingewilligt hat. Betroffener ist nach der Legaldefinition des § 3 Abs.1 BDSG eine bestimmte oder bestimmbare natürliche Person, über deren per-sönliche oder sachliche Verhältnisse die Einzelangaben etwas aussagen. Eine ver-gleichbar generelle Regelung zur Einwilligung fehlt im TPG. Ob eine Anwendung der

---

280   Vgl. die Nachweise bei: *Jandt/Roßnagel*, MedR 2011, 140, 143.

281   Im Internet abrufbar unter: http://www.sachsen-anhalt.de/index.php?id=20761, sowie bei: *Trep-tow/Bonse*, Datenschutzrecht Sachsen-Anhalt, § 3 Rn. 3.3.1.

282   *Norba*, Rechtsfragen der Transplantationsmedizin aus deutscher und europäischer Sicht, S. 118.

283   So im Ergebnis auch: *Stockter*, in: Höfling (Hrsg.), TPG, Vor §§ 13-15, Rn. 6.

284   Auf medizinische Daten findet das BDSG grundsätzlich Anwendung, vgl. *B. Lilie*, Medizinische Datenverarbeitung, S. 84 f.

285   Soweit nicht das BDSG oder eine andere Rechtsvorschrift dies erlaubt oder anordnet.

Vorschriften des BDSG im Transplantationsbereich möglich ist, richtet sich nach dem Verhältnis der datenschutzrechtlichen Bestimmungen von TPG zum BDSG. Regelungen hierzu finden sich indessen im TPG nicht. Während etwa § 67d Abs. 1 SGB X vergleichsweise ausdrücklich für Sozialdaten normiert, dass eine Übermittlung dieser Daten nur zulässig ist, soweit eine gesetzliche Übermittlungsbefugnis nach den §§ 68 bis 77 oder nach einer anderen Rechtsvorschrift in diesem Gesetzbuch vorliegt,[286] fehlt eine vergleichbare Norm im TPG. Die Frage nach dem Verhältnis der datenschutzrechtlichen Regelungen des TPG zu denen des BDSG bleibt damit zunächst unbeantwortet.

Nach § 1 Abs. 3 BDSG haben Rechtsvorschriften des Bundes (sog. bereichsspezifisches Datenschutzrecht) Vorrang vor dem BDSG. Unter Rechtsformschriften fallen insbesondere alle formellen Gesetze des Bundes[287] und damit auch das TPG. Wieweit der Grundsatz der Subsidiarität gilt und ob damit eine Anwendung des BDSG neben dem TPG ausgeschlossen ist, bestimmt sich nach dem Ziel und dem Inhalt der mit dem BDSG konkurrierenden Normen.[288] Ausschlaggebend ist dabei die Spezialität der Sonderregelungen im Verhältnis zur Auffangnorm des BDSG. Nur die „deckungsgleiche und tatbestandskongruente" Norm geht dem BDSG vor.[289]

Wie bereits festgestellt, erfasst § 14 Abs. 2 TPG mit dem Verbot des „Offenbarens" personenbezogener Daten das Verbot der Verarbeitung personenbezogener Daten in Form des „Übermittelns" i.S.v. § 4 BDSG.[290] Damit handelt es sich sowohl hinsichtlich des Gegenstandes (personenbezogene Daten), als auch hinsichtlich des Vorganges (Bekanntgabe an Dritte) um deckungsgleiche Vorschriften. Aus diesem Grund ist eine Anwendung des BDSG in diesem Bereich neben den Regelungen des TPG ausgeschlossen.[291] Die speziellen Datenschutzbestimmungen des TPG verdrängen die allgemeineren Normen des BDSG.[292] Mithin kommt nach der Systematik

---

286 Rechtsvorschriften in diesem Sinne sind die bereichsspezifischen Datenschutzregelungen. Über den Bereich des SGB hinausgehende Regelungen scheiden dagegen als Rechtsgrundlage aus, *Bieresborn*, in: von Wulffen (Hrsg.), SGB X, Kommentar, § 67d Rn. 3.

287 *Dix*, in: Simitis (Hrsg.), Bundesdatenschutzgesetz, § 1 Rn. 164; *Gola/Schomerus*, BDSG Kommentar, § 1 Rn. 23.

288 *Dix*, in: Simitis (Hrsg.), Bundesdatenschutzgesetz, § 1 Rn. 170.

289 *Dix*, in: Simitis (Hrsg.), Bundesdatenschutzgesetz, § 1 Rn. 170.

290 In jedem Fall muss es sich dabei zudem um gespeicherte oder durch Datenverarbeitung gewonnene personenbezogene Daten handeln. Die personenbezogenen Daten von Organspender und Organempfänger werden, wie oben eingehend erörtert, im Rahmen des Organspendeprozesses erfasst und gespeichert. Die Weitergabe *nicht* gespeicherter Daten ist keine Übermittlung, jedoch ein „Offenbaren".

291 So auch: *König*, in: Schroth/König/Gutmann/Oduncu (Hrsg.), TPG, § 14 Rn. 14.

292 „lex specialis derogat legi generali", vgl. *Rüthers/Fischer*, Rechtstheorie, S. 486.

ein Rückgriff auf weitergehende Erlaubnistatbestände des BDSG nicht in Betracht.[293] Die Einwilligung in die Offenbarung nach dem BDSG ist auf der Gebot der Anonymität im TPG nicht anwendbar.[294]

3. § 203 StGB

In einem engen Zusammenhang mit der Strafvorschrift des § 19 Abs. 3 Nr. 3 TPG steht ferner die ärztliche Schweigepflicht aus § 203 Abs. 1 Nr. 1 StGB. Das Nebeneinander von Patientengeheimnis und Datenschutz ergibt sich aus dem Verhältnis von ärztlicher Schweigepflicht und Datenschutzrecht. Gem. § 1 Abs. 3 S. 2 BDSG bleibt die Verpflichtung zur Wahrung gesetzlicher Geheimhaltungspflichten oder von Berufs- oder besonderen Amtsgeheimnissen, die nicht auf gesetzlichen Vorschriften beruhen, unberührt. Folglich kommen die Verpflichtung zur Geheimhaltung und das Datenschutzrecht nebeneinander zur Anwendung.[295]

Nach § 203 Abs. 1 Nr. 1 StGB ist es den Angehörigen der Heilberufe, insbesondere den Ärzten untersagt, unbefugt ein fremdes Geheimnis, welches ihnen anvertraut worden oder sonst bekannt geworden ist, namentlich ein zum persönlichen Lebensbereich gehörendes Geheimnis oder ein Betriebs- oder Geschäftsgeheimnis, zu offenbaren. Unter „offenbaren" wird dabei „jedes Mitteilen eines zum Zeitpunkt der Tat noch bestehenden Geheimnisses oder einer Einzelangabe an einen Dritten, der diese nicht, nicht in diesem Umfang, nicht in dieser Form oder nicht sicher kennt" verstanden.[296] Geheimnisse sind Tatsachen, die sich auf die Person des Betroffenen, sowie seine vergangenen und bestehenden Lebensverhältnisse beziehen und höchstens einem beschränkten Personenkreis bekannt sind.[297] Dabei schützt das StGB durch § 203 StGB nicht alle Informationen, sondern nur personenbezogene Informationen.[298] Somit deckt sich die Auslegung des „Offenbarens" i.S.d. § 203 Abs. 1 StGB mit der des „Offenbarens" i.S.d. § 14 Abs. 2 S. 1 StGB. Erfasste Tathandlung ist die Weitergabe personenbezogener Informationen an Dritte, denen diese Informationen nicht bekannt waren. Befugt ist die Offenbarung personenbezogener Informationen im Bereich des StGB, wenn eine wirksame Einwilligung des Geheimnisge-

---

293   Sofern die Regelungen des TPG nicht abschließend sind, finden die darüber hinausgehenden Datenschutzbestimmungen etwa für innerbetrieblichen Datenschutz Anwendung, *Rixen*, DuD 1998, 75, 79.

294   Bereits: *Müller*, Die Anonymität der postmortalen Organspende – Warum ist in Deutschland für die Angehörigen kein direkter Kontakt zu den transplantierten Patienten möglich?, Diatra-Journal 3/2012, Forum Organspende, S. 32, 33. Im Ergebnis auch: *Stockter*, in: Höfling (Hrsg.), TPG, § 14, Rn. 160 ff., 174.

295   *Jandt/Roßnagel*, MedR 2011, 140, 142.

296   BayObLG, NJW 1995, 1623; *Fischer*, StGB, § 203 Rn. 30.

297   *Fischer*, StGB, § 203 Rn. 4 f.

298   *Rogall*, NStZ 1983, 1, 5.

schützten gegeben ist.[299] Die Befugnis stellt dabei einen Rechtfertigungsgrund dar.[300]

Nicht deckungsgleich ist der tatbestandlich erfasste Täterkreis. Streitig ist, ob die Verwaltungsbediensteten eines Krankenhauses, wie etwa das in einem Transplantationsbüro arbeitende nichtärztliche Personal, unter den von § 203 Abs. 3 S. 2 StGB genannten Gehilfenkreis gefasst werden kann.[301]

§ 19 Abs. 3 TPG enthielt in der alten Fassung die Formulierung „wenn die Tat nicht in § 203 des Strafgesetzbuchs mit Strafe bedroht ist". Damit wurde zum Ausdruck gebracht, dass es sich bei der Regelung des § 19 Abs. 3 i.V.m. § 14 Abs. 2 TPG um eine subsidiäre Vorschrift handelte.[302] Dies war aus Sicht des Gesetzgebers notwendig, um von § 203 StGB nicht erfasste Personengruppen, wie das Verwaltungspersonal von Krankenhäusern und Verwaltungspersonal, das mit Aufgaben der Organentnahme oder der Organvermittlung befasst ist, erfassen zu können.[303] Die aktuelle Fassung des § 19 Abs. 3 TPG enthält diese Subsidiaritätsklausel nicht mehr. Dazu findet sich in der Beschlussempfehlung des Ausschusses für Gesundheit zum Gewebegesetzentwurf der Bundesregierung die Begründung, dass „§ 19 Abs. 3 TPG denselben Strafrahmen wie § 203 Abs. 1 StGB bereithält" und die Subsidiaritätsklausel deshalb nicht notwendig sei.[304] Da der Anwendungsbereich des § 19 Abs. 3 TPG über den des § 203 StGB hinausgeht, seien Strafbarkeitslücken nach Auffassung des Gesetzgebers nicht zu befürchten.[305]

Voraussetzung der Anwendbarkeit des § 19 Abs. 3 a.F. TPG war damit die Nichtanwendbarkeit des § 203 Abs. 1 StGB.[306] Der datenschutzrechtliche Verstoß war folglich entweder nach § 203 Abs. 1 StGB strafbar oder nach § 19 Abs. 3 TPG. Während allerdings im Bereich des § 203 StGB eine Einwilligung den Verstoß grundsätzlich

---

299 *Bosch*, in: Satzger/Schmitt/Widmaier, StGB, § 203 Rn. 35; *Fischer*, StGB, § 203 Rn. 32; *Lackner/Kühl*, StGB, vor § 201 Rn. 2; LK-*Schünemann*, § 203 Rn. 92 f. Im Zusammenhang mit dem Transplantationsrecht: *Böning*, Kontrolle im Transplantationsgesetz, S. 113.

300 *Fischer*, StGB, § 203 Rn. 31; *Lackner/Kühl*, StGB, vor § 201 Rn. 2; LK-*Schünemann*, § 203 Rn. 92 f; *Wessels/Hettinger*, Strafrecht BT 1, Rn. 569. Nach a.A. wird bereits der Tatbestand ausgeschlossen, BGHSt 4, 355, 356; *Hilgendorf*, in: Arzt/Weber/Heinrich/Hilgendorf (Hrsg.), Strafrecht BT, § 8 Rn. 62; MK-*Cierniak*, § 203 Rn. 54; *Schönke/Schröder*, StGB, § 203 Rn. 22.

301 Zum Streitstand: LK-*Schünemann*, § 203 Rn. 80 m.w.N.

302 BT-Drs. 13/4355, S. 32; *Krüger/Lautenschläger/Lilie*, in: Pühler/Middel/Hübner (Hrsg.), Praxisleitfaden Gewebegesetz, S. 99; *Schroth*, in: Schroth/König/Gutmann/Oduncu (Hrsg.), TPG, § 19 Rn. 204 f.; *Rixen*, in: Höfling (Hrsg.), TPG, 1. Auflage, § 19 Rn. 48.

303 BT-Drs. 13/4355, S. 32. Zum Streitstand: LK-*Tiedemann*, § 203 StGB Rn. 80 m.w.N.

304 BT-Drs. 16/5443, S. 56.

305 Es bleibt dennoch die Frage, ob die Strafschärfung nach § 203 Abs. 5 StGB daneben noch Anwendung findet, wenn der Täter gegen Entgelt oder in der Absicht handelt, sich oder einen anderen zu bereichern oder einen anderen zu schädigen. Dazu: *Krüger/Lautenschläger/Lilie*, in: Pühler/Middel/Hübner (Hrsg.), Praxisleitfaden Gewebegesetz, S. 99.

306 *Heger*, JZ 1998, 506.

rechtfertigt, was sich bereits aus dem Wortlaut „unbefugt" ableiten lässt, sah und sieht § 19 Abs. 3 TPG diese Möglichkeit jedenfalls ausdrücklich nicht vor. Auf den ersten Blick ergibt sich damit ein Wertungswiderspruch. Die Datenweitergabe durch einen Arzt war regelmäßig durch § 203 Abs. 1 Nr. 1 StGB strafbar, weshalb eine Anwendbarkeit des § 19 Abs. 3 TPG nach dem ausdrücklichen Wortlaut nicht in Betracht kam. Dieser Verstoß hätte jedoch nach der allgemeinen strafrechtlichen Dogmatik grundsätzlich mit der Einwilligung des Betroffenen in die Weitergabe der personenbezogenen Daten nicht strafbar sein dürfen. Bereits der Wortlaut „unbefugt" lässt erkennen, dass der Informationsaustausch grundsätzlich möglich ist.[307] Dem nichtärztlichen Verwaltungspersonal, das aufgrund des begrenzten Täterkreises des § 203 StGB regelmäßig unter den Anwendungsbereich des § 19 Abs. 3 TPG zu subsumieren ist, stand nach der obigen Auslegung des Wortlautes kein Rechtfertigungsgrund zur Seite.

Treffend wurde zwar darauf hingewiesen, dass eine Schlechterstellung des von § 19 Abs. 3 TPG erfassten Personenkreises vom Gesetzgeber bei der Schaffung der Strafnorm nicht intendiert war.[308] Der Wertungswiderspruch hätte dagegen nur dadurch vermieden werden können, dass entweder die Möglichkeit einer Rechtfertigung der Handlung des ärztlichen Personals vor dem Hintergrund der Regelungen des TPG im Falle einer Einwilligung teleologisch reduziert worden wäre oder die Möglichkeit der Rechtfertigung auch für das nichtärztliche- und Verwaltungspersonal anzuwenden gewesen wäre. Insbesondere eine teleologische Reduktion des § 203 StGB wäre dabei jedoch durchgreifenden strafrechtsdogmatischen Bedenken begegnet. Wird unter Verweis auf die ratio legis der Gesetzestext vernachlässigt und dadurch eine Strafschärfung oder -begründung erwirkt, so liegt ein Verstoß gegen das Analogieverbot aus Art. 103 Abs. 2 GG vor.[309]

Bei der Änderung des TPG durch das Gewebegesetz[310] ist auch die Subsidiaritätsklausel weggefallen. Geblieben ist die Frage nach dem Verhältnis von strafrechtlicher Schweigepflicht und strafbewehrtem Datenschutz im TPG.

Stimmen zwei Rechtsnormen inhaltlich nicht überein, gilt bei der systematischen Auslegung der aus dem Prinzip der Einheit der Rechtsordnung abgeleitete Grundsatz, dass die engere Norm für den spezielleren Bereich die generellere Vorschrift verdrängt.[311] Bei der Streichung der Subsidiaritätsklausel ging der Gesetzgeber davon aus, dass § 19 Abs. 3 TPG denselben Strafrahmen wie § 203 Abs. 1 StGB be-

---

307 *Braun*, in: Roxin/Schroth (Hrsg.), Handbuch des Medizinstrafrechts, S. 241.
308 *Heger*, JZ 1998, 506 und *Schroth*, JZ 1998, 506, 507 bezogen auf die Notwendigkeit eines Strafantrages gem. § 205 StGB, die im Rahmen des § 19 Abs. 3 TPG nicht besteht.
309 *Krey/Esser*, Deutsches Strafrecht, AT, Rn. 90.
310 BGBl. I vom 20.07.2007, S. 1573 ff.
311 „lex specialis derogat legi generali", vgl. *Bydlinski*, Juristische Methodenlehre und Rechtsbegriff, S. 465; *Engisch*, Einführung in das juristische Denken, S. 275; *Wank*, Die Auslegung von Gesetzen, S. 99 f.

reithalte und Ahndungslücken aus diesem Grund nicht zu befürchten seien, weil die Norm inhaltlich einen über § 203 StGB hinausgehenden Anwendungsbereich habe.[312] Zwar erfasst § 19 Abs. 3 TPG einen über § 203 StGB hinausgehenden Täterkreis, jedoch gilt die Norm nur für personenbezogene Daten von Organspendern und Organempfängern und ist insoweit die engere Vorschrift. Somit handelt es sich um die speziellere Vorschrift, die für den Bereich der Offenbarung personenbezogener Daten von Organspender und Organempfänger die allgemeinere Vorschrift der ärztlichen Schweigepflicht aus § 203 Abs. 1 S. 1 StGB verdrängt. Die Möglichkeit, die rechtfertigende Einwilligung aus dem Strafrecht im Bereich der Transplantationsmedizin für die Offenbarung personenbezogener Daten anzuwenden, ist folglich nach der systematischen Auslegung ausgeschlossen.

4. Sozialdatenschutzrecht

Der Schutz von Patientendaten findet sich schließlich auch im Sozialrecht in den §§ 35 SGB I und 67 ff. SGB X.[313] Nach § 67b Abs. 1 SGB X ist die Verarbeitung und Nutzung von Sozialdaten nur dann zulässig, soweit die nachfolgenden Regelungen des SGB X oder eine andere Rechtsvorschrift in diesem Gesetzbuch es erlauben oder anordnen oder soweit der Betroffene eingewilligt hat. Geschützt werden im Bereich des Sozialrechts die sog. „Sozialdaten". Nach der Legaldefinition des § 67 Abs. 1 SGB X sind „Sozialdaten" Einzelangaben über persönliche oder sachliche Verhältnisse einer bestimmten oder bestimmbaren natürlichen Person, die von einer in § 35 SGB I genannten Stelle im Hinblick auf ihre Aufgaben nach diesem Gesetzbuch erhoben, verarbeitet oder genutzt werden. Die in § 35 SGB I genannten datenverarbeitenden Stellen sind die (Sozial-)Leistungsträger. Dies sind die Stellen die für die Erbringung der Sozialleistungen verantwortlich sind, § 12 SGB I. Die mit der Transplantation befassten Stellen sind keine Leistungsträger i.S.d. des Sozialrechtes, weshalb die Regelungen des Sozialdatenschutzrechts keine ergänzende Anwendung finden.[314]

5. Berufsrecht

Eine den Regelungen des BDSG entsprechende Regelung findet sich im Berufsrecht der Ärzte. Die Berufsordnungen werden von den Ärztekammern auf Grund einer Ermächtigung in den Kammer- und Heilberufsgesetzen der Länder mit Genehmigung der zuständigen Aufsichtsbehörde erlassen. Inhaltlich orientieren sich die Berufsord-

---

312 BT-Drs. 16/5443, S. 56.
313 *Rasmussen*, NZS 1998, 67; *Deutsch/Spickhoff*, Medizinrecht, Rn. 620.
314 *Rixen*, DuD 1998, 75, 79; *Nickel/Schmidt-Preisigke/Sengler*, TPG, § 14 Rn. 3; *Stockter*, in: Höfling (Hrsg.), TPG, Vor §§ 13-15 Rn. 5.

nungen an der vom Deutschen Ärztetag beschlossenen Musterberufsordnung der Ärzte (MBO-Ä)[315] und übernehmen diese weitgehend inhaltsgleich.[316]

Die (Muster-)Berufsordnung für die in Deutschland tätigen Ärztinnen und Ärzte (MBO-Ä) normiert in § 9 die grundsätzliche Schweigepflicht der Ärzte. Daneben sieht § 10 Abs. 5 S. 2 MBO-Ä vor, dass Ärztinnen und Ärzte die Empfehlungen der Bundesärztekammer zu beachten haben. Die Bundesärztekammer hat die „Empfehlungen zur ärztlichen Schweigepflicht, Datenschutz und Datenverarbeitung in der Arztpraxis" veröffentlicht.[317] Diese enthalten unter Punkt 5.2. den Hinweis, dass die „Übermittlung von Patientendaten nur zulässig ist, wenn sie entweder durch eine gesetzliche Vorschrift, durch die Einwilligung des Patienten oder aber durch einen besonderen Rechtfertigungsgrund legitimiert ist". Auch nach dieser Regelung ist damit eine Einwilligung des Patienten in die Weitergabe seiner (personenbezogenen) Daten grundsätzlich möglich.

Die Orientierung und systematische Auslegung anhand der Berufsordnung sowie den Empfehlungen der Bundesärztekammer weist jedoch dogmatische Schwierigkeiten auf. Zum einen betrifft dies den Grundsatz der rangkonformen Auslegung. Bei der Berufsordnung handelt es sich um Satzungsrecht, welches in der Hierarchie der Rechtsnormen unter dem formellen Gesetz einzuordnen ist.[318] Beim TPG handelt es sich hingegen um formelles Bundesrecht. Nach dem Grundsatz der „Einheit der Rechtsordnung" müssen niederrangige Vorschriften mit denen des höherrangigen Rechtes in Einklang stehen.[319] Demzufolge sind die niederrangigen Normen so auszulegen, dass sie den Wertungen höherrangigen Rechts soweit wie möglich entsprechen.[320] Eine umgekehrte Auslegung des höherrangigen Rechts durch niederrangiges verbietet sich hingegen grundsätzlich.[321]

Zum anderen sind die Empfehlungen der Bundesärztekammer allenfalls als eine Information und Aufklärung über den aktuellen Stand des Wissens zu verstehen. Ihnen fehlt damit der Rechtssatzcharakter.[322] Gleichermaßen ist die MBO-Ä lediglich ein vom Deutschen Ärztetag beschlossenes Muster, welches die Grundlage für die durch

---

315 (Muster-)Berufsordnung für die in Deutschland tätigen Ärztinnen und Ärzte (MBO-Ä), in der Fassung der Beschlüsse des 114. Deutschen Ärztetages 2011 in Kiel. Im Internet abrufbar unter: http://www.bundesaerztekammer.de/downloads/MBO_08_20111.pdf.

316 *Narr*, Ärztliches Berufsrecht, Band II, B6.

317 DÄBl. 2008, A 1026 ff.

318 *Ratzel/Lippert*, Kommentar zur Musterberufsordnung der deutschen Ärzte, S. 23. Vgl. auch den sog. „Facharztbeschluss" des BVerfG, NJW 1972, 1504 ff.

319 Ausführlich zum Gedanken der „Einheit der Rechtsordnung": *Rüthers/Fischer*, Rechtstheorie, Rn. 774 ff.

320 *Wank*, Die Auslegung von Gesetzen, S. 57.

321 Nur dann ist eine niederrangige Norm anzuwenden, wenn diese eine höherrangige Norm zutreffend konkretisiert; *Wank*, Die Auslegung von Gesetzen, S. 59.

322 *Laufs*, in: Laufs/Kern (Hrsg.), Handbuch des Arztrechts, § 5 Rn. 11; Vgl. die Hinweise der Bundesärztekammer unter: http://bundesärztekammer.de/page.asp?his=0.7

die einzelnen Ärztekammern beschlossenen Berufsordnungen bildet, dem jeglicher Rechtssatzcharakter fehlt. Im Übrigen gilt die Berufsordnung nur für die Ärzte und kann demzufolge keine Aussage darüber treffen, ob dem sonstigen Personal eine Offenbarung personenbezogener Daten nach Einwilligung von Organempfänger und den Organspender bzw. dessen Angehörigen möglich ist.

IV. Zwischenergebnis

Während die systematische Auslegung ergeben hat, dass nach anderen, mit dem TPG in systematischem Zusammenhang stehenden Gesetzen eine Weitergabe von (personenbezogenen) Patientendaten mit Einwilligung des Patienten in der Regel zulässig ist, enthält der Wortlaut der §§ 14 Abs. 2 und 19 Abs. 3 Nr. 3 TPG keine generelle Möglichkeit der Rechtfertigung einer Offenbarung personenbezogener Daten durch Einwilligung. Eine dem Wortlaut des § 203 StGB („unbefugt") vergleichbare Formulierung ist im TPG nicht enthalten. Vielmehr ist die gesetzliche Formulierung eindeutig und lässt erkennen, dass das Offenbarungsverbot umfassend zu verstehen ist. Abgesehen von den in § 14 Abs. 2a und Abs. 3 TPG genannten Fällen sind keine Ausnahmen vorgesehen. Aufgrund der Spezialität der bereichsspezifischen Datenschutzregelungen ist eine Anwendung von Normen aus verwandten Gesetzen grundsätzlich ausgeschlossen. Ein weitergehendes Ergebnis vermögen die grammatische und systematische Auslegung nicht zu leisten.

V. historische Auslegung

Im Zusammenhang mit der historischen Auslegung ist danach zu fragen, welche Deutung den Regelungsabsichten und Normvorstellungen des Gesetzgebers entspricht.[323] Die Normvorstellungen der Verfasser des Gesetzes sowie die Absichten des Gesetzgebers lassen sich neben der Entstehungsgeschichte aus den Materialien,[324] die zum konkreten Gesetz geführt haben, entnehmen.[325]

1. Rechtslage vor dem TPG

Vor dem Inkrafttreten des TPG war bereits im Jahre 1987 durch die Arbeitsgemeinschaft der Transplantationszentren, als Ausdruck der Selbstkontrolle und Selbstverantwortung, der sog. „Transplantationskodex" beschlossen worden.[326] Unter der Überschrift „Registrierung und Dokumentation" enthielt dieser die Regelung, dass Daten nur unter den Bedingungen des BDSG für wissenschaftliche Studien zugäng-

---

323 *Bydlinski*, Juristische Methodenlehre und Rechtsbegriff, S. 449; *Larenz/Canaris*, Methodenlehre der Rechtswissenschaft, S. 149; *Rüthers/Fischer*, Rechtstheorie, Rn. 778 ff.

324 Mit *Larenz*, Methodenlehre, S. 149 f., ist zwischen den Zwecken des Gesetzgebers und den Vorstellungen der am Gesetzgebungsverfahren beteiligten Personen zu differenzieren. Der „Wille des Gesetzgebers" kann nur das sein, was vom Legislativorgan beschlossen und im Gesetz verwirklicht wurde.

325 *Larenz/Canaris*, Methodenlehre der Rechtswissenschaft S. 149; *Wank*, die Auslegung von Gesetzen, S. 65 f.

326 Abgedruckt in *Deutsch*, Arztrecht und Arzneimittelrecht, 2. Auflage, S. 269 ff.

lich gemacht werden können. Darüber hinausgehende Offenbarungsmöglichkeiten enthielt der Kodex nicht. Aufgrund der Tatsache, dass der Transplantationskodex keine rechtliche Bindung entfaltete und abschließende, bereichsspezifische Datenschutzbestimmungen fehlten, galt jedenfalls für die Ärzte die durch § 203 Abs. 1 Nr. 1 StGB normierte Strafandrohung für die unbefugte Offenbarung personenbezogener Daten.

Auf dem Gebiet der neuen Bundesländer wurde der Bereich der Transplantationsmedizin durch die Verordnung über die Durchführung von Organtransplantationen[327] vom 04.07.1975 durch den Ministerrat der Deutschen Demokratischen Republik geregelt. Obgleich die Verordnung keine umfassenden Datenschutzbestimmungen enthielt, fand sich im § 13, der die Zustimmung des Organempfängers regelte, in Abs. 3 S. 2 die Regelung, dass der Empfänger über die Herkunft des transplantierten Organs nur informiert werden *soll*,[328] wenn ein enges persönliches Verhältnis zum Spender besteht. Nach Art. 9 Abs. 1 S. 2 des Einigungsvertrages gilt, dass das Recht der Deutschen Demokratischen Republik, welches nach der Kompetenzordnung des Grundgesetzes Bundesrecht ist und das nicht bundeseinheitlich geregelte Gegenstände betrifft, unter den Voraussetzungen des S. 1 bis zu einer Regelung durch den Bundesgesetzgeber als Landesrecht fort gilt. Da ein Bundestransplantationsgesetz[329] bis zum Inkrafttreten des TPG am 01.12.1997 fehlte, galt die Verordnung des Ministerrates der Deutschen Demokratischen Republik und damit das Gebot der Anonymität der Organspende als Landesrecht auf dem Gebiet der neuen Bundesländer formal fort.[330]

Die parlamentarische Auseinandersetzung um das TPG begann in den 1990er Jahren mit einem Entwurf der Bundesregierung[331] für ein Strafrechtsänderungsgesetz zum Organhandel.[332] Da dieser Gesetzentwurf lediglich die Pönalisierung des Organhandels durch eine Änderung des StGB bezweckte, wurde der Entwurf zugunsten eines umfassenden Transplantationsgesetzes nicht weiter verfolgt.[333] Darauf folgte am 07.11.1995 ein von den Bundestagsabgeordneten *Knoche* und *Häfner* sowie der Bundestagsfraktion BÜNDNIS 90/DIE GRÜNEN erarbeiteter Gesetzentwurf

327 Gesetzblatt der Deutschen Demokratischen Republik, Teil I vom 06.08.1975, S. 597 ff.

328 Prinzipiell verlangt eine Soll-Vorschrift nach allgemeiner Rechtsdogmatik im Regelfall ein Tun oder Unterlassen, von dem jedoch in begründeten Fällen abgewichen werden kann. *Creifelds*, Rechtswörterbuch, Stichwort: Soll-Vorschrift.

329 Zum Streit über die Kompetenzfrage: *Kern*, MedR 1994, 389.

330 So auch: *Kern*, DtZ 1992, 348. A.A. *Lemke*, MedR 1991, 281, 287 f. Vgl. auch BT-Drs. 13/4355, S. 11 mit dem Hinweis, dass die Verordnung trotz Art. 9 Abs. 2 des Einigungsvertrages wegen verfassungsrechtlicher Bedenken gegen einzelne Bestimmungen insgesamt nicht mehr angewendet wurde.

331 BT-Drs. 13/587.

332 Zur Gesetzgebungsgeschichte ausführlich: *Zillgens*, Die strafrechtlichen Grenzen der Lebendorganspende, S. 79 ff.

333 Entsprechend der Anregung des Bundesrates BT-Drs. 13/587, Anlage 1 und 2.

für ein Transplantationsgesetz[334] und am 16.04.1997 ein Gesetzentwurf der Fraktionen von CDU/CSU, SPD und FDP.[335] Beide Entwürfe enthielten nahezu wortgleich das Verbot der Offenbarung personenbezogener Daten, statuieren jedoch keine Ausnahme hiervon bei Einwilligung des Betroffenen.[336] Übereinstimmend sahen beide Gesetzentwürfe auch eine Strafandrohung für Zuwiderhandlungen gegen das Offenbarungsverbot vor.[337]

Abgesehen von einigen Änderungen und Ergänzungen, unterbreitete der Bundestagsausschuss für Gesundheit dem Bundestag am 23.06.1997 eine Beschlussempfehlung, die im Wesentlichen auf den Entwurf der Fraktionen von CDU/CSU, SPD und FDP zurückging.[338] Durch die Beschlussempfehlung des Ausschusses für Gesundheit wurde der zur Verschwiegenheit verpflichtete Personenkreis ergänzt, um so einen vollständigen Schutz personenbezogener Daten der Organspender und Organempfänger zu gewährleisten.[339] Zudem wurde § 14 Abs. 2 TPG durch den Ausschuss um S. 4 ergänzt, wonach die personenbezogenen Daten auch für gerichtliche Verfahren verarbeitet und genutzt werden dürfen, deren Gegenstand die Verletzung des Offenbarungsverbotes ist.

2. Gesetzesbegründung

Der amtlichen Begründung des Gesetzgebers zum Offenbarungsverbot des § 14 Abs. 2 TPG ist lediglich zu entnehmen, dass personenbezogene Daten „aus datenschutzrechtlichen Gründen" nicht weitergegeben werden dürfen.[340] Auch wenn im Einzelfall Angaben zu Geschlecht und Todesursache des Organspenders sowie Angaben zu Geschlecht und Alter des Organempfängers zugelassen werden, soll eine Identifizierung des Organspenders oder des Organempfängers nicht ermöglicht werden.[341] Weitergehende Erläuterungen, die auf einen Zweck über den datenschutzrechtlichen Aspekt hinaus hinweisen, fehlen hingegen. So enthält auch die Begründung zum allgemeinen Teil keine Anhaltspunkte für die Herkunft des Offenbarungsverbotes.

Datenschutzfragen wurden während des Gesetzgebungsverfahrens zumindest nicht öffentlich und damit auch im Nachhinein nicht nachvollziehbar erörtert.[342] Deutlich

---

334 BT-Drs. 13/2926, ergänzt durch einen Gruppenantrag, der sich gegen die Gleichsetzung des Hirntodes mit dem Gesamttod des Menschen wandte und für eine enge Zustimmungslösung bei postmortaler Organspende plädierte, BT-Drs. 13/4114.

335 BT-Drs. 13/4355, ergänzt durch einen Gruppenantrag im Bereich der Hirntodkriterien und der postmortalen Organentnahme, BT-Drs. 13/4368.

336 BT-Drs. 13/2926, S. 8 (§ 25 Abs. 2) und BT-Drs. 13/4355, S. 7 (§ 13 Abs. 2).

337 BT-Drs. 13/2926, S. 8 (§ 30 Abs. 1) und BT-Drs. 13/4355, S. 8 (§ 18 Abs. 2)

338 BT-Drs. 13/8017.

339 BT-Drs. 13/8017, S. 18, 43.

340 BT-Drs. 13/4355, S. 27 (§ 13 TPG-E)

341 BT-Drs. 13/4355, S. 27.

342 *Weichert*, DANA 4/5 1996, 23.

wird dennoch, dass es dem Gesetzgeber durch die Vorschrift um einen möglichst vollständigen und umfassenden Schutz der personenbezogenen Daten von Organspender und Organempfänger ging. Die Weitergabe von personenbezogenen Daten soll auf das Unerlässliche beschränkt werden.

Daneben war es die ausdrückliche Intention des Gesetzgebers, die Transplantationsmedizin im ethischen Konsens aller Staaten zu entwickeln.[343] Neben der Entschließung (78) 29 des Europarates vom 11.05.1978 waren die Entschließung der Weltgesundheitsorganisation für die Organtransplantation beim Menschen vom 13.05.1991 (WHA44.25), die Entschließung des Europäischen Parlaments zum Verbot des Handelns mit Transplantaten[344] vom 04.11.1993 sowie der Entwurf der Bioethik-Konvention vom Juli 1994 Anknüpfungspunkt für die Begründung eines staatenübergreifenden Konsens hinsichtlich des Organhandelverbots.[345]

Allerdings lassen sich auch jenseits des Organhandelverbots weitere staatenübergreifende ethische Prinzipien aus den genannten Quellen ableiten. Die Entschließung (78) 29 des Europarates vom 11.05.1978 enthält in Art. 2 Abs. 2 den Grundsatz der Anonymität von Organspender und Organempfänger und in der Entschließung des Europäischen Parlaments zum Verbot des Handelns mit Transplantaten[346] vom 04.11.1993 wird die Kommission aufgefordert, einen Verhaltenskodex zu erarbeiten, der die Anonymität des Spenders gegenüber dem Empfänger gewährleistet.[347] Bei näherer Betrachtung erweisen sich die gemeinschaftsrechtlichen Forderungen nach einer anonymen Organspende ebenfalls als strikte Regelungen. Während die Entschließung (78) 29 des Europarates eine Ausnahme vom Gebot der Anonymität für die Fälle vorsieht, in denen eine enge persönliche oder familiäre Bindung zwischen Organspender und Organempfänger gegeben ist, enthält die Entschließung des Europäischen Parlaments zum Gebot der Anonymität keine Ausnahmeregelungen.

Die Verweisung auf diese Quellen und die Intention des Gesetzgebers, das Transplantationsgesetz im ethischen Konsens aller Staaten zu entwickeln, lassen den Schluss zu, dass nicht nur das Organhandelsverbot, sondern auch das Offenbarungsverbot, wenn nicht ausdrücklich, so doch zumindest mittelbar, durch das gemeinschaftsrechtliche Gebot der Anonymität beeinflusst oder wenigstens gestützt wurde.

Aufgrund der sprachlichen und inhaltlichen Übereinstimmung hinsichtlich des Gebots der Anonymität ist daneben der Gesetzentwurf der Bundestagsabgeordneten *Knoche* und *Häfner* sowie der Bundestagsfraktion BÜNDNIS 90/DIE GRÜNEN näher zu betrachten. Im Allgemeinen Teil der Begründung wird die datenschutzrechtliche Per-

---

343   BT-Drs. 13/4355, S. 15.
344   ABl. 93/C 268/26.
345   BT-Drs. 13/4335, S. 15.
346   ABl. 93/C 268/26.
347   ABl. 93/C 268/28 Nr. 5. b).

spektive der Organspende und Transplantationsmedizin dargestellt. Hieraus lässt sich eine rechtspolitische Zielsetzung ableiten. Es wurde erkannt, dass das durch den Gesetzentwurf resultierende Organvermittlungssystem zu „komplexen Informationsströmen" führen würde, die eine Verwendung der medizinischen Daten des Patienten weit über das Arzt-Patienten-Verhältnis hinaus notwendig machen würde. Zwar sei der vordergründige Zweck der Datenerhebung und -weiterleitung die optimale Organvermittlung, dennoch sei eine Verletzung des Grundrechts auf informationelle Selbstbestimmung aus Art. 2 Abs. 1 i.V.m. Art. 1 Abs. 1 GG durch die missbräuchliche Verwendung der Daten oder durch die Neugier Einzelner und des Staates möglichst zu unterbinden.[348] Im Blick war damit gerade der Schutz der personenbezogenen Daten im komplexen Prozess der Organvermittlung. Ausgangspunkt dieser Perspektive eines effektiven Datenschutzes war die Erkenntnis, dass das Recht auf informationelle Selbstbestimmung zwar die Befugnis umfasst, „selbst über die Verwendung und Preisgabe der persönlichen Daten zu entscheiden", der Organvermittlungsprozess jedoch eine Einschränkung dieses Rechtes durch die Weitergabe von Daten zur Organvermittlung notwendig macht.[349] Der auf eine Organspende angewiesene Patient kann eine Organspende nur dann bekommen, wenn er persönliche Informationen preisgibt und diese Informationen auch an Dritte weitergegeben werden dürfen.

Der gesetzgeberische Fokus war folglich zunächst allein auf einen möglichst wirksamen Schutz personenbezogener Daten und eine Begrenzung der Verwendung der im Organspendeprozess erhobenen Daten zum alleinigen Zweck der optimalen Organvermittlung gerichtet. Einschränkungen des Versuches eines möglichst umfassenden Schutz der personenbezogenen Daten zu erreichen, folgten im Gesetzgebungsverfahren erst später.[350]

Die Perspektive des Gesetzgebers und die rechtspolitische Intention, die allein auf den Schutz des Rechtes auf informationelle Selbstbestimmung vor missbräuchlicher Verwendung der Daten und Neugier gerichtet war, war damit genau entgegengesetzt zur hier aufgeworfenen Frage nach Ausnahmen vom Offenbarungsverbot.

3. Geweberichtlinie und Gewebegesetz

Das Offenbarungsverbot personenbezogener Daten aus § 14 Abs. 2 TPG wurde durch das Gewebegesetz modifiziert.[351] Grundlage des Gewebegesetzes war die Richtlinie 2004/23/EG des Europäischen Parlaments und des Rates vom 23.03.2004 (sog. Geweberichtlinie). Diese betont in Erwägungsgrund (29) den allgemeinen

---

348 BT-Drs. 13/2926, S. 14.
349 BT-Drs. 13/2926, S. 14.
350 Durch den Bericht des Gesundheitsausschusses, BT-Drs. 13/8017, S. 18 und später durch das Gewebegesetz, Bericht des Gesundheitsausschusses, BT-Drs. 16/5443, S. 24.
351 BT-Drs. 16/3146 sowie die Beschlussempfehlung des Bundestagsausschusses für Gesundheit zum Gesetzentwurf der Bundesregierung, BT-Drs. 16/5443.

Grundsatz der Anonymität von Organspender und Organempfänger. Demzufolge fordert Art. 14 Abs. 3 der Richtlinie dass „die Mitgliedstaaten [...] alle erforderlichen Maßnahmen [treffen], um sicherzustellen, dass die Identität des Empfängers [der Empfänger] dem Spender oder seiner Familie und umgekehrt nicht bekannt gegeben wird."[352]

Der Referentenentwurf zum Gewebegesetz vom 30.03.2006 enthielt ursprünglich in § 25 Abs. 4 TPG-E die Möglichkeit, „die Identität des Gewebespenders und des Gewebeempfängers gegenseitig oder den jeweiligen Verwandten [bekannt zu gegeben] [...], wenn der Gewebespender und der Gewebeempfänger oder ihre gesetzlichen Vertreter dem ausdrücklich zugestimmt haben."[353] Diese Ausnahmevorschrift vom Offenbarungsverbot personenbezogenen Daten im Bereich der Gewebespende wurde durch die Bundesärztekammer wiederholt kritisiert.[354] Die Aufhebung des Grundsatzes der Anonymität für die Gewebespende gehe über die Umsetzung der Geweberichtlinie hinaus. Stattdessen sei „die Beibehaltung der Anonymität [analog zur Regelung der postmortalen Organspende] mit Ausnahme der Gametenspende [zur Harmonisierung der nationalen gesetzlichen Regelungen] sinnvoll."[355] Die Bundesärztekammer begründete die Kritik an der Möglichkeit der gegenseitigen Offenbarung personenbezogener Daten bei ausdrücklicher Zustimmung des Gewebespenders und des Gewebeempfänger, wie im Regierungsentwurf vorgesehen, damit, dass nicht erkennbar sei, welcher Zugewinn an Qualität und Sicherheit durch die Kenntnis erwachse.[356] Zudem sei „nicht absehbar, welche Rechtsfolgen von Dritten daran geknüpft werden könnten oder welche Rechtsfolgen der Gesetzgeber an die Aufhebung der Anonymisierung für die Gewebemedizin knüpfen will."[357]

Durch die Beschlussempfehlung und den Bericht des Ausschusses für Gesundheit wurde die Ausnahmeregelung schließlich mit der Begründung, sie sei nicht sinnvoll

---

352 ABL. 2004/L 102/48 vom 07.04.2004.

353 Entwurf eines Gesetzes über Qualität und Sicherheit von menschlichen Geweben und Zellen (Gewebegesetz) vom 30.03.2006, im Internet abrufbar unter: http://www.dkgev.de/pdf/1153.pdf.

354 Stellungnahme zum Entwurf eines Gewebegesetzes vom 04.05.2006, S. 58; Stellungnahme zum Regierungsentwurf für ein Gewebegesetz vom 04.09.2006, S. 34; Erweiterte und aktualisierte Stellungnahme zum Regierungsentwurf für ein Gewebegesetz vom 24.01.2007, S. 34. Im Internet abrufbar unter: http://www.bundesaerztekammer.de/page.asp?his=1.6.3286.3292.

355 Stellungnahme zum Regierungsentwurf für ein Gewebegesetz vom 04.09.2006, S. 34; Erweiterte und aktualisierte Stellungnahme zum Regierungsentwurf für ein Gewebegesetz vom 24.01.2007, S. 35.

356 Stellungnahme zum Regierungsentwurf für ein Gewebegesetz vom 04.09.2006, S. 34; Erweiterte und aktualisierte Stellungnahme zum Regierungsentwurf für ein Gewebegesetz vom 24.01.2007, S. 34.

357 Stellungnahme zum Regierungsentwurf für ein Gewebegesetz vom 04.09.2006, S. 34; Erweiterte und aktualisierte Stellungnahme zum Regierungsentwurf für ein Gewebegesetz vom 24.01.2007, S. 34.

und auch nicht erforderlich, gestrichen.[358] Zwar sähe die Richtlinie in Art. 14 Abs. 3 vor, so die Begründung, dass die geltenden Rechtsvorschriften der Mitgliedstaaten über die Bedingungen für die Weitergabe nicht berührt werden, in der deutschen Rechtspraxis bestünde jedoch bereits eine Ausnahme im Bereich der Knochenmarkspende, „die aus den Besonderheiten der Knochenmarkspende" resultierten.[359] Da darüber hinaus das Gebot der Anonymität auch für die Fälle der Samenspende gelte, sei „das von der Rechtsprechung aus dem allgemeinen Persönlichkeitsrecht abgeleitete Recht des Kindes auf Kenntnis der eigenen Abstammung ausdrücklich vorzubehalten".[360]

Aus der Diskussion um die Ausnahmevorschrift des § 14 Abs. 3 TPG-E und der Tatsache, dass die Norm nicht in der geplanten Form umgesetzt wurde, lassen sich rechtspolitische Zielsetzungen ableiten. Zum einen wird deutlich, dass die Einwilligung in die Weitergabe personenbezogener Daten der Betroffenen nach Auffassung des Gesetzgebers nicht vorgesehen ist, denn sonst hätte dies für die Gewebespende nicht geregelt werden müssen, sondern hätte sich vielmehr aus der allgemeinen Dogmatik ergeben. Zum anderen ist eine derartige Ausnahmeregelung vom Gesetzgeber auch nicht gewollt. Die Streichung unter Verweis auf die Ausnahme im Bereich der Knochenmarkspende und der Hinweis, dass eine Ausnahme für die Samenspende notwendig sei, da auch diese vom Gebot der Anonymität erfasst sei, verdeutlichen, dass der Gesetzgeber keine darüber hinausgehenden Ausnahmen vom Offenbarungsverbot vorsehen wollte.

Nach der historischen Auslegung ist somit die Einwilligung in die gegenseitige Offenbarung personenbezogener Daten unzulässig.

VI. objektiv-teleologische Auslegung

Mit der teleologischen Auslegung ist auf Grundlage des Gesetzeswortlautes und unter Berücksichtigung der Systematik, die Norm so auszulegen, dass „eine sachgerechte Umsetzung der gesetzgeberischen Zielsetzung auch im Einzelfall" ermöglicht wird.[361] Die „ratio legis", die mit der Schaffung der auszulegenden Norm unter den konkreten Umständen verfolgt wurde, ist durch Untersuchung der allgemeinen Zielsetzung zu ermitteln.[362] Dabei ist davon auszugehen, dass das rechtsethische Konzept der Vorschrift sowohl mit den realen, durch das Recht nicht veränderbaren Ge-

---

358 BT-Drs. 16/5443, S. 55. Dazu auch: *Müller*, Die Anonymität der postmortalen Organspende – Warum ist in Deutschland für die Angehörigen kein direkter Kontakt zu den transplantierten Patienten möglich?, Diatra-Journal 3/2012, Forum Organspende, S. 32, 34. Inzwischen auch: *Stockter*, in: Höfling (Hrsg.), TPG, Vor §§ 13-15, Rn. 55.

359 BT-Drs. 16/5443, S. 55.

360 BT-Drs. 16/5443, S. 55.

361 *Bydlinski*, Juristische Methodenlehre und Rechtsbegriff, S. 454; *Wank*, Die Auslegung von Gesetzen, S. 69. Vgl. auch: *Zillgens*, Die strafrechtlichen Grenzen der Lebendorganspende, S. 141.

362 *Bydlinski*, Juristische Methodenlehre und Rechtsbegriff, S. 454.

gebenheiten des zu regelnden Sachbereichs in Einklang zu bringen, als auch an den Kriterien „Gerechtigkeit, Rechtssicherheit und Zweckmäßigkeit" ausgerichtet ist.[363]

1. Normzweck sachlich zusammenhängender Vorschriften

In einem ersten Schritt der teleologischen Auslegung ist der Normzweck der auszulegenden Regelung den, sich aus anderen sachlich-zusammenhängenden Vorschriften ergebenden Normzwecken gegenüberzustellen und mit diesen in Einklang zu bringen, um über das einzelne Gesetz hinausgehende Wertungswidersprüche zu vermeiden.[364]

Intention des Gesetzgebers bei der Schaffung des § 14 Abs. 2 TPG waren, wie bereits oben ermittelt, „datenschutzrechtliche Gründe"[365]. Durch die Norm sollte ein möglichst umfassender Schutz der personenbezogenen Daten von Organspender und Organempfänger geschaffen werden.[366] Zur näheren Bestimmung der „datenschutzrechtlichen Gründe" sind sachlich-zusammenhängende Regelungen aus dem Bereich des Datenschutzes auf ihren Zweck hin zu untersuchen. Im Folgenden ist daher der Sinn und Zweck von Datenschutzbestimmungen am Beispiel des BDSG und der Grund der Strafandrohung aus § 203 Abs. 1 Nr. 1 StGB zu ermitteln. Sind in diesen vergleichbaren Normen Inhalt und Zweck geklärt, können diese gegebenenfalls auf die auszulegende Norm übertragen werden.[367]

a) Recht auf informationelle Selbstbestimmung

Der Gesetzeszweck des BDSG wird in § 1 Abs. 1 festgelegt. Danach dient das BDSG dazu, den Einzelnen davor zu schützen, dass er durch den Umgang mit seinen personenbezogenen Daten in seinem Persönlichkeitsrecht beeinträchtigt wird. Gegenstand des Schutzes sind nicht, wie der Begriff „Datenschutz" vermuten lässt, allein die Daten, sondern ist vielmehr der Einzelne selbst, der „vor den Gefahren, die die Datenverarbeitung für ihn mit sich bringt, geschützt werden soll."[368] So soll die allgemeine Handlungs- und Entscheidungsfreiheit des Einzelnen gesichert werden.

---

363 *Bydlinski*, Juristische Methodenlehre und Rechtsbegriff, S. 454.

364 Hierzu bereits: *Müller*, Die Anonymität der postmortalen Organspende – Warum ist in Deutschland für die Angehörigen kein direkter Kontakt zu den transplantierten Patienten möglich?, Diatra-Journal 3/2012, Forum Organspende, S. 32, 35 f. Inzwischen auch: *Stockter*, in: Höfling (Hrsg.), TPG, Vor §§ 13-15, Rn. 47 ff.

365 BT-Drs. 13/4355, S. 27 (§ 13 TPG-E)

366 Zu den Funktionen der datenschutzrechtlichen Regelungen im TPG allgemein: *Stockter*, in: Höfling (Hrsg.), TPG, Vor §§ 13-15, Rn. 33 ff.

367 *Bydlinski*, Juristische Methodenlehre und Rechtsbegriff, S. 455.

368 *Gola/Schomerus*, BDSG Kommentar, § 1 Rn. 2; *Vogelsang*, CR 1995, 554, 555.

Das Gesetz hat damit vor allem den Charakter eines (präventiven) Schutzgesetzes.[369]

Den Prüfungsmaßstab bildet das durch Art. 2 Abs. 1 i.V.m. Art. 1 Abs. 1 GG geschützte allgemeine Persönlichkeitsrecht.[370] Dieses verwirklicht sich im Bereich des Datenschutzes darin, dass der Einzelne grundsätzlich selbst über die Preisgabe und Verwendung seiner Daten bestimmen kann. Dabei erschöpft sich der Gehalt des Selbstbestimmungsrechtes nicht auf seine Funktion als Abwehrrecht des Bürgers gegenüber den Eingriffen des Staates, sondern entfaltet auch Wirkung im Privatbereich.[371] Dennoch wird dieses Recht dem Einzelnen nicht schrankenlos gewährleistet. Einschränkungen im überwiegenden Interesse der Allgemeinheit sind auf Basis einer (verfassungsmäßigen) gesetzlichen Grundlage, „aus der sich die Voraussetzungen und der Umfang der Beschränkungen klar- und für den Bürger erkennbar ergeben und die damit dem rechtsstaatlichen Gebot der Normenklarheit entspricht",[372] zulässig.

Das BDSG bezweckt folglich den Schutz des Einzelnen vor den Gefahren, die mit der Datenverarbeitung einhergehen.

b) strafrechtlicher Schutz des Privatgeheimnisses

Der strafrechtliche Schutz des § 203 StGB dient der Verwirklichung des verfassungsrechtlich eingeräumten Persönlichkeitsschutzes,[373] insbesondere dem Schutz des informationellen Selbstbestimmungsrechts.[374] Die Norm trägt der Tatsache Rechnung, dass der Einzelne Hilfe und Rat häufig nur dann in Anspruch nehmen kann, wenn er Höchstpersönliches offenbart. Da der Einzelne Dritten deshalb häufig Einblicke in die Intimsphäre gewähren muss, dient die strafrechtliche Absicherung dem Schutz des „besonders sensiblen privaten Geheimnisses"[375] vor der Verbreitung in der Öffentlichkeit. Daneben soll den unzähligen Möglichkeiten eines Eindringens in die Privatsphäre, infolge derer nachträglich oft irreparablen Schäden entstehen können, entgegengewirkt werden.[376] Geschütztes Rechtsgut ist hierbei die Individualsphäre des Einzelnen. Allgemeininteressen sind nur mittelbar geschützt.[377] Der

---

369 *Gola/Schomerus*, BDSG Kommentar, § 1 Rn. 4. Daneben dient es jedoch auch als Eingriffsgesetz, zur Legitimierung von Eingriffen in das allgemeine Persönlichkeitsrecht durch Datenverarbeitung.

370 Vgl. dazu das sog. Volkszählungsurteil des BVerfG, BVerfGE 65, 1, 41.

371 *Tinnefeld/Ehmann*, Einführung in das Datenschutzrecht, S. 91.

372 BVerfGE 65, 1, 44.

373 LK-*Schünemann*, § 203 Rn. 4.

374 *Fischer*, StGB, § 203 Rn. 2.

375 LK-*Schünemann*, § 203 Rn. 3.

376 LK-*Schünemann*, § 203 Rn. 4.

377 BGHZ 115, 123, 125; 116, 268, 272; 122, 115; *Fischer*, StGB, § 203 Rn. 2; LK-*Schünemann*, § 203 Rn. 4; MK-*Cierniak*, § 203 Rn. 3 spricht sich dagegen für eine Fusion von Individual- und

Einzelne soll grundsätzlich selbst entscheiden können, wann und welche Aspekte seines persönlichen Lebens- und Geheimbereiches offenbart werden.

2. datenschutzrechtliche Gründe des TPG

Werden diese Ziel- und Zweckvorstellungen auf das Gebot der Anonymität im TPG übertragen, so lässt sich zunächst ableiten, dass die bereichsspezifischen Datenschutzbestimmungen des TPG, die mit der Intention der Sicherstellung des Datenschutzes im Transplantationsbereich erlassen wurden, den Schutz des Einzelnen vor den Gefahren der Datenverarbeitung bezwecken.

Somit sind nachfolgend die Gefahren, die mit einer gegenseitigen Offenbarung der personenbezogenen Daten einhergehen, zu erörtern. Dabei wird, neben den allgemeinen Gefahren, die mit einer gegenseitigen Offenbarung der personenbezogenen Daten verbunden sind, zu differenzieren sein zwischen den Gefahren für die Angehörigen des postmortalen Organspenders, den Gefahren für den Organempfänger und den Auswirkungen für die Allgemeinheit.

a) Rechtsfolgen

Wesentlicher Kritikpunkt der Bundesärztekammer zum Entwurf eines Gewebegesetzes, welcher die Aufhebung der Anonymisierung für die Gewebemedizin im TPG vorsah, war, dass nicht absehbar sei, welche Rechtsfolgen mit der Aufhebung verbunden seien.[378] Damit ist die Frage aufgeworfen, ob das Gebot der Anonymität den Schutz der Organempfänger sowie der Angehörigen des Organspenders, vor der Geltendmachung gegenseitiger zivilrechtlicher Ansprüche intendiert. Im Gegensatz zu den bereits erörterten strafrechtlichen Sanktionen, finden sich im TPG keine Regelungen zu zivilrechtlichen Ersatzansprüchen. Mögliche Ansprüche richten sich demzufolge nach allgemeinen zivilrechtlichen Grundsätzen und können hier nur überblicksartig dargestellt werden.[379]

Auf Seiten der Angehörigen fehlen, vorausgesetzt es handelt sich um eine berechtigte, d.h. nach den Vorschriften des TPG vorgenommene Organentnahme, jegliche Anhaltspunkte für die Begründung zivilrechtlicher Ersatzansprüche aus übergegangenem Recht. Infolge der Einwilligung des Spenders in die Organspende wird das postmortale allgemeine Persönlichkeitsrecht nicht verletzt. Zudem normiert § 17 TPG, abgesehen von den dort genannten Ausnahmen, die Unentgeltlichkeit der Or-

---

Gemeinschaftsschutz aus. Eingehend hierzu: *Lilie*, Ärztliche Dokumentation und Informationsrechte des Patienten, S. 94.

378   Stellungnahme zum Entwurf eines Gewebegesetzes vom 04.05.2006, S. 58; Stellungnahme zum Regierungsentwurf für ein Gewebegesetz vom 04.09.2006, S. 34; Erweiterte und aktualisierte Stellungnahme zum Regierungsentwurf für ein Gewebegesetz vom 24.01.2007, S. 34.

379   Ausführlich hierzu: *Borowy*, Die postmortale Organentnahme und ihre zivilrechtlichen Folgen, S. 214 ff.; *Fritz*, Zivilrechtliche Ersatzansprüche nach Organentnahme vom lebenden und toten Spender, S. 182 ff.; *Rosenberg*, Die postmortale Organtransplantation, S. 117 ff.

ganspende, sodass eine vertraglich vereinbarte Entschädigung, sofern dies aufgrund der Anonymität überhaupt möglich ist, nach § 134 (Verstoß gegen ein gesetzliches Verbot) BGB unwirksam ist.[380] Demzufolge können auch keine Ansprüche des Organspenders auf die Angehörigen übergehen.

Ebenso fehlt es an eigenen Ansprüchen der Angehörigen. Vertragliche Ansprüche sind bereits dadurch ausgeschlossen, dass die Transplantatvergabe anonym ist und vertragliche Abreden damit faktisch nicht möglich sind. Im Übrigen sind vertragliche Abreden, sollten sie dennoch zustande kommen, wegen Verstoßes gegen ein Verbotsgesetz nach Maßgabe des § 134 BGB nichtig. Ansprüche aus dem Totensorgerecht sind, ebenso wie besitz- und eigentumsrechtliche Ansprüche mangels widerrechtlicher Verletzung durch die Einwilligung ausgeschlossen.[381]

Bei einer unberechtigten Organentnahme, d.h. einer Organentnahme, die nicht nach den Vorschriften des TPG vorgenommen wurde, sind Rechtsgutverletzungen dagegen denkbar. Zwar sind Ersatzansprüche des Spenders aus dem Behandlungsvertrag ausgeschlossen, da dieser mit dem Tod des Patienten erlischt. Ebenso fehlt es an den Vorraussetzungen eines deliktsrechtlichen Anspruchs wegen Verletzung von Körper und Gesundheit, da der Verletzte zum Zeitpunkt der Verletzungshandlung nicht mehr lebt. Möglich ist jedoch eine Verletzung des allgemeinen postmortalen Persönlichkeitsrechts und des Selbstbestimmungsrechts.[382] Dieser Anspruch geht auf die Angehörigen über. Zudem stellt die Organentnahme ohne die Einwilligung der Angehörigen, bei einem Verstorbenen, der keine Entscheidung hinsichtlich der Organentnahme getroffen hat, eine Verletzung des durch § 823 BGB geschützten allgemeinen Persönlichkeitsrechts in Form des Totensorgerechts dar.[383] Sofern den Angehörigen ein Schaden entsteht, wird damit neben den übergegangenen Ansprüchen des Spenders ein eigener Anspruch der Angehörigen begründet.[384]

Zweifelhaft bleibt indes, ob der Organempfänger möglicher Anspruchsgegner ist. Da auch im Falle einer Einwilligung in eine nachträgliche, gegenseitige Offenbarung der personenbezogenen Daten die Organspende zunächst anonym über die Vermittlungsstelle erfolgt, leistet der Organempfänger keinen Verursachungsbeitrag bei einer Rechtsgutverletzung. Damit bleiben als mögliche Anspruchsgegner, abgesehen

---

380 *Fritz*, Zivilrechtliche Ersatzansprüche nach Organentnahme vom lebenden und toten Spender, S. 183.

381 *Fritz*, Zivilrechtliche Ersatzansprüche nach Organentnahme vom lebenden und toten Spender, S. 183.

382 *Fritz*, Zivilrechtliche Ersatzansprüche nach Organentnahme vom lebenden und toten Spender, S. 150 ff., S. 175.

383 *Fritz*, Zivilrechtliche Ersatzansprüche nach Organentnahme vom lebenden und toten Spender, S. 181.

384 *Fritz*, Zivilrechtliche Ersatzansprüche nach Organentnahme vom lebenden und toten Spender, S. 181.

von Fällen des Organhandels, an denen der Organempfänger selbst beteiligt ist, nur die Personen, die an der Organentnahme beteiligt sind.[385]

Darüber hinaus sind grundsätzlich auch Ansprüche des Organempfängers denkbar. Eine Rechtsgutverletzung, etwa bei einer durch die Transplantation verursachten Infektion[386] oder mangelnder Qualität des Organs, begründet eine Gesundheitsverletzung des Organempfängers. Diese ist Voraussetzung für einen Anspruch aus § 823 Abs. 1 BGB.[387]

b) sonstige Auswirkungen

Neben möglichen zivilrechtlichen Ansprüchen sind mit der Zulassung der Einwilligung in die Offenbarung personenbezogener Daten weitere mögliche, häufig nicht absehbare Folgen verbunden.

Zum einen wird allein durch die Offenbarungsmöglichkeit ein (emotionaler) Druck hin zur Einwilligung aufgebaut, wodurch eine freie Entscheidung einschränkt und die Beteiligten zur Offenbarung bewegt werden.[388] Andererseits besteht seitens des Organempfängers häufig kein Interesse an der Person des Spenders,[389] weshalb ein mangelnder Wunsch nach Kontakt bei den Angehörigen des Spenders als Enttäuschung und mangelnde Würdigung des Spenders und der Spende empfunden werden kann. Dies kann den Angehörigen nicht nur die Bewältigung der Trauerarbeit erschweren, sondern birgt auch die Gefahr, dass sie die erteilte Zustimmung in die Organspende ihres Angehörigen bereuen und schließlich die eigene Einwilligung in die Organspende überdenken. Umgekehrt besteht auch für den Organempfänger die Gefahr der Enttäuschung, wenn ein Kontakt durch die Verweigerung der Angehörigen nicht zustande kommt.

Eine einmal aufgegebene Anonymität ist außerdem kaum oder nur mit einigem Aufwand wieder herstellbar. Besonders dann, wenn sich der Kontakt nicht in der erwarteten Weise, wie etwa bei der Konfrontation mit Erwartungshaltungen, gestaltet, kann der Wunsch nach einem Abbruch des Kontaktes, entstehen. Überdies laufen die Be-

---

385 *Fritz*, Zivilrechtliche Ersatzansprüche nach Organentnahme vom lebenden und toten Spender, S. 150 f.

386 Infektionen durch Organspende lassen sich nie gänzlich ausschließen, vgl. *Zylka-Menhorn*, DÄBI. 2005, A 482 ff.

387 *Rosenberg*, Die postmortale Organtransplantation, S. 135, der jedoch nicht den Spender als Haftungsadressaten diskutiert, sondern nur den Arzt, bzw. den Krankenhausträger und die Koordinierungsstelle.

388 *Müller*, Die Anonymität der postmortalen Organspende – Warum ist in Deutschland für die Angehörigen kein direkter Kontakt zu den transplantierten Patienten möglich?, Diatra-Journal 3/2012, Forum Organspende, S. 32, 35. Inzwischen auch: *Stockter*, in: Höfling (Hrsg.), TPG, Vor §§ 13-15, Rn. 50.

389 Das Phänomen der sog. „Abspaltung": *Frick/Storkebaum*, in: Oduncu/Schroth/Vossenkuhl, (Hrsg.), Transplantation, Organgewinnung und –allokation, S. 89.

teiligten Gefahr, einem beachtlichen medialen Interesse ausgesetzt zu sein, dem sie sich nur schwerlich entziehen können.[390] Dabei können gerade Negativbeispiele eines Kontaktes zwischen Organempfänger und Angehörigen des Organspenders das Vertrauen der Bevölkerung in die Organspende nachhaltig beeinträchtigen und so auch die Bereitschaft des Einzelnen zur Organspende belasten.

c) Beziehung besonderer Art

Durch die Organtransplantation wird zudem zwischen Organspender und Organempfänger eine Beziehung besonderer Art begründet.[391] Diese Beziehung birgt zahlreiche Konfliktfelder, Erwartungshaltungen und Abhängigkeiten, die eine freie Entscheidung bei einer gegenseitigen Offenbarung personenbezogener Daten auf allen Seiten einschränken oder unmöglich machen können.

Wird die Allokation von Organen als „Zuteilung von Lebenschancen"[392] verstanden, so lebt der Organempfänger, weil ihm das Organ eines Verstorbenen geschenkt wurde. Im Körper des Organempfängers lebt in gewisser Weise ein Teil des Spenders weiter, was häufig zunächst zu einem „Fremdkörpergefühl"[393] führt. Daneben löst die Tatsache, dass aus dem Tod eines anderen Menschen ein gesundheitlicher Vorteil gezogen wird, bei vielen Organempfängern Schuldgefühle aus.[394] Untersuchungen ergaben, dass zwei Drittel aller Befragten nach einer Nierentransplantation auch nach einem Jahr noch „oft" bzw. „manchmal" an den Spender dachte und dabei Gefühle von Dankbarkeit, Trauer, Mitleid und Schuldgefühlen hatte.[395]

Mit dem „Geschenk des Lebens" entsteht beim Organempfänger zugleich ein Gefühl der Verpflichtung.[396] Es kann die Vorstellung begründet werden, in einer kaum wiedergutzumachenden Schuld zu stehen und fortwährend dankbar sein zu müssen.[397] Im Bereich der Lebendspende wird dies als „Spender-Empfänger-Problematik" be-

---

390   *Müller*, Die Anonymität der postmortalen Organspende – Warum ist in Deutschland für die Angehörigen kein direkter Kontakt zu den transplantierten Patienten möglich?, Diatra-Journal 3/2012, Forum Organspende, S. 32, 35. Inzwischen auch: *Stockter*, in: Höfling (Hrsg.), TPG, Vor §§ 13-15, Rn. 53.

391   *Kopetzki*, Organgewinnung zu Zwecken der Transplantation, S. 210.

392   *Höfling*, in: ders. (Hrsg.), TPG, § 16 Rn. 24.

393   *Rothgangel*, Kurzlehrbuch Medizinische Psychologie und Soziologie, S. 221.

394   *Faller/Lang*, Medizinische Psychologie und Soziologie, S. 261; *Le Breton*, Nach der Transplantation: Probleme mit der Identität?, in: Morris (Hrsg.), Organtransplantationen - ethisch betrachtet, S. 46 ff.; *Oduncu/Schroth/Vossenkuhl*, Transplantation: Organgewinnung und -allokation, S. 90; *Rothgangel*, Kurzlehrbuch Medizinische Psychologie und Soziologie, S. 221.

395   *Pommer*, in: Koch/Neuser (Hrsg.), Transplantationsmedizin aus psychologischer Perspektive, S. 150.

396   *Illhardt*, Medizinische Ethik, S. 67, sog. „foreign body stage".

397   *Siegmund-Schulze*, Organtransplantation, S. 93.

zeichnet.[398] Einige Organempfänger befürchten, gegenüber dem Lebendspender in nicht zu begleichende Schuld sowie in emotionale Abhängigkeit zu geraten.[399]

Der Organempfänger läuft im Falle der gegenseitigen Bekanntgabe der personenbezogenen Daten Gefahr, in einen Kreislauf von „Geben, Nehmen und Widergutmachen"[400] zu geraten und dadurch in seiner Selbstentfaltung eingeschränkt zu werden.[401] Überdies können ihn die Schuld- und Verpflichtungsgefühle erst zur Einwilligung in die Weitergabe seiner personenbezogenen Daten bewegen. Insbesondere für den Organempfänger besteht immer die Gefahr, dass dieser keine gänzlich freie und autonome Entscheidung trifft. Dabei sollen gerade im Bereich der Organspende weder finanzielle Anreize, noch soziale Zwänge entstehen, die zu einer Fremdbestimmung führen und so gesellschaftliche Konflikte um ethische Grundprinzipien provozieren.[402] Mit der Weitergabe personenbezogener Daten wird also nicht nur das Risiko eingegangen, dass der Organempfänger in seiner Autonomie beeinträchtigt ist, sondern auch, dass das Vertrauen der Bevölkerung in die Organspende beeinträchtigt wird und damit auch die Bereitschaft des Einzelnen zur Organspende sinkt.[403]

Anderseits könnten durch die Familie des Organspenders mit dem Organempfänger „familienähnliche Bande"[404] geknüpft werden, die mit der Vorstellung einhergehen, dass der Organempfänger als Ersatz für das verstorbene Familienmitglied weiterlebt.[405] Dies kann die Erwartung begründen, dass der Transplantierte an die Stelle des Verstorbenen tritt und die damit verbundenen Erwartungshaltungen erfüllt.[406] So wird der Organempfänger mit gegebenenfalls kaum erfüllbaren Erwartungshaltungen der Angehörigen des Spenders konfrontiert.[407]

Insbesondere finanzielle Forderungen, die unabhängig von ihrer rechtlichen Begründung und ihrer Durchsetzbarkeit, im Raum stehen können, gefährden einen wesentlichen Grundsatz des Transplantationswesens. Während die Transplantationsmedi-

---

398   *Faller/Lang*, Medizinische Psychologie und Soziologie, S. 262; *Rothgangel,* Kurzlehrbuch Medizinische Psychologie und Soziologie, S. 221.

399   *Faller/Lang*, Medizinische Psychologie und Soziologie, S. 262; *Rothgangel,* Kurzlehrbuch Medizinische Psychologie und Soziologie, S. 221.

400   *Fox/Swazey*, The courage to fail: a social view of organ transplants and dialysis, S. 39. Vgl. auch: *Illhardt*, Medizinische Ethik, S. 67.

401   *Müller*, Die Anonymität der postmortalen Organspende – Warum ist in Deutschland für die Angehörigen kein direkter Kontakt zu den transplantierten Patienten möglich?, Diatra-Journal 3/2012, Forum Organspende, S. 32, 35. Inzwischen auch: *Stockter*, in: Höfling (Hrsg.), TPG, Vor §§ 13-15, Rn. 52.

402   *Feuerstein*, Das Transplantationssystem, S. 369.

403   Vgl. auch *Weichert*, DANA 4/5 1996, 23, 24.

404   *Illhardt*, Medizinische Ethik, S. 67.

405   *Illhardt*, Medizinische Ethik, S. 67.

406   *Illhardt*, Medizinische Ethik, S. 67.

407   *Illhardt*, Medizinische Ethik, S. 67.

zin zwar insgesamt als „moralisch ausgesprochen vermintes Feld"[408] beschrieben wird, herrscht dennoch Einigkeit über den Charakter der Organspende. Bereits der Begriff der Organ-„Spende" verdeutlicht die altruistische Motivation des Gebens und kennzeichnet Freiwilligkeit und Uneigennützigkeit als Wesensmerkmale.[409] Werden nach der Transplantation, infolge der Offenbarung der personenbezogenen Daten zwischen Organempfänger und den Angehörigen des Spenders, finanzielle Forderungen gestellt und gegebenenfalls sogar beglichen, so beeinträchtigt dies das Bild von der altruistischen Gabe, selbst wenn die eigentliche Organspende nicht entgeltlich erfolgt ist – besonders dann, wenn dies auf einer nicht gänzlich freien Entscheidung bzw. ohne Rechtsgrundlage erfolgt.[410]

Schließlich stellt sich auch ein Identitätsproblem für den Organempfänger. Durch die Übertragung eines fremden Organs wird das Selbstbild des Organempfängers beeinträchtigt, was ihn zu einer Art „umgekehrter Trauerarbeit" zwingt: Er muss seine Existenz mit dem Hinzukommen eines neuen Organs wieder neu aufbauen[411] und das transplantierte Organ in sein „Körperschema"[412] integrieren. Dabei hängt die Akzeptanz des Transplantats als Teil des Körpers, neben rein medizinischen Aspekten auch maßgeblich von der (psychischen) Stabilität des Transplantierten ab. Bei der Lebendspende wurde beobachtet, dass Interaktionsmuster zwischen Spender und Empfänger eine wesentliche Rolle bei der Verarbeitung nach einer Transplantation spielen.[413]

In vergleichbarer Weise stellt bei der postmortalen Organspende „die Beschäftigung mit dem unbekannten Spender eines der Hauptbelastungsmomente im mittelfristigen Transplantationsverlauf" dar.[414] Der Kontakt zu den Angehörigen des Spenders mit

---

408 *Feuerstein*, Das Transplantationssystem, S. 368.

409 *Feuerstein*, Das Transplantationssystem, S. 369; *Lilie*, DÄBl. 2009, A 2537.

410 *Müller*, Die Anonymität der postmortalen Organspende – Warum ist in Deutschland für die Angehörigen kein direkter Kontakt zu den transplantierten Patienten möglich?, Diatra-Journal 3/2012, Forum Organspende, S. 32. Inzwischen auch: *Stockter*, in: Höfling (Hrsg.), TPG, Vor §§ 13-15, Rn. 52.

411 *Ach*, Xenotransplantation, Bioethik und Verlust der „Natürlichkeit", in: Brudermüller/Seelmann, Organtransplantation S. 46; *Le Breton*, Nach der Transplantation: Probleme mit der Identität?, in: Morris (Hrsg.), Organtransplantationen - ethisch betrachtet, S. 52.

412 *Pommer*, in: Koch/Neuser (Hrsg.),Transplantationsmedizin aus psychologischer Perspektive, S. 145.

413 *Pommer*, in: Koch/Neuser (Hrsg.), Transplantationsmedizin aus psychologischer Perspektive, S. 146, mit dem Hinweis, dass die Interaktion zwischen Empfänger und Spender bei der Leichennierentransplantation kaum untersucht wurde.

414 *Pommer*, in: Koch/Neuser (Hrsg.), Transplantationsmedizin aus psychologischer Perspektive, S. 153.

der Gefahr der psychischen Überforderungen birgt die Gefahr der Non-Compliance des Patienten[415] und damit sogar das Risiko des Transplantatverlustes.

3. Zwischenergebnis

Durch die Vorschriften zum Datenschutz im TPG verfolgte der Gesetzgeber das Ziel eines umfassenden Schutzes der personenbezogenen Daten von Organspender und Organempfänger. Der Vergleich mit dem Zweck sachlich-zusammenhängender Regelungen zeigt, dass dem Schutz des informationellen Selbstbestimmungsrechtes Rechnung getragen werden soll. Durch die Sicherung des persönlichen Lebens- und Geheimnisbereich soll der Einzelne vor den spezifischen Gefahren der Datenverarbeitung im Transplantationsbereich geschützt werden. Dabei erfordern die Besonderheiten der Transplantationsmedizin einen möglichst umfassenden Schutz der personenbezogenen Daten, der die gegenseitige Offenbarung der Identitäten ausschließt.

Obgleich bei Einhaltung der Vorschriften des TPG im Rahmen der postmortalen Organentnahme mangels Rechtsgutverletzung Ansprüche des Organspenders sowie dessen Angehöriger nicht in Betracht kommen, können mögliche Ersatzansprüche zwischen Organspender und Organempfänger insgesamt nicht sicher ausgeschlossen werden. Insbesondere auf Seiten des Organempfängers besteht die Gefahr, dass dieser bei einer Beeinträchtigung seiner Gesundheit, etwa infolge einer Infektion durch das übertragende Organ, einen Anspruch aus § 823 Abs. 1 BGB geltend macht.

Zudem werden durch die Transplantation Beziehungen besonderer Art begründet, die eine freie und autonome Entscheidung beeinträchtigen und gegenseitige Abhängigkeiten begründen können. Die strikten Datenschutzbestimmungen des TPG verfolgen das Ziel, die Individualsphäre der Beteiligten zu schützen, Abhängigkeitsverhältnisse zu vermeiden und letztlich auch das Vertrauen in die Transplantationsmedizin zu erhalten. Daher ist die Weitergabe personenbezogener Daten auch bei Einwilligung der Berechtigten ausgeschlossen.

Nach dem Sinn und Zweck ist auch die zumindest theoretisch denkbare Möglichkeit ausgeschlossen, eine Veranstaltung durch die Koordinierungsstelle zu organisieren, zu der die Angehörigen der Organspender und die Organempfängern eingeladen werden, damit diesen ein Forum für den persönlichen Kontakt geboten wird. Zwar werden hierdurch keine personenbezogenen Daten durch die Beteiligten offenbart, der Schutzzweck des Gebotes der Anonymität wird jedoch in gleicher Weise beeinträchtigt, wie durch die direkte Offenbarung.

---

415 *Pommer*, in: Koch/Neuser (Hrsg.), Transplantationsmedizin aus psychologischer Perspektive, S. 151.

Schließlich ist zu berücksichtigen, dass von den Mitarbeitern der Koordinierungsstelle nicht gefordert werden kann, rechtsverbindlich prüfen, ob eine (wirksame) Einwilligung der Beteiligten im konkreten Fall gegeben ist.[416]

4. Knochenmarkspende

Zuletzt ist im Rahmen der teleologischen Auslegung der Fokus auf die im Bereich der Knochenmarkspende vom Gebot der Anonymität gemachte Ausnahme zu richten. Vor der Novellierung des TPG durch das Gewebegesetz war die Knochenmarkspende vom Anwendungsbereich des TPG ausgeschlossen.[417] Seit der Novellierung des TPG durch das Gewebegesetz ist auch die Knochenmarkspende vom Anwendungsbereich des TPG erfasst. Nunmehr sieht das TPG in § 14 Abs. 3 S. 2 vor, dass die Identität des Gewebespenders und des Gewebeempfängers gegenseitig oder den jeweiligen Verwandten bekannt gegeben werden darf, wenn der Gewebespender und der Gewebeempfänger oder ihre gesetzlichen Vertreter darin ausdrücklich eingewilligt haben. Begründet wurde diese Ausnahmevorschrift damit, dass sie „aus den Besonderheiten der Knochenmarkspende" resultiere.[418]

Die „Deutschen Standards für die nicht verwandte Blutstammzellspende" des Zentralen Knochenmarkspender-Registers für die Bundesrepublik Deutschland[419] regeln dementsprechend unter Punkt 9.2.2., dass ein „direkter Kontakt zwischen Spender und Patient [...] frühestens zwei Jahre nach der ersten Transplantation erlaubt [ist], wenn beide Seiten über die Vor- und Nachteile eines direkten Kontakts von der Spenderdatei bzw. der Transplantationseinheit aufgeklärt wurden und sowohl Spender als auch Patient bzw. dessen gesetzlicher Vertreter eine entsprechende Einverständniserklärung unterschrieben haben."

Der wesentliche Unterschied zwischen Knochenmarkspende und postmortaler Transplantation besteht zunächst darin, dass die Knochenmarkspende eine Lebendspende ist. Hierdurch sind Angehörige weit weniger involviert und emotionale Belastungen fallen deutlich geringer aus oder entfallen etwa hinsichtlich der Trauer über den Tod eines Angehörigen gänzlich. Daneben ist auch die subjektive (psychische) Belastung nicht mit der einer Organspende vergleichbar. Der Spender geht, im Gegensatz zur Lebendorganspende, im Wesentlichen nur ein Narkose- und Infektionsrisiko ein.[420] Untersuchungen ergaben, dass bei den meisten Personen mit der Kno-

---

416 *Norba*, Rechtsfragen der Transplantationsmedizin aus deutscher und europäischer Sicht, S. 204.

417 BT-Drs. 13/4355, S. 16 (zu § 1 Abs. 2 TPG-E), vgl. auch *Nickel*, Die Entnahme von Organen und Geweben bei Verstorbenen zum Zwecke der Transplantation, S. 133.

418 BT-Drs. 16/5443, S. 55. Aus der zugrundeliegenden Geweberichtlinie ergibt sich diese Ausnahmeregelung hingegen nicht.

419 Im Internet abrufbar unter: http://www.zkrd.de/de/ueber_das_zkrd/deutsche_standards.php.

420 *Nickel*, Die Entnahme von Organen und Geweben bei Verstorbenen zum Zwecke der Transplantation, S. 133.

chenmarkspende selten psychosozialen Probleme verknüpft sind.[421] Daher ist auch anzunehmen, dass später keine Abhängigkeitsverhältnisse und Erwartungshaltungen zwischen Spender und Empfänger bei gegenseitiger Offenbarung der personenbezogenen Daten begründet werden, bzw. dass die Gefahr hierfür deutlich geringer ist.

VII. Ergebnis der Auslegung

Als Ergebnis der Auslegung lässt sich festhalten, dass nach allen Auslegungsmethoden eine Ausnahme vom Grundsatz der Anonymität der postmortalen Organspende vom Gesetz nicht vorgesehen ist.

VIII. Rechtsfortbildung

Scheinbar unbefriedigende Lösungen einer Gesetzesauslegung lassen sich unter bestimmten Voraussetzungen durch Rechtsfortbildung lösen. Zu untersuchen bleibt daher, ob das Gebot der Anonymität durch Rechtsfortbildung eingeschränkt werden kann. Denkbar ist sowohl eine teleologische Reduktion des Gebotes der Anonymität auf die Fälle, in denen keine Einwilligung in die Weitergabe der personenbezogenen Daten vorliegt, als auch eine analoge Anwendung der Ausnahmevorschrift des § 14 Abs. 3 TPG.

1. teleologische Reduktion

Eine teleologische Reduktion verfolgt das Ziel, den zu weit formulierten Anwendungsbereich einer gesetzlichen Regelung zu reduzieren, um den Sinn der Norm zu wahren.[422] Vom eindeutigen Wortlaut ausgeschlossen werden damit die Fälle, die zwar vom (insoweit eindeutigen) Wortlaut erfasst sind, für die es der Gesetzgeber jedoch nach dem „telos" der Vorschrift versäumt hat, eine Ausnahme zu regeln. Eine teleologische Reduktion ist methodisch jedoch nur dann zulässig, wenn die auszuschließende Fallgruppe nach den „Grundwertungen oder Zwecken des Gesetzes entgegen dem Wortlautes gar nicht getroffen wird und dass sie sich von den eigentlich gemeinten Fallgruppen so weit unterscheidet, dass die Gleichbehandlung sachlich ungerechtfertigt und willkürlich wäre."[423]

Die teleologische Auslegung hat indessen ergeben, dass gerade ein umfassender Schutz der personenbezogenen Daten durch die Vorschrift erzielt werden soll. Demzufolge ist eine teleologische Reduktion hier ausgeschlossen.

---

421 *Neuser*, in: Koch/Neuser, Transplantationsmedizin aus psychologischer Sicht, S. 122, mit der Feststellung, dass die Motivation zur Knochenmarkspende häufig die Wiedergutmachung einer Unterlassung oder die Kompensation eines Defizit durch die Spende sei.

422 BVerfGE 35, 263, 279 f.; 88, 145, 157; *Bydlinski*, Juristische Methodenlehre und Rechtsbegriff, S. 480; *Beaucamp/Treder*, Methoden und Technik der Rechtsanwendung, Rn. 290; *Larenz/Canaris*, Methodenlehre der Rechtswissenschaft, S. 210; *Wank*, Die Auslegung von Gesetzen, S. 89 f.

423 *Bydlinski*, Juristische Methodenlehre und Rechtsbegriff, S. 480.

2. Analogie

Durch eine Analogie wird die Rechtsfolge einer bestimmten Regelung über ihren Wortlaut hinaus auf einen vergleichbaren Fall erstreckt.[424] Auch Ausnahmevorschriften, wie hier die Regelung des § 14 Abs. 3 TPG, sind grundsätzlich analogiefähig.[425] Eine Analogie ist dagegen nur dann möglich, wenn eine vom Gesetzgeber nicht beabsichtigte Lücke im Gesetz besteht.[426] Hier hat die Auslegung dagegen ergeben, dass der umfassende Schutz personenbezogenen Daten eine Ausnahme vom Gebot der Anonymität durch Einwilligung ausschließt, weshalb keine Regelungslücke besteht. Zudem zeigt der Vergleich von Knochenmarkspende und postmortaler Organspende, dass die Interessenlagen nicht vergleichbar sind, worauf auch der Gesetzgeber bereits hingewiesen hat.[427] Eine Rechtsfortbildung durch teleologische Reduktion oder Analogie ist demzufolge unzulässig.

Das Schweigen des Gesetzes zur Möglichkeit der Einwilligung in die Weitergabe und die Regelung einiger weniger Ausnahmen vom Gebot der Anonymität ist vor dem Hintergrund der gesetzgeberischen Intention vielmehr so interpretieren, dass eine generelle Einwilligung in die Weitergabe der personenbezogenen Daten ausgeschlossen ist („argumentum e contrario").

D. Ergebnis zur Bestimmung der Reichweite des Offenbarungsverbotes

Das Offenbarungsverbot gilt uneingeschränkt auch nach der Transplantation. Daher ist die Kenntnis personenbezogener Daten des Organspenders durch den transplantierenden Arzt auch nach der Transplantation grundsätzlich ausgeschlossen. Ausnahmen von diesem Grundsatz sind nach Auslegung der Regelungen zum Offenbarungsverbot nicht möglich. Nach der gesetzlichen Konzeption ist de lege lata die gegenseitige Offenbarung der personenbezogenen Daten von Organspender und Organempfänger somit unzulässig.[428] Ausgenommen sind im Einzelfall Angaben zu Geschlecht, Alter und Todesursache des Organspenders sowie Angaben zu Geschlecht und Alter des Organempfängers, wenn hierdurch eine Identifizierung des

---

424   *Bydlinski*, Juristische Methodenlehre und Rechtsbegriff, S. 477; *Larenz/Canaris*, Methodenlehre der Rechtswissenschaft, S. 202; *Rüthers/Fischer*, Rechtstheorie, Rn. 889 ff.; *Wank*, Die Auslegung von Gesetzen, S. 85.

425   *Bydlinski*, Juristische Methodenlehre und Rechtsbegriff, S. 440; *Engisch*, Einführung in das juristische Denken, S. 257.

426   *Rüthers/Fischer*, Rechtstheorie, Rn. 832.

427   BT-Drs. 16/5443, S. 55.

428   Sofern indessen de lege ferenda die Erfassung einer Ausnahme vom Gebot der Anonymität im Falle der Einwilligung der Beteiligten erwogen wird, ist zu berücksichtigen, dass insbesondere die aufgezeigten Vor- und Nachteile einer Offenbarung abzuwägen sind. Sollte die Möglichkeit der gegenseitigen Offenbarung gleichwohl in das TPG aufgenommen werden, ist vor allem eine sachgerechte Verfahrensgestaltung zu treffen, die eine rechtsverbindliche Klärung der Einwilligung und Berücksichtigung des Datenschutzes im Einzelfall gewährleistet.

Organspenders oder des Organempfängers nicht ermöglicht wird.[429] Über personenbezogene Daten kann daher auch keine Aufklärungspflicht des Arztes gegenüber dem Organempfänger bestehen.

E. Konsequenzen für die Aufklärungspflicht

Die Feststellung, dass vom Gebot der Anonymität der (postmortalen) Organspende keine Ausnahmen zulässig sind, schränkt die Angaben zur Herkunft des Transplantates erheblich ein. Für die weitere Untersuchung ist zunächst aufzuzeigen, welche Angaben dem transplantierenden Arzt ohne die personenbezogenen Angaben zum Spender überhaupt vorliegen, um im Anschluss daran zu diskutieren, ob eine Aufklärungspflicht im Hinblick auf diese Angaben besteht.

I. Angaben in den Begleitunterlagen zum Transplantat

Gem. § 10a Abs. 1 S. 1 TPG stellt die von der Koordinierungsstelle beauftragte Person unter ärztlicher Beratung und Anleitung sicher, dass die Organe für eine Übertragung nur freigegeben werden, wenn nach ärztlicher Beurteilung die Organ- und Spendercharakterisierung nach dem Stand der medizinischen Wissenschaft und Technik ergeben hat, dass das Organ für eine Übertragung geeignet ist. Hierzu erhebt die von der Koordinierungsstelle beauftragte Person gem. § 10a Abs. 1 S. 2 TPG die sachdienlichen Angaben über den Spender, die zur Bewertung seiner Eignung zur Organspende erforderlich sind, und die sachdienlichen Angaben über die Merkmale des Organs, die zur Beurteilung nach Satz 1 erforderlich sind, nach Maßgabe einer Rechtsverordnung nach § 10a Abs. 4 TPG. Auf dieser Grundlage hat das Bundesministerium für Gesundheit eine Verordnung erlassen.[430] Nach Artikel 1 § 2 der dieser Verordnung sind in jedem Fall: 1. das Entnahmekrankenhaus, 2. Spendertyp, 3. Blutgruppe, 4. Geschlecht, 5. Todesursache, 6. Todeszeitpunkt, 7. Geburtsdatum oder geschätztes Alter, 8. Gewicht, 9. Größe, 10. gegenwärtig bestehender oder zurückliegender intravenöser Drogenkonsum, 11. gegenwärtig bestehende oder zurückliegende maligne Neoplasien, 12. andere gegenwärtig bestehende übertragbare Krankheiten, 12a. innerhalb der letzten 30 Tage durchgeführte Impfungen mit Lebendimpfstoffen, 13. Ergebnisse der HIV-, Hepatitis-C- und Hepatitis-B-Tests und 14. grundlegende Angaben zur Bewertung der Funktion des gespendeten Organs zu erheben.

Daneben sind gem. Artikel 1 § 3 der Verordnung weitere Angaben zur Organ- und Spendercharakterisierung zu erheben. Diese Angaben umfassen bei den Spenderdaten die demographischen und anthropometrischen Angaben, die zur Gewährleis-

---

429   BT-Drs. 13/4355, S. 27.

430   Verordnung über die Anforderungen an die Organ- und Spendercharakterisierung und an den Transport von Organen sowie über die Anforderungen an die Meldung schwerwiegender Zwischenfälle und schwerwiegender unerwünschter Reaktionen und zur Änderung der TPG-Gewebeverordnung und der Arzneimittel- und Wirkstoffherstellungsverordnung, BGBl. I vom 11.02.2013, S. 188 ff.

tung einer angemessenen Übereinstimmung zwischen Spender, Organ und Empfänger benötigt werden, Artikel 1 § 3 Nr. 2 der Verordnung. Daneben sind die Krankheitsgeschichte des Spenders (Nr. 3), die Daten aus klinischen Untersuchungen (Nr. 4), Laborwerte (Nr. 5), Untersuchungen mit bildgebenden Verfahren (Nr. 6) sowie Behandlungen, die beim Spender durchgeführt wurden und maßgeblich für die Beurteilung des funktionalen Zustands der Organe und der Eignung für eine Organspende sind (Nr. 7) zu erheben.

In der Anlage 1 der Richtlinie zur medizinischen Beurteilung von Organspendern und zur Konservierung von Spenderorganen gem. § 16 Abs. 1 S. 1 Nr. 4 a) und b) TPG sind die Untersuchungen und Verlaufsdaten, die für die Meldung von Organspendern notwendig sind, aufgeführt.[431] Danach werden die jeweiligen (organspezifischen) Angaben von der Koordinierungsstelle dem Organ als Begleitunterlage mitgegeben. Die Richtlinie differenziert zwischen generellen Angaben, die als Mindestangaben zur Einleitung der Meldung von Organspendern stets notwendig sind und speziellen Angabe, die organspezifisch angepasst werden.

Übersicht zu den Untersuchungs- und Verlaufsdaten bei Organspenden (Auszug)

I. Allgemeiner Teil	
Generelle Angaben (Mindestangaben)	• Todesursache (ICD-10), Spendernummer • Alter und Geschlecht • Körpergewicht und -größe • Blutgruppe • Angaben zu Herz-Kreislauf-, Stoffwechsel- und anderen Vorerkrankungen • Angaben zu Nikotin- und Alkoholabusus sowie Drogenmissbrauch • anamnestisch begründeter, aber aktuell nicht zu klärender Verdacht auf übertragbare Erkrankungen
Aktuelle Angaben	• Temperatur • Diurese • Blutdruck und zentralvenöser Druck • Medikation mit Katecholaminen • Bluttransfusionen seit Krankenhausaufnahme • andere für die Organfunktion bedeutsame Arzneimittel

---

431 DÄBl. 2005, A 2968, 2972 f. (Anlage 1 ist in der letzten Änderung dieser Richtlinie in DÄBl. 2010, A 1532 ff. nicht abgedruckt).

	• vorausgegangene hypotensive Perioden sowie Kreislaufstand und durchgeführte Reanimationen
	• Datum des Beginns und Verlauf intensivmedizinischer Maßnahmen
Infektiologische Befunde	• HIV-1- und -2-Antikörper
	• HBs-Antigen; HBc-Antikörper
	• HCV
	• CMV
	• Lues-Antikörper
	• EBV
	• Toxoplasmose
Laborbefunde (einschließlich Zeitpunkt ihrer Erhebung)	• Bestimmung im Blut:
	o HB, HKT, Leukozyten, Thrombozyten
	o Natrium, Kalium
	o Glukose, CK, AST (SGOT), ALT (SGPT), LDH, Gamma-GT,
	o Quick, APTT
	o Harnstoff, Kreatinin, Alkalische Phosphatase, Bilirubin gesamt, Amylase, Lipase
	• Bestimmung im Urin:
	o Glukose, Protein, Sediment

II. Spezieller Teil (Auszug)

Nieren	• Spezielle Untersuchungen:
	o abdominelle Sonographie
	• Angaben zur Konservierung und Morphologie:
	o Menge und Zeitpunkt der Heparingabe
	o Beginn und Art der alten Perfusion (cross-clamp-time)
	o Warmischämiezeit
	o Art und Menge der Perfusionslösung
	o Angaben zur Qualität der Perfusion
	o Zeitpunkt der Nephrektomie
	o Angaben zur Anatomie der explantierten Nieren
	o Zahl der Arterien und Patches; Zahl der Venen

	o Angaben zur Länge des Ureters
	o Angaben zur Organqualität
	o ggf. Angaben, warum eine Niere nicht transplantiert werden kann und wohin sie dann wozu gegeben wird

Die Möglichkeiten über die Herkunft des Transplantates aufzuklären beschränken sich, neben umfangreichen medizinischen Parametern, folglich im Wesentlichen auf die Angaben zu Geschlecht, Alter und Todesursache des Organspenders. Daneben verfügt der Arzt jedoch auch über Angaben zu den Vorerkrankungen des Spenders, Angaben zu Nikotin- und Alkoholabusus und Drogenmissbrauch sowie über einen gegebenenfalls nicht zu klärenden Verdacht auf übertragbare Erkrankungen.

Weitergehende Angaben, insbesondere personenbezogene Daten stehen dem Arzt nicht zur Verfügung. Da der Arzt keine Angaben zu den personenbezogen Daten hat, kann schon aus diesem Grund nicht hierüber aufklären. Ausnahmen vom Gebot der Anonymität der Organspende sind unzulässig. Hat der transplantierende Arzt im Einzelfall dennoch personenbezogene Angaben zum Organspender, so darf er diese dem Organempfänger nicht mitteilen. Offenbart er diese Angaben dem Organempfänger dennoch, so macht er sich nach § 19 Abs. 3 Nr. 3 TPG strafbar.

II. Inhalte und Grenzen der Aufklärungspflicht

Die Formulierung „alle für die Organübertragung erforderlichen medizinischen Angaben" in § 13 Abs. 1 S. 3 TPG verdeutlicht, dass die Angaben in den Begleitpapieren zunächst allein für die Transplantation von Bedeutung sind und nicht den Zweck haben, den Organempfänger zu informieren.

Fraglich bleibt indes, ob der Arzt, dem diese Daten vorliegen, dem Organempfänger vor der Transplantation mitteilen muss, dass das Organ von einem Verstorbenen stammt und welches Alter, welches Geschlecht und welche Todesursache der Organspender hatte. Zudem könnten die Angaben zu Vorerkrankungen des Spenders und dessen Nikotin-, Alkohol- und Drogenkonsum für den Organempfänger von Bedeutung sein, denn auch diese Befunde betreffen, sofern sie nicht ohnehin Auswirkungen auf die Organqualität haben,[432] auch grundsätzlich Angaben zur Herkunft des Transplantates.

1. Einordnung in das System der ärztlichen Aufklärungspflicht

Informationen zur Herkunft des Transplantates lassen sich nicht der therapeutischen Aufklärungspflicht zuordnen. Die therapeutische Aufklärung beinhaltet lediglich Hinweise, die im gesundheitlichen Interesse des Patienten geboten sind. Teilt der Arzt dem Organempfänger vor der Transplantation vorhandene Angaben zur Herkunft

---

432 Hierzu ausführlich in Kapitel 5.

des Organs mit, so sind dies keine Auskünfte, die den Patienten vor Gesundheitsrisiken warnen oder „ihn zu einem bestimmten Verhalten motivieren sollen, das im Rahmen der Therapie zur Herbeiführung des Heilerfolges erforderlich ist".[433] Die Angaben gehören vielmehr in den Bereich der Selbstbestimmungsaufklärung, durch die der Patient in die Lage versetzt werden soll, auf informierter Grundlage eine selbstbestimmte Entscheidung zu treffen. Offen ist hingegen, ob die Hinweise zur Herkunft des Transplantates für die Entscheidung stets erforderlich sind.

2. Umfang der Selbstbestimmungsaufklärung

Nach dem Sinn und Zweck der Selbstbestimmungsaufklärung sind dem Patienten die notwendigen Fakten mitzuteilen, die für ihn erkennbar von Bedeutung sind und die ihm ermöglichen, eine eigenverantwortliche Abwägung des Für und Wider vorzunehmen. Entscheidend für die Bestimmung des Umfangs der Aufklärung im Einzelfall ist mithin die Erheblichkeit der Information für den Patienten und nicht die medizinische Relevanz für den Arzt.[434] Nur wenn der Patient vom Arzt das Wesentliche über die Behandlung erfahren und somit insbesondere eine Vorstellung von den Gefahren der Behandlung hat, kann er sein Selbstbestimmungsrecht wahren. Entscheidungserheblich und demzufolge aufklärungsbedürftig sind die Umstände, denen eine verständige Person in der Situation des Patienten[435] nach der Erfahrung des aufklärenden Arztes im Hinblick auf die Entscheidung für oder gegen den Eingriff vermutlich Bedeutung beimessen würde.[436] Insgesamt muss dem Patienten so ein „zutreffender Eindruck von der Schwere des Eingriffs und von der Art der Belastungen vermittelt [...] [werden], die für seine Integrität und Lebensführung auf ihn zukommen können".[437] Am Leitbild des „verständigen Patienten" orientiert sich der Umfang der ärztlichen Aufklärungspflicht.

Angesichts dieser Wertungen sind die Angaben zu Geschlecht, Alter und Todesursache des postmortalen Organspenders von den Informationen zu Vorerkrankungen sowie Nikotin-, Alkohol- und Drogenkonsum zu unterscheiden:

Eine verständige Person in der Situation des Patienten wird dem Alter, dem Geschlecht und der Todesursache des Organspenders, sofern diese keine unmittelbaren Auswirkungen auf die Organqualität haben,[438] in der Regel kurz vor der Transplantation kaum eine Bedeutung beimessen. Dagegen kann gerade das Alter auch wesentlicher Umstand für die Aufklärung des Organspendeempfängers sein, wenn es Auswirkungen auf die Organqualität hat.[439]

---

433 *Schwill*, Aufklärungsverzicht und Patientenautonomie, S. 45.
434 *Glatz*, Der Arzt zwischen Aufklärung und Beratung, S. 246.
435 Vgl. zu dieser Rechtsfigur oben: 2. D. I. 2.
436 *Glatz*, Der Arzt zwischen Aufklärung und Beratung, S. 246.
437 BGH, NJW 1991, 2346, 2347.
438 Zu Aufklärungspflichten im Hinblick auf die Organqualität vgl. Kapitel 5.
439 Vgl. die Ausführungen in Kapitel 5.

Die Kenntnis, dass das Organ von einem Verstorbenen stammt, kann bei den Emp-fängern postmortaler Organe vorausgesetzt werden. Während der Umstand, dass die Organe Verstorbenen entnommen werden, zu Beginn der Entwicklung der Transplantationsmedizin sicher nicht allen Patienten bekannt war, kann der Arzt heu-te insoweit von einem informierten Patienten ausgehen.

Weder für die Schwere des Eingriffs, noch für die Art der Belastung der Integrität und der Lebensführung spielen Alter und Geschlecht sowie die Todesursache des Spen-ders eine entscheidende Rolle. Die umfangreichen Vorbereitungen und der knappe Zeitrahmen vor der Organübertragung lassen diese Angaben zur Herkunft des Or-gans regelmäßig in den Hintergrund treten. Haben diese Angaben also keine be-stimmende Auswirkung auf die Organqualität, sind sowohl Alter, als auch Geschlecht und Todesursache des postmortalen Organspenders für den Organempfänger, der häufig sehr lange auf das Organ gewartet hat, kurz vor der Transplantation keine Faktoren, die im Zusammenhang mit der Entscheidung für oder gegen den Eingriff von Bedeutung sind. Vorrangiges und entscheidendes Interesse des Organempfän-gers in dieser Situation wird in aller Regel die Transplantatfunktion und das Trans-plantatüberleben sein. Daher muss der Arzt nicht von sich aus hierüber aufklären.

Begrenzt wird das Leitbild des „verständigen Patienten" durch das Informationsbe-dürfnis des individuellen Patienten. Bis zum Zeitpunkt, in dem der Arzt die Entschei-dungspräferenzen des konkreten Patienten erkennt, kann er sich an diesem Leitbild orientieren und den Umfang seiner Aufklärung daran ausrichten. Der erkennbare Wil-le des Patienten hat im Einzelfall jedoch stets Vorrang. Ist für den aufklärenden Arzt daher erkennbar, dass der Patient diesen Angaben zur Herkunft des Transplantats Bedeutung beimisst, so hat er ihn hierüber zu informieren.

Demgegenüber sind Informationen über Vorerkrankungen, Angaben zu Nikotin- und Alkoholabusus und Drogenmissbrauch sowie Hinweise auf einen gegebenenfalls nicht zu klärenden Verdacht auf übertragbare Erkrankungen Faktoren, die die Ent-scheidung des Patienten im Hinblick auf die Transplantation beeinflussen (können). Nach dem Maßstab, dass sich der Umfang der Aufklärung zunächst daran orientiert, was ein verständiger Patient in der konkreten Lage dieses Patienten wissen will, ist danach zu fragen, ob diese Angaben bei der Entscheidung für oder gegen die Orga-nübertragung erheblich sind.

Für den Organempfänger in der Situation nach der Organzuteilung, unmittelbar vor der Organübertragung, werden die Transplantatfunktion, eine mögliche Abstoßung des Organs und das Transplantatüberleben regelmäßig die entscheidenden Faktoren sein.[440] Diese werden durch Vorerkrankungen, Angaben zu Nikotin- und Alkoholabu-sus und Drogenmissbrauch zumindest mittelbar beeinflusst. Für einen potentiellen

---

440   Zu subjektiven Belastungen nach den Phasen einer Transplantation: *Zipfel/Schlehofer*, Die subjektive Belastung des Organempfängers, in: Krukemeyer/Lison (Hrsg.), Transplantations-medizin S. 113 ff.

Organempfänger, der bereits lange auf ein entsprechendes Organ wartet, sind daher Informationen, die Auswirkungen auf Transplantatfunktion und –überleben haben, in der Regel von Bedeutung. Für eine verständige Person in der Situation des Patienten sind Angaben zu Vorerkrankungen, zu Nikotin-, Alkohol- und Drogenmissbrauch sowie Hinweise auf einen gegebenenfalls nicht zu klärenden Verdacht auf übertragbare Erkrankungen folglich regelmäßig entscheidungserheblich.

In dem eingangs exemplarisch geschilderten Fall der 27-jährigen Britin erklärte der Vater nach dem Tod der Tochter, dass die Tochter der Lungentransplantation nicht zugestimmt hätte, wenn sie gewusst hätte, dass der Spender ein Raucher war. Auch die Klinikgesellschaft, stellte fest, dass die Patientin die Chance hätte bekommen müssen, selbst zu entscheiden, ob sie die Lunge eines Rauchers transplantiert bekommt. Obgleich die behandelnden Ärzte nichts von dem Tumor in der Lunge wussten, war ihnen bekannt gewesen, dass es sich um die Lunge eines Rauchers handelte.[441]

Durch eine zumindest mittelbare Auswirkung auf Transplantatüberleben und -funktion sind die Angaben zu Vorerkrankungen, Nikotin-, Alkohol- und Drogenmissbrauch und gegebenenfalls übertragbare Krankheiten auch Informationen, die für die Vermittlung des konkreten Eingriffes von Bedeutung sind. Denn ein wesentlicher Faktor bei der Bestimmung des Umfangs der Selbstbestimmungsaufklärung ist die Typizität des Risikos. Demnach ist dem Patienten ein zumindest in den groben Zügen „ein Bild von der Schwere und der Bandbreite des in Frage kommenden Risikospektrums zu vermitteln".[442] Da das Risiko bei Spendern mit Vorerkrankungen, Spendern mit Nikotin-, Alkohol- und Drogenmissbrauch sowie Spendern mit möglichen übertragbaren Erkrankungen von dem Risiko der übrigen Spender abweicht, ist der potentielle Organempfänger in die Entscheidung einzubeziehen.

Der Arzt, dem entsprechende Angaben vorliegen, hat den Patienten folglich hierüber aufzuklären.

---

441 http://www.aerztezeitung.de/politik_gesellschaft/gesundheitspolitik_international/article/829004/
transplantation-britin-stirbt-krebs-durch-spenderlunge.html.
442 *Glatz*, Der Arzt zwischen Aufklärung und Beratung, S. 249.

Kapitel 4

Aufklärung über die Erhebung und den Umgang mit personenbezogenen Daten

Nach der Konzeption des TPG ist die Allokation vermittlungspflichtiger Organe nur möglich, wenn der potentielle Organempfänger personenbezogene Daten offenbart. Erst wenn der Organempfänger dem Arzt höchstpersönliche Informationen mitteilt und diese Informationen für zukünftige Allokationsentscheidungen weitergeben werden, ist etwa die Zuteilung eines postmortal entnommenen Organs möglich. Die zwingende Notwendigkeit, mit der der Patient hingegen der Offenbarung ausgeliefert ist, wirft die Frage auf, inwieweit über die Erhebung und den Umgang personenbezogenen Daten vor der Transplantation aufzuklären ist.

A. Rechtspflicht zur Information über die Erhebung und den Umgang mit Daten

Die Begründung der Pflicht zur Aufklärung über die Erhebung und den Umgang mit personenbezogenen Daten bedingt zunächst die Ermittlung einer Rechtsgrundlage. Anknüpfungspunkt hierfür können sowohl die allgemeinen Grundsätze der ärztlichen Aufklärungspflicht als auch Datenschutzbestimmungen sein.

I. Sicherungs- und therapeutische Aufklärungspflicht

Als Grundlage für eine Verpflichtung des Arztes zur Aufklärung über die Erhebung und den Umgang mit personenbezogenen Daten kommt zunächst die Pflicht zur Selbstbestimmungsaufklärung des Patienten in Betracht. Während die Einwilligung in den Heileingriff die Achtung und den Schutz „der Würde und der Freiheit des Menschen und seines Rechts auf Leben und körperliche Unversehrtheit, Art. 1 Abs. 1; 2 Abs. 1, 2 Satz 1 GG"[443] bezweckt, dient der Datenschutz dazu, den Einzelnen davor zu schützen, dass er durch den Umgang mit seinen personenbezogenen Daten in seinem Persönlichkeitsrecht beeinträchtigt wird, § 1 Abs. 1 BDSG. Für die Einwilligung in den medizinischen Eingriff ist die Erhebung und der Umgang mit personenbezogenen Daten allenfalls mittelbar von Bedeutung.

Damit bleibt als möglicher Anknüpfungspunkt aus dem Bereich der allgemeinen ärztlichen Aufklärungspflicht die therapeutische Aufklärung. Eine Hinweispflicht auf die Erhebung und den Umgang mit personenbezogenen Daten lässt sich jedoch auch aus der therapeutischen Aufklärungspflicht, die den Schutz dem Schutz der Gesundheit des Patienten dient nicht ableiten. Für das therapierichtige Verhalten und das gesundheitliche Wohl des Patienten ist die Kenntnis über die Erhebung und den Umgang mit personenbezogenen Daten nicht von Bedeutung.

Aus der ärztlichen Pflicht zur Selbstbestimmungsaufklärung und zur therapeutischen Aufklärung lässt sich die Informationspflicht hinsichtlich der Datenerhebung und -verwendung nicht herleiten.

---

443   BVerfGE 52, 131, 175.

II. Datenschutzbestimmungen

Als Rechtsgrundlage für die Begründung einer ärztlichen Aufklärungspflicht über die Erhebung und den Umgang mit personenbezogenen Daten kommen des Weiteren Datenschutzbestimmungen des BDSG und Normen des TPG in Betracht.

1. Einwilligungsvoraussetzungen aus dem Datenschutzrecht

Im Datenschutzrecht gilt das grundsätzliche Verbot der Datenerhebung, -verarbeitung und -nutzung personenbezogener Daten, sofern nicht eine Rechtsvorschrift dies erlaubt oder anordnet oder der Betroffene eingewilligt hat, § 4 Abs. 1 BDSG. Für den Umgang mit sensiblen personenbezogenen Daten im Gesundheitsbereich enthält das BDSG Sonderregelungen. Für deren Anwendbarkeit ist zwischen dem Umgang mit sensiblen personenbezogenen Daten bei öffentlichen Stellen und nicht-öffentlichen Stellen zu differenzieren.

a) öffentlicher Bereich

Wie bereits festgestellt, wird die Mehrheit der Krankenhäuser und damit auch der Transplantationszentren von Ländern, Städten und Gemeinden geführt. Sie zählen damit zu den öffentlichen Stellen i.S.d. BDSG.

Nach § 13 Abs. 1 Nr. 7 BDSG, der nahezu wortgleich zur Regelung des Art. 8 Abs. 3 der Richtlinie 95/46/EG des Europäischen Parlaments und des Rates vom 24. Oktober 1995 zum Schutz natürlicher Personen bei der Verarbeitung personenbezogener Daten und zum freien Datenverkehr (sog. Datenschutzrichtlinie)[444] ist, wird der medizinische Bereich vom Verbot der *Erhebung* personenbezogener Daten bei einer Datenverarbeitung öffentlicher Stellen ausgenommen. Das Verbot der Datenerhebung personenbezogener Daten erstreckt sich folglich nicht auf gesundheitsbezogene Dienstleistungen kurativer, diagnostischer, präventiver und nachsorgender Art.[445] Die Datenerhebung muss dabei dem Zweck der Gesundheitsversorgung dienen und durch Angehörige von Gesundheitsberufen erfolgen.[446] Grund der Ausnahme ist, dass im medizinischen Bereich der Umgang mit personenbezogenen Daten zur Gesundheit unentbehrlich ist und regelmäßig keine besonderen Gefahren begründet. Ausgangspunkt der Pflicht zur Erhebung von Patientendaten sind die durch die Berufsordnung begründeten Pflichten, die in den Behandlungsvertrag einfließen. Die Datenerhebung ist „notwendiger Inhalt des Behandlungsvertrages".[447] Mit der Einwil-

---

444 ABl. EG Nr. L 281 vom 23.11.1995, S. 31 ff.

445 *Sokol*, in: Simitis (Hrsg.), Bundesdatenschutzgesetz, § 13 Rn. 41; *Dammann/Simitis*, EG-Datenschutzrichtlinie, Art. 8 Rn. 18.

446 *Schirmer*, in: Roßnagel (Hrsg.), Handbuch Datenschutzrecht, Kap. 7.12 Rn. 17. Wobei auch der administrative Bereich durch den Begriff der Verwaltung erfasst ist.

447 *Schirmer*, in: Roßnagel (Hrsg.), Handbuch Datenschutzrecht, Kap. 7.12 Rn. 27.

ligung in den Behandlungsvertrag erteilt der Patient gleichzeitig die Einwilligung in die Erhebung von personenbezogenen Daten.[448]

Die Untersuchung eines Patienten im Transplantationszentrum und die Erfassung seiner Krankheitsgeschichte stellen ein „Erheben" von personenbezogenen (sensitiven) Daten i.S.d. BDSG dar. Die Datenerhebung dient jedoch der Feststellung, ob der Patient die Voraussetzungen für die Aufnahme in die Warteliste erfüllt. Damit dient die Datenerhebung der medizinischen Diagnostik und der Gesundheitsversorgung des Patienten. Erfolgt die Maßnahme durch ärztliches Personal oder sonstige Personen, die der ärztlichen Schweigepflicht unterliegen, bedarf sie keiner Einwilligung des Patienten. Mithin ist auch keine Aufklärung erforderlich.

Die *Speicherung*, *Veränderung* oder *Nutzung* personenbezogener Daten durch öffentliche Stellen im Gesundheitsbereich richtet sich gem. § 14 Abs. 6 BDSG nach den für die in § 13 Abs. 2 Nr. 7 genannten Personen geltenden Geheimhaltungspflichten. Die Bestimmung des konkreten Bedeutungsgehaltes dieser Verweisung auf die Geheimhaltungspflichten erweist sich dabei als mehrdeutig.[449] Im Ergebnis ist davon auszugehen, dass § 14 Abs. 6 BDSG den spezifischen Geheimhaltungspflichten den Vorrang vor dem Anwendungsbereich des BDSG einräumt.[450] Demzufolge richtet sich die Zulässigkeit der Speicherung, Veränderung oder Nutzung von Daten im Gesundheitsbereich nach den Anforderungen der ärztlichen Schweigepflicht gem. § 203 Abs. 1 Nr. 1 StGB.

Die *Datenübermittlung* durch öffentliche Stellen an Dritte schließlich ist durch die §§ 15 und 16 BDSG getrennt nach der Übermittlung an öffentliche Stellen und nichtöffentliche Stellen geregelt.

Personenbezogene Daten des Patienten werden vom Transplantationszentrum an die Vermittlungsstelle weitergeleitet. Mit der Aufgabe der Organvermittlung wurde durch Vertrag vom 20.04.2000 die „Stichting Eurotransplant International Foundation", eine gemeinnützige Stiftung niederländischen Rechts betraut. Damit werden Daten an eine nicht-öffentliche Stelle im Ausland übermittelt, was die Anwendung der §§ 14 und 15 BDSG ausschließt.[451] Aus diesem Grund wurde § 12 Abs. 2 S. 2 TPG in das Gesetz aufgenommen. § 12 Abs. 2 S. 2 TPG fordert, dass die die Vorschriften der §§ 14 und 15 bei Beauftragung einer ausländischen Vermittlungsstelle sinnge-

---

448 *Schirmer*, in: Roßnagel (Hrsg.), Handbuch Datenschutzrecht, Kap. 7.12 Rn. 27.
449 Vgl. die Ausführungen von *Dammann*, in: Simitis (Hrsg.), Bundesdatenschutzgesetz, § 14 Rn. 122 ff.
450 *Dammann*, in: Simitis (Hrsg.), Bundesdatenschutzgesetz, § 14 Rn. 125.
451 BT-Drs. 13/4355, S. 25; *Gutmann*, in: Schroth/König/Gutmann/Oduncu (Hrsg.), TPG, § 12 Rn. 8; *Höfling*, in: ders. (Hrsg.), TPG, 1. Auflage, § 12 Rn. 22.

mäß Anwendung finden. Demzufolge wurde Eurotransplant vertraglich verpflichtet, die §§ 14 und 15 BDSG einzuhalten.[452]

Nach Maßgabe des § 15 BDSG ist die Übermittlung personenbezogener Daten an öffentliche Stellen nur zulässig, wenn dies für die übermittelnde oder die empfangende Stelle zur Erfüllung ihrer Aufgaben erforderlich ist und die Voraussetzungen vorliegen, die eine Nutzung nach § 14 BDSG zulassen würden. Die Übermittlung persönlicher und medizinischer Daten an das Transplantationszentrum ist notwendig damit eine Organzuteilung vorgenommen werden kann. Sie ist daher zur Aufgabenwahrnehmung des Empfängers, hier Eurotransplant notwendig i.S.d. § 15 Abs. 1 Nr. 1 BDSG. Damit die Übermittlung zulässig ist, müssen daneben die Voraussetzungen des § 14 BDSG vorliegen. Die Datenerhebung im Rahmen der Diagnose hat den Zweck, festzustellen, ob die Voraussetzungen für die Aufnahme in die Warteliste vorliegen. Die Übermittlung und anschließende Allokation entspricht nicht mehr diesem Zweck, weshalb hierfür die gem. § 14 Abs. 2 Nr. 1 BDSG die Einwilligung des Patienten notwendig ist.

b) Nicht-öffentlicher Bereich

Die Datenverwaltung im nicht-öffentlichen, medizinischen Bereich wird durch § 28 Abs. 7 BDSG geregelt. Sofern Krankenhäuser und Transplantationszentren privatrechtlich organisiert sind, sind diese nicht-öffentliche Stellen i.S.d. § 2 Abs. 4 BDSG.

Nach § 28 Abs. 7 S. 1 BDSG ist die *Erhebung* personenbezogener (sensitiver) Daten zulässig, sofern dies zum Zweck der Gesundheitsvorsorge, der medizinischen Diagnostik, der Gesundheitsversorgung oder Behandlung oder für die Verwaltung von Gesundheitsdiensten erforderlich ist und die Verarbeitung dieser Daten durch ärztliches Personal oder durch sonstige Personen erfolgt, die einer entsprechenden Geheimhaltungspflicht unterliegen. Auch im nicht-öffentlichen Bereich ist folglich die Einholung einer Einwilligung für die Erhebung von sensitiven Daten über die Gesundheit und damit eine Aufklärung über die Datenerhebung nicht notwendig.

Für die *Verarbeitung* und *Nutzung* trifft § 28 Abs. 7 S. 2 BDSG die Regelung, dass sich die Zulässigkeit nach den für das Personal i.S.d. § 28 Abs. 7 S. 1 BDSG geltenden Geheimhaltungspflichten richtet. Die Zulässigkeit der Verarbeitung und Nutzung von personenbezogenen Daten im Gesundheitsbereich orientiert sich folglich nach den Anforderungen der ärztlichen Schweigepflicht gem. § 203 Abs. 1 Nr. 1 StGB.

c) Zwischenergebnis

Ärzte und andere Personen in Transplantationszentren, öffentlicher und nicht-öffentlicher Krankenhäuser, die der ärztlichen Schweigepflicht nach § 203 StGB unterliegen, dürfen personenbezogene Daten von Patienten erheben sofern dies zum Zweck der Gesundheitsvorsorge, der medizinischen Diagnostik, der Gesundheitsver-

---

452   Vgl. § 2 Abs. 6 sowie § 12 des Vertrages über die Vermittlungsstelle nach § 12 TPG.

sorgung oder Behandlung oder für die Verwaltung von Gesundheitsdiensten erforderlich ist. Insbesondere die Datenerhebung bei der Untersuchung im Vorfeld der Entscheidung über die Aufnahme des Patienten in die Warteliste dient der medizinischen Diagnostik und Behandlung und bedarf keiner Einwilligung und demzufolge auch keiner Aufklärung des Patienten über die Datenerhebung.

Die Zulässigkeit der Verarbeitung und Nutzung dieser Daten im nicht-öffentlichen Bereich (welche auch die Übermittlung umfasst) sowie die Speicherung, Veränderung und Nutzung im öffentlichen Bereich richtet sich nach den Geheimhaltungsvorschriften, d.h. hier nach der ärztlichen Schweigepflicht.

Bei der Zulässigkeit der Übermittlung von Daten im öffentlichen Bereich differenziert das BDSG danach, ob die Übermittlung an eine öffentliche oder an eine nicht-öffentliche Stelle erfolgt. Persönliche und medizinische Daten werden durch das Transplantationszentrum an Eurotransplant weitergeleitet. Diese ausländische nicht-öffentliche Stelle ist vertraglich dazu verpflichtet, die §§ 14 und 15 BDSG sinngemäß einzuhalten. Die Übermittlung der personenbezogenen Daten durch das Transplantationszentrum an Eurotransplant bedarf der Einwilligung des Patienten.

2. Besondere Einwilligungsvoraussetzungen aus dem TPG

§ 13 Abs. 3 S. 4 TPG fordert, dass der Patient vor der Einwilligung in die Übermittlung seiner personenbezogenen Daten darüber zu informieren ist, an welche Stellen seine personenbezogenen Daten übermittelt werden.[453] Die Informationspflichten nach § 13 Abs. 3 S. 4 TPG betreffen die Meldung des Patienten an das Transplantationszentrum und an die Vermittlungsstelle. Die Vermittlungsstelle ist jedoch nur für die Zuteilung vermittlungspflichtiger postmortaler Organe zuständig. Die Besonderheiten von postmortaler Organspende und Lebendspende und deren ungleicher Ablauf erfordern demzufolge eine gesonderte Beurteilung.

a) postmortale Organtransplantation

Bevor der behandelnde Arzt den Patienten, bei dem die Übertragung vermittlungspflichtiger Organe medizinisch angezeigt ist, an das Transplantationszentrum meldet, in dem die Organübertragung vorgenommen werden soll, muss der Patient in die Übermittlung seiner personenbezogenen Daten schriftlich einwilligen, § 13 Abs. 3 S. 1 TPG. Desgleichen muss der Patient, sofern die Voraussetzungen hierfür vorliegen, gem. § 13 Abs. 3 S. 3 TPG in die anschließende Übermittlung seiner (für die

---

453   Deutlich umfassender ist dagegen die Aufklärungspflicht gegenüber dem Lebendspender. Dieser ist nach § 8 Abs. 2 S. 1 Nr. 6 TPG über die Erhebung und Verwendung seiner personenbezogenen Daten zu informieren. § 8 Abs. 2 S. 1 Nr. 6 TPG wurde durch das Gewebegesetz (BGBl. I vom 20.07.2007, S. 1574 ff.) eingeführt. Die Forderung nach der Information über die Aufzeichnung und den Schutz von Spenderdaten geht auf die Geweberichtlinie 2004/23/EG zurück, vgl. Art. 13 Abs. 2 i.V.m. Anhang A Nr. 2 der Richtlinie.

453   BT-Drs. 13/4355, S. 27

Organvermittlung erforderlichen) Angaben an die Vermittlungsstelle schriftlich einwilligen. Diese zwei Einwilligungen kann der Patient auch gemeinsam abgeben, da die Meldung beim zuständigen Transplantationszentrum zugleich die Meldung bei der Vermittlungsstelle bezweckt.[454]

b) Lebendspende

Das TPG enthält keine eigenen Regelungen für die Informationspflichten hinsichtlich der Erhebung und den Umgang mit personenbezogenen Daten des Lebendspendeempfängers.

Nach dem Grundsatz der Subsidiarität des § 8 Abs. 1 S. 1 Nr. 3 TPG ist eine Transplantation vom lebenden Spender nur zulässig, wenn ein postmortal entnommenes Organ im Zeitpunkt der Organentnahme nicht zur Verfügung steht. Ob ein postmortal gespendetes Organ zur Verfügung steht, lässt sich indessen nur feststellen, wenn der Organempfänger durch das Transplantationszentrum bei der Vermittlungsstelle gemeldet ist. Für diesen Fall ist er gem. § 13 Abs. 3 S. 4 vor der Einwilligung in die Übermittlung seiner personenbezogenen Daten darüber zu unterrichten, an welche Stellen seine Daten übermittelt werden.

Daher ist der Frage nachzugehen, ob der Lebendspender vor der Transplantation auf der Warteliste gemeldet sein muss. Zum Teil wird der Standpunkt vertreten, der potentielle Lebendorganempfänger müsse sich nach dem Wortlautes des § 8 Abs. 1 S. 1 Nr. 3 TPG in die Warteliste aufnehmen lassen, als transplantabel gemeldet sein und auch in der Warteliste verbleiben.[455] Dieser Auffassung ist darin zuzustimmen, dass die Formulierung des § 8 Abs. 1 S. 1 Nr. 3 TPG, nach der für die Zulässigkeit der Lebendorganspende im Zeitpunkt der Organentnahme kein geeignetes postmortales Organ zu Verfügung stehen darf, so verstanden werden kann, dass die Pflicht besteht, den potentiellen Organempfänger in die Warteliste aufzunehmen. Da die Zuteilung vermittlungspflichtiger Organe ausschließlich über die Warteliste geschieht, kann nur dann festgestellt werden, ob rechtzeitig ein geeignetes postmortales Organ zur Verfügung steht, wenn der Patient zuvor in die Warteliste aufgenommen wurde.

Gegen die strikte Notwendigkeit der Meldung für die Warteliste spricht allerdings bereits die Tatsache, dass die Entscheidungsfreiheit über den eigenen Körper grundrechtlich durch das Selbstbestimmungsrecht geschützt ist, weshalb die Entscheidung gegen ein postmortales Organ nicht mit der Versagung der Lebendorganspende

---

454 BT-Drs. 13/4355, S. 27.

455 *Schreiber*, in: Kirste (Hrsg.), Nieren-Lebendspende, S. 39 f.; Empfehlungen zur Lebendorganspende der Bundesärztekammer, DÄBl. 2000, A 3287. I .E. auch: *Lautenschläger*, Der Status ausländischer Personen im deutschen Transplantationssystems, S. 208.

sanktioniert werden kann.[456] Die Meldung des Patienten in eine Warteliste steht nach der Regelung des § 13 Abs. 3 S. 1 TPG in dessen Ermessen und ist durch den Gesetzgeber im Hinblick auf die Lebendorganspende weder im TPG, noch nach anderen Vorschriften sanktioniert. Die Möglichkeit einer Lebendorganspende von der Meldung auf der Warteliste abhängig zu machen, würde den Organempfängern die Möglichkeit der Verbesserung des Gesundheitszustandes vollständig abschneiden, die die postmortale Organspende aus psychologischen, religiösen oder moralischen Gründen[457] ablehnen oder Umgehungsstrategien der Meldepflicht fördern. Zudem würden durch die nur der Form halber notwendige Abfrage unnötige Kosten verursacht. Daneben wäre der Patient faktisch gezwungen in die Übermittlung seiner personenbezogenen Daten an die Vermittlungsstelle einzuwilligen. Wäre die Möglichkeit einer Lebendorganspende davon abhängig, dass zuvor stets geprüft würde, ob im Zeitpunkt der Organentnahme kein geeignetes postmortales Organ zu Verfügung steht, bliebe dem potentiellen Organempfänger keine andere Möglichkeit, als in die Übermittlung der personenbezogenen Daten einzuwilligen, da andernfalls eine Lebendtransplantation nicht möglich wäre. Dies würde die Regelung des § 13 Abs. 3 S. 4 TPG und seine Recht auf informationelle Selbstbestimmung de facto leer laufen lassen. Im Übrigen ist es auch nicht untersagt, bei Ausländern, die nicht im Eurotransplant-Gebiet auf keiner Warteliste gemeldet sind, in Deutschland eine Lebendorganspende vorzunehmen.[458] Schließlich ist die Formulierung „[...] im Fall der Organentnahme ein geeignetes Organ eines Spenders nach § 3 oder § 4 im Zeitpunkt der Organentnahme nicht zur Verfügung steht [...]" nicht in der Weise zu verstehen, dass der Organempfänger das „Zur-Verfügung-Stehen" herbeizuführen muss.[459]

Akzeptiert ein Patient demzufolge, sei es aus psychischen, religiösen oder moralischen Gründen nur ein lebend gespendetes Organ, so ist nicht ersichtlich, weshalb er dennoch aus reinem Formalismus zur Erfüllung der Voraussetzungen des § 8 Abs. 1 S. Nr. 3 TPG auf der Warteliste gemeldet sein muss, bevor die Transplantation vorgenommen werden kann. Der Sinn und Zweck der Norm ist demzufolge so zu verstehen, dass die Wahl zwischen postmortal oder lebend gespendetem Organ vom Willen des Patienten abhängig ist.[460] Schließt der Patient die Transplantation eines postmortal gespendeten Organs dagegen nicht kategorisch aus, so ist nicht ersichtlich, weshalb dieser Patient nicht für die Warteliste gemeldet werden sollte. Vielmehr ist unter dem Gesichtspunkt des Schutzes des Lebendspenders die Möglichkeit der Transplantation eines postmortalen Organs nicht von vornherein auszuschließen.

---

456 *Gutmann/Schroth*, Organlebendspende in Europa, S. 30; *Nickel/Schmidt-Preisigke/Sengler*, TPG, Erl. § 8 Rn. 11.

457 Vgl. hierzu *Gutmann*, MedR 1997, 147, 152

458 *Gutmann/Schroth*, Organlebendspende in Europa, S. 30.

459 *Gutmann/Schroth*, Organlebendspende in Europa, S. 30.

460 Nickel/Schmidt-Preisigke/Sengler, TPG, Erl. § 8 Rn. 11.

3. Verknüpfung von Einwilligung und Aufklärungspflicht

Bedarf der Umgang mit personenbezogenen Daten der Einwilligung des betroffenen Patienten, so stellt sich die Frage, ob damit Aufklärungspflichten einhergehen.

Voraussetzung einer wirksamen Einwilligung ist, dass sich der einwilligende Patient des Wesens, der Bedeutung und der Tragweite der Entscheidung bewusst ist.[461] Diese Kenntnis erfordert vom Arzt eine entsprechende Aufklärungspflicht. Der Arzt muss den Patienten vor dessen Einwilligung über den Anlass, die Zielsetzung der Weitergabe und den Empfängerkreis aufklären.[462] Eine formularmäßige generelle Ermächtigung in die Weitergabe personenbezogener Daten ohne Informationen über das Ausmaß ist unwirksam.[463]

B. Ausgestaltung der konkreten Aufklärungspflicht

Das TPG fordert in § 13 Abs. 3 S. 4, dass der Patient, der in die Übermittlung der Daten einwilligen muss, vor der Einwilligung darüber zu unterrichten, an welche Stellen seine personenbezogenen Daten übermittelt werden. Gem. § 13 Abs. 3 S. 3 TPG werden die Daten des Patienten, der in die Warteliste aufgenommen werden soll, an die Vermittlungsstelle gemeldet. Mit der Allokation vermittlungspflichtiger Organe wurde Eurotransplant betraut. Die Patienten, die für die Warteliste gemeldet werden sollen, sind demzufolge darüber aufzuklären, dass ihre personenbezogenen Daten an Eurotransplant in den Niederlanden übermittelt werden. Dieser Hinweis hat nach § 13 Abs. 3 S. 4 TPG vor der Einwilligung in die Übermittlung und damit auch vor der Übermittlung an Eurotransplant zu erfolgen. Den behandelnden Arzt, der den Patienten an das Transplantationszentrum meldet, in dem die Transplantation vorgenommen werden soll, trifft zuvor die Pflicht den Patienten zu informieren, dass seine Daten an das Transplantationszentrum weiterleitet werden. Auch wenn der Patient zweckmäßiger Weise die Einwilligung in die Übermittlung der Daten in einem Schriftstück erklären kann,[464] muss sich der Arzt im Transplantationszentrum dennoch versichern, dass der Patient vom behandelnden Arzt darüber informiert wurde, dass seine Daten nicht nur an das Transplantationszentrum übermittelt werden, sondern dass diese Daten anschließend auch der Vermittlungsstelle weitergegeben werden. Wurde der Patient nicht hinreichend aufgeklärt, ist die Einwilligung unwirksam.[465]

Kommt hingegen eine Aufnahme des Patienten in die Warteliste nicht in Betracht, weil dieser eine postmortale Organspende aus psychischen, religiösen oder moralische Gründen nicht akzeptiert, so ist nicht ersichtlich, warum dieser Patient in die

---

461 *Fischer/Uthoff*, MedR 1996, 115, 116; *Hollmann*, NJW 1978, 2332; *Schönke/Schröder*, StGB, § 203 Rn. 24.

462 MK-*Cierniak*, § 203 Rn. 58.

463 *Hollmann*, NJW 1978, 2332.

464 Nickel/Schmidt-Preisigke/Sengler, TPG, Erl. § 13 Rn. 5.

465 MK-*Cierniak*, § 203 Rn. 58; *Simitis*, in: Simitis (Hrsg.), Bundesdatenschutzgesetz, § 4a Rn. 70.

Warteliste gemeldet werden muss.[466] Daher bedarf es auch keiner Aufklärung dieses Patienten über eine Weiterleitung personenbezogener Daten an Eurotransplant. Auch über die Erhebung von Daten des Spenders ist dieser nicht aufzuklären, da nach § 13 Abs. 1 Nr. 7 BDSG der medizinische Bereich vom Verbot der *Erhebung* personenbezogener Daten bei einer Datenverarbeitung öffentlicher Stellen ausgenommen ist.

Nach dem Wortlaut des § 13 Abs. 3 S. 4 TPG erschöpft sich hierin die Aufklärungspflicht. Eine wirksame Einwilligung in die Offenbarung personenbezogener Daten nach § 203 StGB erfordert dagegen, dass der Zustimmende die Bedeutung und die Tragweite seiner Entscheidung zu überblicken vermag.[467] Bedeutung und Tragweite der Entbindung von der Schweigepflicht kann der einzelne Patient hingegen nur überblicken, wenn er nicht nur darüber aufgeklärt wird, an wen seine personenbezogen Daten übermittelt werden, sondern auch zumindest den Zweck erfährt und erfasst, welche konkreten Daten übermittelt werden. Desgleichen erfordert § 4a Abs. 1 S. 2 BDSG, dass der Betroffene rechtzeitig und umfassend über die beabsichtigte Datenverwendung zu informieren ist. Damit gehen die Informationspflicht von BDSG und rechtfertigender Einwilligung in die Offenbarung i.S.d. § 203 StGB über die des TPG hinaus.

Es ist nicht ersichtlich, dass der Gesetzgeber mit der Regelung des § 13 Abs. 3 S. 4 TPG eine abschließende Regelung schaffen wollte, die hinter dem Schutz der ärztlichen Schweigepflicht sowie des BDSG zurück bleibt. Vielmehr wird in der amtlichen Begründung ausdrücklich auf die Notwendigkeit der Einwilligung in § 4 Abs. 1 BDSG verwiesen.[468] Zudem besteht kein Bedürfnis die Informationspflicht zu begrenzen. Gerade die Notwendigkeit der schriftlichen Einwilligung mit der Warnfunktion,[469] dem Patienten die Bedeutung der in Aussicht gestellten Therapie zu verdeutlichen, zeigt, dass an die Einwilligung und damit letztlich auch an die Aufklärungspflicht keine verkürzten Anforderungen zu stellen sind. Schließlich wird die Aufklärung darüber, an welche Stellen personenbezogenen Daten übermittelt werden, nur dann sinnvoll möglich sein, wenn auch der Zweck und der hierfür erforderliche Umfang der weitergegebenen Daten erläutert werden.

Für die Übermittlung von Daten des Patienten zur Aufnahme in die Warteliste bedeutet dies, dass neben der Tatsache, dass die Daten an Eurotransplant übermittelt werden, auch mitgeteilt werden muss, dass die Übermittlung den Zweck verfolgt, die

---

466   Vgl. dazu oben ausführlich unter: 4. A. II. 2. b).

467   MK-*Cierniak*, § 203 Rn. 58; NK-*Kargel*, § 203 Rn. 52.

468   BT-Drs. 13/4355, S. 27; *Stockter*, in: Höfling (Hrsg.), TPG, § 13 Rn. 54.

469   Warnfunktion (so: Rixen, in: Höfling [Hrsg.], TPG, 1. Auflage, § 13 Rn. 6; Krüger/Lautenschläger/Lilie, in: Pühler/Middel/Hübner [Hrsg.], Praxisleitfaden Gewebegesetz, S. 100 f.) A.A. Beweiszwecke (so: König, in: Schroth/König/Gutmann/Oduncu [Hrsg.], TPG, § 13 Rn. 5). Vermittelnd: Stockter, in: Höfling (Hrsg.), TPG, § 13 Rn. 53 („im Wesentlichen Beweisfunktion").

Allokation eines geeigneten Organs zu ermöglichen. Zudem ist der Umfang der zu übermittelnden Daten darzulegen. Welche konkreten Daten und Angaben für die Organvermittlung erforderlich sind, ergibt sich aus den §§ 10 Abs. 2 Nr. 1, 12 Abs. 4 Nr. 1 TPG i.V.m. § 3 Abs. 2 des Vertrages über die Vermittlungsstelle nach § 12 TPG. Übermittelt werden danach sowohl persönliche, als auch medizinische Daten. Der Patient ist somit darüber zu informieren, dass seine persönlichen und medizinischen Angaben an das Transplantationszentrum und von diesem an Eurotransplant, zum Zweck der Organallokation übermittelt werden.

Der verantwortliche Arzt im Transplantationszentrum kann sich hingegen nicht sicher sein, dass der behandelnde Arzt gem. § 13 Abs. 1 S. 1 TPG den Patienten auch über die Weitergabe an die Vermittlungsstelle informiert hat. Für eine wirksame Einwilligung muss er sicherstellen, dass der potentielle Organempfänger nicht nur darüber aufgeklärt wurde, dass seine Daten an das Transplantationszentrum weitergeleitet wurden, sondern auch, dass personenbezogene Daten zum Zweck der Organallokation an Eurotransplant übermittelt werden.

Diese Aufklärung hat vor Einwilligung und damit vor der Übermittlung der Daten zu geschehen.[470] Damit dem Patienten die notwendige Zeit bleibt, die Entscheidung abzuwägen hat die Aufklärung über die Verwendung der Daten im gleichen Zweitpunkt zu erfolgen, wie die Selbstbestimmungsaufklärung.

Eine darüber hinausgehende Aufklärungspflicht hinsichtlich der Erhebung und Verwendung personenbezogener Daten besteht nicht.

---

470 Nach § 13 Abs. 3 S. 5 TPG kann die Übermittlung auch ohne vorherige Aufklärung und Einwilligung erfolgen, wenn wegen der Gefahr des Todes oder einer schweren Gesundheitsschädigung des Patienten keinen Aufschub geduldet werden kann. Die Einwilligung ist dann jedoch unverzüglich nachträglich einzuholen.

Kapitel 5

Aufklärungspflichten über die Qualität des zu transplantierenden Organs

A. postmortale Organspende

Bestimmender Faktor für die Zuteilung eines Organs, damit auch die Qualität eines konkret zu transplantierenden Organs und schließlich den Standard bei der Organqualität, ist das Allokationsverfahren. Bevor daher auf die Aufklärungspflichten hinsichtlich der Qualität der Organe eingegangen wird, soll im Folgenden auf das Organvermittlungsverfahren eingegangen werden.

I. Organallokationsverfahren durch die Vermittlungsstelle

Die Entnahme von Organen bei verstorbenen Spendern darf gem. § 9 Abs. 1 TPG nur in Entnahmekrankenhäusern nach § 9a TPG durchgeführt werden. Gem. § 9 Abs. 2 TPG darf die Übertragung von Organen verstorbener Spender sowie die Entnahme und Übertragung von Organen lebender Spender nur in Transplantationszentren nach § 10 vorgenommen werden. Sind Organe im Geltungsbereich des TPG entnommen worden, ist ihre Übertragung nur zulässig, wenn die Organentnahme nach § 11 Absatz 4 Satz 5 durch die Koordinierungsstelle organisiert und unter Beachtung der weiteren Regelungen nach § 11 durchgeführt worden ist, § 9 Abs. 2 S. 2 TPG. Die Übertragung vermittlungspflichtiger Organe ist darüber hinaus gem. § 9 Abs. 2 S. 3 TPG nur zulässig, wenn die Organe durch die Vermittlungsstelle unter Beachtung der Regelungen nach § 12 Absatz 3 Satz 1 vermittelt worden sind.

Für die Errichtung oder Beauftragung der Vermittlungsstelle enthält § 12 Abs. 1 TPG einen Auftrag an den Spitzenverband Bund der Krankenkassen, die Bundesärztekammer und die Deutsche Krankenhausgesellschaft oder die Bundesverbände der Krankenhausträger. Die Aufgaben der Vermittlungsstelle mit Wirkung für die Transplantationszentren sollen durch einen gemeinsamen Vertrag geregelt werden, § 12 Abs. 4 TPG. Dieser Vertrag wurde mit der „Stichting Eurotransplant International Foundation" (ET) in Leiden geschlossen.[471] Damit übernimmt Eurotransplant die Vermittlung der von der Koordinierungsstelle nach § 13 Abs. 1 Satz 4 TPG gemeldeten, vermittlungspflichtigen Organe toter Organspender.

1. Regelfallallokation

Die Koordinierungsstelle klärt gem. § 11 Abs. 4 TPG, ob die Voraussetzungen für eine Organentnahme vorliegen. Hierzu erhebt sie die Personalien dieser möglichen Organspender und weitere für die Durchführung der Organentnahme und -vermittlung erforderliche personenbezogene Daten. Die Entnahmekrankenhäuser sind verpflichtet, diese Daten an die Koordinierungsstelle zu übermitteln. Die Organentnahme wird durch die Koordinierungsstelle organisiert und erfolgt durch die von

---

471 Vertag über die Beauftragung einer Vermittlungsstelle gem. § 12 TPG, BAnz. Beilage Nr. 131a S. 13.

ihr beauftragten Ärzte. Die Entnahme von Organen bei verstorbenen Spendern darf gem. § 9 Abs. 1 TPG nur in Entnahmekrankenhäusern nach § 9a durchgeführt werden

Die Koordinierungsstelle veranlasst die notwendigen Untersuchungen (Organfunktion, Immunologie, Virologie, Bakteriologie, Blutgruppenbestimmung und Pathologie).[472] Anschließend werden sämtliche für die Organvermittlung erforderlichen Daten (neben der Kenn-Nummer für das Spenderorgan, das Geburtsdatum, Geschlecht, Körpergewicht und -länge, die Kenn-Nummer des entnehmenden Zentrums und medizinische Angaben) von der Koordinierungsstelle an die Vermittlungsstelle gesendet.[473] Diese Daten bilden die Grundlage für die Allokationsentscheidung der Vermittlungsstelle. Nach Maßgabe des § 12 Abs. 3 S. 1 TPG hat die Vermittlungsstelle die Organe nach Regeln, die dem Stand der Erkenntnisse der medizinischen Wissenschaft entsprechen, insbesondere nach Erfolgsaussicht und Dringlichkeit für geeignete Patienten zu vermitteln. Hierbei wird jedes Organ nach organspezifischen Kriterien mit eigenem Allokationsalgorithmus zugeteilt.

Die Allokation von Spendernieren richtet sich nach dem sog. ETKAS (Eurotransplant Kidney Allocation System), welches auf dem von *Wujciak* und *Opelz* entwickelten Algorithmus beruht.[474] Nach einem komplexen System, bei dem der Grad der Übereinstimmung der HLA-Merkmale,[475] die sog. Missmatch-Wahrscheinlichkeit, die Wartezeit des Patienten, die Ischämiezeit, pädiatrische Empfänger und die Dringlichkeit eine Rolle spielen, werden Punkte vergeben und ein geeigneter Empfänger für das Organ gesucht.[476]

Ergebnis der computergesteuerten Auswahl ist eine Rangliste geeigneter Patienten. Anschließend wird dem Transplantationszentrum, bei dem der auf dieser Liste für das betreffende Organ an erster Stelle stehende Patient gemeldet ist, das Organ verbindlich angeboten, § 5 Abs. 4 S. 2 des Vertrages mit der Vermittlungsstelle. Direkt danach wird das Organ dem Transplantationszentrum, bei dem der nächste auf der Rangliste stehende Patient gemeldet ist, zunächst unverbindlich angeboten. Das

---

472 Vgl. § 2 Abs. 2 Nr. 3 des Vertrages mit der Koordinierungsstelle.

473 Punkt 2 der Durchführungsbestimmungen zur Datenverarbeitung und Begleitpapiere, die nach § 2 Abs. 3 S. 2 und § 4 des Vertrages mit der Koordinierungsstelle beschlossen wurde.

474 *Schmidt*, in: Gutmann/Schneewind/Schroth/Elsässer/Land/Hillebrand (Hrsg.), Grundlagen einer gerechten Organverteilung, S. 19.

475 Die HLA-Typisierung qualifiziert die Gewebeverträglichkeit, gemessen an der Übereinstimmung bei den Human-Leukozyten-Antigenen (HLA), vgl. *Norba*, Rechtsfragen der Transplantationsmedizin aus deutscher und europäischer Sicht, S. 180 f. und Punkt III.4.2. der Richtlinie für die Wartelistenführung und die Organvermittlung zur Nierentransplantation, DÄBl. 2013, Heft 6 vom 08.02.2013.

476 Auf die Einzelheiten des Allokationsverfahrens soll hier nicht eingegangen werden. Vgl. hierzu ausführlich: *Norba*, Rechtsfragen der Transplantationsmedizin aus deutscher und europäischer Sicht, S. 180 ff.; *Lang*, MedR 2005, 269, 276.

Angebot wird erst dann verbindlich, wenn das Transplantationszentrum, dem das Organ zuvor verbindlich angeboten wurde, das Organangebot ablehnt oder die Annahmefrist verstrichen ist. Im Regelfall wird dem Patienten so ein für ihn geeignetes Organ zugeteilt.

2. Abweichende Allokationsverfahren

Das wachsende Verständnis immunologischer Abstoßungsreaktionen, optimierte operative Verfahren und fortwährend verbesserte Organkonservierungen und Organtransporte haben zu einer steten Verbesserung des Transplantat- und Empfängerüberlebens geführt.[477] Die Feststellung, dass die Überlebensrate nach einer Nierentransplantation gegenüber Dialysepatienten signifikant besser ist[478] und die Tatsache, dass die Lebensqualität an der Langzeitdialyse gegenüber Transplantierten deutlich schlechter ist, hat zu einem Anstieg der Meldung von Patienten zur Transplantation und damit auch zu einer steigenden Zahl von Patienten auf der Warteliste geführt.

Seit 2003 sind die Anmeldungen samt Wiederholungsanmeldungen in die Warteliste für Nierentransplantationen bis zum Jahr 2011 weitgehend kontinuierlich von 3.154 auf 3.795 angestiegen.[479] Im gesamten Eurotransplant-Verbund waren im Jahr 2012 insgesamt 10.525 Patienten auf der Warteliste für eine Niere gemeldet.[480] Dagegen sind die Anmeldungen samt Wiederholungsanmeldungen im Jahr 2012 auf 3.522 zurückgegangen.[481] Obgleich auch die Zahl der Transplantationen im gleichen Zeitraum (2003 – 2011) von 2.516 auf 2.850 gestiegen ist, ist ein deutlicher Organmangel zu verzeichnen.[482] Dagegen ist im Jahr 2012 die Zahl der Nierentransplantationen (nach Lebendspende und postmortaler Spende) auf 2.586 zurückgegangen. Insgesamt warten allein in Deutschland ca. 8.000 Patienten auf eine geeignete Nierenspende.[483]

---

477 *Giessing*, Aktuelle Programme zur Weiterentwicklung der Nierentransplantation: erweiterte Spenderkriterien, Lebendnierenspende und laparoskopische Donornephrektomie, S. 4; *Giessing/Dreikorn*, Der Urologe 2009, 1427.

478 *Wolfe/Ashby/Milford/Ojo/Ettenger/Agodoa/Held/Port*, Comparison of Mortality in All Patients on Dialysis, Patients on Dialysis Awaiting Transplantation, and Recipients of a First Cadaveric Transplant, N Engl J Med 1999, 1725.

479 Organspende und Organtransplantation, Jahresbericht der DSO 2012, S. 28. Im Internet abrufbar unter: http://www.dso.de/servicecenter/downloads/jahresberichte-und-grafiken.html.

480 Annual Eurotransplant Report 2012, S. 50. Im Internet abrufbar unter: http://www.eurotransplant.org/cms/index.php?page=annual_reports.

481 Organspende und Organtransplantation, Jahresbericht der DSO 2012, S. 28.

482 Organspende und Organtransplantation, Jahresbericht der DSO 2012, S. 28.

483 Organspende und Organtransplantation, Jahresbericht der DSO 2012, S. 30; Annual Eurotransplant Report 2012, S. 50.

a) Marginale Organe

Um dem wachsenden Bedarf an Organen zu begegnen, werden zunehmend sog. marginale Organe (im angloamerikanischen Raum als „extendend criteria donors" bezeichnet) transplantiert. Dabei werden Organe und Spender akzeptiert, die zuvor für eine Transplantation nicht in Betracht kamen.

Welche Organe hingegen unter den Begriff der „marginalen Organe" gefasst werden, wurde bislang nicht definiert. Dies hat seine Ursache vor allem darin, dass sich Kriterien, die ein Organ als transplantabel oder nicht transplantabel klassifizieren nur schwer festlegen lassen. Zudem werden die spezifischen Grenzen der Marginalität unterschiedlich bewertet und sind z.T. widersprüchlich, weshalb die Daten schlecht vergleichbar sind.[484]

Allgemein steht der Terminus für Transplantateigenschaften und Risikofaktoren des Spenders, die die Transplantatfunktion beeinträchtigen oder zu einem schlechterem Transplantat- und Empfängerüberleben führen können.[485] Solche Faktoren sind das Spenderalter, Geschlecht, Rasse, Gewicht, Blutgruppe, Ursache des Hirntodes, Länge des Krankenhausaufenthaltes, pulmonale Dekompensation, Katecholaminverbrauch, Hepatitisserologie des Spenders, Herzstillstand, Leberwerte, kalte Ischämiezeit, Steatosis und Hypernatriämie.[486]

Nach den allgemeinen Grundsätzen für die Vermittlung postmortal gespendeter Organe der Richtlinien der Bundesärztekammer gem. § 16 Abs. 1 S. 1 Nr. 2 und Nr. 5 TPG für die Wartelistenführung und die Organvermittlung sind Organe die „durch schwerwiegende Erkrankungen in der Vorgeschichte des Spenders oder durch Komplikationen im Verlauf seiner tödlichen Erkrankung oder Schädigung oder durch Komplikationen vor oder bei der Organentnahme" nur eingeschränkt vermittelbar. Die schwere Vermittelbarkeit wird insbesondere bei malignen Tumoren in der Anamnese, Drogenabhängigkeit, Virushepatitis, Sepsis mit positiver Blutkultur und Meningitis angenommen.[487]

Daneben werden auch sog. Domino-Transplantate, d.h. Organe, „die einem Empfänger im Rahmen der Transplantation eines Spenderorgans entnommen werden und

484 *Pratschke/Mittler/Neuhaus*, Ausweitung des Spenderspools unter Verwendung marginaler Organe, Der Chirurg 2008, 130; *Schöning*, Spendervorbehandlung mit warmer HTK-Lösung im Lebertransplantationsmodell der Ratte reduziert den Ischämie/Reperfusions-Schaden, S. 5.

485 *Pratschke/Mittler/Neuhaus*, Ausweitung des Spenderspools unter Verwendung marginaler Organe, Der Chirurg 2008, 130; *Rentsch/Illner*, Neue Trends der Nierentransplantation, Einblicke-LMU, Heft 1 2009.

486 *Schöning*, Spendervorbehandlung mit warmer HTK-Lösung im Lebertransplantationsmodell der Ratte reduziert den Ischämie/Reperfusions-Schaden, S. 5.

487 Vgl. etwa unter Punkt II.3.2 der allgemeinen Grundsätze für die Vermittlung postmortal gespendeter Organe der Richtlinien für die Wartelistenführung und die Organvermittlung gem. § 16 Abs. 1 S. 1 Nrn. 2 und 5 TPG, DÄBl. 2011, A 2425, 2427.

anderen Patienten übertragen werden können", als eingeschränkt vermittlungsfähig qualifiziert.[488]

b) modifiziertes und beschleunigtes Vermittlungsverfahren

Die Richtlinien der Bundesärztekammer zur Organtransplantation gem. § 16 Abs. 1 S. 1 Nr. 2 und Nr. 5 TPG sehen für Organe, die nur eingeschränkt vermittlungsfähig sind, ein modifiziertes Vermittlungsverfahren vor. Danach werden diese Organe nur solchen Zentren angeboten, „für die sie nach dem Zentrums- und dem Patientenprofil in Betracht kommen."[489] Zuvor muss daher das Transplantationszentrum der Verwendung eingeschränkt vermittlungsfähiger Organe gegenüber Eurotransplant zustimmen und auch der Patient muss seine Einwilligung in die Verwendung erklärt haben.

Tritt eine Kreislaufinstabilität des Spenders ein, droht aus logistischen oder organisatorischen Gründen ein Organverlust oder haben drei Zentren das Organangebot abgelehnt (bei Nieren fünf Zentren), ist die Vermittlungsstelle berechtigt, ein beschleunigtes Vermittlungsverfahren durchzuführen. Dabei wird das zu vermittelnde Organ unter Nutzung regionaler Organisationsstrukturen primär innerhalb einer Region angeboten und es gilt eine Erklärungsfrist von maximal 30 Minuten (zur Vermeidung eines Organverlusts „rescue allocation"). Wird die Zeit überbeschritten, gilt das Organ als abgelehnt.[490]

Die Vermittlungsstelle stellt jedem Transplantationszentrum der Region eine Liste aller potentiellen Empfänger zur Verfügung, aus denen das Zentrum den am besten geeigneten Empfänger nach der Reihenfolge der Auflistung auswählt. Über die Vergabe des Organs im beschleunigten Vermittlungsverfahren entscheidet damit grds. die Vermittlungsstelle.[491] Sofern mehrere Zentren für das Organ in Betracht kommen, erhält der Patient das Organ, dessen zuständiges Zentrum bei der Vermittlungsstelle zuerst zusagt.[492]

---

488 Punkt II.3.2 der allgemeinen Grundsätze für die Vermittlung postmortal gespendeter Organe der Richtlinien für die Wartelistenführung und die Organvermittlung gem. § 16 Abs. 1 S. 1 Nrn. 2 und 5 TPG, DÄBl. 2011, A 2425, 2427.

489 Punkt II.3.3.1. der allgemeinen Grundsätze für die Vermittlung postmortal gespendeter Organe der Richtlinien für die Wartelistenführung und die Organvermittlung gem. § 16 Abs. 1 S. 1 Nrn. 2 und 5 TPG, DÄBl. 2011, A 2425, 2427 f.

490 Punkt II.3.3.2. der allgemeinen Grundsätze für die Vermittlung postmortal gespendeter Organe der Richtlinien für die Wartelistenführung und die Organvermittlung gem. § 16 Abs. 1 S. 1 Nrn. 2 und 5 TPG, DÄBl. 2011, A 2425, 2428.

491 Vgl. dazu auch: BT-Drs. 17/13897, S. 3.

492 Punkt II.3.3.2. der allgemeinen Grundsätze für die Vermittlung postmortal gespendeter Organe der Richtlinien für die Wartelistenführung und die Organvermittlung gem. § 16 Abs. 1 S. 1 Nrn. 2 und 5 TPG, DÄBl. 2011, A 2425, 2428. Dazu auch: *Rahmel*, Eurotransplant und die Organverteilung in Deutschland, in: Krukemeyer, Manfred/Lison, Arno (Hrsg.), Transplantationsmedizin, S. 79; *Rahmel/Klinkhammer*, DÄBl. Dossier Organspende, 2010, S. 27.

c) Eurotransplant Senior Programm (ESP)

Ein hohes Spenderalter bedingt ein höheres Risiko für Erkrankungen und eine schlechtere Transplantatfunktion und ist damit ein Faktor für die Qualität des Transplantates.[493] Auch wenn ein nachteiliger Effekt nicht in allen Untersuchungen sicher feststellbar war, ergaben Studien bei der Verwendung älterer Spenderorgane gleichwohl eine höhere Rate an initialer Nichtfunktion und ein schlechteres Patientenüberleben.[494] So weisen etwa Nierentransplantate älterer Spender häufiger morphologische Veränderungen auf. Zudem haben ältere Spendernieren häufig eine kürzere Transplantatüberlebensdauer, die auf einen verzögerten Beginn der Transplantatfunktion aufgrund der höheren Empfindlichkeit gegenüber Ischämie und Perfusionsschaden zurückgeführt wird.[495] Daher zählen die Organe ältere Spender eher zu den sog. schwer vermittelbaren Organen. Dennoch kamen im Jahr 2012 allein 31,5 % der postmortal gespendeten Nieren von Spendern über 65 Jahren.[496]

Um dem Mangel an Organen einerseits und der eingeschränkten Vermittelbarkeit von Organen älterer Spender anderseits zu begegnen, wurde das Eurotransplant/European Senior Programm (ESP) im Bereich der Nierentransplantation eingeführt.[497] Danach werden Nieren von Spendern ≥ 65 Jahre vorrangig an Empfänger vermittelt, die ≥ 65 Jahre alt sind.[498] Auf die HLA-Typisierung wird, da diese für die längerfristige Erfolgsaussicht aufgrund der absehbar kürzeren Lebenserwartung nur eine untergeordnete Rolle spielt, keine Rücksicht genommen.

Neben der Blutgruppenkompatibilität werden im Allokationsverfahren des ESP lediglich die Konservierungszeit der Nieren mit einem Punktanteil von 70% und die Wartezeit mit einem Anteil von 30% berücksichtigt.[499] Die Vermittlung erfolgt lokal in DSO-Sub-Regionen (DSO-Organisationsschwerpunkte) sowie regional in DSO-Regionen. So kann die kalte Ischämiezeit, die gerade bei älteren Spendernieren signifikante Auswirkungen auf die Transplantatfunktion hat, gegenüber dem regulären Allokationsverfahren verkürzt und Schäden am Transplantat minimiert werden. Erst

---

493 Wolters/Unser/Schleicher/Anthoni/Senninger/Suwelack/Palmes,   Transplantationsmedizin 2010, 133.

494 *Pratschke/Mittler/Neuhaus*, Ausweitung des Spenderpools unter Verwendung marginaler Organe, Der Chirurg 2008, 130, 132 m.w.N.

495 *Palmes/Spiegel/Dietl*, in: Krukemeyer, Manfred/Lison, Arno (Hrsg.), Transplantationsmedizin, S. 81, 83 f.

496 Organspende und Organtransplantation, Jahresbericht der DSO 2012, S. 17. Im Internet abrufbar unter: http://www.dso.de/servicecenter/downloads/jahresberichte-und-grafiken.html.

497 Ausführlich hierzu: *Ulrich*, Durchbrechungen der Allokationskriterien des § 12 Abs. 3 TPG, S. 141 ff.

498 Kritisch hierzu: *Höfling*, JZ 2007, 481, 485.

499 *Lang*, MedR 2005, 269, 277.

wenn nach diesem Verfahren kein Empfänger für das Organ ermittelt werden kann, wird die Allokation nach dem ETKAS Verteilungsverfahren durchgeführt.[500]

Die Teilnahme am ESP Verfahren hat für das Patientenkollektiv ≥ 65 Jahre allerdings Vor- und Nachteile. Einerseits verkürzt das Verfahren die Wartezeit auf eine Spenderniere von mehreren Jahren[501] und begrenzt so die Gefahr von Begleiterkrankungen durch eine lange Dialyse, die häufig dazu führen, dass die Patienten nach der Wartezeit nicht mehr transplantabel sind. Anderseits werden mit dem ESP Verfahren Nieren transplantiert, die zuvor mit Blick auf das hohe Spenderalter und hiermit einhergehendem, kürzerem Transplantatüberleben im Vergleich zu jüngeren Spendern, vielfach nicht akzeptiert wurden. Um dennoch eine vergleichsweise akzeptable Organqualität durch möglichst kurze kalte Ischämiezeit zu gewährleisten, werden die Organe ohne Rücksicht auf die HLA-Typisierung alloziert. Zwar kann durch die reduzierte kalte Ischämiezeit die Funktionsfähigkeit der Spenderorgane gesteigert und die Abstoßungsrate gesenkt werden,[502] dagegen wird auf immunologische Aspekte der Organkompatibilität keine Rücksicht genommen.

3. Non-heart-beating-donation

Die Allokation vermittlungspflichtiger, postmortaler Organe durch die Vermittlungsstelle erfordert als zentrale Voraussetzung nach § 3 Abs. 1 Nr. 2 TPG, dass der Tod des Organ- oder Gewebespenders nach Regeln, die dem Stand der Erkenntnisse der medizinischen Wissenschaft entsprechen, festgestellt ist. Nach § 16 Abs. 1 Nr. 1 TPG stellt die Bundesärztekammer den Stand der Erkenntnisse der medizinischen Wissenschaft zur Feststellung des Todes nach § 3 Abs. 1 Satz 1 Nr. 2 TPG und die Verfahrensregeln zur Feststellung des endgültigen, nicht behebbaren Ausfalls der Gesamtfunktion des Großhirns, des Kleinhirns und des Hirnstamms nach § 3 Abs. 2 Nr. 2 TPG einschließlich der dazu jeweils erforderlichen ärztlichen Qualifikation in Richtlinien fest.[503] Wesentliche Bedingung für die Entnahme von Organen ist daher der sog. Gesamthirntod des Organspenders.

In Belgien und den Niederlanden ist dagegen auch die Entnahme und Vermittlung von Organen nach Herzstillstand (sog. Non-heart-beating-donor)[504] möglich.[505] Dabei werden ca. 10 Minuten nach Eintritt des Herzstillstandes, vorausgesetzt, es liegt eine

---

500 Punkt III.4.10 der Richtlinie für die Wartelistenführung und die Organvermittlung zur Nierentransplantation, DÄBl. 2013, Heft 6 vom 08.02.2013 .

501 Im Jahr 2012 von durchschnittlich 48 Monaten, Annual Eurotransplant Report 2012, S. 62.

502 Dazu die Untersuchung von: *Wolters/Unser/Schleicher/Anthoni/Senninger/Suwelack/Palmes*, Transplantationsmedizin 2010, 133.

503 Richtlinien zur Feststellung des Hirntodes, DÄBl. 1998, A 1861 ff.

504 Hierzu auch: *Höfling*, MedR 2013, 407 ff.

505 *Rahmel*, Eurotransplant und die Organverteilung in Deutschland, in: Krukemeyer, Manfred/Lison, Arno (Hrsg.), Transplantationsmedizin, S. 72.

Einwilligung vor, die Organe entnommen.[506] Allein 2012 wurden durch Eurotransplant so die Organe von 198 Spendern nach Herzstillstand vermittelt.[507]

Ein Herz-Kreislaufstillstand von 10 Minuten wurde in Deutschland jedoch nicht als sicheres, dem Gesamthirntod vergleichbares Zeichen für den Tod eines Menschen akzeptiert.[508] Daher werden Organe eines non-heart-beating-donors in Deutschland weder entnommen, noch durch die Vermittlungsstelle nach Deutschland vermittelt.[509]

II. Aufklärungspflichten der Richtlinien gem. § 16 Abs. 1 TPG

Neben rein medizinischen Aspekten enthalten die Richtlinien der Bundesärztekammer gem. § 16 Abs. 1 TPG auch Aussagen zur Aufklärungspflicht. So findet sich unter Punkt III. 4. 10. der Richtlinie für die Wartelistenführung und die Organvermittlung zur Nierentransplantation[510] die Feststellung, dass der Organempfänger nur dann in das sog. European Senior Programm aufgenommen werden kann, wenn er sich nach Aufklärung durch das Transplantationszentrum hierfür ausdrücklich entschieden hat. Darüber hinaus werden in derselben Richtlinie unter Punkt I.7. umfassende Aufklärungspflichten statuiert. So sei der Patient „vor der Aufnahme in die Warteliste zur Transplantation über die Erfolgsaussicht, die Risiken und die längerfristigen medizinischen, psychologischen und sozialen Auswirkungen der bei ihm vorgesehenen Transplantation aufzuklären."[511] Hierzu gehöre „auch die Aufklärung über die notwendige Immunsuppression mit den potenziellen Nebenwirkungen und Risiken sowie die Notwendigkeit von regelmäßigen Kontrolluntersuchungen." Zudem sei „der Patient darüber zu unterrichten, an welche Stellen seine personenbezogenen Daten übermittelt werden."[512]

Diese Ausführungen zur Aufklärungspflicht in den Richtlinien begegnen allerdings unter zwei Gesichtspunkten Bedenken:

Zum einen lässt sich das „Ob" und „Wie" der ärztlichen Aufklärungspflicht nicht durch Richtlinien festlegen. Die Aufklärungspflicht dient der Wahrung des verfassungsrechtlich verankerten Selbstbestimmungsrechtes. Dabei ist die Bestimmung der kon-

---

506 *Rahmel*, Eurotransplant und die Organverteilung in Deutschland, in: Krukemeyer, Manfred/Lison, Arno (Hrsg.), Transplantationsmedizin, S. 73.

507 Annual Eurotransplant Report 2011, S. 48. Im Internet abrufbar unter: http://www.eurotransplant.org/cms/index.php?page=annual_reports.

508 *Krüger*, in: Miserok/Sasse/Krüger (Hrsg.), Transplantationsrecht des Bundes und der Länder, § 3 TPG Rn. 23; *Nickel/Schmidt-Preisigke/Sengler*, Transplantationsgesetz, § 3 Rn. 18. Vgl. auch die Stellungnahme der Bundesärztekammer, DÄBl. 1998, A 3235.

509 *Rahmel*, Eurotransplant und die Organverteilung in Deutschland, in: Krukemeyer, Manfred/Lison, Arno (Hrsg.), Transplantationsmedizin, S. 73.

510 DÄBl. 2013, Heft 6 vom 08.02.2013.

511 DÄBl. 2012, A 2267, 2268 (Abschnitt I. und II. wurden in DÄBl. 2013, Heft 6 vom 08.02.2013 nicht abgedruckt).

512 DÄBl. 2012, A 2267, 2268.

kreten Aufklärungspflichten Aufgabe des Rechts und nicht der medizinischen Wissenschaft.[513] Nur durch die Darstellung von „Spektrum und Gewicht der Risiken" bestimmt der medizinische Sachverstand den Umfang der Aufklärungspflicht mittelbar.[514] Demzufolge ist die Aufklärungspflicht zum anderen auch nicht Gegenstand des Standes der Erkenntnisse der medizinischen Wissenschaft, den die Bundesärztekammer gem. § 16 Abs. 1 TPG in Richtlinien feststellen kann. Vielmehr handelt es sich bei Aufklärungsfragen um reine Rechtsfragen.

Mit der Darstellung von Aufklärungspflichten verlässt die Bundesärztekammer zum anderen den durch § 16 Abs. 1 TPG gesteckten Ermächtigungsrahmen, lediglich den Stand der Erkenntnisse der medizinischen Wissenschaft festzustellen.[515]

Demzufolge können die in den Richtlinien der Bundesärztekammer statuierten Aufklärungspflichten keine verbindliche Festlegung von Aufklärungspflichten darstellen.

III. Abgrenzung von Behandlungsfehler und Aufklärungspflichtverletzung

Die Frage nach der Aufklärungspflicht über die Qualität des konkret zu transplantierenden Organs bewegt sich im Spannungsfeld von Behandlungsfehler und Aufklärungspflichtverletzung. Um eine Einordnung der Frage in den Behandlungsfehlertatbestand oder den Bereich der Aufklärungspflicht zu ermöglichen, ist daher eine Abgrenzung dieser beiden Haftungstatbestände vorzunehmen. Mit der Systematik des Arzthaftungsrechts ist zwischen dem gesundheitsbezogenen Behandlungsfehler und der auf die Selbstbestimmung bezogenen Aufklärungspflichtverletzung zu differenzieren.[516]

Anknüpfungspunkt für die Begründung von Aufklärungspflichten ist der medizinische Standard. Grundsätzlich gilt, dass eine Behandlung unter dem Standard einen Behandlungsfehler darstellt, während Behandlungen an der unteren Grenze des Standards aufklärungspflichtig sind.[517] Der medizinische Standard bildet damit die Grenze zwischen Aufklärungspflicht und Behandlungsfehler. Erweist sich eine Behandlung noch als vertretbar (noch nicht veraltet oder nicht mehr experimentell) und ihre Anwendung begründet daher noch keinen Behandlungsfehler, so ist über Abweichun-

---

513 OLG München, GesR 2007, 108 ff; *Steffen*, in: Ahrens/v. Bar/Fischer/Spickhoff/Taupitz (Hrsg.), FS für Deutsch zum 80. Geburtstag, S.631 f.

514 *Steffen*, in: Ahrens/v. Bar/Fischer/Spickhoff/Taupitz (Hrsg.), FS für Deutsch zum 80. Geburtstag, S.632.

515 Für den Bereich der Transfusionsmedizin gilt dieser Befund ebenso. Vgl. *Bender*, MedR 2002, 487, 489.

516 *Hart*, MedR 1996, 60, 68.

517 BGH, NJW 1989, 2321, 2322; OLG Naumburg, VersR 2006, 969; *Damm*, NJW 1989, 737; *Deutsch/Spickhoff*, Medizinrecht, Rn. 197; *Giesen*, JZ 1988, 414; *Schelling*, Die ärztliche Aufklärung über die Qualität der Behandlung, S. 61; *Steffen*, ZVersWiss, 1990, 31, 38; *ders.*, MedR 1993, 338.

gen vom Standard aufzuklären.[518] Eine Unterschreitung des Standards führt hingegen zur Haftung des verantwortlichen Arztes wegen eines Behandlungsfehlers.[519]

Die Orientierung am Standard wurde durch das Patientenrechtegesetz[520] auch in das BGB aufgenommen. Nach § 630a Abs. 2 BGB hat die Behandlung nach den zum Zeitpunkt der Behandlung bestehenden, allgemein anerkannten fachlichen Standards zu erfolgen, soweit nicht etwas anderes vereinbart ist.

1. Bestimmung des (Behandlungs-)Standards als Bezugspunkt

Als Ausgangspunkt für die Abgrenzung von Behandlungsfehler und Aufklärungspflichtverletzung kommt dem medizinischen Standard damit eine erhebliche Bedeutung zu. Zugleich erweist sich die Bestimmung des maßgeblichen Standards jedoch häufig als schwierig und uneindeutig. Dennoch zwingt die Unterscheidung von Aufklärungspflicht und Behandlungsfehler anhand des medizinischen Standards zu einer Erörterung des in der Transplantationsmedizin geltenden Standards. Dabei darf nicht außer Acht gelassen werden, dass die Feststellung des Standards naturgemäß eine Frage des medizinischen Sachverstandes ist. Die wesentlichen Festlegungen im Kernbereich des jeweiligen Standards bleiben daher der Medizin vorbehalten.[521] Spezifische Fragen des Behandlungsstandards in der Transplantationsmedizin können damit nur überblicksartig und aus der Perspektive des Juristen betrachtet werden.

a) Vereinbarkeit von Standardbegriff und menschlichen Organen

Vor diesem Hintergrund stellt sich die Frage, ob menschliche Organe, nicht zuletzt wegen der Individualität eines jeden Menschen, dem medizinischen Standard überhaupt zugänglich sind. Im Bereich der Transfusionsmedizin ist dies für menschliches Blut und Blutprodukte, spätestens als Folge der HIV-Infektionen durch Blutkonserven in den Achtziger Jahren des letzten Jahrhunderts und der Schaffung des TFG anerkannt.[522] Fraglich ist, ob diese Wertung aus dem Transfusionsrecht auf das Transplantationsrecht übertragbar ist. Die Tatsache, dass menschliches Blut und Blutbestandteile keine Organe i.S.d. TPG sind[523] und damit unterschiedlichen Gesetzen und möglicherweise verschiedenen Regelungsbedürfnissen unterliegen, könnte gegen eine Vergleichbarkeit sprechen. Allerdings wurde das TFG erlassen, um das Blut- und Transfusionswesen als Konsequenz aus den Geschehnissen um HIV-

---

518 Vgl. auch: *Haindl/Helle*, MedR 2001, 411, 417; *Jäkel*, MedR 2011, 486, 487.
519 *Hart*, in: ders. (Hrsg.), Ärztliche Leitlinien, S. 152.
520 BGBl. I vom 20.02.2013, S. 277 ff.
521 *Schneider*, Neue Behandlungsmethoden im Arzthaftungsrecht, S. 13.
522 *Bender*, MedR 2002, 487 ff.; *Flegel*, in: Lippert/Flegel (Hrsg.), Kommentar zum TFG, § 15 Rn. 14 ff.
523 Vgl. § 1 Abs. 2 Nr. 2 TPG.

verseuchte Blutprodukte auf eine gesetzliche Grundlage zu stellen[524] und die Risiken zu begrenzen. Grundlage war daher nicht ein unterschiedliches Regelungsbedürfnis, sondern die Forderung nach einer gesetzlichen Grundlage für menschliches Blut und Blutbestandteile.[525] Zudem entspricht das Verfahren der Transfusion dem der Transplantation. Dem Körper werden Bestandteile entnommen, in gewissem Umfang aufbereitet und einem (anderen) Menschen übertragen. Dabei sind vor allem die Gefahren von Transfusionsmedizin und Transplantationsmedizin und folglich auch die damit verbundenen Sorgfaltsanforderungen vergleichbar.[526]

Dass hohe Sicherheits- und Qualitätsstandards bei Organen menschlichen Ursprungs erforderlich sind, wurde auch auf Ebene der Europäischen Gemeinschaft erkannt. Durch Art. 168 Abs. 4 lit. a) AEUV[527] wurde eine Grundlage dafür gelegt, Maßnahmen zur Festlegung hoher Qualitäts- und Sicherheitsstandards für Organe und Substanzen menschlichen Ursprungs sowie für Blut und Blutderivate zu schaffen. Die Umsetzung erfolgte durch die Richtlinie 2010/53/EU des Europäischen Parlaments und des Rates vom 7. Juli 2010 über Qualitäts- und Sicherheitsstandards für zur Transplantation bestimmte menschliche Organe.[528] In Erwägungsgrund (2) dieser Richtlinie findet sich die Feststellung, dass mit dem Einsatz von Organen zu Transplantationszwecken auch Risiken verbunden sind und die „extensive therapeutische Verwendung von Organen zu Transplantationszwecken [...] [deshalb] eine Qualität und Sicherheit der Organe [erfordert], die das Risiko der Krankheitsübertragung minimieren."[529] Diesen, wie auch den folgenden Überlegungen der Richtlinie ist die Feststellung immanent, dass ein bestimmter Standard auch bei der Organqualität erforderlich ist, um die Risiken der Organempfänger zu begrenzen.

Durch das Gesetz zur Änderung des Transplantationsgesetzes wurde § 10a in das TPG eingefügt. Gem. § 10 Abs. 1 S. 1 TPG stellt die von der Koordinierungsstelle beauftragte Person unter ärztlicher Beratung und Anleitung sicher, dass die Organe für eine Übertragung nur freigegeben werden, wenn nach ärztlicher Beurteilung die Organ- und Spendercharakterisierung nach dem Stand der medizinischen Wissenschaft und Technik ergeben hat, dass das Organ für eine Übertragung geeignet ist. Dies dient der Umsetzung des Art. 6 Abs. 1 sowie Art. 7 und 8 der Richtlinie 2010/53/EU.[530] Ziel der Untersuchung ist die Feststellung der grundsätzlichen Eignung des Organs für die Transplantation. Die Entscheidung ob das Organ übertragen

---

524 BT-Drs. 13/9594, S. 13; *Flegel*, in: Lippert/Flegel (Hrsg.), Kommentar zum TFG, § 1 Rn. 1; *Rosenberg*, Die postmortale Organtransplantation, S. 125.

525 So auch: *Rosenberg*, Die postmortale Organtransplantation, S. 125.

526 *Rosenberg*, Die postmortale Organtransplantation, S. 125.

527 Zuvor Art. 152 Abs. 4 lit. a) EGV.

528 ABl. L 207 vom 06.08.2010 (berichtigt durch: ABl. L 243 vom 16.9.2010). Diese Richtlinie wurde durch das Gesetz zur Änderung des Transplantationsgesetzes in deutsches Recht umgesetzt, BT-Drs. 17/7376 vom 19.10.2011.

529 ABl. L 207 vom 06.08.2010, L207/14.

530 BT-Drs. 17/7376, S. 21.

wird, bleibt beim transplantierenden Arzt.[531] Die Erfassung der Daten und die Untersuchung des Organspenders dient dabei der Feststellung, ob das Organ für eine Transplantation grundsätzlich geeignet ist. Dies setzt die Feststellung einer Mindestqualität voraus.[532]

Die Feststellung, dass besondere Risiken eine hohe Sorgfalt erfordern findet sich schließlich auch in der Rechtsprechung. Der BGH hat festgestellt, dass „aus medizinischen Maßnahmen besonders ernste Folgen entstehen können und der Patient regelmäßig die Zweckmäßigkeit oder Fehlerhaftigkeit der Handlung nicht beurteilen" könne, weshalb an das „Maß der ärztlichen Sorgfalt hohe Anforderungen zu stellen" seien.[533] Gerade im gefahrenträchtigen Bereich der Transfusionsmedizin gälten diese schon grundsätzlich hohen Anforderungen daher erst recht.[534] Organtransplantationen gehen zumindest mit vergleichbaren ernsten Folgen einher wie Transfusionen, weshalb auch ähnliche (hohe) Sorgfaltsanforderungen an den Standard der Behandlung angelegt werden müssen, wie in der Transfusionsmedizin.

Menschliche Organe sind daher grundsätzlich auch dem medizinischen Standardbegriff zugänglich.

b) Stand der Erkenntnisse der medizinischen Wissenschaft

Entgegen der weit verbreiteten medizinrechtlichen Terminologie findet sich im TPG der Begriff des Standards nicht. Stattdessen spricht das TPG vom *Stand* der Erkenntnisse der medizinischen Wissenschaft, den die Bundesärztekammer gem. § 16 TPG in Richtlinien feststellt und verweist damit auf außerrechtliche Regelungen des Transplantationsrechts. Während früher die Einhaltung der im Verkehr erforderlichen Sorgfalt als Haftungsbegrenzung am Begriff des Standes der Erkenntnisse der medizinischen Wissenschaft festgemacht wurde, wird hierfür zunehmend der Begriff des Standards verwendet.[535] Beide Begrifflichkeiten erfassen jedoch gleichbedeutend die Festlegung der im Verkehr erforderlichen Sorgfalt.

Der medizinische Standard bildet sich aus drei Elementen: der wissenschaftlichen Erkenntnis, der ärztlichen Erfahrung und dem Konsens innerhalb der Ärzteschaft.[536]

---

531 Durch die Untersuchung werden auch Daten erfasst, die maßgeblich bei der Beurteilung des funktionalen Zustands der Organe und der Eignung für eine Organspende sind, vgl. dazu oben unter: 3. E. I.

532 BT-Drs. 17/7376, S. 21.

533 BGH, NJW 2000, 2754, 2758.

534 BGH, NJW 2000, 2754, 2758.

535 Kritisch zum Begriff des „Standes", der mit der Vorstellung der Unveränderlichkeit verbunden ist: *Laufs/Kern,* in: dies. (Hrsg.), Handbuch des Arztrechts, § 97 Rn. 3, die stattdessen den Begriff „Standard" wegen seiner dynamischen Komponente bevorzugen.

536 OLG Köln, VersR 2000, 493; *Bender,* MedR 2002, 487; *Hart,* MedR 1994, 94, 95; *Laufs/Kern,* in: dies. (Hrsg.), Handbuch des Arztrechts, § 97 Rn. 3; *Schneider,* Neue Behandlungsmethoden im Arzthaftungsrecht, S. 11.

Das, was auf dem jeweiligen Gebiet dem gesicherten Stand der medizinischen Wissenschaft entspricht und zur Behandlung anerkannt ist, erfüllt den Standard.[537] Den Stand der Erkenntnisse der medizinischen Wissenschaft in der Transplantationsmedizin stellt die Bundesärztekammer in Richtlinien gem. § 16 TPG fest. Dem Wortlaut nach wird der Standard also von der Bundesärztekammer nicht definiert, sondern lediglich festgestellt.[538] Dabei differenziert das TPG zwischen dem Stand der Erkenntnisse der medizinischen Wissenschaft in § 16 TPG für die Richtlinien bei Organen und dem *allgemein anerkannten* Stand der Erkenntnisse der medizinischen Wissenschaft bei Geweben, § 16b Abs. 1 TPG.[539] Der (normale) einfache Stand der medizinischen Wissenschaft besteht aus der Mehrheitsauffassung der führenden Fachvertreter und der allgemeine Standard wird durch „das von der erdrückenden Mehrheit der Fachkollegen für notwendig Gehaltene" gebildet.[540]

Für den hier diskutierten Bereich der Transplantationen von vermittlungspflichtigen Organen stellt die Bundesärztekammer den (einfachen) Stand der Erkenntnisse der medizinischen Wissenschaft fest. Hierfür genügt, dass die Standards „von den maßgeblichen Fach- und Berufsverbänden getragen werden oder zumindest abgestimmt sind".[541] Auf eine allgemeine Anerkennung kommt es nicht an. Daher besteht keine Verpflichtung für die Bundesärztekammer, jede Erkenntnis festzuhalten. Vielmehr kann sie, vorausgesetzt der Stand der Erkenntnisse der medizinischen Wissenschaft wird nicht verfälscht dargestellt, aus der Bandbreite selektieren.[542]

c) Richtlinien der BÄK gem. § 16 Abs. 1 TPG

Nach der Vermutungsregel des § 16 Abs. 1 S. 2 TPG wird die Einhaltung des Standes der Erkenntnisse der medizinischen Wissenschaft angenommen, wenn die Richtlinien der Bundesärztekammer beachtet worden sind. Hält sich der Arzt an die Vorgaben der Richtlinien der Bundesärztekammer, ist nach der gesetzlichen Konzeption regelmäßig (widerleglich) davon auszugehen, dass er die im Verkehr erforderliche Sorgfalt eingehalten hat. Eine Widerlegung der Vermutungsregeln wird vornehmlich „in Fällen des offensichtlichen Irrtums", wie beispielsweise „sinnentstellenden

---

537 *Schneider*, Neue Behandlungsmethoden im Arzthaftungsrecht, S. 11.
538 Kritisch dazu: *Clement*, Der Rechtsschutz der potentiellen Organempfänger nach dem Transplantationsgesetz, S. 176; *Schmidt-Aßmann*, Organisationsformen des medizinischen Sachverstandes im Transplantationsrecht, in: Kern/Wadle/Schroeder/Katzenmeier (Hrsg.), FS für Laufs, S. 1049, 1066; *Taupitz*, NJW 2003, 1145.
539 Im Bereich der technischen Regelwerke wird diskutiert, ob die Vielzahl von Formulierungen eine inhaltliche Abstufung von Standards ausdrückt. Vgl.: *Nicklisch*, NJW 1983, 841, 844; *ders.* BB 1983, 261, 263f.
540 *Bender*, MedR 2002, 487, 488.
541 *Bender*, MedR 2002, 487, 488 (Fn. 15).
542 *Taupitz*, NJW 2003, 1145, 1149.

Druckfehlern gegeben sein".[543] Anknüpfungspunkt für die Bestimmung des Standards könnten daher die Richtlinie der BÄK gem. § 16 Abs. 1 TPG sein.

Seit der Kodifizierung des Transplantationsrechtes im TPG herrscht Uneinigkeit darüber, welchen Rechtscharakter die von der Bundesärztekammer erlassenen Richtlinien im Transplantationsbereich haben. Seinen Ausgangspunkt hat die Diskussion bei der Frage, ob der Bundesärztekammer durch § 16 TPG eine hoheitliche Rechtsetzungskompetenz übertragen wurde. Zum Teil wird die Ansicht vertreten, das TPG ordne den Stand der medizinischen Wissenschaft selbst an. Die übertragene Richtlinienkompetenz der Bundesärztekammer beinhalte daher keine Rechtssetzungskompetenz. Demzufolge hätten die transplantationsrechtlichen Richtlinien lediglich einen feststellenden Charakter. Die Beauftragung der Bundesärztekammer in § 16 TPG enthalte keine hoheitliche Rechtsetzungskompetenz, weshalb den Richtlinien auch die Bindungswirkung fehle. Demzufolge seien sie „antizipierte Sachverständigengutachten" zum unbestimmten Rechtsbegriff „Stand der Erkenntnisse der medizinischen Wissenschaft".[544]

Allerdings wird eine Übertragung hoheitlicher Befugnisse bei gutachterlicher Tätigkeit Privater bereits dann angenommen, wenn deren Untersuchungen und Begutachtungen aufgrund gesetzlicher Anordnung oder ständiger Praxis die "entscheidende Grundlage" einer hoheitlichen Entscheidung bilden.[545] Darüber hinaus ist die Rechtsnormqualität von Richtlinien in anderen Bereichen durch die Rechtsprechung bereits anerkannt. So stellen die Richtlinien der Bundesausschüsse der (Zahn-)Ärzte und Krankenkassen etwa nach Auffassung des Bundessozialgerichtes eine Form der Rechtsetzung durch die Exekutive dar.[546]

Zudem gehen die Richtlinien gem. § 16 TPG auch inhaltlich über die Funktion antizipierter Sachverständigengutachten hinaus. Im TPG fehlen wesentliche normative Vorgaben, sodass die Bundesärztekammer bei ihrer Richtlinientätigkeit nicht nur die Funktion der dynamischen Definition medizinischer Kriterien übernimmt, sondern darüber hinaus etwa im Bereich der Organallokation auch Wertentscheidungen

---

543   *Deutsch*, NJW 1998, 777, 780; *Deutsch/Spickhoff*, Medizinrecht Rn. 900. Dem zustimmend: *Nickel/Schmidt-Preisigke/Sengler*, Transplantationsgesetz, § 16 Rn.20.

544   *Taupitz*, NJW 2003,1145, 1146 f.; *Nickel*, Die Entnahme von Organen und Geweben bei Verstorbenen zum Zwecke der Transplantation, S. 125; *Nickel/Schmidt-Preisigke/Sengler*, Transplantationsgesetz, Erl. § 16 Rn. 20. Dem folgend wohl auch: *Conrads*, Rechtliche Grundsätze der Organallokation, S. 225 f. *Mengel*, Sozialrechtliche Rezeption ärztlicher Leitlinie, S. 166 f. bezeichnet sie als „gutachterliche Stellungnahmen". Kritisch auch: *Gutmann/Land*, in: Brudermüller/Seelmann (Hrsg.), Organtransplantation, S. 115.

545   BGH, NJW 1968, 443; OLG Köln, NJW 1989, 2065; OLG Braunschweig, NJW 1990, 149.

546   BSGE 86, 223 224 f. Vgl. auch: BSGE 73, 271, 287; 78, 70, 75; 81, 182, 187; 81, 240, 242; 82, 41, 47 f.; 85, 36, 44.

trifft.[547] Daher wird der Inhalt der Richtlinien, anders als es der Wortlaut des § 16 Abs. 1 S. 1 nicht nur festgestellt, sondern erstmals festgelegt.[548]

Ungeachtet der Frage des Rechtscharakters kommt den transplantationsrechtlichen Richtlinien der Bundesärztekammer jedoch unstrittig eine „besonders zuerkannte Schlüsselrolle"[549] zu, die eine Einordnung in die gewohnte Unterscheidung zwischen Richtlinien, Leitlinien und Empfehlungen verhindert. Zugleich kommt den Richtlinien eine starke unmittelbare Bindungswirkung zu.[550]

Diese Annahme wurde zuletzt durch die Änderung des TPG bekräftigt. Zum einen wurde in § 16 Abs. 2 S. 2 TPG eine Begründungspflicht für die Feststellung des Standes der Erkenntnisse der medizinischen Wissenschaft aufgenommen worden und zum anderen müssen die Richtlinien gem. § 16 Abs. 3 TPG sowie deren Änderungen dem Bundesministerium für Gesundheit zur Genehmigung vorgelegt werden.[551] Dabei wurde bereits im Gesetzgebungsverfahren deutlich gemacht, dass „der Deutsche Bundestag die größere Verbindlichkeit der Richtlinien, denen nach § 15 Absatz 1 Satz 2 des Transplantationsgesetzes eine gesetzliche Vermutungswirkung zukommt," betont.[552]

Auch nach Auffassung der verantwortlichen Referenten aus dem Bundesgesundheitsministerium dürfte ein Abweichen von den Richtlinien kaum in Betracht kommen.[553] Sofern sich der verantwortliche Arzt also an die Vorgaben der Richtlinien der Bundesärztekammer hält, entfällt regelmäßig der Schuldvorwurf. Umgekehrt, ist bei einem Verstoß gegen die Richtlinien ein Behandlungsfehler nahe liegend.[554] Gleich-

---

547 *Clement*, Der Rechtsschutz der potentiellen Organempfänger nach dem Transplantationsgesetz, S. 176; *Lang*, MedR 2005, 269, 274; *Taupitz*, NJW 2003, 1145, 1149.

548 Ausführlich zu der hier nur sehr knapp dargestellten Diskussion: *Clement*, Der Rechtsschutz der potentiellen Organempfänger nach dem Transplantationsgesetz, S. 176; *Lang*, MedR 2005, 269, 274; *Schmidt-Aßmann*, Organisationsformen des medizinischen Sachverstandes im Transplantationsrecht, in: Kern/Wadle/Schroeder/Katzenmeier (Hrsg.), FS für Laufs, S. 1049, 1066; *Taupitz*, NJW 2003, 1145, 1149.

549 *Clement*, Der Rechtsschutz der potentiellen Organempfänger nach dem Transplantationsgesetz, S. 174; *Damm*, MedR 2006, 1, 5.

550 *Clement*, Der Rechtsschutz der potentiellen Organempfänger nach dem Transplantationsgesetz, S. 174; *Deutsch*, NJW 1998, 777, 780; *Nickel/Schmidt-Preisigke/Sengler*, Transplantationsgesetz, § 16 Rn. 20; *Taupitz*, NJW 2003, 1145, 1149; *Ulsenheimer*, Arztstrafrecht in der Praxis, Rn. 307.

551 BGBl. I vom 15.07.2013, S. 2423, 2429 f. Die Begründung dazu unter: BT-Drs. 17/13947, S. 53.

552 BT-Drs. 17/13897, S. 5.

553 *Nickel/Schmidt-Preisigke/Sengler*, Transplantationsgesetz, § 16 Rn. 20. So auch: *Rosenau*, in: Ahrens/v. Bar/Fischer/Spickhoff/Taupitz (Hrsg.), FS für Deutsch zum 80. Geburtstag, S. 439.

554 Von einem groben Behandlungsfehler kann hingegen nur gesprochen werden, wenn ohne rechtfertigenden Grund gegen allgemein anerkannte Regeln der Wissenschaft verstoßen wird, vgl. *Bender*, MedR 2002, 487, 489.

wohl ist nicht bei jeder Abweichung automatisch ein Gesetzesverstoß gegeben.[555] Dieser Verbindlichkeitsanspruch der Richtlinien der Bundesärztekammer findet sich auch in § 5 des Vertrages mit der Vermittlungsstelle. Zugleich enthalten die allgemeinen Grundsätze für die Vermittlung postmortal gespendeter Organe der Richtlinien zur Organtransplantation gem. § 16 Abs. 1 S. 1 Nrn. 2 u. 5 unter Punkt II.1a) die Feststellung, dass sie für die Vermittlungsstelle verbindlich ist.[556]

Die wichtigsten Richtlinien der Bundesärztekammer zur Transplantationsmedizin mit Auswirkungen auf den (Behandlungs-)Standard sind die Richtlinie zur medizinischen Beurteilung von Organspendern und zur Konservierung von Spenderorganen gem. § 16 Abs. 1 S. 1 Nr. 4 a) und b) TPG[557] sowie die Richtlinie zu den Anforderungen an die im Zusammenhang mit einer Organentnahme und -übertragung erforderlichen Maßnahmen zur Qualitätssicherung.[558] Daneben sind die Richtlinien für die Warteleistenführung und die Organvermittlung gem. § 16 Abs. 1 S. 1 Nr. 2 und 5 TPG von Bedeutung.

d) Leitlinien der Transplantationsmedizin

Darüber hinaus existieren im Bereich der (Nieren-)Transplantationsmedizin nationale und internationale Leitlinien, die für die Bestimmung des maßgeblichen medizinischen Standards von Bedeutung sein können. Die European Renal Association – European Dialysis and Transplant Association (ERA-EDTA) etwa hat im Jahr 2000 die sog. Best Practice Guidelines for Renal Transplantation[559] veröffentlicht. Daneben hat sich im Jahr 2004 die Kidney Disease – Improving Global Outcomes (KDIGO)[560] gegründet, um die Leitlinien im Bereich der Nephrologie global zu vereinheitlichen. Auch die British Transplantation Society hat sog. clinical practice guidelines[561] im Bereich der Transplantationsmedizin verabschiedet und die European Association of Urologie hat im Jahr 2006 die „Guidelines on Renal Transplantation" publiziert.[562] Die AWMF-Leitlinie zur Nierentransplantation der Deutschen Gesellschaft für Urologie e.V. befindet sich derzeit in Überarbeitung.

Wie bereits bei den Richtlinien stellt sich auch bei Leitlinien die Frage der Rechtsverbindlichkeit. Als Instrument „der evidenzbasierten Medizin"[563] dienen Leitlinien

---

555   *Mengel*, Sozialrechtliche Rezeption ärztlicher Leitlinien, S. 168.
556   DÄBl. 2011, A 2425, 2426.
557   DÄBl. 2010, A 1532 ff.
558   Die Bekanntmachung hierzu in DÄBl. 2001, A 2207 und der Wortlaut unter: baek.de.
559   Nephrology Dialysis Transplantation (2000), 15 (Suppl. 7), 1 ff. Zugleich im Internet abrufbar unter: http://www.era-edta.org.
560   www.kdigo.org. Vgl. die Darstellung von *Eckardt*, Der Nephrologe 2009, 383 ff.
561   Im Internet abrufbar unter:
      http://www.bts.org.uk/MBR/Clinical/Guidelines/Current/Member/Clinical/
      Current_Guidelines.aspx.
562   Im Internet abrufbar unter: http://www.uroweb.org/guidelines/online-guidelines.
563   *Eckardt*, Der Nephrologe 2009, 383.

grundsätzlich der Festschreibung des Standards und damit der Qualitätssicherung.[564] Sie bieten eine Orientierung im Sinne „von Handlungs- und Entscheidungskorridoren, von denen in begründeten Fällen abgewichen werden kann oder sogar muss."[565] Verbindlichkeit können Leitlinien nur in Abhängigkeit vom medizinischen Standard entfalten.

Abweichungen vom medizinischen (Behandlungs-)Standard begründen, wie bereits oben dargestellt, regelmäßig einen Behandlungsfehler. Demzufolge begründet die Abweichung von einer Leitlinie regelmäßig nur dann einen Behandlungsfehler, wenn diese den Behandlungsstandard abbildet.[566] Umgekehrt stellt die Abweichung von einer Leitlinie nie zwangsläufig einen Behandlungsfehler dar.[567] Die haftungsrechtliche Bedeutung einer Leitlinie bewegt sich folglich in Abhängigkeit von ihrer Qualität und Aktualität zwischen ausnahmsloser Unverbindlichkeit und zwingender Verbindlichkeit.[568]

Schließlich stellt sich die Frage nach dem Verhältnis transplantionsmedizinischer Leitlinien der Fachgesellschaften und den Richtlinien der Bundesärztekammer gem. § 16 Abs. 1 TPG. Die Richtlinie zur medizinischen Beurteilung von Organspendern und zur Konservierung von Spenderorganen gem. § 16 Abs. 1 Nr. 4 a) und b) TPG stellt hierzu fest, dass die durch die Bundesärztekammer erlassene Richtlinie „nicht bestehende Arbeits- und Qualitätsstandards von Laboren und Untersuchungseinrichtungen und andere Leitlinien sowie Grundsätze ärztlichen Handelns [ersetzt]".[569]

Wie bereits gezeigt, stellt die Bundesärztekammer den (einfachen) Stand der Erkenntnisse der medizinischen Wissenschaft im Bereich der Transplantationsmedizin (durch die Ständige Kommission Organtransplantation) in Richtlinien fest. Hierfür genügt, dass die Standards von den maßgeblichen Fach- und Berufsverbänden getragen werden oder zumindest abgestimmt sind. Zugleich können durch nationale und internationale Fachgesellschaften Leitlinien geschaffen werden, die ärztliche Standards in der Transplantationsmedizin feststellen.

Zwar kommt den Richtlinien der Bundesärztekammer gem. § 16 Abs. 1 TPG regelmäßig eine starke unmittelbare Bindungswirkung zu, dennoch können weder Leitli-

---

564 *Mengel*, Sozialrechtliche Rezeption ärztlicher Leitlinien, S. 74; *Scheider*, Neue Behandlungsmethoden im Arzthaftungsrecht, S. 18.

565 *Hart*, in: ders. (Hrsg.), Ärztliche Leitlinien, S. 140. Dem folgend: *Scheider*, Neue Behandlungsmethoden im Arzthaftungsrecht, S. 17.

566 *Deutsch/Spickhoff*, Medizinrecht, Rn. 216; *Hart*, MedR 1998, 8, 13; *Ulsenheimer*, Arztstrafrecht in der Praxis, Rn. 18 c.; *ders.*, Der Gynäkolge 2004, 69, 70.

567 OLG Stuttgart, MedR 2002, 650; *Hart*, MedR 1998, 8, 12; *Ulsenheimer*, Der Gynäkolge 2004, 69, 70.

568 Der Auffassung von *Ziegler*, VersR 2004, 545, 539, der annimmt, dass ein Verlassen der Leitlinie zur Beweislastumkehr führt, kann damit nicht zugestimmt werden. So auch: *Ulsenheimer*, Der Gynäkologe 2004, 69.

569 DÄBl. 2005, A 2968.

nien noch Richtlinien „den Arzt [...] hindern, im Einzelfall dem Stand des medizinischen Wissens gemäß sachgerecht zu (be-)handeln."[570] Ausschlaggebend ist demzufolge die medizinische Plausibilität der Abweichungsgründe.[571] In jedem Fall obliegt die Beweislast dafür, dass ein Abweichen von der fixierten Regel geboten war, dem behandelnden Arzt.

e) Qualitätssicherung

Schließlich können Maßnahmen der Qualitätssicherung eine haftungsrechtliche Bedeutung haben. Gem. § 10 Abs. 2 Nr. 8 TPG sind die Transplantationszentren verpflichtet, Maßnahmen zur Qualitätssicherung, die auch einen Vergleich mit anderen Transplantationszentren ermöglichen, im Rahmen ihrer Tätigkeiten nach dem TPG durchzuführen. Die Vorschrift knüpft an die Regelung des § 137 SGB V über Richtlinien und Beschlüsse zur Qualitätssicherung in der stationären medizinischen Versorgung an.[572] § 16 Abs. 1 Nr. 6 TPG verpflichtet die Bundesärztekammer, den Stand der Erkenntnisse der medizinischen Wissenschaft für die Anforderungen an die im Zusammenhang mit einer Organentnahme und -übertragung erforderlichen Maßnahmen zur Qualitätssicherung zu erstellen. Die Bundesärztekammer ist diesem Auftrag nachgekommen und hat eine entsprechende Richtlinie zu den „Anforderungen an die im Zusammenhang mit einer Organentnahme und -übertragung erforderlichen Maßnahmen zur Qualitätssicherung"[573] erlassen. Diese stellt die inhaltlichen Anforderungen für die vergleichende Qualitätssicherung fest.

Für die Durchführung, der in der Richtlinie festgestellten Inhalte der Qualitätssicherung wurde auf die bestehenden Strukturen zur Qualitätssicherung im stationären Bereich zurückgegriffen und das Bundeskuratorium Qualitätssicherung, mit seiner Bundesgeschäftsstelle Qualitätssicherung (BQS),[574] beauftragt. Seit dem Jahr 2009 hat das „Aqua-Institut"[575] diese Aufgabe übernommen. Jährlich werden Qualitätsreporte zum Stand der Behandlungsqualität veröffentlicht.[576]

Für die Feststellung, welche haftungsrechtliche Relevanz den Qualitätssicherungsmaßnahmen zukommt, ist mit *Steffen*[577] zunächst zwischen interner und externer

---

570 *Taupitz*, NJW 2003, 1145, 1149.

571 *Arnade*, Kostendruck und Standard, S. 185; *Rumler-Detzel*, VersR 1998, 546, 548

572 BT-Drs. 13/4355, S. 22; *Nickel/Schmidt-Preisigke/Sengler*, Transplantationsgesetz, § 10 Rn. 14; *Norba*, Rechtsfragen der Transplantationsmedizin aus deutscher und europäischer Sicht, S. 114; *Lang*, in: Höfling (Hrsg.), TPG, § 10 Rn. 57; *v. Buch/Stobrawa/Kolkmann*, DÄBl. 2001, A 2147.

573 Die Bekanntmachung hierzu in DÄBl. 2001, A 2207 und der Wortlaut unter: baek.de.

574 http://www.bqs-institut.de.

575 www.aqua-insitut.de.

576 Im Internet abrufbar unter: http://www.sqg.de/themen/qualitaetsreport/index.html sowie: http://www.bqs-qualitaetsreport.de.

577 *Steffen*, in: Ahrens/v. Bar/Fischer/Spickhoff/Taupitz (Hrsg.), FS für Deutsch zum 70. Geburtstag, S. 799 ff.

Qualitätssicherung zu unterscheiden. Diese Unterscheidung findet sich auch in der Richtlinie der Bundesärztekammer zu Anforderungen an die im Zusammenhang mit einer Organentnahme und -übertragung erforderlichen Maßnahmen zur Qualitätssicherung. Sie differenziert zwischen dem internen Qualitätsmanagement der stationären Einrichtungen und der zusätzlichen externen (vergleichenden) externen Qualitätssicherung.[578] Durch die externe Qualitätssicherung soll über zentrumsinterne Festlegungen hinaus die Ergebnis- und die Prozessqualität der Transplantation und ihres organisatorischen Umfeldes erfasst werden.

Weder das TPG, noch die Richtlinie zu den „Anforderungen an die im Zusammenhang mit einer Organentnahme und -übertragung erforderlichen Maßnahmen zur Qualitätssicherung" enthält genaue Vorgaben zur internen Qualitätssicherung.[579] Die inhaltliche Ausfüllung der internen Qualitätssicherung bleibt in der Eigenverantwortung der Beteiligten. In der Richtlinie zur Qualitätssicherung findet sich lediglich der Hinweis, dass zur Unterstützung des internen Qualitätsmanagements durch eigene Auswertung den Transplantationszentren nach Möglichkeit ein direkter Zugriff auf die eigenen, für die externe Qualitätssicherung erhobenen Daten, sowie auf eine bundeseinheitliche Vergleichsstatistik gewährt werden und intrahospitale Vergleiche zur Verfügung gestellt werden sollen. Folglich handelt es sich bei den internen Qualitätssicherungsmaßnahmen lediglich eine selbst auferlegte Maßnahme, die ohne haftungsrechtliche Relevanz sind.[580]

Die unmittelbare haftungsrechtliche Bedeutung von Qualitätsfestlegungen ist dessen ungeachtet eher gering.[581] Insbesondere interne Qualitätssicherungen sind, selbst wenn sie in sog. Qualitätszirkeln abgesprochen sind, haftungsrechtlich regelmäßig ohne Relevanz, da es sich hierbei um selbst auferlegte Festlegungen handelt.[582] Selbst auferlegten Maßnahmen können jederzeit geändert werden und der behandelnde Arzt will sich im Regelfall hieran nicht binden lassen. Erst wenn die Erkenntnisse der Qualitätssicherung wiederum in Richtlinien, Leitlinien oder Empfehlungen der Fachgesellschaften aufgenommen werden, können sie haftungsrechtliche Relevanz erlangen.[583]

---

578   Die Bekanntmachung hierzu in DÄBl. 2001, A 2207 und der Wortlaut unter: baek.de.

579   Die Defizite in der Analyse und Evaluierung der Transplantationszentren und der Transplantationsergebnisse bemängelnd: *Norba*, Rechtsfragen der Transplantationsmedizin aus deutscher und europäischer Sicht, S. 114 f.

580   *Steffen*, in: Ahrens/v. Bar/Fischer/Spickhoff/Taupitz (Hrsg.), FS für Deutsch zum 70. Geburtstag, S. 806.

581   *Steffen*, in: Ahrens/v. Bar/Fischer/Spickhoff/Taupitz (Hrsg.), FS für Deutsch zum 70. Geburtstag, S. 805.

582   *Bender*, MedR 2002, 487, 490; *Steffen*, in: Ahrens/v. Bar/Fischer/Spickhoff/Taupitz (Hrsg.), FS für Deutsch zum 70. Geburtstag, S. 805.

583   *Steffen*, in: Ahrens/v. Bar/Fischer/Spickhoff/Taupitz (Hrsg.), FS für Deutsch zum 70. Geburtstag, S. 805.

Maßnahmen der externen Qualitätssicherung haben, da ihnen eine Leitfunktion im medizinischen Standard zukommt, grundsätzlich auch eine haftungsrechtliche Bedeutung.[584] Maßgeblich ist dabei die Auswirkung der Qualitätsstandards auf die „gute medizinische Übung".[585] Allerdings eignen sich externe Qualitätssicherungsmaßnahmen regelmäßig nur dann, wenn die qualitätsrelevanten Kriterien nicht bereits bekannt sind und dennoch eindeutig bestimmt werden können, damit eine präzise Aussage getroffen werden kann und eine geringe Fehlerquote bleibt. Eine geringe Bandbreite von Qualitätssicherungssystemen kann somit auch nur beschränkte Aussagen der Prozess- und Ergebnisqualität der Therapie abdecken.[586]

Die Richtlinie der Bundesärztekammer gem. § 16 Abs. 1 Nr. 6 TPG zu den „Anforderungen an die im Zusammenhang mit einer Organentnahme und -übertragung erforderlichen Maßnahmen zur Qualitätssicherung" differenziert zwischen externen Maßnahmen der Qualitätssicherung hinsichtlich *Ergebnisqualität* und *Prozessqualität*.[587] Diese Maßnahmen dienen der Feststellung, welche Auswirkungen die einzelnen Schritte im Transplantationsprozess auf das Behandlungsergebnis haben.[588] Als ein Einflussfaktor auf den Erfolg der Transplantation (Transplantatfunktion, Patientenüberleben und Komplikationen) wird die Organqualität angesehen, die im Bereich der Nierentransplantation durch die Parameter: Serumkreatinin, hypotensive Phasen/Herzstillstand, Kalte Ischämiezeit, Qualität (global), Perfusionslösung und Shipped/local erfasst wird.[589]

Gerade die Prozess- und Strukturqualität implizieren jedoch eine Qualität nach dem statistischen Durchschnitt und erweisen sich im Arzthaftungsrecht als wenig tragfähig. *Steffen* hat hierzu treffend formuliert: „das Haftungsrecht [darf] nicht die in Arztkreisen übliche, sondern es muß die für diesen Patienten erforderliche Qualität zugrunde legen."[590] Einerseits kann nicht die einheitliche Versorgungsqualität einer Universitätsklinik von allen medizinischen Versorgungseinrichtungen gefordert werden.[591] Andererseits sind bessere Ausstattungen auch einzusetzen.[592] Zudem sind

---

584 *Bender*, MedR 2002, 487, 490; *Steffen*, in: Ahrens/v. Bar/Fischer/Spickhoff/Taupitz (Hrsg.), FS für Deutsch zum 70. Geburtstag, S. 806.

585 *Steffen*, in: Ahrens/v. Bar/Fischer/Spickhoff/Taupitz (Hrsg.), FS für Deutsch zum 70. Geburtstag, S. 806.

586 *Steffen*, in: Ahrens/v. Bar/Fischer/Spickhoff/Taupitz (Hrsg.), FS für Deutsch zum 70. Geburtstag, S. 806.

587 Die Bekanntmachung hierzu in DÄBl. 2001, A 2207 und der Wortlaut unter: baek.de.

588 Präambel der „Anforderungen an die im Zusammenhang mit einer Organentnahme und – übertragung erforderlichen Maßnahmen zur Qualitätssicherung", DÄBl. 2001, A 2207.

589 Richtlinie zu den „Anforderungen an die im Zusammenhang mit einer Organentnahme und – übertragung erforderlichen Maßnahmen zur Qualitätssicherung" Punkt 2.1, Die Bekanntmachung hierzu in DÄBl. 2001, A 2207 und der Wortlaut unter: baek.de.

590 *Steffen*, in: Ahrens/v. Bar/Fischer/Spickhoff/Taupitz (Hrsg.), FS für Deutsch zum 70. Geburtstag, S. 807.

591 BGH, NJW 1988, 1511; *Kern*, in: Laufs/Kern (Hrsg.), Handbuch des Arztrechts, § 53 Rn. 2.

mäßige Behandlungsbedingungen sowohl hinsichtlich der Strukturqualität etwa durch die Beschaffung besserer Medikamente[593] oder auch hinsichtlich der Prozessqualität durch „Selbstkritik"[594] zu beseitigen. Statistische Durchschnittsgrößen einer Gesamtbehandlung können diese Komplexität, wie *Steffen* überzeugend darlegt,[595] nicht abbilden.

Demzufolge haben auch externe Qualitätssicherungsmaßnahmen hinsichtlich des medizinischen Standards nur einen begrenzten Aussagewert.

2. Zwischenergebnis

Zusammenfassend ist zunächst festzuhalten, dass eine Abweichung vom medizinischen Standard grundsätzlich einen Behandlungsfehler darstellt. Behandlungen unter dem Standard stellen regelmäßig einen Behandlungsfehler dar. Behandlungen an der unteren Grenze des Standards sind aufklärungspflichtig.[596] Der medizinische Standard, der sich aus der wissenschaftlichen Erkenntnis, ärztlicher Erfahrung und Konsens innerhalb der Ärzteschaft bildet,[597] wird im Bereich der Transplantationsmedizin durch die Richtlinien der Bundesärztekammer gem. § 16 Abs. 1 TPG festgestellt. Infolge ihrer besonders zuerkannten Schlüsselrolle kommt den Richtlinien eine starke unmittelbare Bindungswirkung zu. Zugleich enthalten Leitlinien nationaler und internationaler Fachgesellschaften Handlungsempfehlungen für Diagnostik und Therapie in der Transplantationsmedizin. Deren Bindungswirkung variiert zwischen ausnahmsloser Unverbindlichkeit und zwingender Verbindlichkeit in Abhängigkeit von ihrer Qualität und Aktualität. Allenfalls eine untergeordnete Rolle spielen dagegen Qualitätssicherungsmaßnahmen.

IV. medizinischer Standard bei der Organqualität

Die Feststellung des medizinischen Standards ist, wie bereits ausgeführt, Aufgabe der medizinischen Wissenschaft. Die Feststellung des medizinischen Standards kann hier (am Beispiel der Nierentransplantation) aus juristischer Perspektive allen-

---

592   BGHZ 102, 17, 21; 72, 132; BGH, NJW 1988, 2949; NJW 1989, 2321, 2322; NJW 2003, 2311, 2313; *Kern*, in: Laufs/Kern (Hrsg.), Handbuch des Arztrechts, § 53 Rn. 2.

593   BGH, NJW 1991, 1543, 1544.

594   *Steffen*, in: Ahrens/v. Bar/Fischer/Spickhoff/Taupitz (Hrsg.), FS für Deutsch zum 70. Geburtstag, S. 808.

595   *Steffen*, in: Ahrens/v. Bar/Fischer/Spickhoff/Taupitz (Hrsg.), FS für Deutsch zum 70. Geburtstag, S. 807 f. Er hält allenfalls die Strukturqualität mit Aussagen zur personellen, baulichen, apparativen, medikativen und organisatorischen Ausstattung, als relevant für das Arzthaftungsrecht. Die Strukturqualität ist indes ausdrücklich vom Anwendungsbereich der Richtlinie ausgeschlossen.

596   BGH, NJW 1989, 2321, 2322; OLG Naumburg, VersR 2006, 969; *Damm*, NJW 1989, 737, 737; *Deutsch/Spickhoff*, Medizinrecht, Rn. 197; *Giesen*, JZ 1988, 414; *Schelling*, Die ärztliche Aufklärung über die Qualität der Behandlung, S. 61; *Steffen*, ZVersWiss, 1990, 31, 38; *ders.*, MedR 1993, 338.

597   *Hart*, MedR 1998, 8, 10; *Scheider*, Neue Behandlungsmethoden im Arzthaftungsrecht, S. 11.

falls auf Grundlage der Organallokationsverfahren, der Richtlinien der Bundesärztekammer sowie medizinwissenschaftlicher Arbeiten erfolgen. Bei der Feststellung, ob ein Organ (noch) dem medizinischen Standard entspricht, ist demzufolge vornehmlich medizinischer Sachverstand gefragt.[598]

Vor allem im Bereich der Transplantationsmedizin erweist sich die Einordnung der Organqualität als standardgemäß jedoch als schwierig. Bislang existieren einerseits keine eindeutigen Kriterien, die ein Organ „als verwendbar oder nicht verwendbar klassifizieren".[599] Andererseits sind Kompensationsstrategien bei geringerer Organqualität möglich.[600] Die Richtlinie zur medizinischen Beurteilung von Organspendern und zur Konservierung von Spenderorganen gem. § 16 Abs. 1 S. 1 Nr. 4 a) und b) TPG enthält unter Punkt 3 sowie in der Anlage 1 Anforderungen an die Untersuchung des Organspenders sowie Untersuchungen und Verlaufsdaten, die für die Meldung von Organspendern notwendig sind.[601] Diese Angaben werden von der Koordinierungsstelle dem Organ als Begleitunterlagen mitgegeben.

1. Auswirkung von Ressourcenbeschränkungen

Es darf zudem nicht außer Acht gelassen werden, dass die Verfügbarkeit an menschlichen Organen begrenzt ist. Rationierungen beinhalten eine aus kosten- oder sonstigen Gründen verursachte Verknappung ärztlicher Leistungen und führen daher zu einer Beeinträchtigung des Standards.[602] Sowohl Rechtsprechung, als auch Schrifttum halten situationsbedingt gewisse Abstufungen bei der Bestimmung des maßgeblichen Standards, als Folge der Anbindung des Rechts an die tatsächlich gegebenen Möglichkeiten, für zulässig.[603] Ressourcenbeschränkungen und Begrenzungen in der Krankenversorgung verbieten es, den Standard „einheitlich ganz oben anzusetzen".[604] Das (Arzthaftungs-)Recht kann nicht losgelöst von medizinischen Gegebenheiten bewerten und generell auf optimale Umstände abstellen, sondern muss sich an dem „unter konkreten Umständen Erwartbaren"[605] bzw. dem unter konkreten Umständen Erreichbaren[606] orientieren. Daher sind Abstufungen des Stan-

---

598   Allgemein hierzu: BGHZ 172, 254, 259.

599   *Kirste*, Forum Organspende, Diatra Journal 2005, 39, 40; *Norba*, Rechtsfragen der Transplantationsmedizin aus deutscher und europäischer Sicht, S. 75 f.

600   *Pratschke/Mittler/Neuhaus*, Ausweitung des Spenderspools unter Verwendung marginaler Organe, Der Chirurg 2008, 130 f.

601   DÄBl. 2005, A 2968 f., 2972.

602   *Kern*, MedR 2004, 300, 302.

603   BGH, NJW 1988, 1511; NJW 1989, 2321; NJW 1994, 1596; *Arnade*, Kostendruck und Standard, S. 185; *Katzenmeier*, Arzthaftung, S. 283; *ders.*, in: Laufs/Katzenmeier/Lipp (Hrsg.), Arztrecht, X. Rn. 17f.; *Steffen/Pauge*, Arzthaftungsrecht, S. 58.

604   *Steffen/Pauge*, Arzthaftungsrecht, S. 58.

605   *Arnade*, Kostendruck und Standard, S. 185.

606   *Katzenmeier*, Arzthaftung, S. 283; *ders.*, in: Laufs/Katzenmeier/Lipp (Hrsg.), Arztrecht, X. Rn. 17f.

dards etwa bei der Versorgungsstätte[607] und den unterschiedlichen Befähigungen[608] hinzunehmen. Dennoch werden diese Abstufungen des Standards nur in gewissen Grenzen zugelassen. Das Mindestniveau der medizinischen Versorgung, bzw. eine „unverzichtbare Basisschwelle" an Qualitätsanforderungen darf nicht unterschritten werden.[609] Die genaue Feststellung dieser Standardgrenze im Arzthaftungsrecht gestaltet sich häufig schwierig. Zugleich haben Modifikationen des Standards, Auswirkungen auf das Persönlichkeits- und Selbstbestimmungsrecht des Patienten, was später noch zu diskutieren sein wird.[610]

Obgleich Abstufungen beim Standard von Rechtsprechung und Schrifttum bislang nur im Bereich der Versorgungsstätten sowie hinsichtlich persönlicher Befähigungen angenommen werden, macht eine prinzipielle Orientierung an den konkreten Möglichkeiten und Gegebenheiten der Medizin im Grundsatz auch eine Übertragung der Abstufungen des Standards auf Ressourcenbeschränkungen und damit die Transplantationsmedizin möglich. Auch im Bereich der Transplantationsmedizin kann nicht losgelöst von den tatsächlichen Gegebenheiten einheitlich ein optimaler Standard in Bezug auf die Organqualität gefordert werden. Der Mangel an Organspendern und die Vielzahl von Patienten auf der Warteliste zwingt die Medizin dazu, Organe zu akzeptieren, die nicht stets dem Höchstmaß an qualitativen Anforderungen entsprechen. Denn die Nichtzulassung von Organen mit erweiterten Spenderkriterien könnte insbesondere das Recht der Organspender auf Zugang zu Heilungsmöglichkeiten sowie die Freiheit, Risiken einer Selbstschädigung mit Blick auf eine Lebensrettung einzugehen, unzulässig einschränken.[611] Demzufolge ist im Hinblick auf die Organqualität auf das unter den konkreten Gegebenheiten Erreichbare abzustellen. Dennoch darf ein Mindeststandard als unerlässliche Basisschwelle nicht unterschritten werden. Der Feststellung *Kerns*, dass das Allokationsverfahren grundsätzlich als Standard anzusehen sei, obwohl für den einzelnen Patienten theoretisch eine bessere Behandlung erreichbar wäre,[612] kann daher nur bedingt zugestimmt werden. Auch im Organallokationsverfahren sind Unterschreitungen des Standards denkbar.

2. Variationsbreite des Standards

Allein der Umstand, dass dem Organempfänger infolge der Höchstpunktzahl bei der Organallokation der Zuschlag für die Spenderniere erteilt wurde, beinhaltet nicht zwangsläufig die Wertung, dass die Niere dem Standard entspricht. Dies ergibt sich

607 BGHZ 102, 17, 24 (Universitätsklinik oder gut ausgestattete Spezialklinik im Vergleich zu einem Krankenhaus der Allgemeinversorgung); BGH, NJW 1982, 2122 f.; BGH, NJW 1988, 1511.
608 BGHZ 113, 297, 304.
609 *Arnade*, Kostendruck und Standard, S. 185; *Bergmann*, VersR 1996, 810, 812; *Katzenmeier*, Arzthaftung, S. 284; *ders.*, in: Laufs/Katzenmeier/Lipp (Hrsg.), Arztrecht, X. Rn. 18; *Kullmann*, VersR 1997, 529, 530 f.
610 Vgl. dazu unten unter: 5. A. V. 1.
611 *Norba*, Rechtsfragen der Transplantationsmedizin aus deutscher und europäischer Sicht, S. 76.
612 *Kern*, MedR 2004, 300, 302.

bereits daraus, dass bei der Allokation auch Faktoren wie Wartezeit des Organempfängers und besondere Dringlichkeit eine Rolle spielen, die auf die Organqualität keine unmittelbaren Auswirkungen haben. Die Organqualität wird von medizinischer Seite vielmehr durch spender-spezifische Risikofaktoren definiert.[613] Danach wird die Organqualität „durch Spenderkriterien (Spenderalter, Spender-assoziierte Erkrankungen), den Hirntod des Spenders, Intensivtherapie und deren Dauer, chirurgische Manipulationen bei Organentnahme sowie durch die Ischämie beim Organtransport beeinflusst."[614]

Für die Nierentransplantation werden derzeit Organe mit einer kalten Ischämiezeit von bis zu 40 Stunden und einem Serum-Kreatinin[615] von 3 mg/dl akzeptiert, deren Spender < 75 Jahre ist.[616] Von Standard-Spenderkriterien (einem sog. „idealen Spender") ist in der Regel dann auszugehen, wenn die Niere eine kalte Ischämiezeit von < 20 Stunden sowie ein Serum-Kreatininwert in Normalbereich aufweist und von einem Spender < 65 Jahre stammt,[617] der keine schwerwiegenderen Begleiterkrankungen aufweist.

Dagegen ist der Standardbereich der Nierenorganspende regelmäßig dann verlassen, wenn eines der folgenden Kriterien erfüllt ist: der Spender ist ≥ 65 Jahren alt, der konstante Serum-Kreatininwert liegt über 1,5 mg/dl, kalte Ischämiezeit von > 36 Stunden, Diabetes mellitus, arterielle Hypertonie, multiple Nierenarterien oder ein Glomerulosklerosegrad[618] > 15 %.[619]

Die Feststellung, wann eine Organqualität (noch) dem Standard entspricht erfordert weiterhin die Differenzierung zwischen absoluter und relativer Kontraindikation des Spenders zur Organspende. Bei einer absoluten Kontraindikation ist eine Organtransplantation ausgeschlossen. Bei relativen Kontraindikationen hingegen besteht nur für bestimmte Empfänger eine absolute Kontraindikation. Für einige Organempfänger kommen diese Organe jedoch als Organe mit erweiterten Spenderkriterien in

---

613 *Pratschke*, Der Zusammenhang zwischen Organqualität und spenderspezifischen Risikofaktoren, S. 11 m.w.N.

614 *Pratschke*, Der Zusammenhang zwischen Organqualität und spenderspezifischen Risikofaktoren, S. 11.

615 Kreatinin ist ein in der Muskulatur gebildetes cyclisches Anhydrid und die Ausscheidungsform des Kreatins. Es wird in der Niere nahezu vollständig glomerulär filtriert und ausgeschieden und gilt daher auch als ein Indikator für die Nierenfunktion. *Pschyrembel*, Klinisches Wörterbuch, Stichwort: Kreatinin.

616 *Palmes/Spiegel/Dietl*, in: Krukemeyer, Manfred/Lison, Arno (Hrsg.), Transplantationsmedizin, S. 82.

617 *Palmes/Spiegel/Dietl*, in: Krukemeyer, Manfred/Lison, Arno (Hrsg.), Transplantationsmedizin, S. 82.

618 Glomerulus sind Kapillarknäule in der Nierenrinde. *Pschyrembel*, Klinisches Wörterbuch, Stichwort: Glomerulus.

619 *Palmes/Spiegel/Dietl*, in: Krukemeyer, Manfred/Lison, Arno (Hrsg.), Transplantationsmedizin, S. 83.

Betracht.[620] Andererseits muss nicht jedes Organ mit erweiterten Spenderkriterien zugleich eine relative Kontraindikation darstellen.

Als absolute Kontraindikation zur Organspende werden eine therapierefraktäre, systematische Pilz- und floride Virusinfektion, die Creutzfeld-Jacob-Krankheit und maligne Tumoren des Spenders angegeben.[621] Eine Transplantation dieser Organe ist folglich grundsätzlich unabhängig vom Organempfänger als Unterschreitung des Standards zu werten. Dennoch wird ein Teil dieser Organe in der Richtlinie zur Organtransplantation gem. § 16 Abs. 1 S. 1 Nr. 2 und 5 TPG als eingeschränkt vermittlungsfähig qualifiziert.[622] Schwerwiegende Erkrankung in der Vorgeschichte des Spenders, Komplikationen im Verlauf seiner tödlichen Erkrankung sowie Schädigungen oder Komplikationen vor oder bei der Organentnahme schränken die Vermittlungsfähigkeit eines Organs lediglich ein und erfordern ein modifiziertes Vermittlungsverfahren.[623] Hierzu zählen insbesondere maligne Tumoren in der Anamnese, Drogenabhängigkeit, Virushepatitis, Sepsis mit positiver Blutkultur und Meningitis.

Nach einer Abwägung zwischen Dringlichkeit der Transplantation und Möglichkeiten einer antiviralen Therapie, können etwa lebenswichtige Organe wie Herz, Lunge oder Leber trotz Nachweis einer akuten Hepatitisinfektion transplantiert werden.[624] Zudem kommen für Organe von Spendern mit ausgeheilter Hepatitisinfektion Organempfänger in Betracht, die entsprechend geimpft sind oder bereits eine HBV- oder HCV-Infektion durchgemacht haben (relative Kontraindkation).[625]

Allein die Tatsache, dass Organe zur Kompensation des Spendermangels genutzt werden, die vor einiger Zeit für eine Transplantation abgelehnt wurden,[626] macht deutlich, dass Organe mit erweiterten Spenderkriterien nicht ohne weiteres als medizinischer Standard eingestuft werden können. Diese Organe entsprechen nicht mehr dem Standard, werden aber (nur) unter bestimmten Voraussetzungen, insbesondere einem entsprechenden Patienten- und Zentrumsprofil, als vertretbar erachtet und können daher auch nicht prinzipiell als Standardunterschreitung gewertet werden. Diese Organqualität ist also, je nach Einzelfall, im Bereich zwischen Standardunterschreitung und unterdurchschnittlicher (Standard-) Organqualität anzusiedeln.

620 *Norba*, Rechtsfragen der Transplantationsmedizin aus deutscher und europäischer Sicht, S. 75.
621 *Palmes/Spiegel/Dietl*, in: Krukemeyer, Manfred/Lison, Arno (Hrsg.), Transplantationsmedizin, S. 82.
622 DÄBl. 2011, A 2425, 2427.
623 Vgl. dazu oben unter: 5. A. I. 2.
624 *Norba*, Rechtsfragen der Transplantationsmedizin aus deutscher und europäischer Sicht, S. 74.
625 *Norba*, Rechtsfragen der Transplantationsmedizin aus deutscher und europäischer Sicht, S. 74.
626 *Norba*, Rechtsfragen der Transplantationsmedizin aus deutscher und europäischer Sicht, S. 74, unter Verweis darauf, dass die Verwendung von Organen mit erweiterten Spenderkriterien nicht nur auf die Verbesserungen der Transplantationsmedizin zurückzuführen ist.

Von einer zumindest unterdurchschnittlichen Organqualität ist häufig dann auszugehen, wenn ein Organ über das beschleunigte Vermittlungsverfahren angeboten wird, weil das Organ aus spender- oder organbedingten Gründen zuvor von drei Zentren (Herz, Lunge, Pankreas, Leber) bzw. fünf Zentren (Niere) abgelehnt wurde.[627] Zwar können auch lediglich organisatorische Gründe gegen eine Annahme sprechen. Es liegt indes nahe, dass die konkrete Organqualität gegen eine Akzeptanz dieses Organs durch die vorherigen Zentren spricht. Zudem wird durch die erfolglosen Angebote die kalte Ischämiezeit verlängert, was die Organqualität (zusätzlich) beeinträchtigt.

3. Reichweite der Aufklärungspflichten

Die Begründung von Aufklärungspflichten erfordert schließlich, dass der Arzt im Transplantationszentrum vor der Organübertragung die Möglichkeit hat, Auskunft über die konkrete Organqualität zu geben.

a) Angaben der Begleitpapiere

Welche konkreten Angaben in den Begleitpapieren zum Organ den Ärzten im Transplantationszentrum mitgeliefert werden, wurde bereits oben dargelegt.[628] Neben dem Alter, dem Geschlecht und der Todesursache des Spenders enthalten die Begleitpapiere auch Angaben zur Organqualität. Die Anlage 1 der Richtlinie zur medizinischen Beurteilung von Organspendern und zur Konservierung von Spenderorganen gem. § 16 Abs. 1 S. 1 Nr. 4 a) und b) TPG fordert einerseits generelle medizinischen Angaben die Auswirkungen auf die Organqualität haben können.[629] Hierzu zählen u.a. die Angaben zu Herz-Kreislauf-, Stoffwechsel- und anderen wesentlichen Vorerkrankungen, Angaben zu Nikotin- und Alkoholabusus sowie Drogenmissbrauch und der Verdacht auf übertragbare Erkrankungen. Darüber hinaus sind infektiologische Befunde aufgeführt.[630] Zudem müssen die Begleitpapiere die Angabe der organspezifischen Organqualität enthalten.

Demnach liegen dem Arzt im Transplantationszentrum vor der Organübertragung (umfassende) Angaben zur konkreten Organqualität des Transplantates vor.

b) Erkennbare Qualität und Überprüfungspflichten

Ob der Arzt für Fehler bei der postmortalen Organtransplantation haftet und welche Aufklärungspflichten in diesem Fall bestehen, war, soweit ersichtlich, noch nicht Gegenstand gerichtlicher Verfahren. Dennoch wurden von der Rechtsprechung im Bereich der Transfusionsmedizin für Produkte menschlichen Ursprungs Wertungen ge-

---

627 Punkt II.3.3.2. der allgemeinen Grundsätze für die Vermittlung postmortal gespendeter Organe der Richtlinien für die Wartelistenführung und die Organvermittlung gem. § 16 Abs. 1 S. Nrn. 2 und 5 TPG, DÄBl. 2011, A 2425, 2428.
628 Vgl. dazu oben unter: 3. E. I.
629 DÄBl. 2005, A 2968, 2972.
630 DÄBl. 2005, A 2968, 2972.

troffen, die, wie *Rosenberg*[631] bereits deutlich gemacht hat, auf die Transplantationsmedizin übertragen werden können.

Das OLG Düsseldorf[632] hatte darüber zu entscheiden, ob ein Krankenhaus die Verpflichtung trifft, von Dritten gelieferte Blutkonserven zu überprüfen. Im konkreten Fall war der Klägerin bei der Kaiserschnitt-Entbindung im Krankenhaus der Beklagten eine Blutkonserve transfundiert worden, die das Krankenhaus vom Blutspendedienst des DRK-Landesverbandes geliefert bekommen hatte. Die Frau behauptete, die Blutkonserven, mit denen sie versorgt worden sei, hätten HI-Viren enthalten, die sie infiziert hätten.

Das Gericht stellte fest, dass es dahinstehen könne, ob die Klägerin bei der Blutübertragung infiziert worden sei, da die Beklagte insoweit kein Verschulden treffe. Das Krankenhaus „konnte und mußte das [...] gelieferte Blut nicht selbst auf eine Verseuchung hin überprüfen." Als Abnehmer sei das Krankenhaus „lediglich verpflichtet, die Konserven auf äußerlich sichtbare Beschädigungen bzw. Anomalien hin zu untersuchen." Auch ein Überwachungsverschulden komme nicht in Betracht. Das Krankenhaus sei nicht verpflichtet, sich die Vorsorgemaßnahmen des Blutspendedienstes „gegen eine Verunreinigung der Blutkonserven im Einzelnen darlegen und sich gegebenenfalls ein Mitspracherecht einräumen zu lassen."[633] Die praktizierte Arbeitsteilung der Beklagten und des Blutspendedienstes sei „vielmehr sinnvoll und unumgänglich" gewesen, „damit sie sich jeweils auf die ihnen obliegenden Aufgaben voll konzentrieren und diese bewältigen konnten."[634]

Wenig später hatte sich der BGH[635] mit der Frage zu befassen, ob der Klinikträger haftet, wenn ein Patient nach der Transfusion einer mit HI-Viren infizierten Blutkonserve, die im Krankenhaus der Beklagten hergestellt wurden, an AIDS erkrankt. Nach Ansicht des BGH sei vom Klinikträger zu erwarten, dass er alle zu Gebote stehenden Maßnahmen ergreift, um eine Übertragung des HIV nach Möglichkeit auszuschließen. Im konkreten Fall hätte das Krankenhaus daher in Anbetracht der Risiken bemüht sein müssen, den Blutspendern, bei Zugehörigkeit zu einer der Risikogruppen, deutlich zu machen, von einer Spende abzusehen.[636] Zur Vermeidung einer Infektion ist die höchste Sorgfalt anzuwenden. Konsequent träfe daher denjenigen,

---

631 *Rosenberg*, Die postmortale Organtransplantation, S. 124 ff. Zur insoweit grundsätzlichen Vergleichbarkeit der Wertungen des Transfusionsrechts mit denen des Transplantationsrechts siehe auch oben unter: 5. A. III. 1. a)
632 OLG Düsseldorf, NJW 1990, 2325.
633 OLG Düsseldorf, NJW 1990, 2325.
634 OLG Düsseldorf, NJW 1990, 2325.
635 BGH, Urteil vom 30.04. 1991, NJW 1991, 1948 ff.
636 BGH, NJW 1991, 1948, 1949.

der die Gefahr einer Infektion setzt "das ganze Instrumentarium der Beweisverschärfungen".[637]

Aus diesen Entscheidungen lassen sich Grundzüge ableiten, die auch für die Transplantationsmedizin maßgeblich sein können.[638] Käme das zu transplantierende Organ aus dem Transplantationszentrum, in dem es anschließend einem Patienten wieder implantiert werden soll, so wären die Anforderungen in Anlehnung an die Pflichten der behandelnden Ärzte nach den Grundsätzen der Produzentenhaftung streng zu fassen. Nach der Konzeption des TPG, der Verträge mit der Vermittlungsstelle sowie der Koordinierungsstelle und der Richtlinien der Bundesärztekammer hat der implantierende Arzt allerdings keinen Einfluss auf das konkrete Organ und die jeweilige Organqualität. Das Organ wird vielmehr durch die Vermittlungsstelle anhand der Warteliste nach zuvor festgelegten Kriterien zugeteilt.

Mit Rücksicht auf die Dringlichkeit der Behandlung kann von den Ärzten im Transplantationszentrum keine umfassende serologische Überprüfung der Organqualität gefordert werden. Daher ist auch im Bereich der Transplantationsmedizin eine Arbeitsteilung zwischen den entnehmenden Ärzten und den transplantierenden Ärzten sinnvoll und unumgänglich. Eine umfassende (auch serologische) Überprüfung kann von den implantierenden Ärzten daher schon allein aus zeitlichen Gründen nicht gefordert werden. Als Abnehmer sind die Transplantationszentren daher, in Anlehnung an die Entscheidung des OLG Düsseldorf, lediglich verpflichtet, die Organe auf äußerlich sichtbare Beschädigungen bzw. Anomalien hin zu untersuchen. Angaben zu anatomischen Varianten und pathologischen Befunden finden sich in den Begleitpapieren der Organe. Nach der Richtlinie zur medizinischen Beurteilung von Organspendern und zur Konservierung von Spenderorganen gemäß § 16 Abs. 1 S. 1 Nr. 4 a) und b) TPG sind bei der Organentnahme beobachtete anatomische Varianten und pathologische Befunde, die ein mögliches Risiko für den Organempfänger darstellen und/oder die Transplantationseignung in den Begleitpapieren zu dokumentieren und ggf. vorab telefonisch zu übermitteln.[639] Die Pflichten der transplantierenden Ärzte beschränken sich daher auf die Prüfung der äußeren Erscheinung des zugeteilten Organs nach Eintreffen im Transplantationszentrum sowie der Begleitpapiere und ggf. vorab telefonisch mitgeteilte Befunde.[640] Den implantierenden Arzt trifft hingegen (wie auch bei Blutkonserven) keine Pflicht, umfassende serologische Untersuchungen zu wiederholen.

---

637 *Deutsch*, NJW 1991, 1937.

638 Zu haftungsrechtlichen Auswirkungen dieser Rechtsprechung auf die postmortale Organtransplantation: *Rosenberg*, Die postmortale Organtransplantation, S. 124 ff.

639 Punkt 3 der Richtlinie zur medizinischen Beurteilung von Organspendern und zur Konservierung von Spenderorganen gemäß § 16 Abs. 1 S.1 Nr. 4 a) und b) TPG, DÄBl. 2005, A 2968, 2969.

640 Zu den haftungsrechtlichen Auswirkungen für den implantierenden Arzt: *Rosenberg*, Die postmortale Organtransplantation, S. 164 f.; 124 ff.

Diese Pflichten stellen zugleich den Anknüpfungspunkt für die Begründung von Hinweispflichten dar. Aufklärungspflichten hinsichtlich der Organqualität können folglich nur im Hinblick auf äußerlich erkennbare Qualitätsfaktoren sowie mögliche, bereits festgestellte Befunde und medizinische Angaben in den Begleitpapieren bestehen. Auf bereits durchgeführte serologische Untersuchungen des Organs darf sich der transplantierende Arzt verlassen.

4. Zwischenergebnis

Die grundsätzliche Feststellung, dass eine Behandlung unter dem Standard einen Behandlungsfehler darstellt und Behandlungen an der unteren Grenze des Standards aufklärungspflichtig sind, wirft daran anknüpfende Schwierigkeiten auf: Bei welcher Organqualität bestehen Aufklärungspflichten und wann ist (bereits) ein Behandlungsfehler gegeben.[641] Die Ausführungen haben gezeigt, dass die Organqualität zwischen deutlicher Standardunterschreitung (absoluter Kontraindikation) über die relative Indikation, die nur für bestimmte Empfänger eine absolute Kontraindikation darstellt, bis hin zur Standardqualität ("idealer Spender") variieren kann. Hierzu liegen dem Arzt mit den Begleitpapieren zum Organ Daten zur Organqualität vor.

Um die rechtliche Fragestellung nach einer ärztlichen Aufklärungspflicht mit den Schwierigkeiten und Unschärfen der Begründung eines medizinischen Standards bei der Organqualität in Einklang zu bringen, ist im Folgenden für die Unterscheidung von Aufklärungsfehler- und Behandlungsfehlertatbestand und die Beurteilung von Aufklärungspflichten an die (soweit ersichtlich) von *Schelling*[642] erstmals verwendetet Abstufung anzuknüpfen und zu fragen, ob:

1. eine Organqualität unter dem Standard,

2. unterhalb des durchschnittlichen Standards oder

3. im durchschnittlichen Bereich des Standards

gegeben ist.[643] Zeitpunkt einer möglichen Aufklärungspflicht über die Organqualität kann nur der Moment sein, in dem der potentielle Organempfänger vom Organangebot erfährt und für die behandelnden Ärzten im Transplantationszentrum die Möglichkeit besteht, die konkrete Organqualität in Erfahrung zu bringen.[644] Die Besonderheiten der Lebendspende sollen im Anschluss diskutiert werden.

---

641 Zur Unterscheidung auch: *Francke/Hart*, Ärztliche Verantwortung und Patientensicherheit, S. 35 ff.

642 *Schelling*, Die ärztliche Aufklärung über die Qualität der Behandlung, S. 54.

643 Kritisch: *Damm*, NJW 1989, 737, 739, der statt einer Erfassung des rechtlich noch hinzunehmenden Behandlungsniveaus fordert, dass Kriterien für den „normalen Standard" bestimmt werden. Dies erweist sich jedoch gerade im Transplantationsbereich als schwer realisierbar.

644 Zu den Konsequenzen der Dringlichkeit vgl. unten unter: 5. A. X. 1.

V. Unterschreitung des Standards bei der Organqualität

Zunächst soll der Frage nachgegangen werden, ob und ggf. welche Aufklärungspflichten bei einer Organqualität unterhalb des Standards gegeben sind.[645] Der behandelnde Arzt schuldet eine Behandlung nach dem jeweiligen medizinischen Standard. Daher muss er „grundsätzlich diejenigen Maßnahmen ergreifen, die von einem gewissenhaften und aufmerksamen Arzt aus berufsfachlicher Sicht seines Fachbereichs vorausgesetzt und erwartet werden" können.[646] Die Unterschreitung des Standards führt grundsätzlich zu einem Behandlungsfehler.[647]

Von einer Unterschreitung des Standards ist auszugehen, wenn „die anerkannten Regeln der medizinischen Wissenschaft" verletzt werden.[648] Um dies festzustellen, ist danach zu fragen, „ob der Arzt unter Einsatz der von ihm zu fordernden medizinischen Kenntnisse und Erfahrungen im konkreten Fall vertretbare Entscheidungen über die diagnostischen sowie therapeutischen Maßnahmen getroffen und diese Maßnahmen sorgfältig durchgeführt hat."[649] Von einem Behandlungsfehler kann daher generell dann gesprochen werden, wenn eine Behandlung aufgrund des medizinischen Standardwissens als „unvertretbar" anzusehen und die neue Behandlung als „unangefochten therapeutisch überlegen" zu qualifizieren ist.[650]

1. Besonderheiten der begrenzten Verfügbarkeit

Diese Differenzierung zwischen Behandlungsfehlertatbestand und Aufklärungspflicht kann indes nicht völlig unreflektiert auf die Transplantationsmedizin übertragen werden. Zwar lassen sich bestimmte Organe, jedenfalls für den Fall einer unabhängig vom Organempfänger geltenden, absoluten Kontraindikation, als Unterschreitung des maßgeblichen Standards und damit als Behandlungsfehler qualifizieren, jedoch darf nicht unberücksichtigt bleiben, dass die „Ressource Organ" nur begrenzt zur Verfügung steht. Bei der Beurteilung ärztlicher Pflichten kann der Aspekt der Ressourcenbeschränkung daher nicht unberücksichtigt bleiben. Diese Feststellung wirft zugleich weiterführende Fragen auf. Einerseits erscheint es fraglich, ob bei jeder Unterschreitung des medizinischen Standards bereits ein Behandlungsfehler angenommen werden, obwohl im konkreten Fall nur dieses Organ zur Verfügung steht.

---

645 Lediglich bei *Stockter*, in: Höfling (Hrsg.), TPG, § 10 Rn. 13 findet sich der Hinweis: „Besondere Aufklärungspflichten dürften sich bei der Verwendung marginaler Organe ergeben, hier muss der Patient zusätzlich darüber aufgeklärt werden, dass er keine optimale medizinische Versorgung erhält, vielmehr nur die derzeit relativ beste Behandlungsoption verwirklicht wird."

646 BGH, NJW 1995, 776, 777; NJW 1999, 1778; BGHZ 144, 296, 305.

647 *Hart*, MedR 1999, 47, 49.

648 BGHZ 8, 138, 140.

649 BGH, NJW 1987, 2291, 2292; *Katzenmeier*, Arzthaftung, S. 276 f.

650 *Francke/Hart*, Ärztliche Verantwortung und Patientensicherheit, S. 38 f. Erforderlich ist zudem eine schuldhafte Unterschreitung des Standards, sodass der Behandlungsfehler nur eine „schuldhafte Standardunterschreitung" sein kann, *Laufs/Kern*, in: dies. (Hrsg.), Handbuch des Arztrechts, § 97 Rn. 5.

Andererseits kann von den Patienten nicht erwartet werden, suboptimale Behandlungsbedingungen einfach hinzunehmen. Zugleich ist das Recht der Patienten auf Zugang zu Heilungsmöglichkeiten sowie das Recht eine Selbstschädigung in Anbetracht einer möglichen Lebensrettung zu beachten.[651] Zweifelhaft ist schließlich, ob anstelle eines Behandlungsfehlers bei Unterschreitung des Standards auch eine Aufklärungspflicht angenommen werden kann.

Welche (haftungs-)rechtlichen Auswirkung Grenzen in der medizinischen Versorgung haben, ist nicht annähernd so breit diskutiert wie die ärztliche Aufklärungspflicht und erscheint bislang weitgehend ungeklärt.[652] Anknüpfungspunkt für die Arzthaftung bleibt die Unterschreitung des ärztlichen Standards, allerdings besteht Einigkeit darüber, dass bei der Beurteilung, welcher Sorgfaltsmaßstab im Einzelfall anzusetzen ist, „allgemeine Grenzen im System der Krankenversorgung, selbst wenn es Grenzen der Finanzierbarkeit und der Wirtschaftlichkeit sind, nicht völlig vernachlässigt werden" können.[653] Ressourcenbeschränkungen und Grenzen im System der Krankenversorgung eigenen sich, wie *Steffen/Pauge* bereits aufgezeigt haben, nicht zur haftungsrechtlichen Abwälzung auf den Arzt.[654] Überdies gilt, dass der Arzt nur auf der Stufe, auf der er, im Falle verschiedener Ebenen der Zuteilung, über die Mittelverteilung mitentscheiden kann, auch für seine Entscheidung verantwortlich gemacht werden kann.[655]

Anders als in den übrigen Fällen der Standardunterschreitung, in denen vom behandelnden Arzt verlangt wird, dass die Standardunterschreitung durch betrieblich-organisatorische Maßnahmen ausgeglichen[656] oder, sofern eine Abhilfe nicht möglich ist, die Behandlung ablehnt bzw. den Patienten an einen Kollegen oder eine Klinik mit standardgemäßer Ausstattung verwiesen wird,[657] sind vergleichbare Kompensationsmöglichkeiten im Bereich der Transplantationsmedizin nicht verfügbar. Sowohl dem behandelndem Arzt, als auch dem Organempfänger verbleibt nur die Möglichkeit, das angebotene Organ entweder abzulehnen und den Patienten weiterhin auf der Warteliste zu belassen, damit dieser auf ein „optimales Organ" wartet oder aber das angebotene Organ zu akzeptieren, mit der Folge, dass der Patient von der War-

---

651 *Norba*, Rechtsfragen der Transplantationsmedizin aus deutscher und europäischer Sicht, S. 76.

652 Nur zur Frage der Auswirkung des Wirtschaftlichkeitsgebotes auf das Haftungsrecht: *Arnade*, Kostendruck und Standard, S.211 ff.; *Katzenmeier*, Arzthaftung, S. 283; *ders.*, in: Laufs/Katzenmeier/Lipp (Hrsg.), Arztrecht, X. Rn. 17 f. Zu Auswirkungen von Rationierungen: *Deutsch*, VersR 1998, 261; *Rumler-Detzel*, VersR 1998, 546.

653 OLG Köln, VersR 1993, 52; *Steffen/Pauge*, Arzthaftungsrecht, S. 58.

654 *Steffen/Pauge*, Arzthaftungsrecht, S. 58. Dieser Gedanke findet breite Zustimmung: *Arnade*, Kostendruck und Standard, S. 211; *Deutsch*, VersR 1998, 261, 263; *Deutsch/Spickhoff*, Medizinrecht, Rn. 220; *Katzenmeier*, Arzthaftung, S. 285; *ders.*, in: Laufs/Katzenmeier/Lipp (Hrsg.), Arztrecht, X. Rn. 20.

655 *Franzki*, MedR 1994, 171, 178.

656 OLG Saarbrücken, VersR 1992, 52, 53.

657 BGH, NJW 1985, 2189, 2191; NJW 1989, 2321, 2322; *Hart*, MedR 1999, 47, 49.

teliste genommen wird und damit die Chance auf das Organ eines „idealen Spenders" entfällt. Eine Beseitigung der Standardunterschreitung beim konkret angebotenen Organ ist dem behandelnden Arzt nicht möglich und auch für künftige Allokationen wohl kaum vermeidbar. Eine Mitentscheidung des Arztes während des Organallokationsverfahrens ist ausgeschlossen.

2. Harmonisierung durch Informationspflichten

Auswirkungen von Grenzen in der medizinischen Versorgung auf das Arzthaftungsrecht wurden bislang vornehmlich im Zusammenhang mit dem sozialrechtlichen Wirtschaftlichkeitsgebot und daraus resultierenden Versorgungsgrenzen diskutiert. Dabei wurden, neben den bereits oben dargestellten Abstufungen beim Standard,[658] in der Literatur Ansätze zur Harmonisierung angedeutet. Während zunächst versucht wurde, (gefährliche) Verhaltensweisen als sozialadäquates Verhalten unter dem Gesichtspunkt des erlaubten Risikos zu akzeptieren, weil ihr sozialer Nutzen das mit ihnen einhergehende Gefährdungspotential übersteige,[659] wird den Gegensätzlichkeiten von Verknappungen medizinischer Ressourcen einerseits mit Arzthaftungsgrundsätzen andererseits zunehmend durch die Statuierung von Aufklärungspflichten begegnet.

Im Schrifttum findet der Ansatz, den Grenzen in der medizinischen Versorgung durch die Statuierung einer dem Schutz des Patienten dienenden und kompensierend wirkenden Aufklärungspflicht zu begegnen, weithin Zuspruch.[660] Die aus den verfassungsrechtlichen Vorgaben abgeleiteten arzthaftungsrechtlichen Anforderungen erforderten es, so die Vertreter dieser Auffassung, medizinische und ökonomische Aspekte zu trennen und diese gegenüber dem Patienten transparent zu gestalten.[661] So solle dem Patienten eine selbstbestimmte Entscheidung über den weiteren Behandlungsablauf eröffnet werden und nur wenn die Aufklärung gänzlich unterbleibe führe dies zum Behandlungsfehler.[662] Obgleich dieser Standpunkt ursprünglich vor dem

---

658 Vgl. dazu oben unter: 5. A. IV. 2.

659 *Goetze*, Arzthaftungsrecht und kassenärztliches Wirtschaftlichkeitsgebot, S. 201 f. Kritisch hierzu: *Arnade*, Kostendruck und Standard, S. 212 f.; *Conradi*, Verknappung medizinischer Ressourcen und Arzthaftung, S. 130 f.;

660 *Arnade*, Kostendruck und Standard, S.175; *Damm*, JZ 1998, 926, 930; *Dunz*, Zur Praxis der zivilrechtlichen Arzthaftung, S. 29; *Hart*, MedR 1996, 60, 69; *ders.*, MedR 1999, 47, 49; *ders.*, VSSR 2002, 265, 294; *Kramer*, MedR 1993, 345; *Laufs*, in: Berg/Ulsenheimer (Hrsg.), Patientensicherheit, Arzthaftung, Praxis- und Krankenhausversorgung, S. 256; MüKo-*Wagner*, § 823 Rn. 752; *Schelling*, Die ärztliche Aufklärung über die Qualität der Behandlung, S. 56 ff.; *Taupitz*, in: Wolter/Riedel/Taupitz (Hrsg.), Einwirkungen der Grundrechte auf das Zivilrecht, Öffentliche Recht und Strafrecht, S. 132; *Voß*, Kostendruck und Ressourcenknappheit im Arzthaftungsecht, S. 218; *Weber-Steinhaus*, Ärztliche Berufshaftung als Sonderdeliktsrecht, S.183, 187 f.

661 *Taupitz*, in: Wolter/Riedel/Taupitz (Hrsg.), Einwirkungen der Grundrechte auf das Zivilrecht, Öffentliche Recht und Strafrecht, S. 132.

662 *Dunz*, Zur Praxis der zivilrechtlichen Arzthaftung, S. 19 f.; *Weber-Steinhaus*, Ärztliche Berufshaftung als Sonderdeliktsrecht, S.183.

Hintergrund von Einschnitten im Leistungskatalog der gesetzlichen Krankenversicherung entwickelt wurde, kann er dennoch auf die Versorgung mit Organen in der Transplantationsmedizin übertragen werden. Der Grundgedanke, dass Grenzen in der medizinischen Versorgung im Arzthaftungsrecht nicht unberücksichtigt bleiben können, ist unabhängig von der konkreten Ursache der Beschränkung. Denn Grenzen der Finanzierbarkeit und Wirtschaftlichkeit werden, vor allem wegen ihrer zunehmenden Bedeutung infolge des medizinischen Fortschrittes und der demografischen Entwicklung, nur exemplarisch behandelt. Grenzen in der medizinischen Versorgung werden dagegen nicht nur durch die Finanzierbarkeit medizinischer Leistungen im Sozialrecht, sondern mit vergleichbarer Wirkung auch durch die Verfügbarkeit von Organen in der Transplantationsmedizin erreicht.

Uneinigkeit besteht allerdings darüber, ob eine entsprechend begründete Aufklärungspflicht den Haftungsmaßstab herabsetzen kann. Einerseits wird vertreten, die Aufklärungspflicht kompensiere auf der Informationsebene einen reduzierten Patientenschutz der Behandlungsebene. Gegenstand der Kompensation ist demnach der Haftungsmaßstab.[663] Andere Stimmen lehnen die Angleichung des Haftungsmaßstabes hingegen ab. Das Haftungsrecht dürfe sich, so *Ihle*, eine Verkürzung gegenüber dem medizinischen Standard nicht erlauben, da es sicherstelle, dass der Arzt den Patienten über seine Situation aufkläre und damit den Patienten in die Lage versetze, eine eigene Entscheidung zu treffen.[664] Folglich wird nach dieser Auffassung eine Behandlung unter dem Standard durch die Aufklärung insoweit kompensiert, dass eine Haftung des behandelnden Arztes nach Aufklärung nicht in Betracht kommt.[665] Nach beiden Auffassungen ist demzufolge durch die Begründung einer Aufklärungspflicht die Haftung wegen eines Behandlungsfehlers auch bei einer Behandlung unter dem Standard als Folge der Grenzen in der medizinischen Behandlung aufgehoben.

Diese Ansichten sind nicht unbeanstandet geblieben. Die Einwilligung des Patienten könnte, so die Kritiker, eine Unterschreitung des Behandlungsstandards nicht rechtfertigen.[666] Sinn und Zweck der Aufklärungspflicht sei die Wahrung des Selbstbestimmungsrechtes des Patienten und nicht die Befreiung des Arztes von der Haftung wegen eines Behandlungsfehlers durch Übernahmeverschulden.[667]

Dem ist zunächst darin zuzustimmen, dass sich die Einwilligung nur auf eine Behandlung lege artis bezieht und lediglich unvermeidbare Komplikationen erfasst. Da-

---

663   *Damm*, JZ 1998, 926, 930; *Hart*, MedR 1996, 60, 69; *ders.*, MedR 1999, 47, 49; *ders.*, VSSR 2002, 265, 294.

664   *Ihle*, Ärztliche Leitlinien, Standards und Sozialrecht, S. 69.

665   In diese Richtung auch: *Kern*, MedR 2004, 300, 302, der jedoch für den Fall, dass der Patient in eine Zuzahlung zur Erreichung des Standards nicht einwilligt, fordert, dass der Arzt die Behandlung ablehnt, da er nicht wissentlich einen Behandlungsfehler begehen dürfe.

666   *Schelling*, Die ärztliche Aufklärung über die Qualität der Behandlung, S. 57; *Voß*, Kostendruck und Ressourcenknappheit im Arzthaftungsrecht, S. 199.

667   *Voß*, Kostendruck und Ressourcenknappheit im Arzthaftungsrecht, S. 199.

her ist die Einwilligung in einen Behandlungsfehler prinzipiell unwirksam.[668] Von der Aufklärungspflicht erfasst werden hingegen nur solche Gefährdungen, die selbst bei größtmöglicher Sorgfalt unbeherrschbar- und deshalb unvermeidbar sind.[669] Sofern also ein Behandlungsfehler gegeben ist, verhindert dieser grundsätzlich das Eingreifen der rechtfertigenden Einwilligung. Dem Behandlungsfehler kommt daher auch die Funktion zu, die Reichweite der Einwilligungsmöglichkeit zu bestimmen.[670]

Nichtsdestotrotz werden von diesem Grundsatz etwa im Bereich der Außenseiter- und Neulandmethoden sowie bei Heilversuchen und klinischen Experimenten Ausnahmen gemacht, da diese Verfahren andernfalls per se pflichtwidrig wären.[671] In der sog. Robodoc-Entscheidung stellte der BGH fest, dass die Anwendung einer "Außenseitermethode" zur Wahrung des Selbstbestimmungsrechts des Patienten dessen eingehende Aufklärung erfordert.[672] Aufklärung und Einwilligung des Patienten dienen hier dazu, durch das „informierte Handeln auf eigene Gefahr" den Behandlungsspielraum des erlaubten Risikos für den behandelnden Arzt zu erweitern.[673] Freilich handelt es sich bei Außenseiter- und Neulandmethoden sowie bei Heilversuchen um Behandlungen *außerhalb* des Standards. Dennoch beinhaltet die grundsätzliche Akzeptanz dieser Behandlungen die Wertung, dass nicht starr alle vom Standard abweichenden Behandlungen als per se pflichtwidrig erachtet werden, sondern eine den Beteiligten gerecht werdende Lösung zu erzielen ist.

Freilich ist die Formulierung in § 630a Abs. 2 BGB, wonach die Behandlung nach den zum Zeitpunkt der Behandlung bestehenden, allgemein anerkannten fachlichen Standards zu erfolgen hat, soweit nicht etwas anderes vereinbart ist, sehr restriktiv. Allerdings wurde bereits darauf hingewiesen, dass die Behandlung nicht zwingend nach dem bestehenden, allgemein anerkannten fachlichen Standards zu erfolgen hat, sondern angesichts der zu gewährleistenden Therapiefreiheit „allenfalls unter Berücksichtigung derselben."[674] In der Begründung zum Patientenrechtegesetz wurde klargestellt, dass der Arzt (lediglich) „im Regelfall eine Behandlung nach den allgemein anerkannten Standards der Medizin"[675] schuldet und „die medizinische Behandlung [...] außerdem grundsätzlich offen sein [muss] für neue Behandlungsme-

668 BGH, NStZ 1982, 296, 297; BGH MedR 1998, 218, 219; OLG Stuttgart, NJW 1983, 2644; OLG Karlsruhe, VersR 1987, 1147, 1148; OLG Nürnberg, VersR 1988, 299; OLG Köln, VersR 1998, 1511, 1512; *Deutsch/Spickhoff*, Medizinrecht, Rn. 254.

669 *Weber-Steinhaus*, Ärztliche Berufshaftung als Sonderdeliktsrecht, S. 203.

670 *Deutsch/Spickhoff*, Medizinrecht, Rn. 254.

671 *Weber-Steinhaus*, Ärztliche Berufshaftung als Sonderdeliktsrecht, S. 187.

672 BGHZ 172, 254, 260.

673 *Schelling*, Die ärztliche Aufklärung über die Qualität der Behandlung, S. 57; *Weber-Steinhaus*, Ärztliche Berufshaftung als Sonderdeliktsrecht, S. 187 f.;

674 *Katzenmeier*, NJW 2013, 817, 818; *ders.* MedR 2012, 576, 579. Zudem *Spickhoff*, Ausschuss-Drs. 17(14)/0326(4), S. 3 f. der einige Beispiele nennt, in denen die Behandlung nicht nach dem bestehenden, allgemein anerkannten fachlichen Standards erfolgen kann.

675 BT-Drs. 17/10488, S. 19.

thoden."[676] Dabei hat der Gesetzgeber ausdrücklich darauf hingewiesen, dass „ein Abweichen des Behandelnden vom gültigen Standard nicht notwendig zu einem Behandlungsfehler [führt]."[677] Die Abweichung vom medizinischen Standard wird mit der Formulierung in § 630a Abs. 2 a.E. „soweit nicht etwas anderes vereinbart ist" in die Disposition der Parteien gestellt.[678] Eine abweichende Vereinbarung der Parteien setzt, um wirksam zu sein, hingegen stets eine hinreichende Information des Patienten durch den Arzt voraus.

Demzufolge erscheint es in gewissen Grenzen, unter Berücksichtigung der Umstände sowie der unterschiedlichen Interessen und in Anbetracht der Ressourcenbeschränkungen zulässig, den Bereich einer (offensichtlichen und bewussten) Abweichung vom Standard durch ausführliche Aufklärungspflicht und Einwilligung des Patienten zu kompensieren und damit den Behandlungsspielraum des Arztes zu erweitern. So werden sowohl die Interessen des Arztes als auch die der Patienten gleichermaßen berücksichtigt. Dem Arzt wird ermöglicht, sich des Haftungsrisikos durch Aufklärung des Patienten zu entledigen. Auf der anderen Seite gelangt der Patient so in die Lage, selbstbestimmt für oder gegen eine Behandlung zu entscheiden. Denn es erscheint unbillig, dem Arzt das alleinige Risiko der Auswirkungen des Spendermangels durch eine Haftung wegen Behandlungsfehlers aufzubürden. Standardunterschreitungen bei der Organqualität in der Transplantationsmedizin sind keine Folge organisatorischer Pflichtverletzungen oder fehlender Investitionen, die eine Abweichung als unvertretbar erscheinen lassen würden, sondern vor allem das Ergebnis des Organmangels.

Außerdem ist zu bedenken, dass ein Behandlungsverbot als Konsequenz der haftungsrechtlichen Unzulässigkeit der Behandlung mit einem unterstandardmäßigen Organ angesichts der beschränkten Verfügbarkeit menschlicher Organe und der Tatsache, dass nicht sicher gesagt werden kann, ob das Organ im Körper anschließend nicht doch hinreichend funktioniert, nicht gewollt sein kann. Da die Unterschreitung des maßgeblichen Standards der Organqualität andernfalls zwangsläufig zum Vorwurf des Behandlungsfehlers und zur Haftung des Arztes führen würde, käme eine Vielzahl von Organen nicht für eine Transplantation in Betracht. Dies würde hingegen die Rechte der Patienten auf Zugang zu einer Heilungschance und die Freiheit, Risiken einer Selbstschädigung mit Blick auf eine Lebensrettung einzugehen, vernachlässigen. So weist *Gutmann* darauf hin, dass die „Entscheidung darüber, was ein wesentlicher Teil des eigenen Körpers werden soll, [...] dem Kernbereich des grundrechtlich geschützten Persönlichkeits- und Selbstbestimmungsrechts des Empfängers (Art. 2 I iVm Art. 1 I GG), seinem Grundrecht auf körperliche Unversehrtheit (Art.

---

676 BT-Drs. 17/10488, S. 20. Dazu auch: *Katzenmeier*, NJW 2013, 817, 818; *ders.* MedR 2012, 576, 579.
677 BT-Drs. 17/10488, S. 20.
678 Kritisch hierzu: *Katzenmeier*, NJW 2013, 817, 818.

2 I S. 1 GG), das auch ein Freiheitsrecht darstellt, unter Umständen auch seiner Religions- und Weltanschauungsfreiheit (Art. 4 I GG) [unterfällt]".[679]

Andererseits kann dem Patienten nur unter der Voraussetzung der vorherigen Aufklärung zugemutet werden, eine Behandlung unter dem Standard hinzunehmen. Die Kritik, dass die Verteilungsverantwortlichkeit auf diese Weise auf den Patienten verlagert und damit Ressourcenbeschränkungen „auf dem Rücken des Patienten" ausgetragen werden,[680] trifft dagegen nur bedingt zu. Denn die Statuierung einer Aufklärungspflicht des Arztes erfordert stets auch deren Erfüllung mit den damit verbundenen Folgen bei Missachtung. Zugleich bringt es die Beachtung der grundrechtlich geschützten Patientenautonomie mit sich, dass der Patient die Belastung der Entscheidungs- und Eigenverantwortung zu tragen hat, ohne dass deshalb, wie *Taupitz* ausführt „die Grundrechte gleich in Grundpflichten umgepolt werden."[681]

Diese Aufklärungspflicht ist, da ihr Gegenstand die Frage ist, ob der Patient sich der Behandlung aussetzen will, der Selbstbestimmungsaufklärung zuzuordnen.[682] Durch sie weiß der Patient, worauf er sich einlässt, welche Risiken mit der Behandlung verbunden sind und welche Behandlungsalternativen ihm zur Verfügung stehen. Kommt der Arzt der Aufklärungspflicht nicht nach, hat er, trotz Absenkung des Haftungsmaßstabes, für Schäden des Patienten einzustehen.

Eine Aufklärungspflicht im unterstandardgemäßen Bereich kann hingegen nur angenommen werden, wenn die Behandlungsmethode überhaupt vertretbar ist, d.h. sich als tauglich erweist und die Nutzen-Risiko-Abwägung ein Überwiegen der Vorteile für den Patienten ergibt. Die Behandlung ist abzubrechen, bzw. zu unterlassen, wenn ein Fehlschlagen offensichtlich wird.[683] Grundlage der Entscheidung für die Behandlung trotz Unterschreitung des Standards muss stets das Heilinteresse zugunsten des Patienten sein. Nur dann kann die Behandlungsfehlerhaftigkeit ausgeschlossen werden.

3. Grundsatz der Therapiefreiheit

Diese Auslegung steht zugleich in Einklang mit dem Grundsatz der ärztlichen Therapiefreiheit. Es besteht Einigkeit darüber, dass dem Arzt ein Beurteilungs- und Entscheidungsspielraum zukommt, ob eine Behandlung durchgeführt werden soll und welche ihm geeignet erscheinende diagnostische und therapeutische Methode er bei

---

679 *Gutmann*, in: Schroth/König/Gutmann/Oduncu (Hrsg.), TPG, § 8 Rn. 22.

680 *Taupitz*, in: Wolter/Riedel/Taupitz (Hrsg.), Einwirkungen der Grundrechte auf das Zivilrecht, Öffentliche Recht und Strafrecht, S. 132, der diese Kritik jedoch zugleich selbst widerlegt.

681 *Taupitz*, in: Wolter/Riedel/Taupitz (Hrsg.), Einwirkungen der Grundrechte auf das Zivilrecht, Öffentliche Recht und Strafrecht, S. 133.

682 So auch: *Arnade*, Kostendruck und Standard, S. 221; *Hart*, MedR 1999, 47, 50; *v. Ziegner*, VSSR 2003, 191, 213.

683 *Weber-Steinhaus*, Ärztliche Berufshaftung als Sonderdeliktsrecht, S. 188.

der Behandlung wählt.[684] Bereits das Reichsgericht hat betont, dass die „Kurierfreiheit [...] grundsätzlich für Krankheiten aller Art, auch für schwere Krankheiten, ferner für ernst gemeinte – nicht auf Schwindel hinauslaufende – Heilverfahren aller Art" gilt.[685] Auf diese Weise wird gewährleistet, dass der medizinwissenschaftliche Diskurs nicht durch staatliche Gewalt bzw. die Judikative entschieden wird, sondern den Ärzten und der medizinischen Wissenschaft obliegt. Solange über eine Behandlung trefflich gestritten werden kann, hat das Recht dem durch die Gewährung einer „Toleranzbreite" zu entsprechen.[686] Eine Beschränkung auf eine unbedingt verpflichtende Methode würde andernfalls den medizinischen Fortschritt unmöglich machen.[687] Überdies trägt die Therapiefreiheit den Besonderheiten des Einzelfalles Rechnung, indem sie den Arzt in der konkreten Situation nicht zu einer bestimmten Behandlung zwingt, sondern das „ob" und „wie" der Behandlung grundsätzlich in sein Ermessen stellt. So wird (und hierin zeigt sich der eigentlich „fremdnützige Charakter der Therapiefreiheit"[688]) der Autonomie des Patienten Rechnung getragen, denn der Arzt kann nach pflichtgemäßem Ermessen die Behandlung wählen, von der er sich im konkreten Fall den größtmöglichen Nutzen für den Patienten verspricht.[689]

Dieser grundsätzlich eingeräumte Behandlungsspielraum gilt auch für die Transplantationsmedizin. Daher steht es zunächst auch im Ermessen des transplantierenden Arztes, welche Therapie er anwendet und damit auch welches Organ er dem Patienten überträgt. Um allerdings eine rechtliche Überprüfbarkeit dieses individuellen ärztlichen Behandlungsspielraumes zu gewährleisten, stehen der ärztlichen Therapiefreiheit verbindliche objektive Sorgfaltspflichten gegenüber. Sowohl bei der Methodenwahl, als auch bei der Ausübung der gewählten Behandlung gewährleisten die einzuhaltenden Sorgfaltspflichten einen Mindeststandard der ärztlichen Behandlung.[690] Grundvoraussetzung für jede sorgfältige Methodenwahl ist eine umfassende

---

684 *Katzenmeier*, Arzthaftung, S. 304 f.; *Laufs*, in: Laufs/Kern (Hrsg.), Handbuch des Arztrechts, § 3 Rn. 14. Zu den Grundsätzen der Therapiefreiheit im Zusammenhang mit homöopathischer Behandlung: *Müller/Raschke*, NJW 2013, 428 ff.

685 RGSt 67, 12, 22.

686 *Katzenmeier*, Arzthaftung, S. 306.

687 *Katzenmeier*, Arzthaftung, S. 307 f.; *Siebert*, MedR 1985, 216, 218.

688 *Laufs*, in: Laufs/Kern (Hrsg.), Handbuch des Arztrechts, § 3 Rn. 14; *ders.*, in: Ahrens/v. Bar/Fischer/Spickhoff/Taupitz (Hrsg.), FS für Deutsch zum 70. Geburtstag, S. 626; *ders.*, NJW 1997, 1609.

689 *Katzenmeier*, Arzthaftung, S. 308 f. Aus diesem Grund ist der Kritik von: *Giesen*, Arzthaftungsrecht, Rn. 105, 109 „[...] der Arzt zudem gegenüber allen anderen Berufsgruppen in einer vom Gesetz eben gerade nicht vorgesehenen Weise privilegiert, würde ihm zu Lasten seiner Patienten ein völlig ungerechtfertigter Haftungsfreiraum eingeräumt, innerhalb dessen er – einerseits kein Behandlungsfehler, wegen der „Methodenfreiheit" andererseits auch keine Sorgfaltspflichtverletzung – die schadensstiftende Konsequenzen der Betätigung seines ärztlichen Ermessens haftungsrechtlich nicht zu tragen hätte [...]" nicht zuzustimmen.

690 *Katzenmeier*, Arzthaftung, S. 311.

Kenntnis der Behandlungsmethoden und eine „fachliche Übersicht".[691] Die Einhaltung der erforderlichen Sorgfalt bei der Methodenwahl erfordert, neben einer umfassenden Befunderhebung, dass der Arzt stets nach gewissenhafter Abwägung der Vor- und Nachteile die Behandlung wählt.[692] Dabei ist er zwar nicht gezwungen, jederzeit die sicherste Behandlung zu wählen. Entscheidet er sich jedoch für einen weniger sicheren Weg, so ist diese Behandlung nur dann zulässig, wenn sie ihre Rechtfertigung „in den besonderen Sachzwängen des besonderen Falles oder in einer günstigeren Heilungsprognose"[693] findet. Je gefestigter die Standardbehandlung ist, desto mehr Begründungsaufwand ist vom Arzt zu fordern, wenn er hiervon abweichen will. Wird durch die gewählte Methode im Vergleich zur Standardbehandlung ein höheres Risiko eingegangen, so muss dieses entweder durch die zwingenden Umstände des Einzelfalles oder durch eine bessere Heilungsprognose gerechtfertigt sein.[694] Die Grenze der objektiven Sorgfaltspflichten ist, ebenso wie bei der Behandlung mit „evident ungeeigneten und aussichtslosen Methoden" überschritten, wenn die Überlegenheit eines bestimmten Verfahrens allgemein anerkannt ist und der Arzt dennoch davon abweicht.[695] In diesem Fall ist ein Behandlungsfehler gegeben.

Nach diesen Grundsätzen kann der transplantierende Arzt unter Verweis auf die Therapiefreiheit vom maßgeblichen medizinischen Standard bei der Organqualität abweichen, ohne dass er seine Sorgfaltspflichten bei der Methodenwahl verletzt und ein Organ übertragen, welches den Standard nicht erfüllt, wenn er nach gewissenhafter Überzeugung zu dem Ergebnis gelangt ist, dass die Transplantation dieses Organs aufgrund der gegebenen Umstände sowie der langen Wartezeit und dem Organmangel und vor dem Hintergrund des Gesundheitszustandes des Patienten die beste (zur Verfügung stehende) Möglichkeit ist, dem Patienten in der konkreten Situation zu helfen. Die mit der Transplantation eines unterstandardgemäßen Organs einhergehenden höheren Risiken im Hinblick auf Transplantatüberleben und Transplantatfunktion lassen sich nur dann rechtfertigen, wenn der Arzt nach gewissenhafter Prüfung zu der Überzeugung kommt, dass ihn die Umstände gewissermaßen dazu zwingen, dieses Organ zu transplantieren und zugleich mit der Transplantation eine für den Patienten günstige Heilungsprognose verbunden ist.

Neben den Sorgfaltspflichten bei der Wahl der Behandlung hat der Arzt auch bei der Durchführung einer Behandlung außerhalb des Standards Sorgfaltspflichten einzu-

---

691 Laufs, in: Laufs/Kern (Hrsg.), Handbuch des Arztrechts, § 3 Rn. 17.
692 Katzenmeier, Arzthaftung, S. 310; Laufs, in: Laufs/Kern (Hrsg.), Handbuch des Arztrechts, § 3 Rn. 14; ders., in: Ahrens/v. Bar/Fischer/Spickhoff/Taupitz (Hrsg.), FS für Deutsch zum 70. Geburtstag, S. 626, Siebert, MedR 1983, 216, 218.
693 BGH, NJW 1987, 2927; BGH, MedR 2008, 87, 88.
694 BGH, NJW 1987, 2927; Laufs, in: Laufs/Kern (Hrsg.), Handbuch des Arztrechts, § 3 Rn. 17.
695 BGHZ 102, 17; Jung, ZStW 97 (1985), 47, 57; Katzenmeier, Arzthaftung, S. 311; Siebert, MedR 1985, 216, 218.

halten. Wendet der Arzt eine Methode außerhalb des medizinischen Standards an, so ist der Maßstab für die erforderliche Sorgfalt der eines „vorsichtigen Arztes".[696] Für die Transplantation eines unterstandardgemäßen Organs bedeutet dies, dass der transplantierenden Arzt verpflichtet ist, sowohl den Eingriff selbst, als auch die entsprechende Nachbehandlung gemessen an den (erhöhten) Risiken und den konkreten Umständen anzupassen. Daher kann ihn etwa die Pflicht treffen, den Behandlungsverlauf engmaschiger zu überprüfen um, auf mögliche Verschlechterungen des Gesundheitszustandes reagieren zu können. Eine Fernbetreuung genügt hier nicht ohne weiteres.[697] Die Sorgfalt bestimmt sich „nach der Gesamtheit der konkreten Umstände" und ist situationsbezogen zu konkretisieren.[698]

Mit den dargestellten Sorgfaltspflichten werden allerdings lediglich objektive Mindestvoraussetzungen für die ärztliche Behandlung festgelegt. Ergänzt werden diese durch ärztliche Aufklärungspflichten, welche der Wahrung des Selbstbestimmungsrechts des Patienten bei der Therapiewahl dienen. Vor dem Hintergrund des Selbstbestimmungsrechtes und als Folge des Verständnisses der ärztlichen Therapiefreiheit als fremdnütziges Recht, ist die ärztliche Therapiefreiheit nur im Zusammenwirken mit dem informierten Patienten denkbar.[699] Besondere Bedeutung kommt dabei der Risikoaufklärung und den Informationen über Behandlungsalternativen zu. Weicht der Arzt mit der beabsichtigten Therapie von der Standardbehandlung ab, so trifft ihn einerseits die Pflicht den Patienten über diese Tatsache unmissverständlich zu informieren. Sofern eine der zur Verfügung stehenden Behandlungsmöglichkeiten bei zumindest gleichwertigen Heilungs- oder Erfolgsaussichten eine geringere Risikobelastung aufweist oder ist bei gleichwertigen Risiken eine größere Heilungschance gegeben, so ist der Patient hierüber aufzuklären.[700] Zugleich hat er den Patienten unter Berücksichtigung der Besonderheiten des Einzelfalles über die Besonderheiten der beabsichtigen Therapie zu informieren.

Insgesamt ist damit festzuhalten, dass die Transplantation von Organen, mit einer Qualität unter dem maßgeblichen medizinischen Standard, im Einzelfall vor dem Hintergrund der beschränkten Verfügbarkeit menschlicher Organe von der Therapiefreiheit erfasst werden kann. Den Arzt treffen jedoch umfassende Sorgfaltspflichten bei der Entscheidung für oder gegen das Organ und auch bei der anschließenden Transplantation. Wie bereits oben festgestellt, hat der Patienten zudem umfassend aufzuklären.

---

696   BGH, MedR 2008, 87, 88 mit Anm. *Spickhoff*, MedR 2008, 89, 90, der zutreffend darauf verweist, dass der Sorgfaltsmaßstab der eines vorsichtigen „(Fach-)Arztes" sein müsse.
697   *Spickhoff*, MedR 2008, 89, 90.
698   *Spickhoff*, MedR 2008, 89, 90.
699   *Katzenmeier*, Arzthaftung, S. 311; *Siebert*, MedR 1983, 216, 220; *Tag*, Der Körperverletzungstatbestand im Spannungsfeld zwischen Patientenautonomie und Lex artis, S. 239 ff.
700   BGHZ 106, 153, 157; 116, 379; BGH, NJW 1998, 1784; 1996, 776; 1994, 799; 1993, 1524; *Deutsch/Spickhoff*, Medizinrecht, Rn. 269; *Ulsenheimer*, Arztstrafrecht in der Praxis, Rn. 82.

4. Folgerungen für die Unterschreitung der Standardorganqualität

Trotz einer Unterschreitung der Standardorganqualität ist der Behandlungsfehlertatbestand also restriktiv zu handhaben. Auch bei einer Organqualität die den medizinischen Standard unterschreitet können, sofern keine absolute Kontraindikation gegeben ist, demzufolge Aufklärungspflichten bestehen. Zeichnet sich für den behandelnden Arzt ab, dass die Organqualität im konkreten Fall den maßgeblichen medizinischen Standard unterschreitet, so hat er den Patienten hierüber aufzuklären. Hierdurch wird das Selbstbestimmungsrecht des Patienten gewahrt und die Interessen von Arzt und Patient werden in gleicher Weise berücksichtigt. Dem Patienten wird der Zugang zu einer Heilungsmöglichkeit eröffnet, da die Transplantation nicht per se ausgeschlossen ist und dem Arzt bleibt das Urteil des Behandlungsfehlers, als Folge der Unvertretbarkeit der Behandlung nach dem Behandlungsfehlertatbestand erspart.

Bei Organen mit erweiterten Spenderkriterien bzw. bei marginalen Organen, die den maßgeblichen medizinischen Standard unterschreiten, sind zwar die Mängel bekannt, dagegen kann im Einzelfall nicht gesagt werden, ob das Organ funktionieren wird. Als Folge einer Behandlung unter dem Standard und den damit einhergehenden erhöhten Unsicherheiten und Risiken sind die Aufklärungspflichten mit denen experimenteller Behandlungen vergleichbar. Die Zweifel an der Wirksamkeit der Behandlung und die erhöhten Risiken im Vergleich zur Standardbehandlung führen zwangsläufig zu gesteigerten Anforderungen an die Aufklärung des Patienten. Der Patient ist, vergleichbar mit der Aufklärungspflicht beim Heilversuch sowie bei Außenseiter- und Neulandmethoden, umfassend auch über die Unsicherheiten der Behandlung, die ungewissen Chancen und Risiken zu informieren. Hierfür muss der Arzt sowohl die Art, die Wirkung und die möglichen Folgen einer Standardorganqualität, als auch die Unterschiede, d.h. die Vor- und Nachteile gegenüber der geminderten Organqualität erläutern.[701] Dabei ist dem Patienten deutlich zu machen, dass ihm die Entscheidung für oder gegen das Organ obliegt. Nur dann kann der Patient entscheiden, ob er sich der Behandlung trotz der Risiken unterziehen will.[702] Dass sich diese Aufklärungspflichten nur im Hinblick auf äußerlich erkennbare Qualitätsfaktoren sowie mögliche, bereits festgestellte Befunde und medizinische Angaben in den Begleitpapieren begründen lassen, wurde bereits festgestellt.[703]

Neben den Anforderungen an die Aufklärung erfordert die Behandlung mit einem Organ, dass den Standard unterschreitet, dass sich die Transplantation überhaupt als vertretbar erweist. D.h. die Nutzen-Risiko-Abwägung muss ein Überwiegen der Vorteile für den Patienten ergeben und die Entscheidung, ob das Organ dem Patienten übertragen (Behandlung) oder der Patient weiter auf der Warteliste belassen wird

---

701 Zur Aufklärungspflicht bei Heilversuchen: *Fischer*, Medizinische Versuche am Menschen, S. 57 f.

702 BGHZ 168, 103; 172, 1; *Fischer*, Medizinische Versuche am Menschen, S. 58.

703 Vgl. dazu oben unter: 5. A. IV. 3. b).

(Nichtbehandlung) muss eine Verbesserung der Situation des Patienten verspre-
chen. Dabei sind vor allem auch die Folgen zu berücksichtigen, die daraus resultieren, dass der Patient im Falle einer Nichtbehandlung weiterhin auf der Warteliste
verbleibt. Die Behandlung ist abzubrechen, bzw. zu unterlassen, wenn ein Fehlschlagen offensichtlich wird.[704] Schließlich muss die Behandlung stets vom Heilinteresse des Arztes getragen sein.

Umgekehrt ist ein Behandlungsfehler anzunehmen, wenn die Organqualität als unvertretbar anzusehen ist, bzw. die Risiko-Nutzen-Abwägung ein Überwiegen der
Nachteile für den Patienten erwarten lässt oder der Aufklärungspflicht nicht nachgekommen wird.

VI. Aufklärungspflichten im unterdurchschnittlichen Standard

Nachdem die haftungsrechtlichen Folgen und Aufklärungspflichten bei einer Organqualität, die den maßgeblichen medizinischen Standard unterschreitet, behandelt
wurden, soll der Frage nachgegangen werden, wie Organqualitäten zu bewerten
sind, die zwar keine Unterschreitung des Standards darstellen, die aber dennoch
vom durchschnittlichen Standard abweichen. Erfasst werden hierdurch Behandlungen, die sich nach der Terminologie der Rechtsprechung „in der unteren Bandbreite
der von Wissenschaft und Praxis akzeptierten Norm" bewegen.[705]

Fraglich ist dabei, ob die Transplantation eines unterdurchschnittlichen Organs haftungsrechtlich vom Behandlungsfehlertatbestand oder von der Aufklärungspflicht erfasst wird, bzw. ob eine solche Organqualität überhaupt eine haftungsrechtliche Bedeutung hat.

1. Maßstäbe der Rechtsprechung

Der BGH befasste sich in der sog. „Radiumentscheidung"[706] mit der Frage wie sich
eine unterdurchschnittliche Ausstattung und Behandlung haftungsrechtlich auswirkt.
Der Klägerin wurden in dreimaligen Abständen zur Behandlung eines Gebärmutter-
hals-Karzinoms in einem Kreiskrankenhaus Radiumeinlagen appliziert. In der Folge
der Behandlung erlitt die Klägerin erhebliche Strahlungsschäden, die laut Sachverständigengutachten auf die vorhandene technisch-apparative Ausstattung „in der
unteren Bandbreite der damals von Wissenschaft und Praxis akzeptierten Norm"[707]
zurückzuführen seien. Die Klägerin behauptete, die Gesundheitsschäden seien eine
Folge der fehlerhaft zu hohen Dosierung der Bestrahlungen und der unterlassenen

---

704   *Weber-Steinhaus*, Ärztliche Berufshaftung als Sonderdeliktsrecht, S. 188.
705   BGH, NJW 1989, 2321, 2322. Dazu auch: *Schelling*, Die ärztliche Aufklärung über die Qualität
       der Behandlung, S. 58 ff.
706   BGH, NJW 1989, 2321 ff. Zur Entscheidung auch: *Schelling*, Die ärztliche Aufklärung über die
       Qualität der Behandlung, S. 59.
707   BGH, NJW 1989, 2321, 2322.

Strahlungsmessung. Zudem rügte sie die unzureichende Aufklärung über die Risiken und Erfolgsaussichten der Strahlenbehandlung.

Obgleich der BGH die Sache zur Klärung der Frage, ob die apparative Ausstattung dem Standard entsprach, zurückverwies, finden sich in der Entscheidung Feststellungen zu den Folgen einer Ausstattung und Behandlung „in der unteren Bandbreite der von Wissenschaft und Praxis akzeptierten Norm". Der BGH differenziert zwischen Behandlungsfehler und Aufklärungspflicht und stellt fest, dass, dass ein Behandlungsfehler dann gegeben ist, „wenn keine ausreichenden Bedingungen für eine dem zu erwartenden Standard entsprechende Behandlung"[708] gegeben sind. In diesem Fall sei der Patient in ein anderes Krankenhaus zu überweisen, das nach seiner personellen und apparativen Ausstattung den erforderlichen Standard aufweist. Sofern der zu fordernde medizinische Behandlungsstandard jedoch noch gewahrt werde, sei zu beachten, dass die apparative Ausstattung für die kontrollierte Führung der Therapie von besonderem Gewicht sein könne. Eine als *dürftig* qualifizierte Ausstattung sei daher „ein Umstand, der für die Entscheidung der Patientin, ob sie sich in diesem Krankenhaus behandeln lassen sollte, oder besser ein anderes, vielleicht sogar auf die Behandlung der Krebserkrankung spezialisiertes Krankenhaus aufsuchen sollte, von erheblicher Bedeutung ist, so daß sie darüber hätte aufgeklärt werden müssen."[709]

Damit macht der BGH vom Grundsatz, dass über schlechtere personelle und sachliche, aber dennoch dem Standard entsprechende Versorgungen (etwa in einem ländlichen Krankenhaus im Vergleich zu einer Universitätsklinik)[710] nicht aufgeklärt werden muss, eine Einschränkung. Ist die Behandlung „in der unteren Bandbreite der von Wissenschaft und Praxis akzeptierten Norm", bzw. lässt sich die Ausstattung als „dürftig" qualifizieren, so besteht eine Aufklärungspflicht.[711] Demzufolge erfasst das Arzthaftungsrecht nicht nur nicht-standardgemäße Behandlungen, sondern wirkt auch in den Bereich der Standardbehandlung hinein.[712]

2. kritische Betrachtung

Mit der „Radiumentscheidung" hält der BGH auch für unterdurchschnittliche Behandlungsbedingungen am Kriterium des Standards zur grundsätzlichen Unterscheidung von Behandlungsfehler und Aufklärungspflichtverletzung fest und konkretisiert daneben haftungsrechtliche Aspekte der Grenzbereiche des Standards. Zugleich wird eine Aufklärungspflicht für dürftige aber noch dem Standard entsprechende Bedingun-

---

708   BGH, NJW 1989, 2321, 2322.
709   BGH, NJW 1989, 2321, 2322.
710   BGHZ 102, 17; BGH, NJW 1988, 2302.
711   *Schelling*, Die ärztliche Aufklärung über die Qualität der Behandlung, S. 59 f.
712   So auch: *Kleinewefers*, VersR 1981, 99, 102; *Sandbiller*, MedR 2002, 19, 23; *Schelling*, Die ärztliche Aufklärung über die Qualität der Behandlung, S. 60; Staudinger/*Hager*, (2009) § 823 Rn. I 93; *Weber-Steinhaus*, Ärztliche Berufshaftung als Sonderdeliktsrecht, S. 195.

gen statuiert. Aufklärungspflicht und Behandlungsfehler liegen damit hier, wie in kaum einem anderen Bereich, eng beieinander.

Während Behandlungsbedingungen unter dem Standard dem Grundsatz nach einen Behandlungsfehler darstellen, werden solche im unteren Bereich - aber gleichwohl dem Standard noch entsprechende Bedingungen - von der Aufklärungspflicht erfasst. Mit anderen Worten: die Aufklärungspflicht beginnt, wo der Behandlungsfehler endet.[713] Von diesem Grundsatz sind, wie bereits oben dargestellt, in der Transplantationsmedizin Ausnahmen zu machen. Die Grenzen bei der Versorgung mit Organen und die Interessen der Beteiligten erfordern die Kompensation einer offensichtlichen und bewussten Abweichung vom Standard durch ausführliche Aufklärung des Arztes und Einwilligung des Patienten.

Die Begründung einer Aufklärungspflicht und damit eine haftungsrechtliche Intervention im Bereich unterdurchschnittlicher Ausstattungen und Behandlungen erscheint zunächst aus Patientensicht geboten.[714] Die Bestimmung des vorherrschenden Standards ist vor allem aufgrund der stetigen Fortentwicklung der Medizin häufig nicht eindeutig möglich. Zugleich vollzieht sich die Bildung und Neubestimmung des Standards über Neulandbehandlungen, Behandlungsalternativen und Außenseitermethoden regelmäßig über einen längeren Zeitraum, sodass sich alte und neue Behandlungsformen überschneiden können. Ohne eine haftungsrechtliche Intervention besteht, bei Zweifeln daran, ob die intendierte Behandlung (noch) dem Standard entspricht, die Gefahr, dass Unsicherheiten zu Lasten des Patienten gehen.[715] Die Begründung einer Aufklärungspflicht schützt folglich das Selbstbestimmungsrecht in „zweifelhaften"[716] Bereichen des medizinischen Standards.[717]

Nimmt man mit *Schelling* zudem an, dass dem Standard auch die Funktion zukommt, allen Patienten eine vergleichbare Behandlung zu sichern, so gilt es im unterdurchschnittlichen Bereich der Standardbehandlung die (drohende) Ungleichbehandlung im Vergleich zu den Patienten, die die durchschnittliche Behandlung bekommen, dadurch auszugleichen, dass den Patienten nach Aufklärung die Entscheidung für oder gegen die Behandlung überlassen wird.[718]

Für die Feststellung, ob der unterdurchschnittliche Bereich standardgemäßen Behandlung durch die Aufklärungspflicht oder den Behandlungsfehler zu erfassen ist,

---

713 *Schelling*, Die ärztliche Aufklärung über die Qualität der Behandlung, S. 61.
714 *Schelling*, Die ärztliche Aufklärung über die Qualität der Behandlung, S. 60.
715 *Schelling*, Die ärztliche Aufklärung über die Qualität der Behandlung, S. 60.
716 So die Terminologie des BGH, NJW 1978, 587, 588. Vgl. auch: *Schelling*, Die ärztliche Aufklärung über die Qualität der Behandlung, S. 60.
717 Anders: *Künschner*, Wirtschaftlicher Behandlungsverzicht und Patientenauswahl, S. 233, der darauf verweist, dass Einwilligungsunfähige vorrangig auf einen hohen Behandlungsstandard angewiesen seien.
718 *Schelling*, Die ärztliche Aufklärung über die Qualität der Behandlung, S. 61.

ist eine Bewertung der beteiligten Interessen unabdingbar. Die ärztliche Freiheit der Methodenwahl[719], Entwicklungsinteressen der medizinischen Wissenschaft und das Interesse des Patienten auf Selbstbestimmung und angemessene, bestmögliche Behandlung sind in Ausgleich zu bringen. Dabei ist zu beachten, dass die Einordnung in Behandlungsfehlertatbestand oder Aufklärungspflicht auch Folgen für die Entwicklung der Medizinwissenschaft insgesamt hat. Die Qualifizierung einer Behandlung als sorgfaltswidrig bzw. behandlungsfehlerhaft führt dazu, dass sie nicht mehr angewendet werden darf. Sie fällt damit aus der Bandbreite von Behandlungsmöglichkeiten heraus.[720] Steffen weist deshalb in diesem Zusammenhang überzeugend darauf hin, dass es nicht Aufgabe der Arzthaftung ist, Qualitätsstandards zu korrigieren, sondern nur diese zu kontrollieren.[721]

Dieses Argument erlangt gerade in der Transplantationsmedizin gewichtige Bedeutung. Wird die Transplantation eines Organs im unterdurchschnittlichen Standard, d.h. mit dürftiger Organqualität bzw. einer Organqualität in der unteren Bandbreite der von Wissenschaft und Praxis akzeptierten Norm bereits als Behandlungsfehler eingestuft, kommt eine Transplantation dieses Organs nicht mehr in Betracht. Demzufolge könnte eine Vielzahl von Organen nicht mehr übertragen werden, was angesichts des Organmangels die Wartezeiten der Patienten nicht nur erheblich verlängern würde, sondern vielen Patienten auch eine reelle Heilungsmöglichkeit vorenthalten würde.

Während der Behandlungsfehlertatbestand also direkt auf den medizinischen Standard einwirkt und diesen reguliert, ist die Aufklärungspflicht das mildere und flexiblere Instrument. Sie lässt die ärztliche Freiheit der Methodenwahl unberührt und stellt die Entscheidung für eine Behandlung in das Ermessen des informierten Patienten.[722]

Zudem wird die Entwicklung der medizinischen Wissenschaft damit weniger durch den Behandlungsfehlertatbestand gesteuert und der Standard grundsätzlich der medizinischen Auseinandersetzung und ärztlichen Selbstkontrolle überlassen.[723] Als „ein Komplement"[724] erfordert die Selbstkontrolle jedoch, dass der Patient durch Aufklärung in die Lage versetzt wird, selbst zu entscheiden, in welche Behandlung er einwilligt. So werden juristische Kompetenzüberschreitungen im Bereich des medizinischen Standards vermieden und die jeweiligen Ansprüche von Medizin (naturwis-

---

719 Die Wahl der Behandlungsmethode ist primär Sache des Arztes, vgl. BGH, NJW 1982, 2121, 2122; BGHZ 102, 17, 22; 106, 153, 157; 168, 103, 107 f.172, 254, 257.
720 Damm, NJW 1989, 737, 738; Francke/Hart, Ärztliche Verantwortung und Patientensicherheit, S. 36; Laufs/Kern, in: dies. (Hrsg.), Handbuch des Arztrechts, § 97 Rn. 7; Schelling, Die ärztliche Aufklärung über die Qualität der Behandlung, S. 62.
721 Steffen, MedR 1995, 190.
722 Francke/Hart, Ärztliche Verantwortung und Patientensicherheit, S. 40; Weber-Steinhaus, Ärztliche Berufshaftung als Sonderdeliktsrecht, S. 195.
723 Francke/Hart, Ärztliche Verantwortung und Patientensicherheit, S. 40.
724 Francke/Hart, Ärztliche Verantwortung und Patientensicherheit, S. 40.

senschaftliche Autonomie) und Recht (normative Steuerung von Standards)[725] im Auge behalten.

Schließlich darf nicht übersehen werden, dass durch eine Aufklärungspflicht dem Arzt das Urteil des Behandlungsfehlers, als Folge der Unvertretbarkeit der Behandlung nach dem Behandlungsfehlertatbestand erspart bleibt.[726] Eine Aufklärungspflicht bei einer Behandlung im unterdurchschnittlichen Bereich des Standards dient dem Ausgleich bestehender Unsicherheiten. Einerseits werden die Autonomie und das Selbstbestimmungsrecht des Patienten berücksichtigt. Andererseits wird der Arzt vor dem Urteil des Behandlungsfehlers und im Falle einer hinreichenden Aufklärung vor einer Haftung durchgängig geschützt.[727]

Insgesamt erscheint die Vorverlagerung des Behandlungsfehlertatbestandes daher nicht geboten. Vielmehr kann eine Behandlung im unterdurchschnittlichen Standard durch die Aufklärungspflicht sachgerecht abgedeckt werden.

3. Aufklärungspflichten bei einer Organqualität im unterdurchschnittlichen Standard

Behandlungen „in der unteren Bandbreite der von Wissenschaft und Praxis akzeptierten Norm" haben eine haftungsrechtliche Bedeutung. Sie begründen nach dogmatisch überzeugender Auffassung keinen Behandlungsfehler, sondern werden von der Aufklärungspflicht erfasst. Ist folglich im Einzelfall eine Organqualität als „dürftig" zu qualifizieren, d.h. bewegt sich die Qualität des konkret allozierten Organs in der unteren Bandbreite der von Wissenschaft und medizinischer Praxis akzeptierten Norm, ist der Organempfänger über die Abweichungen von der durchschnittlichen Organqualität aufzuklären.

Auf diese Weise werden nicht nur die Interessen von Ärzten und Patienten in gleicher Weise berücksichtigt, sondern wird auch den Besonderheiten der Transplantationsmedizin Genüge getan. Denn anders als in den übrigen Fällen, in denen keine ausreichenden Bedingungen für eine dem zu erwartenden Standard entsprechende Behandlung gegeben sind und der Patient daher nach der Rechtsprechung in ein anderes Krankenhaus zu überweisen ist, „das nach seiner personellen und apparativen Ausstattung den erforderlichen Standard aufweist,"[728] ist eine „einfache Überweisung" eines Patienten, der auf ein Organ angewiesen ist, nicht möglich. Die Qualifizierung einer Organqualität im unterdurchschnittlichen Standard als Behandlungsfehler hätte für den Patient vielmehr die Folge, dass dieser weiterhin unbehandelt auf der Warteliste für ein Organ im durchschnittlichen Bereich bleiben müsste.

---

725 *Damm*, NJW 1989, 737, 739.
726 *Schelling*, Die ärztliche Aufklärung über die Qualität der Behandlung, S. 63; *Weber-Steinhaus*, Ärztliche Berufshaftung als Sonderdeliktsrecht, S. 195.
727 So auch: *Francke/Hart*, Ärztliche Verantwortung und Patientensicherheit, S. 46.
728 BGH, NJW 1989, 2321, 2322.

Andererseits dürfen Unsicherheiten, ob das Organ noch dem Standard entspricht oder der Standard bereits unterschritten ist, nicht zu Lasten des Patienten gehen. Es kann vom Patienten nicht erwartet werden, dass er sich der Behandlung ohne weiteres unterzieht. Mit der Aufklärung wird das Selbstbestimmungsrecht des Patienten in zweifelhaften Bereichen des medizinischen Standards geschützt. Dem Patienten bleibt so die Entscheidung für oder gegen die Transplantation eines Organs mit unterdurchschnittlicher Qualität überlassen.

VII. Aufklärungspflichten im durchschnittlichen Standard

Schließlich ist zu erörtern, ob ärztliche Aufklärungspflichten bestehen, wenn sich die Organqualität im durchschnittlichen Bereich des Standards bewegt. Fraglich ist nicht nur, ob ein Behandlungsfehler grundsätzlich ausgeschlossen ist, sondern auch ob eine Hinweispflicht auf die bestmögliche Behandlung und Organqualität besteht. Zwar wird im Allokationsverfahren nach einer möglichst hohen Übereinstimmung medizinischer Daten von Spender- und Empfänger ein im besten Fall optimales Organ für den Patienten alloziert, jedoch kann aufgrund gesundheitlicher Beeinträchtigungen des Spenders, aufgrund von Zwischenfällen bei der Organentnahme oder etwa beim Organtransport die Organqualität hinter der eines optimalen Organs zurückbleiben. Aus diesem Grund stellt sich die Frage, ob der Patient in diesem Fall darüber zu informieren ist, dass das konkrete Organ zwar der Standardqualität, nicht jedoch einer optimalen Qualität entspricht.

1. Abgrenzung zum Behandlungsfehlertatbestand

Der behandelnde Arzt schuldet eine Behandlung nach dem Stand der Wissenschaft und Technik, d.h. dem maßgeblichen Standard.[729] Wurde die tatsächlich durchgeführte ärztliche Behandlung mit den in diesem Zeitpunkt angezeigten Maßnahmen nach den Regeln der medizinischen Wissenschaft und mit der berufsfachlich gebotenen Sorgfalt durchgeführt, so erfolgte die Behandlung lege artis und stellt daher keine pflichtwidrige Körper- und Gesundheitsverletzung dar.[730] Unter haftungsrechtlichen Gesichtspunkten ist dabei eine dem durchschnittlichen Standard entsprechende Behandlung als ausreichend anzusehen.[731] Demzufolge bleibt bei Behandlungen im durchschnittlichen Standard grundsätzlich kein Raum für die Begründung eines Behandlungsfehlers.

Allenfalls dann, wenn eine spezielle medizinische Therapie erforderlich ist, die das Krankenhaus trotz der vorhandenen, standardgemäßen Ausstattung nicht leisten

---

729 Vgl. dazu oben unter: 5. A. III.
730 *Francke/Hart*, Ärztliche Verantwortung und Patientensicherheit, S. 38 f.; *Katzenmeier*, in: Laufs/Katzenmeier/Lipp (Hrsg.), Arztrecht, X. Rn. 4 f.; *Schelling*, Die ärztliche Aufklärung über die Qualität der Behandlung, S. 70.
731 So auch: *Weber-Steinhaus*, Ärztliche Berufshaftung als Sonderdeliktsrecht, S. 192; *Schelling*, Die ärztliche Aufklärung über die Qualität der Behandlung, S. 70.

kann, kann nach Auffassung des BGH eine Haftung des behandelnden Arztes wegen Übernahmeverschuldens auch im standardgemäßen Bereich in Betracht kommen.[732]

Abgesehen davon, dass die Kompensation einer „nur" standardgemäßen Organqualität durch Verweisung des Patienten in der Transplantationsmedizin nicht möglich ist, erscheint eine Vorverlagerung des Behandlungsfehlertatbestandes in den Bereich der standardgemäßen Behandlung überdies nicht angebracht. Wie bereits zu Aufklärungspflichten im unterdurchschnittlichen Standard ausgeführt, ist der Behandlungsfehlertatbestand restriktiv zu handhaben, was umso mehr für den durchschnittlichen Standard gelten muss.[733]

2. Aufklärungspflicht

Die Transplantation eines Organs mit einer Qualität im durchschnittlichen Bereich des Standards wird haftungsrechtlich nicht durch den Behandlungsfehlertatbestand erfasst. Damit verbleibt die Frage nach Aufklärungspflichten über eine mögliche optimale Organqualität.

a) Bestehen einer echten Wahlmöglichkeit

Stehen unterschiedliche Behandlungsmethoden zur Verfügung, so gilt, dass der Arzt den Patienten grundsätzlich nicht darüber zu informieren hat, „welche Behandlungsmethoden theoretisch in Betracht kommen und was für und gegen die eine oder andere dieser Methoden spricht, solange er eine Therapie anwendet, die dem medizinischen Standard genügt."[734] Welche Behandlungsmethode der Arzt wählt, ist primär seine Sache. Aufklärungspflichten werden von der Rechtsprechung nur dann angenommen, wenn eine sog. echte Wahlmöglichkeit besteht.[735] Entscheidend ist damit, ob zur geplanten Transplantation eines Organs mit einer Qualität im durchschnittlichen Standard eine „echte Wahlmöglichkeit" mit unterschiedlichen Risiken und Erfolgschancen besteht. Ist keine echte Wahlmöglichkeit gegeben, so besteht keine Aufklärungspflicht.

Eine echte Wahlmöglichkeit setzt neben einer Behandlungsalternative, die hier in der Transplantation eines Organs mit optimaler Organqualität zu sehen ist, voraus, dass diese Alternative auch tatsächlich verfügbar ist.[736] Über Alternativen aufzuklären, die nicht verfügbar sind, ist sinnwidrig, da sie dem Selbstbestimmungsrecht des Patien-

---

732 BGHZ 102, 17, 25; BGH, NJW 1982, 2121, 2123; OLG Celle, VersR 1987, 591; *Pflüger*, MedR 2000, 6, 7.

733 Der Auffassung des OLG Celle, VersR 1987, 591, wonach die Aufklärung über alternative Behandlungen in den Bereich der therapeutischen Aufklärungspflicht fällt und die Nichterfüllung dieser Informationspflichten einen Behandlungsfehler begründet kann nicht gefolgt werden. Die Aufklärungspflicht über alternative Behandlungen ist Teil der Aufklärungspflicht über Behandlungsalternativen und gehört damit zur Selbstbestimmungsaufklärung.

734 BGHZ 102, 17, 22.

735 Vgl. dazu oben unter: 2. E.

736 BGH, NJW 1984, 1810; BGHZ 102, 17, 23.

ten nicht dienen kann und eine unterbliebene Aufklärung kann in diesem Fall auch haftungsrechtlich keine Bedeutung haben.[737] Andererseits sind bei der Bestimmung der Verfügbarkeit keine zu engen Grenzen zu ziehen, um dem Patienten nicht vorschnell das Selbstbestimmungsrecht zu entziehen. Eine Aufklärungspflicht besteht mithin auch dann, wenn nicht sicher ist, ob die Behandlungsalternative im konkreten Fall zur Verfügung steht.[738]

Die Möglichkeit, dass dem Patienten ein optimales Organ zugeteilt wird, besteht allenfalls hypothetisch. Selbst wenn dem Patienten das Organ mit durchschnittlicher Qualität nicht transplantiert wird, er also weiter auf der Warteliste auf ein neues Organ wartet, kann nicht mit Sicherheit gesagt werden, ob und wann er ein optimales Organ zugeteilt bekommt. Die Alternative, ein optimales Organ transplantiert zu bekommen ist daher keine „durchaus ernstzunehmende Alternative"[739]. Bereits das Fehlen der tatsächlichen Verfügbarkeit spricht daher gegen die Begründung einer Aufklärungspflicht über eine optimale Organqualität.

Zudem muss die alternative Behandlung auch entscheidungserheblich sein. Nach Auffassung des BGH ist dies nicht gegeben, „wenn diese anderen, theoretisch in Betracht kommenden ärztlichen Maßnahmen keine besonders ins Gewicht fallenden Vorteile hinsichtlich der Heilungschancen und möglicher Komplikationen derselben Risikogruppe haben und nach medizinischer Erfahrung jedenfalls nicht besser indiziert sind, schließlich wenn die ärztliche Versorgung des Patienten mit den vorhandenen persönlichen und operativen Möglichkeiten im Vordergrund steht".[740] Denn die „Beteiligung des Patienten an dem ärztlichen Entscheidungsprozeß über das Therapieprogramm ist zur Wahrung seines Bestimmungsrechtes nur in dem Umfang erforderlich, der durch sein Interesse als medizinischer Laie an dem Erhalt der für sein weiteres Patientenschicksal wesentlichen medizinischen Fakten bestimmt wird."[741] Nur wenn das Behandlungsrisiko signifikant kleiner ist oder die Heilungschancen deutlich besser sind, ist eine Aufklärungspflicht anzunehmen.

Bereits durch das Allokationsverfahren wird auf eine möglichst hohe Übereinstimmung medizinischer Daten von Spender- und Empfänger geachtet. Es kann dagegen nicht mit Sicherheit gesagt werden welche Kriterien ein Organ „als verwendbar oder nicht verwendbar klassifizieren".[742] Ob eine über die durchschnittliche Organqualität hinausgehende optimale Organqualität eine signifikante Verbesserung der Heilungschancen mit sich bringt, kann daher bezweifelt werden. Umgekehrt kann nicht sicher gesagt werden, dass mit der Transplantation eines durchschnittlichen Organs deut-

---

737 *Schelling*, Die ärztliche Aufklärung über die Qualität der Behandlung, S. 80.
738 *Schelling*, Die ärztliche Aufklärung über die Qualität der Behandlung, S. 81.
739 OLG Frankfurt a.M., NJW 1973, 1415, 1417; LG Hannover, NJW 1981, 1320, 1321.
740 BGHZ 102, 17, 23.
741 BGHZ 102, 17, 23.
742 *Kirste*, Forum Organspende, Diatra Journal 2005, 39, 40; *Norba*, Rechtsfragen der Transplantationsmedizin aus deutscher und europäischer Sicht, S. 75 f.

lich höhere Risiken einhergehen, als bei der Transplantation eines optimalen Organs. Außerdem ist zu berücksichtigen, dass die Transplantation regelmäßig dringend indiziert ist und eine längere Wartezeit für den Patienten mit gesteigerten Risiken durch die erhöhte Wartezeit einhergeht, die gegebenenfalls nicht durch bessere Heilungschancen einer noch besseren Organqualität kompensiert werden können.[743]

Insgesamt ist daher davon auszugehen, dass die denkbaren Vorteile einer Transplantation eines Organs mit optimaler Qualität nicht wesentlich ins Gewicht fallen gegenüber der Transplantation eines Organs mit durchschnittlicher Qualität. Vielmehr steht die Versorgung mit dem vorhandenen Organ mit durchschnittlicher Qualität deutlich im Vordergrund der Behandlung. Eine Aufklärungspflicht über eine mögliche optimale Organqualität ist damit nicht gegeben.

b) Lebendorganspende als echte Wahlmöglichkeit zur postmortalen Organspende

Signifikant bessere Ergebnisse und Funktionsraten nach einer Lebendorganspende[744] im Vergleich zur postmortalen Organspende werfen ferner die Frage auf, ob zumindest in den Fällen, in den eine Lebendorganspende möglich ist (Niere, Teile der Leber, Pankreassegmente, Teile der Lunge oder des Darms) bei Vorliegen eines postmortalen Organangebotes auch über die Möglichkeit einer Lebendorganspende und die hiermit einhergehenden besseren Heilungschancen aufzuklären ist.

Nach dem in § 8 Abs. 1 S. 2 TPG normierten Subsidiaritätsgrundsatz ist eine Lebendorganspende nur zulässig, wenn im Fall der Lebendorganentnahme kein geeignetes postmortales Organ zur Verfügung steht. Durch die Lebendorganspende darf im Interesse des Lebendorganspenders das Bemühen um postmortale Organspenden nicht vernachlässigt werden. Daher kommt die Lebendorganspende nur als letzte Möglichkeit in Betracht.[745] Beachtung hat bislang lediglich der umgekehrte Fall erfahren: Soll eine Lebendorganspende durchgeführt werden und wird gleichzeitig, bzw. rechtzeitig eines postmortal gespendetes Organ angeboten, so seien, um die Konkurrenz zwischen Lebendorganspende und postmortaler Organspende aufzulösen, die Anforderungen an die Geeignetheit des postmortalen Organs streng auszulegen, weshalb das postmortal gespendete Organ meist als weniger geeignet angesehen sei.[746] In der Konsequenz würde dies bedeuten, dass bei einem Angebot ei-

---

743 Zugleich sind Ersatzbehandlungen wie etwa die Dialysetherapie keine dauerhafte echte Alternative zur Transplantation: *Rentsch/Illner*, Neue Trends der Nierentransplantation, Einblicke-LMU, Heft 1 2009 m.w.N. (im Internet abrufbar unter: http://www.einblicke-lmu.de/).

744 *Gutmann/Schroth*, Organlebendspende in Europa, S. 91 ff. m.w.N.; *Offner*, in: Krukemeyer, Manfred/Lison, Arno (Hrsg.), Transplantationsmedizin, S. 292 f.

745 BT-Drs. 13/4355, S. 20. Kritisch hierzu: *Schroth*, MedR 2012, 570, 572 f.

746 *Nickel/Schmidt-Preisigke/Sengler*, Transplantationsgesetz, Erl. § 8 Rn. 9 f.; *Norba*, Rechtsfragen der Transplantationsmedizin aus deutscher und europäischer Sicht, S. 212; *Schreiber*, Die gesetzliche Regelung der Lebendspende von Organen in der Bundesrepublik Deutschland, S. 101 ff.

nes postmortal gespendeten Organs die Lebendorganspende in der Regel als geeignetere Behandlungsmethode anzusehen wäre.

Bereits die Diskussion um die Frage, ob der Empfänger einer Lebendorganspende überhaupt auf eine Warteliste eingetragen sein muss zeigt,[747] dass die Möglichkeit einer Lebendorganspende praktisch vor der Transplantation eines postmortalen Organs geprüft wird. Wurde die Möglichkeit einer Lebendorganspende also ausgeschlossen, so stellt sie im Zeitpunkt eines konkreten Organangebotes mangels Verfügbarkeit keine echte Wahlmöglichkeit dar. Daher ist über die potentielle Möglichkeit einer Lebendorganspende und die damit einhergehende bessere Organqualität in diesen Fällen nicht aufzuklären. Besteht dagegen die konkret in Aussicht gestellte Möglichkeit einer Lebendorganspende, bei der die Voraussetzungen des § 8 TPG erfüllt sind, so stellt sich die Frage, ob die Lebendorganspende angesichts des Subsidiaritätsgrundsatzes dann eine echte Wahlmöglichkeit darstellt.

Postmortal gespendete Organe erzielen, jedenfalls bei Nierentransplantationen, eine schlechtere Transplantatüberlebensrate als Lebendorganspenden.[748] Die mögliche Lebendorganspende stellt damit für den Patienten regelmäßig eine bessere Therapie dar, als das angebotene postmortale Organ. Da aus dem Subsidiaritätsgrundsatz indes keine Verpflichtung abgeleitet werden kann, ein postmortal gespendetes Organ zu akzeptieren, sofern die konkrete Möglichkeit einer Lebendorganspende gegeben ist,[749] besteht in diesem Fall auch eine echte Alternative zur Transplantation des postmortalen Organs mit verschiedenen Risiken und Heilungschancen. Ist im konkreten Fall daher trotz dem Angebot eines postmortalen Organs die Möglichkeit einer Lebendorganspende unter den Voraussetzungen des § 8 TPG gegeben, so besteht auch eine Aufklärungspflicht des Arztes hinsichtlich der unterschiedlichen Behandlungsmethoden, Risiken und Heilungschancen.[750]

c) Aufklärungspflichten trotz fehlender echter Wahlmöglichkeit

Vereinzelt wird eine Aufklärungspflicht über bessere Behandlungsmöglichkeiten auch jenseits echter Wahlmöglichkeiten gefordert, damit der Patient sein Selbstbestim-

---

747 So: *Schreiber*, in: Kirste (Hrsg.), Nieren-Lebendspende, S. 39 f.; Empfehlungen zur Lebendorganspende der Bundesärztekammer, DÄBl. 2000, A 3287; i.E. auch: *Lautenschläger*, Der Status ausländischer Personen im deutschen Transplantationssystems, S. 208. A.A. *Gutmann/Schroth*, Organlebendspende in Europa, S. 30; *Gutmann*, MedR 1997, 147, 152; *Nickel/Schmidt-Preisigke/Sengler*, Transplantationsgesetz, Erl. § 8 Rn. 11.

748 Auch der Gesetzgeber hat bereits beim Entwurf des TPG erkannt, dass die Transplantation von Nieren lebender Spender zu besseren Ergebnisses führt: BT-Drs. 13/4355, S. 14.

749 *Edelmann*, VersR 1999, 1065, 1068; *Esser*, in: Höfling (Hrsg.), TPG, 1. Auflage, § 8 Rn. 59; *Gutmann*, MedR 1997, 147, 152. Wohl auch: *Augsberg*, in: Höfling (Hrsg.), TPG, § 8 Rn. 44.

750 Dieser Fall hat praktisch nahezu keine Bedeutung, da mangels ausreichender postmortal gespendeter Organe ein geeignetes Organ eines verstorbenen Spenders im Zeitpunkt der Organentnahme nicht zur Verfügung steht.

mungsrecht wahrnehmen und sich selbst um eine Behandlungsalternative kümmern kann.[751]

Andere Stimmen im Schrifttum bezweifeln hingegen, dass eine solche Aufklärungspflicht überhaupt aus den objektiven staatlichen Schutzpflichten des Art. 2 GG, der zur Begründung dieser Aufklärungspflichten herangezogen wird, abgeleitet werden könne.[752] Der Aufklärungspflicht sei zwar die „Aufgabe zugewiesen, das in Art. 2 I GG gewährleistete Selbstbestimmungsrecht des Patienten zu schützen",[753] dennoch werde die Aufklärungspflicht vom BVerfG nicht uneingeschränkt gefordert.[754] Bezugspunkt von Einschränkungen bei der Aufklärungspflicht könne gerade die Qualitätsaufklärung sein, da sie keinen nennenswerten Beitrag zur Grundrechtswahrnehmung des Patienten leiste und außerdem kein Anspruch auf Bereithaltung spezieller Gesundheitsleistungen bestünde.[755] Hiergegen wird wieder eingewandt, dass die Aufklärungspflicht nicht der Bereithaltung spezieller Leistungen diene, sondern dem Patienten nur ermögliche, „am Verteilungskampf um die optimalen und deswegen knappen Ressourcen teilzunehmen."[756] Dennoch kann diese Aufklärungspflicht nicht völlig losgelöst von tatsächlich verfügbaren Möglichkeiten bestehen. Dem Patienten theoretische Alternativen aufzuzeigen, obwohl er gar keine tatsächliche Möglichkeit hat, am Verteilungskampf teilzunehmen, hilft dem Patienten nicht und dient auch nicht dessen Selbstbestimmungsrecht.[757]

Überdies kann mit der Begründung einer umfassenden Aufklärungspflicht über Behandlungsalternativen auch nicht intendiert sein, dass alle Patienten danach streben, über die durchschnittliche Standardbehandlung hinaus die bestmögliche Behandlung zu erreichen. Denn gerade in Bereichen beschränkter Ressourcen würde dies dazu führen, dass die bereits bestehenden Grenzen nur noch enger werden und mit einer größeren Nachfrage nach einer optimalen Behandlung wird zugleich eine gerechte Einzelfallentscheidung schwieriger.[758] Die Erwartungshaltung eines Patienten, „jederzeit [...] eine Behandlung nach den neuesten Erkenntnissen, mit den modernsten Apparaten und durch ausgesuchte Spezialisten" zu erhalten, wurde daher vom BGH als eine „möglicherweise überzogene Erwartungshaltung" zurückgewiesen, die im

---

751 *Gießen*, Arzthaftungsrecht, Rn. 219 ff.; *Hart*, MedR 1999, S. 47 ff.; *Künschner*, Wirtschaftlicher Behandlungsverzicht und Patientenauswahl, S. 240. In die gleiche Richtung: *Damm*, NJW 1989, 737, 744; *Gießen*, JZ 1988, 414, 415.

752 *Pflüger*, MedR 2000, 6, 9.

753 BVerfG, NJW 1979, 1925, 1930.

754 *Pflüger*, MedR 2000, 6, 9.

755 *Pflüger*, MedR 2000, 6, 9.

756 Trotz grundsätzlicher Kritik an einer umfassenden Aufklärungspflicht: *Schelling*, Die ärztliche Aufklärung über die Qualität der Behandlung, S. 72. In diese Richtung ferner bereits: *Künschner*, Wirtschaftlicher Behandlungsverzicht und Patientenauswahl, S. 240 f.

757 *Künschner*, Wirtschaftlicher Behandlungsverzicht und Patientenauswahl, S. 240 f.; *Schelling*, Die ärztliche Aufklärung über die Qualität der Behandlung, S. 73.

758 Kritisch in diesem Sinne auch: *Pflüger*, MedR 2000, 6, 8.

medizinischen Alltag nicht befriedigt werden kann.[759] Und auch aus Art. 2 Abs. 2 GG lässt sich nach Auffassung des BVerfG „kein verfassungsrechtlicher Anspruch [...] auf Bereitstellung entsprechender medizinischer Versorgung oder auf Gewährung finanzieller Leistungen"[760] ableiten. Dies ist auch sachgerecht, denn andernfalls wird die Haftungsschwelle vom normalen Standard hin zur stets zu gewährleistenden Optimalversorgung verschoben.

Zugleich lässt die Forderung nach einer uneingeschränkten Aufklärung des Patienten die Therapiefreiheit des Arztes unberücksichtigt. Welche Behandlungsmethode der Arzt wählt, ist vorrangig seine Sache.[761] So kann der Arzt „davon ausgehen, daß der Patient [...] seiner ärztlichen Entscheidung vertraut und keine eingehende fachliche Unterrichtung über speziell medizinische Fragen erwartet" und er hat dem Patienten „ungefragt nicht zu erläutern, welche Behandlungsmethoden theoretisch in Betracht kommen und was für und gegen die eine oder andere dieser Methoden spricht, solange er eine Therapie anwendet, die dem medizinischen Standard genügt."[762] Gehen mit den verschiedenen Behandlungen wesentlich unterschiedliche Risiken einher, so kann die Therapiefreiheit jedoch nicht von einer Aufklärungspflicht gegenüber dem Patienten entbinden.

Deshalb sind im Bereich durchschnittlicher und damit regelmäßig auch guter Behandlungsbedingungen arzthaftungsrechtlicher Interventionen restriktiv zu handhaben. Entspricht das zu transplantierende Organ dem durchschnittlichen Standard, so besteht keine Aufklärungspflicht des Arztes über eine optimale Organqualität.

VIII. Zwischenergebnis

Die Frage nach einer ärztlichen Aufklärungspflicht im Hinblick auf die Organqualität wurde angesichts der Schwierigkeiten und Unschärfen bei der Begründung eines medizinischen Standards bezogen auf die Organqualität in drei Schritten nachgegangen.

Von dem im Arzthaftungsrecht geltenden Grundsatz, dass eine Unterschreitung des Standards grundsätzlich zu einem Behandlungsfehler führt, sind in Anbetracht der begrenzten Verfügbarkeit menschlicher Organe und unter Berücksichtigung der Umstände des Allokationsverfahrens sowie der Interessen der Beteiligten Einschränkungen vorzunehmen. Zeichnet sich für den transplantierenden Arzt ab, dass das angebotene Organ den maßgeblichen medizinischen Standard unterschreitet, ohne dass bereits eine absolute Kontraindikation gegeben ist, so kann diese Standardun-

---

759   BGH, NJW 1988, 763, 765.
760   BVerfG, MedR 1997, 318 f.
761   BGHZ 102, 17, 22; 106, 153, 157; 168, 103; BGH, VersR 1982, 771, 772; VersR 1988, 190, 191; VersR 2005, 836; OLG Karlsruhe, MedR 2003, 229, 230; *Katzenmeier*, in: Laufs/Katzenmeier/Lipp (Hrsg.), Arztrecht, V. Rn. 26; *Schelling/Erlinger*, MedR 2003, 331; *Laufs*, in: Laufs/Kern (Hrsg.), Handbuch des Arztrechts, § 60 Rn. 4.
762   BGHZ 102, 17, 22. Vgl. auch: BGH, NJW 1982, 2121, 2122.

terschreitung durch eine ausführliche Aufklärungspflicht und Einwilligung des Patienten kompensiert werden. Die Zweifel an der Wirksamkeit der Behandlung und die erhöhten Risiken im Vergleich zur Standardbehandlung führen jedoch zwangsläufig zu gesteigerten Anforderungen an die Aufklärungspflicht des Arztes. Raum für den Behandlungsfehlertatbestand bei unterstandardgemäßer Organqualität verbleibt damit nur, wenn die Organqualität als unvertretbar anzusehen ist bzw. die Risiko-Nutzen-Abwägung ein Überwiegen der Nachteile für den Patienten erwarten lässt oder der Aufklärungspflicht nicht nachgekommen wird.

Dagegen werden Organqualitäten in der unteren Bandbreite der von Wissenschaft und Praxis akzeptierten Norm, nicht vom Behandlungsfehlertatbestand erfasst. Da vom Patienten jedoch nicht erwartet werden kann, Unsicherheiten, ob das Organ noch dem Standard entspricht oder der Standard bereits unterschritten ist, hinzunehmen, ist er über die Defizite bei der Organqualität aufzuklären. Bezugspunkt ist hier jedoch nicht die optimale Organqualität, sondern die Abweichung vom durchschnittlichen Standard. Diese Aufklärung dient dem Selbstbestimmungsrecht des Patienten und zugleich dem Ausgleich der zusätzlichen Risiken und Unsicherheiten der Behandlung.

Liegt die Organqualität hingegen im durchschnittlichen Bereich, so kann der Arzt grundsätzlich ausgehen, dass der Patient der ärztlichen Entscheidung vertraut und keine eingehende fachliche Unterrichtung über speziell medizinische Fragen erwartet. Eine Aufklärungspflicht über eine mögliche optimale Organqualität besteht daher nicht. Entspricht die Organqualität dem maßgeblichen medizinischen Standard, so braucht der Arzt nicht ungefragt zu erläutern, welche anderen optimalen Organqualitäten theoretisch in Betracht kommen und was für und gegen das eine oder andere Organ spricht.

IX. Aufklärungspflicht über Erfolgsaussichten der Transplantation

Die Erfolgsaussicht einer Transplantation spielt im Bereich der postmortalen Organspende eine entscheidende Rolle. So verpflichtet § 10 Abs. 2 Nr. 2 TPG die Transplantationszentren, über die Aufnahme in die Warteliste nach Regeln zu entscheiden, die dem Stand der Erkenntnisse der medizinischen Wissenschaft entsprechen, insbesondere nach Notwendigkeit und *Erfolgsaussicht* einer Organübertragung.

1. Aufklärungspflichten vor Aufnahme in die Warteliste

Unabhängig von der grundsätzlichen Kritik am Erfordernis der Erfolgssausicht als Voraussetzung für die Aufnahme in die Warteliste,[763] muss sich der Arzt vor der Aufnahme des Patienten in die Warteliste mit der prognostischen Frage auseinandersetzen muss, welchen Erfolg die Transplantation bei dem konkreten Patienten hat. Genau genommen ist die prognostische Perspektive der Erfolgsaussicht („Abwesenheit

---

763 Ausführlich hierzu: *Lang*, in: Höfling (Hrsg.), TPG, § 10 Rn. 15 ff.

von medizinischer Kontraindikation")[764] bereits Teil der Indikation zu einem Eingriff und damit eine ärztliche Pflicht.[765] Die Grenzen der Indikation für oder gegen den Eingriff ergeben sich aus den objektiven Parametern der Diagnose und der Prognose.[766] Als Reaktion auf die mehrfache Beeinflussung von Vermittlungsentscheidungen durch Transplantationszentren[767] hat die Ständige Kommission Organtransplantation bei der Bundesärztekammer die allgemeinen Grundsätze für die Aufnahme in die Wareliste der Richtlinien für die Wartelistenführung und die Organvermittlung gem. § 16 Abs. 1 S. 1 Nr. 2 und Nr. 5 TPG angepasst. Danach trifft die Entscheidung über die Aufnahme eines Patienten in die Warteliste, ihre Führung sowie über die Abmeldung eines Patienten eine ständige, interdisziplinäre und organspezifische Transplantationskonferenz des Transplantationszentrums.[768] Darüber hinaus wurde in § 10 Abs. 3 S. 2 TPG das Verbot aufgenommen, für eine Meldung nach § 13 Abs. 3 S. 3 TPG den Gesundheitszustand eines Patienten unrichtig zu erheben oder unrichtig zu dokumentieren oder bei der Meldung nach § 13 Abs. 3 S. 3 einen unrichtigen Gesundheitszustand eines Patienten zu übermitteln.[769] Dieses Verbot ist nunmehr über § 19 Abs. 2a TPG strafbewehrt.

Nach ständiger Rechtsprechung des BGH ist der Patient umfassend über Verlauf, Risiken und Erfolgsaussichten des Eingriffs aufzuklären.[770] Die Aufklärung über die Erfolgsaussichten ist dabei Teil der Verlaufsaufklärung. Die Verlaufsaufklärung erfasst nicht nur die Prognose, wie sich der Gesundheitszustand mit und ohne die Behandlung entwickeln wird und welche sicheren Behandlungsfolgen und Nebenfolgen eintreten werden, sondern auch, mit welchem Grad an Erfolgsaussicht zu rechnen ist.[771] Da sich Verlaufs- und Risikoaufklärungspflicht nicht genau trennen lassen, werden diese Informationen z.T. auch der Risikoaufklärungspflicht zugeordnet. Wird der Patient nur über die Risiken der Behandlung aufgeklärt, ohne dass er über die (guten oder nur eingeschränkten) Erfolgschancen einer Behandlung informiert wird, so ist die Aufklärung unzureichend, „da der Patient ohne sie keine Schaden-Nutzen-Relation aufstellen kann".[772]

---

764 *Norba*, Rechtsfragen der Transplantationsmedizin aus deutscher und europäischer Sicht, S. 171.

765 *Kern*, in: Laufs/Kern (Hrsg.), Handbuch des Arztrechts, § 49 Rn. 1 f.

766 *Kern*, in: Laufs/Kern (Hrsg.), Handbuch des Arztrechts, § 49 Rn. 2.

767 Hierzu: *Lilie*, „Es ist kein Flächenbrand", Interview mit Christina Bernd über die Organspende in Deutschland, Süddeutsche Zeitung vom 08.11.2012, Nr. 258, S. 18.

768 Änderung der Richtlinien für die Wartelistenführung und die Organvermittlung gem. § 16 Abs. 1 S. 1 Nrn. 2 und 5 TPG, DÄBl. 2013, A 241.

769 BGBl. I vom 15.07.2013, S. 2423, 2429.

770 BGH, NJW 1985, 1399; BGH, VersR 1990, 1010; NJW 1994, 3010; 2006, 2108.

771 *Deutsch/Spickhoff*, Medizinrecht, Rn. 268; *Laufs*, in: Laufs/Kern (Hrsg.), Handbuch des Arztrechts, § 59 Rn. 18; *Tag*, Der Körperverletzungstatbestand im Spannungsfeld zwischen Patientenautonomie und Lex artis, S. 273.

772 *Hassner*, VersR 2013, 23, 26.

Durch das Patientenrechtegesetz wurde die Aufklärungspflicht über die Erfolgsaussicht der Behandlung in § 630e Abs. 1 S. 2 BGB geregelt. Danach ist der Patient insbesondere über die Erfolgsaussicht im Hinblick auf Diagnose und Therapie aufzuklären. Demzufolge ist der potentielle Organempfänger vor der Aufnahme in die Warteliste über die Erfolgsaussichten der beabsichtigen postmortalen Organspende zu informieren. Mangels vorhandener Anhaltspunkte einer konkreten Organqualität muss sich diese Aufklärung wohl in der Regel zunächst an abstrakten Erfolgsaussichten und Prognosen orientieren.

Zutreffend enthalten daher auch die allgemeinen Grundsätze für die Aufnahme in die Warteliste zur Organtransplantation der Richtlinien für die Wartelistenführung und die Organvermittlung gem. § 16 Abs. 1 S. 1 Nrn. 2 u. 5 TPG unter Punkt I.7. den Hinweis, dass die Patienten bereits vor der Aufnahme in die Warteliste über die Erfolgsaussicht zu informieren sind.[773] Die Aufklärungspflicht über die Erfolgsaussicht der Organübertragung besteht unabhängig von der konkreten Organqualität.

2. Aufklärungspflichten nach Organzuteilung

Daneben ist die Erfolgsaussicht ein zentrales Kriterium, nach dem die Vermittlungsstelle die vermittlungspflichtigen Organe zu vermitteln hat. Gem. § 12 Abs. 3 S. 1 TPG sind die vermittlungspflichtigen Organe von der Vermittlungsstelle nach Regeln, die dem Stand der Erkenntnisse der medizinischen Wissenschaft entsprechen, insbesondere nach Erfolgsaussicht und Dringlichkeit für geeignete Patienten zu vermitteln. Wird dem individuellen Patienten also ein Organ von der Vermittlungsstelle zugeteilt, so ist davon auszugehen, dass prinzipiell auch bei der Organzuteilung eine (positive) Erfolgsaussicht für die Transplantation besteht. Fraglich ist, ob der Arzt vor der Organübertragung verpflichtet ist, über diese konkreten Erfolgsaussichten zu informieren ist.[774]

Grundsätzlich gilt, dass im Fall einer wirksam erklärten Einwilligung nicht stets eine erneute Einwilligung eingeholt zu werden braucht.[775] Wenn der Empfänger einer postmortalen Organspende daher seine Einwilligung in die Transplantation vor der Durchführung, der für die Aufnahme in die Warteliste erforderlichen Voruntersuchungen erklärt hat, so kann dem Grundsatz nach davon ausgegangen werden, dass die Einwilligung zum Zeitpunkt der Organzuteilung noch fort gilt. Sind jedoch Anhaltspunkte dafür gegeben, dass der Eingriff nicht von der Einwilligung des Rechtsgutinhabers gedeckt ist, ist dessen Einwilligung nach Aufklärung vor dem Eingriff zu „aktualisieren".[776] Ein Anhaltspunkt dafür, dass die zuvor erklärte Einwilligung den kon-

---

773   DÄBl. 2012, A 2267, 2268.
774   Ausführlich zur erneuten Aufklärungspflicht nach Organzuteilung unten unter: 6. B. II. 2. d).
775   *Mitsch*, Rechtfertigung und Opferverhalten, S. 627.
776   Dieser Umstand ist dogmatisch unter den „mutmaßlichen Widerruf" zu fassen. Hierzu: *Mitsch*, Rechtfertigung und Opferverhalten, S. 627 ff.; *ders.* JZ 2005, 279, 282. Trotz grundsätzlicher Anerkennung kritisch zu diesem bislang nur sehr knapp erörterten Rechtsinstitut: LK-*Rönnau*,

kreten Eingriff nicht mehr deckt, kann eine wesentlich geänderte Erfolgsaussicht der Organübertragung sein.

Mangels konkreter Angaben zum postmortal gespendeten Organ kann die Aufklärung über die Erfolgsaussicht vor der Aufnahme in die Warteliste lediglich einen Rahmen möglicher Erfolgschancen vorgeben. Weichen die Erfolgsaussichten mit dem konkret vermittelten Organ erheblich von denen, bei der Aufnahme in die Warteliste dargestellten Erfolgsaussichten ab, so kann nicht mehr davon ausgegangen werden, dass die zuvor erteilte Einwilligung den konkreten Eingriff abdeckt. Vielmehr ist der potentielle Organempfänger über die Erfolgsaussichten im konkreten Fall zu informieren.

X. Folgeprobleme

Aufklärungspflichten können nicht losgelöst von tatsächlichen Möglichkeiten begründet werden. Es darf daher nicht verschwiegen werden, dass die Begründung von Aufklärungspflichten über die Organqualität in der Konsequenz vor allem praktische Schwierigkeiten in sich birgt.

Diese konzentrieren sich vornehmlich auf zwei Aspekte: 1. Der zeitliche Faktor hat wesentlichen Einfluss auf den Umfang der Aufklärungspflicht. Je dringender eine Behandlung ist, umso geringer ist der gebotene Aufklärungsumfang.[777] Wird dem Transplantationszentrum, bei dem der auf dieser Liste für das betreffende Organ an erster Stelle stehende Patient gemeldet ist, ein Organ verbindlich angeboten und das Organ an das Transplantationszentrum versendet, so verbleibt neben den medizinisch notwendigen Vorbereitungen nur wenig Zeit. Zudem trifft das Organ häufig mit oder sogar erst nach dem Patienten im Transplantationszentrum ein. 2. Die Verantwortlichkeiten und Pflichten für die Organe werden nach dem Ablauf des Organspendeprozesses differenziert. Mit der Begründung von Aufklärungspflichten ist die Frage nach der Entscheidungskompetenz und einem möglichen Ablehnungsrecht des Organempfängers zu stellen.

1. Berücksichtigung der Dringlichkeit

Der Umfang sowie die Genauigkeit der Aufklärungspflicht und die Dringlichkeit der Behandlung verhalten sich umgekehrt proportional zueinander.[778] Je dringender ein Eingriff aus zeitlicher Sicht, medizinischer Indikation und Heilungsaussicht ist, umso

---

Vor § 32 Rn. 175; Schönke/Schröder-*Lenckner/Sternberg-Lieben*, Vorbem. §§ 32 ff Rn. 44.Vgl. dazu auch unten unter: 6. B. II. 2. d).

777 BGH, NJW 1980, 1905, 1906; 1998, 1784, 1785; OLG Stuttgart, VersR 1997, 1537; OLG Oldenburg, NJW 1997, 1642; OLG Zweibrücken, NJW 2005, 74, 75; *Katzenmeier*, in: Laufs/Katzenmeier/Lipp (Hrsg.), Arztrecht, V. Rn. 20.

778 BGH, NJW 1980, 1905, 1906; 1998, 1784, 1785; OLG Stuttgart, VersR 1997, 1537; OLG Oldenburg, NJW 1997, 1642; OLG Zweibrücken, NJW 2005, 74, 75; *Katzenmeier*, in: Laufs/Katzenmeier/Lipp (Hrsg.), Arztrecht, V. Rn. 20.

geringer sind die Anforderungen an die Aufklärungspflicht.[779] In Notfällen oder bei der Gefahr der Schädigung des Patienten durch weitere Verzögerungen darf sich der Arzt kurz fassen.[780] Der Patient hat dann die konkrete Behandlung hinzunehmen und ist auch nicht über optimale Behandlungsbedingungen aufzuklären. Nur wenn die Behandlung weder zeitlich noch medizinisch dringend ist, besteht eine umfassende, den oben entsprechend festgestellten Fällen bestehende, ärztliche Aufklärungspflicht.

Für die spätere Funktion eines transplantierten Organs im Empfänger ist eine möglichst kurze Ischämiezeit von entscheidender Bedeutung.[781] Daher ist der Patient unmittelbar nach dem Eintreffen im Transplantationszentrum für die Übertragung vorzubereiten. Im Interesse der Gesundheit des Organempfängers verbleibt demzufolge für eine eingehende Aufklärung nur sehr eingeschränkt Zeit. Nach den dargestellten Grundsätzen der Rechtsprechung, die in medizinisch dringlichen Fällen eine eingeschränkte Aufklärung des Patienten für zulässig erachten, ist dies zunächst unbedenklich. Der enge zeitliche Rahmen zwischen Organallokation und Implantation und die Gefahr von Schädigung an Organ und Organempfänger bei Verzögerungen begrenzen die Aufklärungspflicht des Arztes.

Sofern sich also die Qualität des zugeteilten Organs in der unteren Bandbreite der von Wissenschaft und Praxis akzeptierten Norm bewegt und daher die Pflicht des Arztes festgestellt wurde,[782] den Patienten über die Defizite bei der Organqualität im Hinblick auf die durchschnittliche Organqualität aufzuklären, so besteht diese Aufklärungspflicht in Anbetracht des engen zeitlichen Rahmens nur eingeschränkt. Nur wenn es der Ablauf der Organspende im konkreten Fall zulässt, ist der Patient über Abweichungen von der durchschnittlichen Organqualität zu informieren. Andernfalls hat der Patient angesichts der für ihn drohenden Risiken die Behandlung und damit auch die Organqualität hinzunehmen.

Als bedenklich erweisen sich indes die Fälle, in denen die Qualität des angebotenen Organs den maßgeblichen medizinischen Standard unterschreitet und die Zweifel an der Wirksamkeit der Behandlung und die erhöhten Risiken im Vergleich zur Stan-

---

779 Kritisch vor allem für die vitale oder dringende Indikation: das Sondervotum der Richter *Hirsch, Niebler,* und *Steinberger,* BVerfGE 52, 131, 177 f.; *Giesen,* Arzthaftungsrecht, Rn. 271, 279; Staudinger/*Hager,* (2009) § 823 Rn. I 86; die gerade in Fällen der dringenden oder vitalen Indikation eine verstärkte Verantwortung des Arztes fordern, dem Patienten alle entscheidungserheblichen Fakten mitzuteilen.

780 BGH, NJW 1973, 556, 557; Staudinger/*Hager,* (2009) § 823 Rn. I 86. Auch im Zusammenhang mit der Aufklärung über Behandlungsalternativen: BGH, NJW 1982, 2121, 2122.

781 „Die Länge der kalten Ischämiezeit korreliert mit der Inzidenz der primären Nichtfunktion, verzögerten Transplantatfunktion und Langzeitfunktion nach Nierentransplantation insbesondere von älteren Spendern.", *Palmes/Spiegel/Dietl,* in: Krukemeyer, Manfred/Lison, Arno (Hrsg.), Transplantationsmedizin, S. 85.

782 Vgl. dazu oben: 5. A. VI.

dardbehandlung zu gesteigerten Anforderungen an die Aufklärungspflicht des Arztes führen.[783] In diesem Fall kollidiert die gesteigerte Aufklärungspflicht des Arztes mit den tatsächlich zur Verfügung stehenden Möglichkeiten nach dem Organangebot. Für eine umfassende Aufklärung des Patienten wird daher in der Regel kaum Zeit bleiben. Dabei lassen sich weder die grundrechtlich von der Patientenautonomie geschützte Einbeziehung des Patienten in die Entscheidung, ob dieser sich der Behandlung angesichts erhöhter Risiken und Unsicherheiten aussetzen will, noch die Dringlichkeit der Behandlung völlig außer Acht lassen. Vor allem der Stellenwert, den die Transplantation für das weitere Leben des Organempfängers hat, erfordert, dass dieser in den Entscheidungsprozess einbezogen wird.

Das Selbstbestimmungsrecht des Patienten ist zu achten, auch wenn der Eingriff dringend ist und der Arzt gezwungen ist, sich kurz zu fassen, um den Patienten nicht zu gefährden.[784] Der eingehenden Aufklärungspflicht als Folge der Standardunterschreitung wird der behandelnde Arzt aus Zeitgründen jedoch regelmäßig nicht nachkommen können.

Aus diesem Grund ist zumindest in den Fällen, in denen regelhaft ein Organ mit einer Qualität unter dem Standard zugeteilt werden soll, der Patient hierüber bereits vor der Organzuteilung aufzuklären. Vergleichbar mit der Aufklärungspflicht bei Heilversuchen oder Außenseiter- und Neulandmethoden, ist der Patient umfassend auch über die Unsicherheiten der Behandlung, die ungewissen Chancen und Risiken zu informieren. Hierfür muss der Arzt sowohl die Art, die Wirkung und die möglichen Folgen einer Standardorganqualität, als auch die Unterschiede, d.h. die Vor- und Nachteile gegenüber der geminderten Organqualität erläutern. So verbleibt dem Arzt genügend Zeit, den Patienten über Vor- und Nachteile dieser Behandlung aufzuklären und der Patient hat ausreichend Zeit, sich für oder gegen die Behandlung zu entscheiden und damit sein Selbstbestimmungsrecht zu wahren.

Die Richtlinien der Bundesärztekammer fordern daher (im Ergebnis)[785] zutreffend, dass die Akzeptanz dieser Organe mit dem Patienten abgesprochen sein muss, bevor der Patient für die (regelhafte) Allokation eingeschränkt vermittelbarer Organe in Frage kommt (Spenderprofil).[786] Die regelhafte Allokation eingeschränkt vermittelba-

---

783 Vgl. dazu oben: 5. A. V.

784 So genügt etwa der Hinweis, dass operiert werden muss, auch bei einer akuten Blinddarmentzündung nicht, BGH, NJW 1983, 333; zust.: Bamberger/Roth/*Spindler*, § 823 Rn. 621. Auch das Ansteckungsrisiko mit AIDS ist bei einer Bluttransfusion trotz vitaler Indikation aufklärungsbedürftig, Staudinger/*Hager*, (2009) § 823 Rn. I 86. A.A. OLG Düsseldorf, NJW 1996, 1599, 1600.

785 Trotz einer Überschreitung der Kompetenz der Bundesärztekammer, vgl. dazu oben unter: 5. A. II.

786 Punkt II.3.1. der allgemeinen Grundsätze für die Vermittlung postmortal gespendeter Organe der Richtlinien für die Wartelistenführung und die Organvermittlung gem. § 16 Abs. 1 Nrn. 2 und 5 TPG, DÄBl. 2011, A 2425, 2427.

rer Organe erfordert daher stets die vorherige Einwilligung des Patienten nach umfassender Aufklärung.

Dies trifft auch auf das Eurotransplant Senior Programm zu.[787] Wird einem Patienten ≥ 65 Jahre die Niere eines Spenders mit einem Alter ≥ 65 Jahren regelhaft angeboten, so erfordert dies, dass der Organempfänger eingehend über die Vor- und Nachteile der Behandlung und insbesondere die geminderte Organqualität aufzuklären ist. Konsequent verlangt die Richtlinie für die Wartelistenführung und die Organvermittlung zur Nierentransplantation, dass der Patient auch vor der Aufnahme in das Eurotransplant Senior Programm (gesondert) aufzuklären ist.[788] Ohne die Einwilligung und vorherige Aufklärung ist eine Aufnahme des Patienten in das Eurotransplant Senior Programm unzulässig.

Wird einem Spender indes ein Organ zugeteilt, bei dem ersichtlich ist, dass seine Qualität den maßgeblichen Standard unterschreitet, ohne dass dies im Rahmen eines besonderen Vermittlungsverfahrens (regelhaft) geschieht, so verbleibt die Frage nach der Aufklärungspflicht. In Anbetracht der Dringlichkeit der Behandlung wird der Arzt keine umfassende Aufklärung leisten können, wie etwa vor der Aufnahme in ein besonderes Vermittlungsverfahren. Dennoch erfordert das Selbstbestimmungsrecht des Patienten, dass er über die Unterschreitung des Standards und die hiermit einhergehenden Risiken und Unsicherheiten (überblicksartig) aufzuklären ist. Nur auf dieser Grundlage kann sich der Patient selbstbestimmt für oder gegen die Behandlung entscheiden.

Da die Pflicht, das Selbstbestimmungsrecht des Patienten zu beachten, grundsätzlich auch dann gilt, wenn der Eingriff aus medizinischer Sicht dringend geboten erscheint,[789] kann selbst in Fällen einer besonderen Dringlichkeit zur Transplantation, wie bei einer akut lebensbedrohlichen Situation des Patienten (High Urgency Allokation)[790] nicht gänzlich auf eine Aufklärung verzichtet werden. Sofern der Eingriff nicht sofort erfolgen muss, ist auch hier eine hinreichende Aufklärung geboten.[791]

2. Verantwortlichkeiten und das Ablehnungsrecht des Patienten

Die Verantwortlichkeiten und Pflichten für die Organe werden nach dem Ablauf des Organspendeprozesses differenziert. Einschränkungen bei der Vermittlungsfähigkeit müssen im Einzelfall, d.h. sofern kein eindeutiges, in der Richtlinie genanntes Kriteri-

---

787   Vgl. dazu oben unter: 5. A. I. 2. c).

788   Punkt III.4.10. der Richtlinie für die Wartelistenführung und die Organvermittlung zur Nierentransplantation, DÄBl. 2013, Heft 6 vom 08.02.2013.

789   Bamberger/Roth/*Spindler*, § 823 Rn. 621.

790   Vgl. Punkt III.3.7. der Richtlinie für die Wartelistenführung und die Organvermittlung zur Nierentransplantation, DÄBl. 2013, Heft 6 vom 08.02.2013; Punkt III.3.2.1. der Richtlinien für die Wartelistenführung und Organvermittlung zur Herz- und Herz-Lungen-Transplantation, DÄBl. 2013, Heft 6 vom 08.02.2013.

791   BGH, NJW 1983, 333; Bamberger/Roth/*Spindler*, § 823 Rn. 621.

um für die einschränkte Vermittlungsfähigkeit gegeben ist, von den an der Organentnahme beteiligten Ärzten beurteilt werden.[792] Dennoch ist die Vermittlungsstelle nach den Richtlinien der Bundesärztekammer für die WarteListenführung und die Organvermittlung gem. § 16 Abs. 1 S. 1 Nrn. 2 u. 5 TPG verpflichtet, auch bei eingeschränkt vermittelbaren Organen ein Vermittlungsverfahren durchzuführen, wobei die Zentrums- und Patientenprofile zu berücksichtigen sind.[793] Gem. § 2 Abs. 1 S. 2 des Vertrages mit der Koordinierungsstelle verbleibt die Verantwortung für vermittlungspflichtige Organe mit Ausnahme der Vermittlungsentscheidung bis zur Übergabe an das Transplantationszentrum bei der Koordinierungsstelle. Dagegen obliegt die endgültige Entscheidung, ob ein angebotenes (marginales) Organ implantiert wird, nach den Richtlinien der Bundesärztekammer dem Transplantationschirurgen.[794] Zugleich übernimmt das Transplantationszentrum mit der Übergabe des Organs die Verantwortung für die Einhaltung von Konservierungs- und Kühlmaßnahmen. Entscheidet sich der transplantierende Arzt gegen eine Implantation des Organs, so hat er dies unverzüglich der Vermittlungsstelle unter der Angabe der Gründe mitzuteilen, damit ggf. ein neues Vermittlungsverfahren eingeleitet werden kann.[795]

Fraglich ist, wie sich die Feststellung der Richtlinie, dass die endgültige Entscheidungsbefugnis für oder gegen ein Organ beim Arzt liegt und das Selbstbestimmungsrecht des Patienten zueinander verhalten. Wird mit der hier vertretenen Auffassung eine Aufklärungspflicht über die Organqualität in bestimmten Fällen angenommen, um das Selbstbestimmungsrecht des Patienten zu wahren, so bedarf es konsequenter Weise auch der Einwilligung des Patienten. Folglich obliegt die Entscheidung für oder gegen ein Organ nicht allein dem behandelnden Arzt.

Allgemein gilt, dass eine Behandlung stets die Mitwirkung des Patienten voraussetzt.[796] Das Selbstbestimmungsrecht des Patienten und sein Recht auf körperliche Unversehrtheit aus Art. 2 Abs. 2 S. 1 GG gestatten dem Patienten trotz Behandlungsvertrag jederzeit und aus beliebigem Grund, einen diagnostischen oder therapeutischen Eingriff abzulehnen oder eine erklärte Einwilligung zu widerrufen.[797] Eine

---

792   Punkt II.3.2. der allgemeinen Grundsätze für die Vermittlung postmortal gespendeter Organe der Richtlinien für die WarteListenführung und die Organvermittlung gem. § 16 Abs. 1 S. 1 Nrn. 2 und 5 TPG, DÄBl. 2011, A 2425, 2427.

793   Vgl. Punkt II.3.1. der allgemeinen Grundsätze für die Vermittlung postmortal gespendeter Organe der Richtlinien für die WarteListenführung und die Organvermittlung gem. § 16 Abs. 1 S. 1 Nrn. 2 und 5 TPG, DÄBl. 2011, A 2425, 2427.

794   Punkt 3 der Richtlinie zur medizinischen Beurteilung von Organspendern und zur Konservierung von Spenderorganen gem. § 16 Abs. 1 S. 1 Nr. 4 a) und b) TPG, DÄBl. 2005, A 2968, 2969. Vgl. auch § 5 Abs. 5 des Vertrages mit der Vermittlungsstelle.

795   Punkt 3 der Richtlinie zur medizinischen Beurteilung von Organspendern und zur Konservierung von Spenderorganen gem. § 16 Abs. 1 S. 1 Nr. 4 a) und b) TPG, DÄBl. 2005, A 2968, 2969.

796   BGHZ, 96, 98, 100; *Kern*, in: Laufs/Kern (Hrsg.), Handbuch des Arztrechts, § 76 Rn. 1.

797   *Kern*, in: Laufs/Kern (Hrsg.), Handbuch des Arztrechts, § 76 Rn. 1.

Zwangsbehandlung ist unzulässig. Dies gilt auch für die Transplantationsmedizin. Aus dem TPG ergibt sich nicht, dass es dem Arzt oder dem Patienten untersagt ist, ein angebotenes Organ abzulehnen.[798] Selbst wenn ein Organ bereits im Transplantationszentrum eingetroffen ist, kann der Patient nach Aufklärung, insbesondere für den Fall, dass das Organ eine unterdurchschnittliche oder unterstandardgemäße Qualität aufweist und der Patient hierüber aufgeklärt wurde, die Transplantation ablehnen. Aus diesem Grund obliegt die Letztentscheidung (entgegen der Feststellung der Richtlinien) nicht dem behandelnden Arzt.

Vermutlich handelt es sich jedoch um eine Ungenauigkeit in der Richtlinie. Gemeint sein kann nur die Frage der medizinischen Indikation und Vertretbarkeit der Behandlung. Die Behandlung des Patienten setzt zunächst voraus, dass die Transplantation mit dem konkreten Organ medizinisch indiziert ist. Diese Entscheidung ist allein von ärztlicher Seite durch den Transplantationschirurgen zu treffen. Die Feststellung der Richtlinie, dass die Letztverantwortung ob ein Organ akzeptiert wird, dem Transplantationschirurgen obliegt, ist also vor dem Hintergrund der unterschiedlichen Zuständigkeiten im Organspendeprozess zu verstehen. Die Verantwortlichkeit bezieht sich allein auf die Frage der medizinischen Indikation. Hierfür kann die Letztentscheidung zutreffend nur beim implantierenden Arzt (und nicht etwa der Koordinierungsstelle, der Vermittlungsstelle oder dem Entnahmekrankenhaus) liegen. Aus diesem Grund trifft § 5 Abs. 5 des Vertrages mit der Vermittlungsstelle auch die Regelung, dass die endgültige Entscheidung über die Tauglichkeit und Verwendungsmöglichkeit des angebotenen Organs für den jeweiligen Empfänger beim zuständigen Arzt des Transplantationszentrums liegt.

Zudem sieht § 12 Abs. 3 S. 3 TPG vor, dass die Vermittlungsentscheidung für jedes Organ unter Angabe der Gründe zu dokumentieren und unter Verwendung der Kenn-Nummer dem Transplantationszentrum und der Koordinierungsstelle zu übermitteln ist. Gem. § 5 Abs. 4 S. 2 des Vertrages mit der Vermittlungsstelle bietet die Vermittlungsstelle demjenigen Transplantationszentrum, bei dem der auf dieser Liste für das betreffende Organ an erster Stelle stehende Patient gemeldet ist, das Organ verbindlich an. Das Transplantationszentrum ist nunmehr gem. § 5 Abs. 4 S. 3 des Vertrages mit der Vermittlungsstelle verpflichtet, binnen einer im Einzelfall von ET angegebenen Frist das Angebot anzunehmen oder unter Angabe von Gründen abzulehnen.[799] Diese Entscheidung, die sich zunächst auf die generelle Akzeptanz und damit auch die ärztliche Vertretbarkeit bezieht, ist von den verantwortlichen Ärzten des Transplantationszentrums zu treffen, bevor der Patient überhaupt informiert und in den Entscheidungsprozess einbezogen werden kann.

---

798 *Gutmann*, in: Schroth/König/Gutmann/Oduncu (Hrsg.), Transplantationsgesetz, § 8 Rn. 23; *Norba*, Rechtsfragen der Transplantationsmedizin aus deutscher und europäischer Sicht, S. 212.
799 Hierzu auch: *Stockter*, in: Höfling (Hrsg.), TPG, § 14 Rn. 122 f.

Dennoch kann sich der Patient, nachdem die Frage der medizinischen Indikation und Vertretbarkeit durch den verantwortlichen Arzt positiv festgestellt wurde, für oder gegen das Organ entscheiden. Insoweit obliegt ihm die Letztentscheidung.[800] Umgekehrt trifft den Arzt, abgesehen von Notfällen, keine Pflicht den Patienten zu behandeln, wenn er die Behandlung aus medizinischer Sicht ablehnt und der Patient dennoch eine Behandlung fordert.[801]

Lehnt der Patient eine Transplantation ab, so ist die Vermittlungsstelle gem. § 5 Abs. 4 S. 5 des Vertrages mit der Vermittlungsstelle berechtigt und verpflichtet, das Organ verbindlich dem Transplantationszentrum anzubieten, bei dem der nächste geeignete Patient gemeldet ist.

B. Lebendorganspende

Lebendorganspenden werden vor allem bei Nieren sowie Teilen der Leber durchgeführt. Daneben sind jedoch auch Lebendspenden von Lungenflügeln, Teilen der Bauchspeicheldrüse und des Dünndarms möglich.[802] Sowohl aus tatsächlich medizinischer, als auch aus rechtlicher Perspektive stellt die Lebendorganspende eine Besonderheit dar. Daher erscheint es geboten, mögliche Aufklärungspflichten im Hinblick auf die Organqualität bei Lebendorganspenden gesondert zu untersuchen.

I. Begrenzungen möglicher Organqualitäten durch das TPG

Die Lebendorganspende ist in § 8 TPG geregelt. Sie darf, da „die Organentnahme für den Spender kein Heileingriff ist, sondern ihm grundsätzlich körperlich schadet und ihn gesundheitlich gefährden kann",[803] nur in engen Grenzen und unter bestimmten Voraussetzungen vorgenommen werden. Da die Transplantationsmedizin die Möglichkeiten der Lebendspende von der Entnahme einer Niere auf die Entnahme von Teilen anderer Organe wie Leber, Lunge und Bauchspeicheldrüse erweitert hat, gelte dies, so die Gesetzesbegründung, umso mehr.[804]

Die Zulässigkeit der Lebendorganspende wird auch bei vorhandener Volljährigkeit und Freiwilligkeit der Spende durch die Empfängerindikation in § 8 Abs. 1 S. 1 Nr. 2

---

800 Nur am Rande kann auf die Frage hingewiesen werden, welche Konsequenzen eine Ablehnung des allozierten Organs durch den Patienten für seine Behandlung auf der Warteliste hat. Da § 12 Abs. 3 S. 1 TPG als Allokationskriterien insbesondere „Erfolgsaussicht und Dringlichkeit" nennt und in den Richtlinien zur Organtransplantation gem. § 16 Abs. 1 S. 1 Nr. 2 und 5 TPG medizinische Kriterien für die Allokation eine Rolle spielen, dürfte die Ablehnung eines Organs durch den Patienten keine Auswirkungen auf die Behandlung des Patienten auf der Warteliste und künftige Allokationen haben.

801 Vgl. § 7 Abs. 2 MBO-Ä. Hierzu auch: *Laufs*: Laufs/Kern (Hrsg.), Handbuch des Arztrechts, § 14 Rn. 12.

802 Zwischenbericht der Enquete-Kommission Ethik und Recht der modernen Medizin, Organlebendspende, BT-Drs. 15/5050, S. 8.

803 BT-Drs. 13/4355, S. 20.

804 BT-Drs. 13/4355, S. 20.

TPG und die Spenderindikation in § 8 Abs. 1 S. 1 Nr. 1 c) TPG begrenzt. Vor dem Hintergrund dieser Regelungen stellt sich die Frage, ob damit für die Lebendorganspende nur Organe zugelassen sind, die völlig gesund sind. Der Umfang zulässiger Lebendorganspenden hat zugleich maßgeblichen Einfluss auf daran anknüpfende ärztliche Aufklärungspflichten über die Organqualität. Sofern also nur die Übertragung völlig gesunder und uneingeschränkt funktionsfähiger Organe zulässig ist, erübrigt sich die Erörterung von Aufklärungspflichten für unterdurchschnittliche Organqualitäten oder gar Unterschreitungen des Standards bei der Lebendorganspende. In diesem Fall wäre die Transplantation von Organen, die den Kriterien der eingeschränkten Vermittlungsfähigkeit entsprächen, auch wenn ein Verstoß gegen §§ 8 Abs. 1 S. 1 Nr. 2 und 8 Abs. 1 S. 1 Nr. 1 c) TPG nicht strafbewehrt ist, unzulässig.

1. Empfängerindikation nach § 8 Abs. 1 S. 1 Nr. 2 TPG

Eine der strengen Voraussetzungen für die Zulassung einer Lebendorganspende ist die Empfängerindikation. Nach § 8 Abs. 1 S. 1 Nr. 2 TPG ist eine Transplantation nur dann zulässig, wenn die Übertragung auf den vorgesehenen Empfänger nach ärztlicher Beurteilung geeignet ist, das Leben dieses Menschen zu erhalten oder bei ihm eine schwerwiegende Krankheit zu heilen, ihre Verschlimmerung zu verhüten oder ihre Beschwerden zu lindern.

Die praktische Relevanz dieser Frage ist, da Lebendorganspenden, nicht zu zuletzt aufgrund der deutlich kürzeren (kalten) Ischämiezeit, regelmäßig bessere Ergebnisse erzielen als postmortale Organspenden, eher von untergeordneter Bedeutung. Dennoch können bestimmte Risikofaktoren auf Spenderseite auch bei einer Lebendorganspende gegeben sein. Sofern also etwa bei Nierentransplantation das Alter des postmortalen Spenders,[805] maligne Tumoren, Drogenabhängigkeit oder Virushepatitis[806] als Risikofaktor angesehen werden und diese eine Lebendspende nicht aus medizinischen Gründen per se ausschließen, sind diese prinzipiell auch bei Lebendspenden denkbar. Vor allem mit dem Ansteigen der Lebendorganspenden nehmen Fälle zu, in denen Risikofaktoren beim Lebendspender und den lebend gespendeten Organen gegeben sind.

Entscheidend für die Feststellung der Eignung eines Organs ist nach dem Wortlaut des § 8 Abs. 1 S. 1 Nr. 2 TPG die ärztliche Beurteilung. Maßgebend sind demzufolge allein medizinische Kriterien. Der Bundesärztekammer wurde nach § 16 Abs. 1 S. 1 Nr. 4 TPG die Aufgabe übertragen, die Anforderungen an die im Zusammenhang mit

---

805   Bei der Nierenlebendspende ist das Spenderalter kein ausschlaggebendes Kriterium, sondern vielmehr die gomuläre Filtrationsrate und die Nierengröße: *Hamza/Fornara*, Neue Entwicklungen in der Organlebendspende, in: Lilie/Rosenau/Hakeri (Hrsg.), Die Organtransplantation– Rechtsfragen bei knappen medizinischen Ressourcen, S. 104.

806   Punkt II.3.2 der allgemeinen Grundsätze für die Vermittlung postmortal gespendeter Organe der Richtlinien für die Wartelistenführung und die Organvermittlung gem. § 16 Abs. 1 S. 1 Nrn. 2 und 5 TPG, DÄBl. 2011 A 2425.

einer Organentnahme zum Schutz der Organempfänger erforderlichen Maßnahmen zu regeln. Die Bundesärztekammer hat hierauf die Richtlinie zur medizinischen Beurteilung von Organspendern und zur Konservierung von Spenderorganen gem. § 16 Abs. 1 S. 1 Nr. 4 a) und b) TPG[807] beschlossen. Die Richtlinie statuiert, mit Fokus auf die postmortale Organspende, Untersuchungen vor einer Transplantation, die auch für die Lebendorganspende von Bedeutung sind. Konkrete Vorgaben für die Feststellung der Eignung des Lebendorganspenders finden sich hingegen nicht. Auch die Empfehlungen der Bundesärztekammer zur Lebendorganspende[808] und die Positionen zur Lebendorganspende der Ständigen Kommission Organtransplantation[809] enthalten keine diesbezüglichen Vorgaben.

Die Regelung bedarf daher der konkretisierenden Auslegung. Nach einer strengen Auslegung kommt lediglich die Explantation eines völlig gesunden Organs in Betracht. Nur wenn das zu entnehmende Organ „gesund und voll funktionsfähig ist", sei es geeignet, das Leben des Empfängers zu erhalten oder bei ihm eine schwerwiegende Krankheit zu heilen, ihre Verschlimmerung zu verhüten oder ihre Beschwerden zu lindern.[810] Dieser Interpretation nach wäre die Transplantation marginaler Organe bei einer Lebendspende unzulässig und die Erörterung einer diesbezüglichen Aufklärungspflicht folglich überflüssig. Nach anderer Auffassung ist § 8 Abs. 1 S. 1 Nr. 2 TPG stattdessen als „Minimalerfordernis" anzusehen. Die Norm diene allein dazu, eine Lebendorganspende in „klinisch hoffnungslosen Situationen, [...] d.h. wenn die Lebendspende schlechthin nicht geeignet ist", auszuschließen.[811] Demnach wäre die Transplantation auch marginaler Organe prinzipiell zulässig.

Dass bei der Erarbeitung der Empfehlungen der Bundesärztekammer zur Lebendorganspende überlegt wurde, nur Lebendorganspenden zuzulassen, die in hinreichendem Maße dem Kriterium der Erfolgsaussicht entsprechen, stellen *Gutmann* und *Schroth* dar.[812] Eine derart einschränkende Auffassung sieht sich allerdings berechtigten Einwänden ausgesetzt:

Zum einen würde so der Kreis der möglichen Organempfänger unzulässig begrenzt werden. Transplantationen zugunsten solcher Patienten wären unzulässig, die zu alt, zu krank oder durch Vorerkrankungen zu sehr geschädigt sind.[813] Nach verfassungsrechtlichen Maßstäben sind jedoch grundsätzlich alle Leben als gleich zu behandeln

---

807 DÄBl. 2005, 2968 ff. zuletzt geändert durch DÄBl. 2010, A 1532, 1540 f.
808 DÄBl. 2010, A 3287 f.
809 Im Internet abrufbar unter:
     http://baek.de/downloads/PositionenLebendorganspende20040206.pdf.
810 *Schreiber*, Die gesetzliche Regelung der Lebendspende in der Bundesrepublik Deutschland, S. 96.
811 *Gutmann/Schroth*, Organlebendspende in Europa, S. 34; *Norba*, Rechtsfragen der Transplantationsmedizin aus deutscher und europäischer Sicht, S. 210.
812 *Gutmann/Schroth*, Organlebendspende in Europa, S. 33 f.
813 *Gutmann/Schroth*, Organlebendspende in Europa, S. 34.

und einer Abstufung nach medizinischer oder sonstiger Qualität sowie mutmaßlicher Dauer nicht zugänglich. Daher darf krankes Leben nicht anders behandelt werden als ein gesundes Leben – was die Forderung nach einer Mindesterfolgsdauer jedoch zwangsläufig mit sich brächte.[814]

Zum anderen würde der Kreis möglicher transplantationsfähiger Organe durch die Zulassung nur völlig gesunder und voll funktionsfähig Organe zu stark eingegrenzt werden. Dabei macht bereits die Tatsache, dass bei postmortalen Organspenden zunehmend erweiterte Spenderkriterien akzeptiert werden deutlich, dass sich allgemeine Vorgaben für die Eignung eines Organs nicht treffen lassen. Selbst nur bedingt funktionsfähige oder nicht völlige gesunde Organe eines Lebendspenders können im Einzelfall besser geeignet sein als postmortale Organe mit erweiterten Spenderkriterien.[815] Dem Organempfänger in diesem Fall jedoch die Möglichkeit zu nehmen, auf die, wenn auch nicht optimale – aber dennoch bessere – Therapiemöglichkeit zurückzugreifen, käme einer unzulässigen Differenzierung einzelner Leben nach medizinisch und sonstigen qualitativen Kriterien gleich. Schließlich erscheint es auch aus ethischer Perspektive schwer vertretbar, einem Angehörigen die Spende für eine nahe stehende Person mit dem Argument zu verweigern, „es lohne sich nicht".[816]

Die Voraussetzungen des § 8 Abs. 1 S. 1 Nr. 2 TPG sind daher lediglich als Mindestanforderung in der Weise zu verstehen, dass Lebendorganspenden nur dann unzulässig sind, wenn sie in „klinisch hoffnungslosen Situationen" herangezogen werden und „schlechthin ungeeignet" sind.[817] Dagegen sind Lebendorganspenden auch dann nicht untersagt, wenn sie „besondere klinische (dh zB operationstechnische, immunologische oder infektiöse) Risiken aufweisen, die eine wegen ihrer Grunderkrankung möglicherweise eingeschränkte Lebenserwartung haben oder bei denen die Gefahr einer verminderten Überlebensdauer des Transplantats besteht."[818] Untersagt wird daher etwa die Transplantation eines Organs mit Tumor sein.[819] Durch die Empfängerindikation wird die Lebendspende also nicht nur auf völlig gesunde und uneingeschränkt funktionsfähige Organe begrenzt.

2. Spenderindikation nach § 8 Abs. 1 S. 1 Nr. 1 c) TPG

Dem Schutz des Spenders wird durch die Regelung des § 8 Abs.1 S. 1 Nr. 1 c) TPG Rechnung getragen. Danach ist die Lebendorganspende nur zulässig, wenn der Spender nach ärztlicher Beurteilung geeignet ist und voraussichtlich nicht über das

---

814 *Gutmann/Schroth*, Organlebendspende in Europa, S. 34.
815 *Gutmann*, in: Schroth/König/Gutmann/Oduncu (Hrsg.), TPG, § 8 Rn. 20; *Norba*, Rechtsfragen der Transplantationsmedizin aus deutscher und europäischer Sicht, S. 210.
816 *Gutmann/Schroth*, Organlebendspende in Europa, S. 34.
817 *Gutmann*, in: Schroth/König/Gutmann/Oduncu (Hrsg.), TPG, § 8 Rn. 20; *Gutmann/Schroth*, Organlebendspende in Europa, S. 34; *Norba*, Rechtsfragen der Transplantationsmedizin aus deutscher und europäischer Sicht, S. 210.
818 *Gutmann*, in: Schroth/König/Gutmann/Oduncu (Hrsg.), TPG, § 8 Rn. 21.
819 *Pfeiffer*, Die Regelung der Lebendorganspende im Transplantationsgesetz, S. 63.

Operationsrisiko hinaus gefährdet oder über die unmittelbaren Folgen der Entnahme hinaus gesundheitlich schwer beeinträchtigt wird. § 8 Abs.1 S. 1 Nr. 1 c) TPG betrifft, anders als Nr. 2, die medizinische Eignung des Spenders „im Hinblick auf seine eigenen gesundheitlichen Interessen."[820] Die Risiken, die die Lebendorganspende mit sich bringt, sind vor der Transplantation (Wortlaut: „voraussichtlich") eingehend zu klären. Ergibt sich nach der Lebendorganspende eine schwere gesundheitliche Beeinträchtigung des Lebendorganspenders, obwohl die Untersuchungen mit gebotener Sorgfalt nach dem Stand der medizinischen Wissenschaft durchgeführt wurden, so ist die Organentnahme dennoch nicht rechtswidrig.[821]

Fraglich ist, ob der Lebendspender eines Organs mit erweiterten Spenderkriterien durch die Explantation derart gefährdet wird, dass aus Gründen der Spenderindikation die Lebendspende von Organen mit erweiterten Kriterien in der Regel ausgeschlossen ist. Eine solche Gefährdung kann sich einerseits durch die Operation selbst, häufiger aber wohl durch eine schwere gesundheitliche Beeinträchtigung des Organspenders nach der Operation einstellen. Maßgeblich ist nach dem Wortlaut des Gesetzes die ärztliche Beurteilung. Grundlage der ärztlichen Entscheidung für oder gegen die Lebendorganspende müssen medizinische Kriterien sein.[822]

Entgegen der Kompetenz aus § 16 Abs. 1 Nr. 4 TPG, die Anforderungen an die im Zusammenhang mit einer Organentnahme zum Schutz der Organempfänger erforderlichen Maßnahmen zu regeln, hat die Bundesärztekammer keinen Auftrag erhalten, Anforderungen an die im Zusammenhang mit einer Organentnahme zum Schutz der Organspender erforderlichen Maßnahmen, etwa mögliche Ausschlussfaktoren, festzustellen.

Dies begründet sich aus der verfassungsrechtlichen Perspektive der Rechte der Beteiligten.[823] Art. 2 Abs. 2 S. 1 GG schützt nicht nur die Gesundheit, sondern gewährleistet nach Auffassung des BVerfG vor allem Freiheitsschutz.[824] „Die Bestimmung über seine leiblich-seelische Integrität gehört zum ureigensten Bereich der Personalität des Menschen. In diesem Bereich ist er aus der Sicht des Grundgesetzes frei, seine Maßstäbe zu wählen und nach ihnen zu leben und zu entscheiden."[825] Aus diesem Grund dürfen die Grenzen der Lebendorganspende zugunsten des Spenders nicht zu eng gezogen werden. Vielmehr muss auch den Lebendorganspendern, die ein erhöhtes Risiko eingehen, die Möglichkeit überlassen bleiben, ein Organ zu spenden. Die Entscheidung, welches Risiko noch vernünftig ist, ist primär also eine

820 *Gutmann*, in: Schroth/König/Gutmann/Oduncu (Hrsg.), TPG, § 8 Rn. 13.
821 BT-Drs. 13/4355, S. 20; *Augsberg*, in: Höfling (Hrsg.), TPG, § 8 Rn. 30; *Gutmann*, in: Schroth/König/Gutmann/Oduncu (Hrsg.), TPG, § 8 Rn. 12; *Nickel/Schmidt-Preisigke/Sengler*, Transplantationsgesetz, § 8 Rn. 7.
822 *Augsberg*, in: Höfling (Hrsg.), TPG, § 8 Rn. 31.
823 *Gutmann/Schroth*, Organlebendspende in Europa, S. 32.
824 BVerfGE 52, 171, 174.
825 BVerfGE 52, 171, 175.

persönliche Entscheidung, die der Reglung durch Dritte nicht zugänglich ist. Es handelt sich folglich um eine nicht vertretbare Entscheidung, die nur von den Betroffenen selbst entschieden werden kann.[826] So kann es für Lebendorganspender im „Hinblick auf ihr Selbstbild, ihre Lebensumstände und ihre Beziehung zum Empfänger und dessen Situation eine individuell in jeder Hinsicht rationale Entscheidung sein, auch bei erhöhtem Risiko eine Niere zu spenden oder das höhere Risiko einer Leber- oder Lungenteilspende einzugehen."[827]

Begrenzt wird das Selbstbestimmungsrecht des Einzelnen durch die Schranken des Strafgesetzbuches. Soll ein Organ entnommen werden, was zum Tod des Spenders führt, so erfüllt dies den Straftatbestand der Tötungsdelikte (§§ 212 ff. StGB), selbst wenn es auf ausdrückliches Verlangen des Organspenders hin geschieht (§ 216 StGB). Daher ist eine lebensgefährliche Verletzung des Patienten durch ärztliches Verhalten auch auf Wunsch des Patienten ebenso unzulässig, wie das Eingehen einer konkreten Lebensgefahr für den Lebendspender. Darüber hinaus ist eine Transplantation, die eine schwere Gesundheitsschädigung des Lebendspenders nach sich zieht, durch § 228 StGB begrenzt.[828] Verstößt die Tat trotz der Einwilligung gegen die guten Sitten, so ist die Körperverletzung trotz der Einwilligung der verletzten Person rechtswidrig. Allerdings wird ein Verstoß gegen die guten Sitten, da der Lebendspender einen aus seiner Sicht nachvollziehbaren Grund angeben kann, der sich der objektiven Bewertung entzieht, in der Regel auch dann ausgeschlossen sein, wenn die Spende mit gesundheitlichen Risiken für den Spender verbunden ist, ausgeschlossen sein.[829] Aus diesem Grund kommt im Bereich der Lebendspende vor allem der Grenze des § 216 StGB wesentliche Bedeutung zu.

Schließlich nimmt der Gesetzgeber in § 8 Abs. 1 S. 1 Nr. 1 c) TPG mit der Formulierung „über die unmittelbaren Folgen der Entnahme hinaus gesundheitlich schwer beeinträchtigt wird", eine weitere Begrenzung zulässiger Lebendspenden vor. Eine gesundheitliche Beeinträchtigung ist in Anlehnung an den Wortlaut des § 223 StGB anzunehmen, wenn eine andere Person körperlich misshandelt oder an der Gesundheit geschädigt wird. Schwer ist diese körperliche Beeinträchtigung, wenn sie erheblich, also sowohl zeitlich, als auch qualitativ von bedeutendem Umfang ist.[830] Orien-

---

826 *Gutmann/Schroth*, in: Oduncu/Schroth/Vossenkuhl (Hrsg.), Transplantation, S. 279.

827 *Gutmann*, in: Schroth/König/Gutmann/Oduncu (Hrsg.), TPG, § 8 Rn. 14. Im Ergebnis so auch: *ders.*, MedR 1997, 147, 152 f.; *Gutmann/Schroth*, in: Oduncu/Schroth/Vossenkuhl (Hrsg.), Transplantation, S. 279; *Gutmann/Schroth*, Organlebendspende in Europa, S. 32; *Schroth*, in: Lilie/Rosenau/Hakeri (Hrsg.), Die Organtransplantation – Rechtsfragen bei knappen medizinischen Ressourcen, S. 123. Anders: *Esser*, in: Höfling (Hrsg.), TPG, 1. Auflage, § 8 Rn. 45 sowie in der Nachauflage: *Augsberg*, in: Höfling (Hrsg.), TPG, § 8 Rn. 34 f. und *Norba*, Rechtsfragen der Transplantationsmedizin aus deutscher und europäischer Sicht, S. 209.

828 Ausführlich hierzu: *Fateh-Moghadam*, Die Einwilligung in die Lebendorganspende, S. 103 ff.

829 *Fateh-Moghadam*, Die Einwilligung in die Lebendorganspende, S. 134.

830 *Schreiber*, Die gesetzliche Regelung der Lebendspende von Organen in der Bundesrepublik Deutschland, S. 93.

tierung für die Dauer der schweren gesundheitlichen Beeinträchtigung bietet die durch das Betreuungsgesetz getroffene Regelung, des „länger dauernden gesundheitlichen Schaden" in § 1904 BGB. Nach der amtlichen Begründung ist bei einer Dauer von einem Jahr oder mehr ein länger dauernder Schaden anzunehmen.[831] Durch den fremdnützigen Charakter wird jedoch bei der Lebendspende ein (deutlich) geringerer Zeitraum ausreichend sein, als bei der ärztlichen Heilbehandlung eines Betreuten.[832] Schwer ist ein gesundheitlicher Schaden in Anlehnung an die Regelung des § 226 StGB, wenn die Lebendspende eine der in § 226 StGB genannten Folgen nach sich zieht.[833] So darf die Transplantation den Spender etwa nicht in erheblicher Weise dauernd entstellen oder zu Siechtum, Lähmung oder geistige Krankheit oder Behinderung führen, § 226 Abs.1 Nr. 3 StGB.[834]

Insgesamt schließt daher auch die Spenderindikation nach § 8 Abs. 1 S. 1 Nr. 1 c) TPG die Spende „nichtoptimaler" bzw. marginaler Organe nicht aus. Vielmehr ist nach verfassungskonformer Auslegung der Regelung des § 8 Abs. 1 S. 1 Nr. 1 c) TPG eine Lebendorganspende von Organen mit erweiterten Spenderkriterien prinzipiell möglich.

3. Zwischenergebnis

Die Regelungen des TPG zur Lebendorganspende schließen weder durch die Empfänger-, noch durch die Spenderindikation die Transplantation von Organen mit erweiterten Spenderkriterien/ marginale Organe aus.

II. Besonderheiten des organisatorischen Ablaufs einer Lebendorganspende

Die Empfängerindikation in § 8 Abs. 1 S. 1 Nr. 2 TPG erfordert, dass vor der Durchführung der Lebendspende eine präoperative Diagnostik bei Lebendorganspender und -empfänger durchgeführt wird, um festzustellen, ob das zu transplantierende Organ nach ärztlicher Beurteilung geeignet ist, das Leben dieses Menschen zu erhalten oder bei ihm eine schwerwiegende Krankheit zu heilen, ihre Verschlimmerung zu verhüten oder ihre Beschwerden zu lindern. Daher kommt der sorgfältigen medizinischen Untersuchung eine besondere Bedeutung zu. Hierzu wird der Spender etwa bei einer Nierenlebendspende in Zusammenarbeit zwischen Urologen, Internisten, Anästhesiologen und Immunologen eingehend untersucht.[835] Teil der gründlichen Voruntersuchungen sind neben Labor- und Belastungsuntersuchungen auch organspezifische Funktionstests.[836] Dabei sind bei der Nierenlebendspende seitengetrenn-

---

831 BT-Drs. 11/4528, S. 141.
832 *Schreiber*, Die gesetzliche Regelung der Lebendspende von Organen in der Bundesrepublik Deutschland, S. 94.
833 *Schreiber*, Die gesetzliche Regelung der Lebendspende von Organen in der Bundesrepublik Deutschland, S. 94.
834 Zur Rechtslage vor dem TPG: *Carstens*, Das Recht der Organtransplantation, S. 78.
835 *Kirste*, in: Beckmann/Kirste/Schreiber (Hrsg.), Organtransplantation, S. 40 ff.
836 *Kirste*, in: Beckmann/Kirste/Schreiber (Hrsg.), Organtransplantation, S. 41.

te Funktionsuntersuchungen der Nieren erforderlich, um dem Spender die besser funktionierende Niere zu belassen. Ist der Spender medizinisch geeignet, wird anschließend ein immunologischer Verträglichkeitstest („cross-match") durchgeführt. Wichtigste medizinische Voraussetzung einer Nierenlebendspende ist die Blutgruppenkompatibilität und die immunologische Verträglichkeit (negative Kreuzprobe zwischen den Lymphozyten des Spenders und dem Serum des Empfängers).[837] Schließlich wird der Spender invasiv internistisch, urologisch und radiologisch untersucht.[838]

Die konkreten medizinischen Ergebnisse liegen demzufolge weit vor der eigentlichen Transplantation vor. Die behandelnden Ärzte haben damit einerseits bereits früh sämtliche medizinisch relevanten Informationen zur Verfügung. Zugleich steht andererseits der ausführlichen Aufklärung, anders als bei der postmortalen Organspende, keine zur Eile zwingende, (kalte) Ischämiezeit entgegen. Im Gegensatz zur postmortalen Organspende ist bei der Lebendspende daher ein Mehr an Zeit und Informationen gegeben. Dieser Umstand ist bei der Aufklärung des Lebendspenders zu berücksichtigen.

III. Konsequenzen für die ärztlichen Aufklärungspflicht

Wie bereits oben ausgeführt, ist für die Begründung von Aufklärungspflichten im Hinblick auf die Organqualität anhand des medizinischen Standards danach zu differenzieren, ob eine Organqualität unter dem Standard, unterhalb des durchschnittlichen Standards oder im durchschnittlichen Bereich des Standards gegeben ist. Diese Unterscheidung soll auch für die Untersuchung von Aufklärungspflichten im Hinblick auf die Organqualität bei der Lebendorganspende beibehalten werden.

1. Aufklärungspflichten bei standardgemäßer Organqualität

Die gesetzlichen Regelungen des TPG zur Lebendspende schließen die Transplantationen von Organen, die besondere klinische Risiken aufweisen, die wegen ihrer Grunderkrankung möglicherweise eine eingeschränkte Lebenserwartung haben oder bei denen die Gefahr einer verminderten Überlebensdauer besteht, nicht prinzipiell aus.

Ist trotz Einschränkungen bei der Organqualität davon auszugehen, dass das Organ noch dem maßgeblichen medizinischen Standard entspricht, so gelten die bereits oben im Zusammenhang mit der postmortalen Organspende festgestellten Aufklä-

---

837 *Hamza/Fornara*, Neue Entwicklungen in der Organlebendspende, in: Lilie/Rosenau/Hakeri (Hrsg.), Die Organtransplantation– Rechtsfragen bei knappen medizinischen Ressourcen, S. 103 f.

838 *Hamza/Fornara*, Neue Entwicklungen in der Organlebendspende, in: Lilie/Rosenau/Hakeri (Hrsg.), Die Organtransplantation– Rechtsfragen bei knappen medizinischen Ressourcen, S. 103.

rungspflichten.[839] Ein lebend gespendetes Organ, dessen Qualität sich in der unteren Bandbreite der von Wissenschaft und Praxis akzeptierten Norm bewegt, wird nicht vom Behandlungsfehlertatbestand erfasst. Jedoch kann auch bei der Lebendspende vom Patienten nicht erwartet werden, Unsicherheiten, ob das Organ noch dem Standard entspricht oder der Standard bereits unterschritten ist, hinzunehmen. Daher ist er über die Defizite bei der Organqualität aufzuklären. Dies gilt umso mehr bei der Lebendspende. Nach § 8 Abs. 1 S. 2 TPG sind Entnahmen einer Niere, des Teils einer Leber oder anderer nicht regenerierungsfähiger Organe nur zum Zwecke der Übertragung auf Verwandte ersten oder zweiten Grades, Ehegatten, eingetragene Lebenspartner, Verlobte oder andere Personen, die dem Spender in besonderer persönlicher Verbundenheit offenkundig nahestehen zulässig. Sofern das Organ also Defizite bei der Qualität aufweisen sollte, dürften diese bei der Entscheidung, ob der Empfänger die altruistische Lebendspende seiner ihm nahestehenden Person annimmt, regelmäßig von Bedeutung sein.

Bezugspunkt der Aufklärungspflicht über die Organqualität ist jedoch nicht die optimale Organqualität, sondern die Abweichung vom durchschnittlichen Standard. Diese Aufklärung dient dem Selbstbestimmungsrecht des Patienten und zugleich dem Ausgleich der über das übliche Maß hinausgehenden Risiken und Unsicherheiten der Behandlung.

Liegt die Organqualität der Lebendspende hingegen im durchschnittlichen Bereich, so kann der Arzt grundsätzlich davon ausgehen, dass der Organempfänger der ärztlichen Entscheidung vertraut und keine eingehende fachliche Unterrichtung über spezielle medizinische Fragen erwartet. Eine Aufklärungspflicht über eine mögliche optimale Organqualität besteht daher nicht.

2. Unterschreitung des Standards bei der Organqualität

Die Möglichkeit einer Standardunterschreitung bei der Organqualität einer Lebendspende wird, wie oben ausgeführt, zwar weder durch die Empfängerindikation der Lebendorganspende in § 8 Abs. 1 S. 1 Nr. 2 TPG, noch durch die Spenderindikation in § 8 Abs. 1 S. 1 Nr. 1 c) TPG ausgeschlossen, jedoch begrenzen die gesetzlichen Forderungen die Bandbreite möglicher Organe. Die Übertragung von Organen, die „schlechthin ungeeignet" sind, ist unzulässig.[840] Überdies darf der Lebendorganspender nicht in die Gefahr einer schweren gesundheitlichen Beeinträchtigung oder des Todes geraten. Als Kontraindikationen für eine Lebendspende werden ein bereits bestehender Bluthochdruck bei einem Nierenspender, vermehrte Eiweißausschüttung im Urin oder Einschränkungen der Filterleistung der Niere angegeben.[841]

---

839   Vgl. dazu oben unter: 5. A. V., VI. und VII.

840   „Absolute Kontraindikation", vgl. oben unter: 5. A. IV. 2.

841   *Kirste*, in: Beckmann/Kirste/Schreiber (Hrsg.), Organtransplantation, S. 42.

Zudem spielt die Anatomie der Organe eine wichtige Rolle. Mehrfache Nierenarterien etwa können eine Nierenlebendspende ausschließen.[842]

Es ist daher die Aufgabe der behandelnden Ärzte, die Risiken für den Lebendspender so gering wie möglich zu halten. Sie haben allein nach medizinischen Kriterien zu entscheiden, ob die Lebendspende im konkreten Fall medizinisch indiziert ist. Grundlage der Transplantation eines Organs, selbst und gerade bei der Unterschreitung des maßgeblichen medizinischen Standards bei der Organqualität, muss die medizinische Indikation sein. Der ärztlichen Beurteilung im Rahmen der individuellen Arzt-Patienten-Beziehung kommt daher entscheidende Bedeutung zu. Erscheint die Lebendorganspende dem verantwortlichen Arzt zu riskant, so kann er die Operation kraft seiner Autonomie ablehnen.[843]

Die Transplantation von Organen mit einer Qualität unter dem maßgebenden medizinischen Standard, wird zudem häufig dadurch ausgeschlossen sein, dass die Grenzen der §§ 216 und 228 StGB erreicht werden. Dies ist dann der Fall, wenn die rechtfertigende Einwilligung des Spenders gem. § 228 StGB entfällt, weil sich die Organentnahme als sittenwidrig darstellt. Angesichts der Interessen der Beteiligten stellt sich indes die Frage, wann eine Transplantation vom Lebendspender gegen die guten Sitten, d.h. das Anstandsgefühl aller billig und gerecht Denkenden,[844] verstößt. Hierfür darf die Organentnahme nicht isoliert betrachtet werden. Vielmehr ist auch der durch die Spende beabsichtigte Zweck zu berücksichtigen.[845] Die Entscheidung zur Lebendspende verfolgt daher grundsätzlich „sozialethisch hochstehende Interessen",[846] die von der Rechtsordnung zu billigen und anzuerkennen und als sittlich hochstehend zu bewerten sind. Der Regelung des § 216 StGB ist zu entnehmen, dass ein Sittenverstoß jedenfalls dann anzunehmen ist, wenn durch die Explantation mit dem Tod des Spenders gerechnet wird. In gleicher Weise schließt eine ernste Lebensgefahr für den Spender die Lebendspende aus.[847] Selbst wenn die möglichen körperlichen Folgen in unangemessenem Verhältnis zum verfolgten Zweck stehen, wird die Sittenwidrigkeit des Eingriffes anzunehmen sein.[848]

Ist das Organ nach ärztlicher Beurteilung im Einzelfall trotz Unterschreitung der Organqualität dennoch geeignet, das Leben des Organempfängers zu erhalten oder bei

---

842   *Kirste*, in: Beckmann/Kirste/Schreiber (Hrsg.), Organtransplantation, S. 43.

843   *Gutmann/Schroth*, in: Oduncu/Schroth/Vossenkuhl (Hrsg.), Transplantation, S. 280.

844   BGHSt 4, 24, 32; 4, 88, 91.

845   *Ugowski*, Rechtsfragen der Lebendspende von Organen, S. 28.

846   *König*, Strafbarer Organhandel, S. 62; *Pfeiffer*, Die Regelung der Lebendorganspende im Transplantationsgesetz, S. 45.

847   *Pfeiffer*, Die Regelung der Lebendorganspende im Transplantationsgesetz, S. 45; *Ugowski*, Rechtsfragen der Lebendspende von Organen, S. 29.

848   *Pfeiffer*, Die Regelung der Lebendorganspende im Transplantationsgesetz, S. 46; *Voll*, Die Einwilligung im Arztrecht, S. 235. Zur Rechtslage vor dem TPG in diesem Sinne bereits: *v. Bubnoff*, GA 1968, 65, 69 f.

ihm eine schwerwiegende Krankheit zu heilen, ihre Verschlimmerung zu verhüten oder ihre Beschwerden zu lindern und wird der Lebendspender voraussichtlich nicht über das Operationsrisiko hinaus gefährdet oder über die unmittelbaren Folgen der Entnahme hinaus gesundheitlich schwer beeinträchtigt, so ist auch eine Lebendspende von Organen mit einer Organqualität unter dem maßgeblichen medizinischen Standard prinzipiell möglich.

Wird die Empfängerindikation, wie hier vertreten, als Minimalerfordernis verstanden, so erlangt die qualifizierte Aufklärung des Empfängers dagegen besondere Bedeutung. Die im Bereich der postmortalen Organspende getroffenen Wertungen zur Aufklärungspflicht bei einer Organqualität unter dem maßgeblichen medizinischen Standard gelten auch für die Lebendorganspende. Unter Berücksichtigung der Besonderheiten der Transplantationsmedizin sowie der unterschiedlichen Interessen und in Anbetracht der Ressourcenbeschränkungen erscheint es zulässig, den Bereich einer (offensichtlichen und bewussten) Abweichung vom Standard durch ausführliche Aufklärungspflicht und Einwilligung des Organempfängers zu kompensieren und damit den Behandlungsspielraum des Arztes zu erweitern. Bei der Lebendorganspende ist überdies zu beachten, dass nicht nur die Grundrechte des Organempfängers, das Persönlichkeits- und Selbstbestimmungsrechts aus Art. 2 Abs. 1 i.V.m. Art. 1 Abs. 1 GG, sein Grundrecht auf körperliche Unversehrtheit aus Art. 2 Abs. 1 S. 1 GG und ggf. auch seine Religions- und Weltanschauungsfreiheit aus Art. 4 Abs. 1 GG zu berücksichtigen sind, sondern auch das Grundrecht des Spenders auf allgemeine Handlungsfreiheit, Art. 2 Abs. 1 GG. Ist für den behandelnden Arzt ersichtlich, dass die Organqualität im konkreten Fall den maßgeblichen medizinischen Standard unterschreitet, so hat er den Patienten hierüber aufzuklären.

Als Folge der Unterschreitung des maßgeblichen medizinischen Standards erhöhen sich indes die Anforderungen an die ärztliche Aufklärungspflicht. Zweifel an der Wirksamkeit der Behandlung und erhöhte Risiken im Vergleich zur Standardbehandlung fordern eine qualifizierte Aufklärung des Lebendspendeempfängers bei einer Unterschreitung der Organqualität. Vergleichbar mit der Aufklärungspflicht bei Heilversuchen oder bei Außenseiter- und Neulandmethoden, ist der Patient umfassend auch über die Unsicherheiten der Behandlung, die ungewissen Chancen und Risiken zu informieren. Hierfür muss der Arzt sowohl die Art, die Wirkung und die möglichen Folgen einer Standardorganqualität, als auch die Unterschiede, d.h. die Vor- und Nachteile gegenüber der geminderten Organqualität erläutern. Im Gegensatz zur postmortalen Organspende ist der Zeitrahmen bei der Lebendorganspende weiter gefasst, sodass im Regelfall für eine ausführliche Aufklärung genügend Zeit verbleiben dürfte.

166

IV. Aufklärungspflicht über die Erfolgsaussicht

Der Erfolgsaussicht der Lebendspende kommt wie bei der postmortalen Organspende[849] eine besondere Bedeutung zu. Im Gegensatz zur postmortalen Organspende sind allerdings bei der Lebendspende bereits früh Angaben zum Spenderorgan vorhanden. Wie bereits oben dargestellt ist die Lebendspende dabei mit Blick auf die Erfolgsaussicht lediglich dann unzulässig, wenn der Spender in „klinisch hoffnungslosen Situationen" herangezogen wird und „schlechthin ungeeignet" ist.[850]

Der Lebendorgan*spender* ist übereinstimmend mit der Literaturauffassung vor dem TPG[851] gem. § 8 Abs. 2 S. 1 Nr. 5 TPG unter anderem über die zu erwartende Erfolgsaussicht der Organ- oder Gewebeübertragung aufzuklären. Dass der Lebendspender über die Erfolgsaussichten bei einem Dritten aufzuklären ist, folgt aus der „Dreiecksstruktur der Lebendspende"[852]. Demzufolge ist der Lebendspender nicht über abstrakte Wahrscheinlichkeiten, „sondern eine den konkreten Einzelfall betreffende Prognose"[853] zu informieren.

Wie bereits oben dargestellt[854] ergibt sich sowohl aus der gesetzlichen Verpflichtung des Arztes zur Aufklärung aus § 630e Abs. 1 S. 2 BGB, als auch aus der ständigen Rechtsprechung, die Pflicht des Arztes, den Patienten über die Erfolgsaussichten der Behandlung zu informieren. Im Gegensatz zur postmortalen Organspende sind bei der Lebendspende (jedenfalls nach den erforderlichen Untersuchungen) die notwendigen Daten für eine prognostische Darstellung der Wahrscheinlichkeit des Gelingens der Transplantation im konkreten Fall vorhanden. Über die Angaben muss der Arzt nicht nur den Lebendspender, sondern auch den Empfänger einer Lebendspende aufklären.

V. Aufklärung über die Risiken für den Lebendspender

Ist die Lebendspende aus ärztlicher Sicht medizinisch indiziert, so obliegt allein dem Empfänger die Entscheidung, ob er die Spende annehmen will. Die ausführliche Aufklärung des Lebendspendeempfängers über mögliche Risiken und Chancen durch die Transplantation eines Organs mit erweiterten Spenderkriterien wirft dagegen die Frage auf, ob der Organempfänger auch über die Risiken der Lebendspende für den Organspender aufzuklären ist.

---

849 Vgl. dazu oben unter: 5. A. IX.
850 Vgl. dazu oben unter: 5. B. I. 1.
851 *Bockelmann*, Strafrecht des Arztes, S. 103; *Giesen*, Die zivilrechtliche Haftung des Arztes bei neuen Behandlungsmethoden und Experimenten, S. 30. Vgl. dazu auch: *Schreiber*, Die gesetzliche Regelung der Lebendspende von Organen in der Bundesrepublik Deutschland, S. 79.
852 *Schroth*, in: Schroth/König/Gutmann/Oduncu (Hrsg.), TPG, § 19 Rn. 73.
853 *Augsberg*, in: Höfling (Hrsg.), TPG, § 8 Rn. 79.
854 Vgl. dazu oben unter: 2. B.

1. Stellungnahmen aus Rechtsprechung und Schrifttum

Ob der Lebendspendeempfänger auch über mögliche Risiken und Belastungen der Organspende beim Lebendspender aufzuklären ist, war, soweit ersichtlich, noch nicht Gegenstand eines gerichtlichen Verfahrens. § 8 Abs. 2 S. 1 Nr. 5 TPG, der die Aufklärungspflicht gegenüber dem Lebendspender regelt, sieht zwar neben der Hinweispflicht über die zu erwartende Erfolgsaussicht der Organ- oder Gewebeübertragung auch vor, dass der Spender über die Folgen für den Empfänger aufgeklärt wird. Eine vergleichbare Regelung für die Aufklärung des Organempfängers fehlt jedoch.[855]

Die wenigen Fundstellen in der Literatur hierzu, die z.T. aus der Zeit vor dem TPG stammen, bejahen eine Aufklärungspflicht des Arztes gegenüber dem potentiellen Organempfänger hinsichtlich der Risiken des Lebendorganspenders.[856] Die Herleitung dieser Aufklärungspflicht fällt indes knapp aus. Die mit der Organentnahme verbundenen Risiken für den Lebendorganspender seien ein Umstand, den ein verständiger Mensch in der Situation des Organempfängers in seine Entscheidung einbeziehen würde. Erst dieses Wissen ermögliche eine „fundierte und verantwortliche Abwägungsentscheidung".[857] Die Bundesärztekammer erklärt in ihren Empfehlungen zur Lebendorganspende ohne weitere Begründung, dass der Empfänger neben allen transplantationsspezifischen Fragen auch über Belastungen und Gefährdungen des Lebendorganspenders aufgeklärt werden muss.[858]

2. Aufklärung zugunsten Dritter

Anknüpfungspunkt für die Begründung einer Aufklärungspflicht des Organempfängers über Risiken der Lebendspende für den Organspender im Interesse des Organspenders können die schuldrechtlichen Grundsätze zum Vertrag mit Schutzwirkung zugunsten Dritter sein. Eine auf die Grundsätze zum Vertrag mit Schutzwirkung zu-

---

855 Allein in Polen findet sich eine entsprechende gesetzliche Regelung zur Aufklärung über die Risiken für den Lebendspender. Gesetz vom 26. Oktober 1995 über die Entnahme und Transplantation von Zellen, Geweben und Organen, Artikel 9 I Nr. 9. Vgl. den Zwischenbericht der Enquete-Kommission Ethik und Recht der modernen Medizin, Organlebendspende, BT-Drs. 15/5050, S. 31 sowie *Gutmann/Schroth*, Organlebendspende in Europa, S. 48 und *Weigend/Zielińska*, MedR 1996, 445, 448.

856 *Augsberg*, in: Höfling (Hrsg.), TPG, § 8 Rn. 82; *Gutmann*, in: Schroth/König/Gutmann/Oduncu (Hrsg.), TPG, § 8 Rn. 48; *Hirsch/Schmidt-Didczuhn*, Transplantation und Sektion, S. 24; *v. Bubnoff*, GA 1968, 65, 78 f.; *Zillgens*, Die strafrechtlichen Grenzen der Lebendorganspende, S. 235. Wohl auch: *Kohlhaas*, NJW 1967, 1489, 1490. A.A. *Bockelmann*, Strafrecht des Arztes, S. 99; *Trees*, Die Organtransplantation aus zivilrechtlicher Sicht, S. 132 f. Übersehen wird dieser Aspekt trotz Erörterung der Aufklärung bei der Lebendspende von: *Lang*, in: Höfling (Hrsg.), TPG, 1. Auflage, § 8 Rn. 105 f.; *Wilhelm/Werner/Manske/Sperschneider/Schubert*, Transplantationsmedizin 1997, 208 ff.

857 *Hirsch/Schmidt-Didczuhn*, Transplantation und Sektion, S. 24; *Zillgens*, Die strafrechtlichen Grenzen der Lebendorganspende, S. 235.

858 DÄBl. 2000, A 3287, 3288.

gunsten Dritter begründete Aufklärung würde primär im Interesse des Spenders geschehen und sich aus dessen Situation und Schutzbedürftigkeit ergeben.

a) Beteiligung Dritter am Schuldverhältnis

Infolge der relativen Wirkung der schuldrechtlichen Beziehung entstehen Leistungs- und Schutzpflichten grundsätzlich nur zwischen den am Schuldverhältnis beteiligten Personen.[859] So stehen auch im (ärztlichen) Behandlungsvertrag nach den §§ 611 ff. BGB die Ansprüche grundsätzlich den Vertragsparteien, d.h. dem (Kassen-) Patienten und dem (Kassen-)Arzt zu.[860] Allerdings kann ein Schuldverhältnis mit Pflichten nach § 241 Abs. 2 BGB auch zu Personen entstehen, die nicht selbst Vertragspartei werden (sollen), § 311 Abs. 3 S. 1 BGB.

Sofern die Voraussetzungen eines Vertrages mit Schutzwirkung zugunsten Dritter vorliegen, besteht ein vertragsähnliches Schuldverhältnis zwischen dem Schuldner und dem Dritten. Dann obliegen dem Schuldner gewisse Schutz- und Rücksichtnahmepflichten im Sinne des § 241 Abs. 2 BGB auch gegenüber dem Dritten, insbesondere im Hinblick auf dessen körperliche Unversehrtheit.[861]

Auch beim Behandlungsvertrag ist es prinzipiell möglich, dass Dritte in den Schutzbereich des Schuldverhältnisses zwischen Arzt und Patient einbezogen sind.[862] Dabei ist anerkannt, dass eine Aufklärung auch zugunsten Dritter erfolgen kann.[863] So hat das OLG Frankfurt a.M. die Pflicht des Arztes zur Mitteilung einer HIV-Infektion gegenüber dem Ehegatten oder Partner angenommen.[864] Zugunsten Dritter wurden von der Rechtsprechung Aufklärungspflichten vor allem bezogen auf zu gebärende oder Kleinkinder begründet. Zum Schutz des Kindes vor den Risiken der Behandlung ist die Aufklärung der Mutter geboten. Nach Auffassung des OLG Stuttgart[865] ist die Schwangere vor Verabreichung eines Schmerzmittels während der Geburt auch über das Risiko atemdepressiver Wirkungen für das Kind aufzuklären. Auch über Beden-

---

859 *Brox/Walker*, Allgemeines Schuldrecht, § 33 Rn. 1; *Looschelders*, Schuldrecht Allgemeiner Teil, § 11 Rn. 198 f.; Staudinger/*Olzen*, (2009) § 241 Rn. 338.

860 Zur strittigen Frage, ob zwischen einem, in einer gesetzlichen Krankenversicherung versicherten Kassenpatienten und dem Kassenarzt, ein privatrechtlicher Vertrag zustande kommt: *Kern*, in: Laufs/Kern (Hrsg.), Handbuch des Arztrechts, § 39 Rn. 7 ff. m. w. N. Zu den Rechtsbeziehungen in der Transplantationsmedizin ausführlich: *Lang*, in: Höfling (Hrsg.), TPG, Einf. IV Rn. 5 ff.

861 *Brox/Walker*, Allgemeines Schuldrecht, § 33 Rn. 13; *Looschelders*, Schuldrecht Allgemeiner Teil, § 11 Rn. 210; Staudinger/*Olzen*, (2009) § 241 Rn. 338. Im Gegensatz dazu erhält der Dritte keinen eigenen vertraglichen Erfüllungsanspruch auf die vertragsgemäße Leistung des Schuldners wie bei einem Vertrag zugunsten Dritter, *Brox/Walker*, Allgemeines Schuldrecht, § 33 Rn. 17.

862 *Kern*, in: Laufs/Kern (Hrsg.), Handbuch des Arztrechts, § 39 Rn. 37.

863 *Deutsch/Spickhoff*, Medizinrecht, Rn. 303.

864 OLG Frankfurt a.M., NJW 2000, 875 mit Anm. *Spickhoff*, NJW 2000, 848.

865 OLG Stuttgart, VersR 1993, 839, 840. In diese Richtung bereits: OLG Hamm, VersR 1983, 565; OLG Braunschweig, VersR 1986, 1214.

ken der Gesundheitsbehörden gegen eine Impfung des Kindes hat der Arzt die Eltern zu unterrichten.[866] Andererseits braucht über das Risiko einer Behinderung des Kindes nicht hingewiesen zu werden, wenn die Schnittentbindung die einzige Chance beinhaltet, das Kind gesund zur Welt zu bringen und die Alternative lediglich darin besteht, das Kind sterben zu lassen.[867]

Voraussetzung für die Einbeziehung Dritter in den Vertrag ist neben der bestimmungsgemäßen Leistungsnähe des Dritten, einem berechtigten Interesse des Dritten und der Erkennbarkeit von Leistungsinteresse und Gläubigernähe, dass der Dritte schutzbedürftig ist.[868] Fehlt es an der Schutzbedürftigkeit des Dritten, so ist dessen Einbeziehung in den Vertrag ausgeschlossen.[869] Erforderlich ist die Aufklärung des Organempfängers über die Risiken der Lebendspende für den Organspender, nach den Grundsätzen des Vertrages mit Schutzwirkung zugunsten Dritter also insbesondere nur dann, wenn der Organspender schutzbedürftig ist.

b) Schutzbedürftigkeit des Lebendorganspenders

Eine den oben genannten Fällen der (HIV- und Schwangerschafts-)Rechtsprechung vergleichbare Schutzbedürftigkeit des Organspenders bei der Lebendspende ist nicht ersichtlich. Vielmehr wurde dem Schutz des Spenders durch das TPG bereits hinreichend Rechnung getragen.

Zum einen fordert § 8 Abs. 1 S. 1 Nr. 1 a) TPG, dass der Spender volljährig und einwilligungsfähig ist. Mit dieser strengen, an andere nicht-therapeutische Maßnahmen wie klinische Prüfungen von Arzneimitteln nach § 40 Abs. 1 Nr. 3 AMG erinnernde Regelung soll sichergestellt werden, dass der Spender ein Urteils- und Einsichtsvermögen besitzt, das es ihm ermöglicht, „die Bedeutung der Explantation und alle damit verbunden, möglicherweise lebenslangen Beeinträchtigungen und Gefahren richtig zu überblicken und abzuschätzen."[870] Die Lebendspende setzt voraus, dass der Spender im Vollbesitz seiner geistigen Kräfte für die Spende entscheidet. Zum anderen sieht das TPG detaillierte Aufklärungspflichten des Spenders vor, da die Organentnahme für den Spender kein Heileingriff ist, sondern „ihm grundsätzlich körperlich

---

866   OLG Stuttgart, VersR 1986, 1198.

867   OLG Köln, VersR 1999, 98.

868   *Brox/Walker*, Allgemeines Schuldrecht, § 33 Rn. 7 ff.; *Looschelders*, Schuldrecht Allgemeiner Teil, § 11 Rn. 204 ff.

869   *Looschelders*, Schuldrecht Allgemeiner Teil, § 11 Rn. 208. *Trees*, Die Organtransplantation aus zivilrechtlicher Sicht, S. 54, folgert, freilich noch vor der Geltung des TPG, dass für den Fall, dass der Spender das Organ einem bestimmten Empfänger übertragen will, stets ein Vertrag mit Schutzwirkung für Dritte gegeben ist. Dennoch lehnt er später inkonsequent (S. 132 f.) eine Aufklärung des Empfängers über Risiken des Empfängers ab.

870   *Esser*, in: Höfling (Hrsg.), TPG, 1. Auflage, § 8 Rn. 11. Dem folgend: Augsberg, in: Höfling (Hrsg.), TPG, § 8 Rn. 22. Ebenso: *Carstens*, Das Recht der Organtransplantation, S. 31. Ausführlich hierzu: *Fateh-Moghadam*, Die Einwilligung in die Lebendorganspende, S. 185 ff.

schadet und ihn gesundheitlich gefährden kann".[871] Nach § 8 Abs. 2 TPG hat der Arzt den Spender über den Zweck und die Art des Eingriffs, die Untersuchungen sowie das Recht, über die Ergebnisse der Untersuchungen unterrichtet zu werden, die Maßnahmen, die dem Schutz des Spenders dienen, sowie den Umfang und mögliche, auch mittelbare Folgen und Spätfolgen der beabsichtigten Organ- oder Gewebeentnahme für seine Gesundheit, die ärztliche Schweigepflicht, die zu erwartende Erfolgsaussicht der Organ- oder Gewebeübertragung und die Folgen für den Empfänger sowie sonstige Umstände, denen er erkennbar eine Bedeutung für die Spende beimisst, sowie über die Erhebung und Verwendung personenbezogener Daten zu informieren. Schließlich wird dem Schutz des Spenders durch die Regelung des § 8 Abs.1 S. 1 Nr. 1 c) TPG Rechnung getragen. Danach ist, wie bereits oben erörtert,[872] die Lebendspende nur zulässig, wenn der Spender nach ärztlicher Beurteilung überhaupt geeignet ist und voraussichtlich nicht über das Operationsrisiko hinaus gefährdet oder über die unmittelbaren Folgen der Entnahme hinaus gesundheitlich schwer beeinträchtigt wird.[873] Die Schutzbedürftigkeit des Spenders wurde durch den Gesetzgeber also angemessen berücksichtigt.

Schließlich fehlt es an einer Schutzbedürftigkeit des Dritten, hier des Organspenders, grundsätzlich auch dann, wenn dieser einen eigenen vertraglichen Anspruch mit einem vergleichbaren Inhalt hat.[874] Anders als bei der postmortalen Organspende, bei der es in der Regel ausgeschlossen ist, dass es zu vertraglichen Beziehungen mit dem Spender kommt,[875] ist der Lebendspender, obgleich § 8 Abs. 1 S. 1 Nr. 1 a) TPG nur die Einwilligungsfähigkeit und nicht die Geschäftsfähigkeit des Organspenders zu einer Voraussetzung der Lebendspende macht und die Geschäftsfähigkeit Voraussetzung für den Abschluss eines Vertrages zwischen Patient und Arzt ist, durch die Abgabe einer Willenserklärung selbst in der Lage, Verträge abzuschließen. Aus diesen Verträgen folgen auch Ansprüche des Lebendspenders.

Für die Feststellung möglicher vertraglicher oder deliktischer Pflichtverletzungen ist die Einordnung der zugrunde liegenden Beziehungen zwischen Organspender und Arzt bzw. Krankenhausträger erforderlich. Der Privatpatient schließt in der Regel einen zivilrechtlichen Vertrag in Form eines Dienstvertrages mit dem behandelnden

---

871 BT-Drs. 13/4355, S. 20.

872 Vgl. dazu oben unter: 5. B. I. 2.

873 Zuletzt wurde die soziale Absicherung des Lebendspenders durch das Gesetz zur Änderung des Transplantationsgesetzes (BGBl. I vom 21.07.2012, S. 1601 ff.) sichergestellt, vgl. dazu: *Greiner*, NZS 2013, 241 ff.; *Neumann*, NJW 2013, 1401 ff.

874 BGHZ 70, 327, 330; *Brox/Walker*, Allgemeines Schuldrecht, § 33 Rn. 12; *Looschelders*, Schuldrecht Allgemeiner Teil, § 11 Rn. 209.

875 Es sei denn, der Spender hat sich gegenüber dem Empfänger vor dem Tod verpflichtet, *Kern*, in: Laufs/Kern (Hrsg.), Handbuch des Arztrechts, § 38 Rn. 66; *Nagel*, Organtransplantation und Internationales Privatrecht, S. 109, Fn. 490.

Arzt.[876] Sofern die Behandlung, wie bei Organtransplantationen, jedoch eine stationäre Behandlung erfordert, wird ein Vertragsverhältnis zwischen dem Patienten und der Klinik, bzw. dem Klinikträger begründet (totaler Krankenhausaufnahmevertrag).[877] In diesem Fall wird zwischen dem das Organ entnehmenden Arzt und dem Lebendspender keine eigene vertragliche Beziehung bestehen. Soll hingegen ein bestimmter Arzt die Organentnahme vornehmen, ist auch im Verhältnis zwischen Arzt und Patient ein Vertragsverhältnis gegeben (totaler Krankenhausaufnahmevertrag mit Arztzusatzvertrag).[878]

Umstritten ist dagegen, ob das Rechtsverhältnis eines gesetzlich versicherten Patienten und einem Vertragsarzt öffentlich-rechtlich oder vertragsrechtlich einzuordnen ist.[879] Während der Arzt nach der sog. „Versorgungskonzeption" kraft öffentlich-rechtlicher Verpflichtung[880] die Behandlung schuldet, ist nach der sog. „Vertragskonzeption" ein privatrechtlicher Behandlungsvertrag[881] zwischen gesetzlich versicherten Patienten und einem Vertragsarzt gegeben.[882] Gem. § 76 Abs. 4 SGB V werden die behandelnden Ärzte sowie die Krankenhäuser, wenn sie eine Behandlung übernehmen, jedoch dem Kassenpatienten zur Sorgfalt nach den Vorschriften des bürgerlichen Vertragsrechts verpflichtet. Haftungsrechtlich sind die Beziehungen zwischen Kassenpatient und Vertragsarzt unabhängig von der strittigen Frage nach der rechtlichen Einordnung des zugrunde liegenden Rechtsverhältnisses daher als vertragliche Beziehungen zu behandeln.[883] Die Differenzierung zwischen öffentlich-rechtlicher und zivilrechtlicher Beziehung ist daher hier nicht erforderlich. Dem gesetzlich versicherten Organspender stehen daher vertragliche und gesetzliche Haftungsansprüche zu.[884]

---

876 Zu den Vertragsbeziehungen: *Kern*, in: Laufs/Kern (Hrsg.), Handbuch des Arztrechts, § 38 Rn. 65 ff.; *Lang*, in: Höfling (Hrsg.), TPG, Einf. IV Rn. 7 ff.; *Nagel*, Organtransplantation und Internationales Privatrecht, S. 109.

877 *Nagel*, Organtransplantation und Internationales Privatrecht, S. 109.

878 Für die vertraglichen Beziehungen mit Auslandsbezug: *Nagel*, Organtransplantation und Internationales Privatrecht, S. 110 ff.

879 Hierzu: *Lang*, in: Höfling (Hrsg.), TPG, Einf. IV Rn. 18 ff.

880 BSGE 59, 172, 177.

881 BGH, NJW 1999, 2731.

882 Hierzu ausführlich: *Auktor*, in: Kruse/Hähnlein (Hrsg.), LPK-SGB V, § 76 Rn. 19 ff. m. w. N.

883 *Auktor*, in: Kruse/Hähnlein (Hrsg.), LPK-SGB V, § 76 Rn. 17.

884 Von der Einordnung der zugrundeliegenden Beziehungen ist die Frage der Kostenübernahme zu trennen. Nach Auffassung des BSG ist die „Übertragung von körpereigenem Gewebe auf einen Dritten („Organtransplantation" im weitesten Sinne) [...] ein Teil der Krankenhilfe für den Organempfänger." Daher sind die "Aufwendungen für die ambulante oder stationäre Behandlung des Organspenders [...] jedenfalls dann, wenn die Organentnahme komplikationslos verläuft, als Nebenleistung zu der dem Empfänger zu gewährenden Krankenhilfe von dessen Krankenkasse zu tragen.", BSG, NJW 1973, 1432.

Der Dienstvertrag[885] über die Entnahme eines Organs (Organentnahmevertrag[886]) ist zulässig, sofern keine finanzielle Leistung vereinbart wurde und die Risiken der Schädigung des Spenders und der Nutzen für den Empfänger in angemessenem Verhältnis zueinander stehen.[887] Gegenstand dieses Organentnahmevertrages kann zudem nur die Entnahme eines paarigen, lebenswichtigen Organs oder ein Organteil sein, § 8 Abs. 1 S. 2 und § 1a TPG, § 216 StGB.

Der Behandlungsvertrag über eine Organentnahme beinhaltet für Arzt, Krankenhausträgers und Organspender wechselseitige Rechte und Pflichten. Die Verletzung der Aufklärungspflicht des Arztes etwa aus § 8 Abs. 2 TPG in Form einer fehlerhaften oder unterlassenen Aufklärung kann zu Schadensersatzansprüchen des Lebendspenders führen. Hierbei haftet der Arzt nach den Grundsätzen der unterlassenen bzw. unzureichenden Aufklärung.[888] Darüber hinaus haftet der Arzt aus dem Organentnahmevertrag für Behandlungsfehler bei der Explantation.[889]

Die Interessen des Lebendspenders und dessen Schutzbedürftigkeit wurden durch den Gesetzgeber bei der Schaffung des TPG hinlänglich berücksichtigt. Zudem stehen dem Lebendspender eigene vertragliche Ansprüche gegen den behandelnden Arzt bzw. den Träger des Krankenhauses zu. Demzufolge besteht keine Schutzbedürftigkeit des Lebendspenders. Somit ist der Lebendspender grundsätzlich nicht in den Schutzbereich des Behandlungsvertrages zwischen Organempfänger und behandelndem Arzt bzw. dem Träger des Krankenhauses einbezogen. Eine Pflicht zur Aufklärung des Organempfängers über die Risiken und Belastungen der Organspende für den Lebendspende für den Spender lässt sich daher nicht aus den schuldrechtlichen Grundsätzen zum Vertrag mit Schutzwirkung zugunsten Dritter herleiten. Eine Aufklärungspflicht, die im Interesse des Spenders erfolgt und sich aus dessen Situation und Schutzbedürftigkeit ergibt, lässt sich mithin nicht begründen.

3. Aufklärungspflicht aus dem Selbstbestimmungsrecht des Organempfängers

Nachdem festgestellt wurde, dass eine Aufklärung des Organempfängers über die Risiken der Lebendspende und damit einhergehende Belastungen für den Spender nicht zum Schutz des Lebendspenders zu erfolgen hat und deshalb nicht an einem Vertrag mit Schutzwirkung zugunsten Dritter festgemacht werden kann, stellt sich die Frage, ob die Gefahren für den Spender ein Umstand sind, der für den Empfänger

---

885 Denkbar wäre auch, die alleinige Organentnahme beim Spender als Werkvertrag zu qualifizieren, *Ugowski*, Rechtsfragen der Lebendspende von Organen, S. 142. Allerdings dürfte hierdurch die erforderliche Nachbehandlung nicht erfasst werden, sodass insoweit wieder ein Dienstvertrag gegeben ist. Es spricht daher mehr dafür, von einem Dienstvertrag auszugehen.

886 *Nagel*, Organtransplantation und Internationales Privatrecht, S. 109.

887 *Kern*, in: Laufs/Kern (Hrsg.), Handbuch des Arztrechts, § 38 Rn. 67.

888 *Baltzer*, SGb 1998, 437, 438; *Nickel/Schmidt-Preisigke/Sengler*, Transplantationsgesetz, § 8 Rn. 25; *Ugowski*, Rechtsfragen der Lebendspende von Organen, S. 145 f.

889 *Ugowski*, Rechtsfragen der Lebendspende von Organen, S. 147 ff.

der Lebendspende bei der Entscheidung für oder gegen die Transplantation von Bedeutung ist.

Die Pflicht des Arztes zur Aufklärung des Organempfängers über die Risiken und Belastungen einer Lebendspende für den Lebendspender könnte sich also aus den Rechten des Organempfängers begründen lassen.

a) Sinn und Zweck der ärztlichen (Risiko-)Aufklärung

Der Umfang der Aufklärung ist teleologisch nach dem Zweck der ärztlichen Aufklärungspflicht des Patienten zu bestimmen. Zweck der Aufklärungspflicht ist die Beachtung des grundrechtlich geschützten Selbstbestimmungsrechtes des Patienten. Dies setzt, nach der Rechtsprechung des BGH voraus, dass „der Patient Art, Bedeutung und Folgen des Eingriffs, wenn auch nicht in allen Einzelheiten, so doch in seinen Grundzügen erkannt hat."[890]

Konkreter Zweck der ärztlichen Aufklärung über die Risiken einer bevorstehenden Behandlung ist nach Auffassung des BGH, „den Patienten, der selbst bestimmen darf und soll, ob er sich einer Operation unterziehen will, die für seine Entscheidung notwendigen Fakten in einer für den medizinischen Laien verständlichen Form mitzuteilen".[891] Damit konkretisiert das Gericht die Begriffe „Wesen" und „Tragweite" des ärztlichen Eingriffes. Der so informierte Patient ist in der Lage, „eigenverantwortlich das Für und Wider abzuwägen".[892] Der Patient kann sein Selbstbestimmungsrecht demnach nur wahren, wenn er vom Arzt das Wesentliche über die Behandlung erfahren hat und somit insbesondere eine Vorstellung von den Gefahren der Behandlung hat. Erkennt der Patient Wesen, Bedeutung und Tragweite des ärztlichen Eingriffes, kann er das Für und Wider des Eingriffes abwägen und so selbstbestimmte Entscheidung treffen, die ihn letztlich ihn die Lage versetzt, auch einen Teil der Verantwortung der Behandlung zu übernehmen.

Fraglich ist, ob die Gesundheit des Spenders ein notwendiger Fakt ist, der für die Entscheidung des Organempfängers von Bedeutung ist. Als problematisch erweist sich, dass es sich nicht um unmittelbare körperliche Folgen beim Organempfänger handelt. Die unbestrittene verfassungsrechtliche Grundlage der ärztlichen Aufklärungspflicht bildet nach Auffassung von Literatur und Rechtsprechung das Selbstbestimmungsrecht des Patienten. Dies wirft indes mehr Probleme auf, als durch diesen Anknüpfungspunkt gelöst werden. Zum einen ist der Begriff des grundrechtlich garantierten Selbstbestimmungsrechtes ausfüllungsbedürftig. Zum anderen wird diskutiert, ob die Patientenselbstbestimmung im Recht auf Leben und körperliche Unversehrtheit aus Art. 2 Abs. 2 S. 1 GG oder aber im Allgemeinen Persönlichkeitsrecht aus Art. 2 Abs. 1 i.V.m. 1 Abs. 1 GG zu verorten ist. Dies ist verbunden mit der Fra-

---

890 BGHZ 29, 176, 180.
891 BGH, JZ 1986, 201. Dem folgend: OLG Köln, VersR 2012, 863.
892 BGH, JZ 1986, 201.

ge, ob die körperliche Integrität des Patienten oder aber dessen Persönlichkeitsrecht das geschützte Rechtsgut darstellt.[893] Für die Frage, ob die mit der Lebendspende einhergehenden Risiken und Belastungen für den Lebendspender ein Umstand sind, der für den Organempfänger aufklärungsbedürftig ist, ist diese Einordnung von wesentlicher Bedeutung. Während sich aus dem auf die Körperlichkeit bezogenen Recht auf Leben und körperliche Unversehrtheit Aufklärungspflichten bezogen auf Dritte, wie hier des Lebendspenders, nicht ohne weiteres herleiten lassen, ist das allgemeine Persönlichkeitsrecht viele Teilbereiche der personalen Identität, die der Weiterentwicklung offen sind.[894] Im Folgenden ist daher die verfassungsrechtliche Grundlage des Selbstbestimmungsrechtes zu untersuchen.

b) Verfassungsrechtliche Grundlage des Selbstbestimmungsrechtes

Das BVerfG ordnet das Selbstbestimmungsrecht des Patienten im Beschluss des 2. Senates vom 25.07.1979 recht vage in Art. 2 Abs. 1 GG und Art. 2 Abs. 2 S. 1 GG ein,[895] nennt im Folgenden jedoch auch die menschliche Persönlichkeit sowie die Würde.[896] In der abweichenden Meinung zu dieser Entscheidung stellen die Richter *Hirsch, Niebler* und *Steinberger* hingegen ausdrücklich fest, dass das Selbstbestimmungsrecht in Art. 2 Abs. 2 S. 1 GG verbürgt ist.[897] Nur stützend wird in der abweichenden Meinung auf Art. 1 Abs. 1, 2 Abs. 1 GG verwiesen.[898] Diese Bezugnahme auf die Unversehrtheit des Menschen aus Art. 2 Abs. 2 S. 1 GG findet sich auch in späteren Entscheidungen des BVerfG.[899] Auch der BGH begründet das Selbstbestimmungsrecht des Patienten auf Art. 2 Abs. 2 S. 1 GG und greift nur verstärkend auf Art. 1 Abs. 1 GG zurück.[900] Die Einordnung des ärztlichen Heileingriffes wirkt sich nach dieser Auffassung auch auf verfassungsrechtlicher Ebene aus.

In neueren Entscheidungen des BVerfG wird z.T. der Bezug auf Art. 2 Abs. 1 i.V.m. Art. 1 Abs. 1 GG durch die Verknüpfung des Selbstbestimmungsrechtes mit der personalen Würde vorgenommen.[901] Dies geschieht im Zusammenhang mit der Feststellung eines Rechtes auf Information, durch Einsicht in Krankenunterlagen bzw. schriftlichen Bericht über Ergebnis einer ärztlichen Untersuchung, weshalb der informationsbezogene Charakter des Selbstbestimmungsrechtes hervorgehoben wird.[902] Nach überzeugender, jedoch in dieser Form bislang weitgehend unbeachtet geblie-

---

893 Ausführlich hierzu: *Schwill*, Aufklärungsverzicht und Patientenautonomie, S. 35 ff., S. 276 ff.
894 BVerfGE 54, 148, 153.
895 BVerfGE 52, 131, 168.
896 BVerfGE 52, 131, 168 f.
897 BVerfGE 52, 131, 171.
898 BVerfGE 52, 131, 173.
899 BVerfG, NJW 1997, 3085; BVerfG, MedR 1997, 318, 319.
900 BGHZ 29, 46, 49; 106, 391, 397 f.; BGHSt 11, 111, 113 f.
901 BVerfG, NJW 2005, 1103; BVerfG, NJW 2006, 1116, 1117.
902 BVerfG, NJW 2006, 1116, 1117.

bener Auffassung, von *Hart*[903] und an diesen anknüpfend *Schwill*,[904] ist die verfassungsrechtliche Einordnung von Heileingriff, Einwilligung und ärztlicher Aufklärungspflicht gesondert zu beurteilen:

Der ärztliche Heileingriff ist danach, in Einklang mit dem (verfassungsrechtlichen) Schrifttum,[905] als Eingriff in die körperliche Unversehrtheit im Sinne des Art. 2 Abs. 2 S. 1 GG zu qualifizieren. Das Grundrecht schützt das Recht auf Leben und Unversehrtheit der körperlichen Substanz. Dabei gewährt das Grundrecht aus Art. 2 Abs. 2 S. 1 GG einen durch „Zwecke und Modalitäten nicht relativierbaren Integritätsschutz" der körperlichen Unversehrtheit in biologisch-physiologischer Hinsicht.[906] Demzufolge kann auch die auf Heilung ausgerichtete Heilbehandlung den Eingriff in den Schutzbereich nicht beseitigen. Die heilende Intention des Arztes wird zwar nicht missachtet, ihr kommt jedoch insoweit eine geringere Relevanz zu, als im einfachen Recht. Denn anders als die Formulierungen „körperliche Misshandlung" und „Gesundheitsschädigung" in § 223 StGB, beinhaltet Art. 2 Abs. 2 S. 1 GG eine neutrale, allein auf die Unverletzlichkeit der körperlichen Substanz abstellende Formulierung.[907] Diese wird grundsätzlich auch durch den ärztlichen Heileingriff beeinträchtigt, weshalb die Heilbehandlung den äußeren Tatbestand des Art. 2 Abs. 2 S. 1 GG erfüllt.

An diese Qualifizierung des ärztlichen Heileingriffes knüpft die Einordnung der Einwilligung des Patienten an. Auch dem Erfordernis der Einwilligung des Patienten kommt grundsätzlich Verfassungsrang zu.[908] „Das Grundrecht auf körperliche Unversehrtheit wäre in seinem Wesensgehalt getroffen", konstatiert *Dürig*, „wenn der Staat nicht prinzipiell gehalten wäre, lediglich die Einwilligung des Betroffenen als Rechtfertigungsgrund anzuerkennen."[909]

In der Diskussion um die verfassungsrechtliche Einordnung der Einwilligung als Ausübung des körperbezogenen Selbstbestimmungsrechtes wird indes häufig nicht zwischen Einwilligung und Aufklärung differenziert.[910] Dabei scheint eine Trennung von

---

903 *Hart*, in: Heldrich/Schlechtriem/Schmidt (Hrsg.), FS für Heinrichs, S. 312.
904 *Schwill*, Aufklärungsverzicht und Patientenautonomie, S. 305.
905 BVerfGE 52, 131, 173 f.; *Francke*, Ärztliche Berufsfreiheit und Patientenrechte, S. 99 f.; *Koppernock*, Das Grundrecht auf bioethische Selbstbestimmung, S. 56; *Lorenz*, in: Isensee/Kirchhof, Handbuch des Staatsrechts VI, § 128, Rn. 64 f.; *Schulze-Fielitz*, in: Dreier (Hrsg.), Grundgesetz Kommentar, Art. 2 II Rn. 47. Keine Grundrechtsbeeinträchtigung bei Einwilligung nehmen an: *Jarass*, in: Jarass/Pieroth (Hrsg.), Grundgesetz, Art. 2 Rn. 83; *Murswieck*, in: Sachs (Hrsg.), Grundgesetz Kommentar, Art. 2 Rn. 206.
906 BVerfGE 56, 54, 74; *Francke*, Ärztliche Berufsfreiheit und Patientenrechte, S. 99.
907 *Francke*, Ärztliche Berufsfreiheit und Patientenrechte, S. 99; *Schwill*, Aufklärungsverzicht und Patientenautonomie, S. 277.
908 *Lorenz*, in: Isensee/Kirchhof, Handbuch des Staatsrechts VI, § 128, Rn. 65.
909 *Dürig*, in: Maunz/Dürig (Hrsg.), Grundgesetz, Art. 2 Abs. 2, Rn. 37.
910 Vgl. etwa: BVerfGE 52, 131, 173; *Deutsch/Spickhoff*, Medizinrecht, Rn. 248; *Francke*, Ärztliche Berufsfreiheit und Patientenrechte, S. 101 ff.; *Jarass*, in: Jarass/Pieroth (Hrsg.), Grundgesetz,

Einwilligung und Aufklärungspflicht durchaus geboten. Zum einen lässt die Recht-sprechung des BGH zum Aufklärungsverzicht erkennen, dass ein Verzicht auf die Aufklärung durch den Arzt nicht die Wirksamkeit der Einwilligung berührt,[911] was sich dogmatisch durch eine (teilweise) Trennung von Einwilligung und Aufklärung erklären lässt.[912] Zugleich sind Fälle denkbar, in denen ohne Bezug und Notwendigkeit zu einem ärztlichen Eingriff dennoch eine ärztliche Aufklärung erforderlich ist.[913] Leidet der Patient etwa an einer nicht therapierbaren oder einer chronischen Krankheit, kommt ein ärztlicher Eingriff nicht in Betracht. Konsequent wird von den Vertretern einer Verknüpfung von Einwilligung und Aufklärungspflicht in diesen Fällen die Nicht-aufklärung des Patienten gefolgert.[914] Dennoch erscheint die Begründung einer Auf-klärungspflicht des Arztes auch in diesen Situationen vorzugswürdig und ethisch ge-boten. Auch und gerade in diesen Situationen ist die Kenntnis der Krankheit erforder-lich für persönliche Entscheidungen im Hinblick auf die individuelle Lebensgestal-tung.[915] Zugleich erfordert etwa die optimale Behandlung chronischer Krankheiten, die im Wesentlichen durch den Patienten erfolgt, dessen Kenntnis von der ggf. erfor-derlichen Verabreichung einer Dauermedikation, Beobachtung von Körperfunktionen, Umstellung der Ernährung und anderen medizinischen und nicht-medizinischen Handlungen.[916] Für diesen Lernprozess zur selbstverantwortlichen Behandlung un-abhängig von ärztlichen Eingriffen bedarf es der Kommunikation mit dem Arzt.[917] Die verfassungsrechtliche Verortung von Einwilligung und Aufklärung ist daher gesondert zu beurteilen.

Verfassungsrechtlicher Anknüpfungspunkt für das Erfordernis der Einwilligung in die Heilbehandlung ist, aufgrund der untrennbaren Verknüpfung von körperlicher Unver-sehrtheit und des hierauf bezogenen Selbstbestimmungsrechts, Art. 2 Abs. 2 S. 1

Art. 2 Rn. 83; *Katzenmeier*, in. Laufs/Katzenmeier/Lipp, Arztrecht, V. Rn. 5 f.; *Lorenz*, in: Isen-see/Kirchhof, Handbuch des Staatsrechts VI, § 128, Rn. 64; *Panagopoulou-Koutnatzi*, Die Selbstbestimmung des Patienten, S.170 f.; *Schulze-Fielitz*, in: Dreier (Hrsg.), Grundgesetz Kommentar, Art. 2 II Rn. 55; *Voll*, Die Einwilligung im Arztrecht, S. 48 ff.

911 BGHZ 29, 46, 54; BGH, NJW 1973, 556, 558; 1976, 363, 364; 1980, 1333, 1334. So auch: BVerfGE 52, 131, 170, 177.

912 „Teilweise Trennung", weil grundlegende Informationen in der Regel dennoch Voraussetzung für eine wirksame Einwilligung sind. So auch: *Schwill*, Aufklärungsverzicht und Patientenauto-nomie, S. 285.

913 *Schwill*, Aufklärungsverzicht und Patientenautonomie, S. 286 f.

914 *Deutsch*, NJW 1980, 1305, 1308 f.; *Tempel*, NJW 1980, 609, 614.

915 So auch: *Giesen*, JZ 1987, 282, 286; *Herrmann* MedR 1988, 1, 5 f. Ausführlich hierzu: *Francke*, Ärztliche Berufsfreiheit und Patientenrechte, S. 116 ff.; *Schwill*, Aufklärungsverzicht und Patien-tenautonomie, S. 287.

916 *Francke*, Ärztliche Berufsfreiheit und Patientenrechte, S. 120.

917 Ausführlich: *Francke*, Ärztliche Berufsfreiheit und Patientenrechte, S. 120.

GG.[918] Dies begründet sich aus einem grundrechtstheoretischen Argument. Den Grundrechten kommt nicht nur eine starre, das Grundrecht schützende Komponente der Beeinträchtigungsabwehr, sondern vielmehr auch eine dynamische Funktion der aktiven Selbstbestimmung über das Schutzgut zu.[919] Das Selbstbestimmungsrecht über das geschützte Gut findet seine verfassungsrechtliche Verankerung also ebenso wie der Schutz des preisgegebenen Rechtsgutes unmittelbar in demselben Grundrecht.[920] So schützt Art. 2 Abs. 2 S. 1 GG nicht nur die Körperlichkeit in biologisch-physiologischer Hinsicht, sondern gewährleistet auch Freiheitsschutz im Bereich der „leiblich-seelischen Integrität des Menschen".[921] Die auf die Körperlichkeit bezogene Willenssphäre, das Einwilligungsrecht des Patienten, ist daher ebenso ein Schutzgut des Grundrechtes aus Art. 2 Abs. 2 S. 1 GG.

Dagegen bildet das allgemeine Persönlichkeitsrecht aus Art. 2 Abs. 1 i.V.m. Art. 1 Abs. 1 GG die verfassungsrechtliche Grundlage für die ärztliche Aufklärungs*pflicht* und das spiegelbildliche Aufklärungs*recht* des Patienten. Gemeinsamer Grundgedanke der durch das BVerfG kasuistisch geprägten Ausgestaltungen des allgemeinen Persönlichkeitsrechtes ist der Schutz der persönlichen Lebenssphäre und ihrer Grundbedingungen.[922] Den Ausgangspunkt für die Begründung von Ableitungen des allgemeinen Persönlichkeitsrechtes zum Schutz der persönlichen Lebenssphäre und deren Grundbedingungen bildet die durch spezielle Grundrechte nicht erfasste, individuelle persönlichkeitsbezogene (grundrechtliche) Selbstbestimmung.[923]

Überzeugend leitet *Schwill*[924] her, dass die ärztliche Aufklärungspflicht starke Elemente der Selbstbestimmung beinhaltet, die nicht auf die Körperlichkeit des Patienten, sondern dessen Persönlichkeit bezogen sind. So ist der Patient infolge der ärztlichen Aufklärung gezwungen, sein Selbstbild zu ändern und persönliche Entscheidungen in beruflicher und privater Hinsicht zu korrigieren. Zugleich ist der Informationsanspruch des Patienten Ausdruck einer selbstbestimmt-persönlichkeitsrelevanten Entscheidung „im Sinne einer Selbstdefinition", wesentliche Entscheidungen selbst-

---

918 BVerfGE 52, 131, 173; BHGZ 106, 391, 399; *Lorenz*, in: Isensee/Kirchhof, Handbuch des Staatsrechts VI, § 128, Rn. 64; *Schwill*, Aufklärungsverzicht und Patientenautonomie, S. 277; *Voll*, Die Einwilligung im Arztrecht, S. 51. A.A. *Zuck*, NJW 1991, 2933.

919 *Cramer*, Genom- und Genanlyse, S. 67; *Schwill*, Aufklärungsverzicht und Patientenautonomie, S. 280.

920 *Sternberg-Lieben*, Die objektiven Schranken der Einwilligung im Strafecht, S. 19 f.; *Schwill*, Aufklärungsverzicht und Patientenautonomie, S. 280.

921 BVerfGE 52, 131, 174.

922 Ausführlich hierzu: *Degenhart*, JuS 1992, 361 ff.

923 *Degenhart*, JuS 1992, 361, 368. Vgl. auch: BVerfGE 54, 148, 153.

924 *Schwill*, Aufklärungsverzicht und Patientenautonomie, S. 298 f. Er begründet diese Herleitung vor allem mit einer Analogie zur Rechtsprechung des BVerfG zum Recht auf Kenntnis der eigenen Abstammung. Der Anspruch auf Kenntnis der eigenen Abstammung sei im Hinblick auf die Ermöglichung persönlichkeitsrelevanter Selbstbestimmung wertungsmäßig mit dem Informationsanspruch des Patienten vergleichbar.

verantwortlich und eigenständig zu treffen.[925] Schutzzweck der Selbstbestimmungsaufklärung ist die Bereitstellung der informationellen Voraussetzungen für Entscheidungen, die der individuellen Wertorientierung entsprechen. Sowohl im Hinblick auf persönliche Wertungen, wie auch bezogen auf die medizinische Behandlung ist die Entscheidung Ausdruck der Persönlichkeit des Patienten.[926] Diese starken Aspekte der individuellen, grundrechtlichen Selbstbestimmung in der ärztlichen Aufklärungspflicht werden nicht durch spezielle Grundrechte erfasst, sondern finden ihren Ausdruck im allgemeinen Persönlichkeitsrecht. Das Recht des Patienten auf Information ist folglich verfassungsrechtlich aus dem allgemeinen Persönlichkeitsrecht gem. Art. 2 Abs. 1 i.V.m. 1 Abs. 1 GG abzuleiten.

Die ärztliche Aufklärungspflicht ist demzufolge nicht an die körperliche Integrität des konkreten Patienten gebunden, sondern bestimmt sich aus dem Schutz der persönlichen Lebenssphäre, der Gewährung einer Persönlichkeitsentfaltung und der Möglichkeit zur selbstbestimmten Existenz. Der Informationsanspruch ist Voraussetzung der Selbstbestimmung des Patienten und gewährleitstet dessen selbstbestimmte Eigenentscheidung.[927]

c) Risiken der Lebendspende für den Spender als notwendige Information für die Entscheidung des Organempfängers

Wie bereits oben dargestellt sind nach dem Sinn und Zweck der ärztlichen (Risiko-) Aufklärungspflicht dem Patienten die notwendigen Fakten mitzuteilen, die für ihn erkennbar von Bedeutung sind und die ihm ermöglichen, eine eigenverantwortliche Abwägung des Für und Wider vorzunehmen. Nur wenn der Patient vom Arzt das Wesentliche über die Behandlung erfahren und somit insbesondere eine Vorstellung von den Gefahren der Behandlung hat, kann er sein Selbstbestimmungsrecht wahren. Durch die verfassungsrechtliche Anbindung an das allgemeine Persönlichkeitsrecht aus Art. 2 Abs. 1 i.V.m. Art. 1 Abs. 1 GG ist die ärztliche Aufklärungspflicht nicht primär bezogen auf die körperliche Integrität des Patienten, sondern erfasst „die Integrität der menschlichen Persönlichkeit in geistig-seelischer Beziehung".[928] Nachfolgend soll erörtert werden, ob die Risiken und Belastungen für den Lebendspender notwendige, persönlichkeitsrelevante Aspekte einer Entscheidung des Organempfängers im Hinblick auf die Entscheidung für oder gegen die Transplantation sind.

---

925   Schwill, Aufklärungsverzicht und Patientenautonomie, S. 299.
926   Die Aufklärungspflicht allein auf Art. 2 Abs. 2 S. 1 GG zu stützen entspräche einer paternalistischen Auffassung, die den Patienten nicht als aktive Entscheidenden wahrnimmt und die Aufklärung allein aus der Einwilligung und eine fürsorgliche Behandlung des Arztes bezieht, vgl. Hart, in: Heldrich/Schlechtriem/Schmidt (Hrsg.), FS für Heinrichs, S. 308 ff.; Schwill, Aufklärungsverzicht und Patientenautonomie, S. 276 ff.
927   In diesem Sinne auch: Hart, in: Heldrich/Schlechtriem/Schmidt (Hrsg.), FS für Heinrichs, S. 313 f.
928   Murswieck, in: Sachs (Hrsg.), Grundgesetz Kommentar, Art. 2 Rn. 61.

Gem. § 8 Abs. 1 S. 2 TPG ist die Entnahme einer Niere, des Teils einer Leber oder anderer nicht regenerierungsfähiger Organe nur zum Zwecke der Übertragung auf Verwandte ersten oder zweiten Grades, Ehegatten, eingetragene Lebenspartner, Verlobte oder andere Personen, die dem Spender in besonderer persönlicher Verbundenheit offenkundig nahestehen zulässig. Zu den Verwandten ersten und zweiten Grades zählen die Eltern, Kindern, Geschwister und Großeltern und Enkel § 1589 BGB. Sofern keine verwandtschaftliche Beziehung, ein Eheverhältnis (§§ 1303 ff. BGB), eine eingetragene Lebenspartnerschaft (§ 1 LPartG) oder Verlobung (§§ 1297 ff. BGB) besteht, ist die Lebendspende nur zulässig, wenn sich Organspender und Organempfänger in besonderer persönlicher Verbundenheit offenkundig nahe stehen. Nach Auffassung des Gesetzgebers ist für das Nahestehen in besonderer persönlicher Verbundenheit in der Regel „eine gemeinsame Lebensplanung mit innerer Bindung" charakteristisch.[929] Hierfür muss ein Zusammengehörigkeitsgefühl zwischen Spender und Empfänger bestehen, um aus einer Verbundenheit eine persönliche Verbundenheit zu machen.[930] Grundlage der Beziehung wird daher vor allem eine gemeinsame Lebensplanung[931] mit innerer Bindung sein.[932] Insgesamt ist eine Lebendspende folglich nur in verwandtschaftlichen oder vergleichbar engen persönlichen Beziehungen möglich.[933]

Diese persönlichen Beziehungen implizieren in aller Regel ein gegenseitiges Interesse an der Gesundheit und dem Wohlergehen des Anderen. Auch wenn der Organempfänger durch die Tatsache, dass der Spender durch die Entnahme einer Niere, des Teils einer Leber oder eines anderen nicht regenerierungsfähigen Organs beim Spender praktisch weiß, dass dieser in seiner Gesundheit beeinträchtigt wird, sind die konkreten Risiken und Belastungen infolge der Spende Belange, die den Organempfänger auch in seiner Lebensgestaltung betreffen und daher Persönlichkeitsbezug aufweisen.

Grundlage der Ehe, wie auch der eingetragenen Lebenspartnerschaft und auch bei Verlobten, ist eine Lebensgemeinschaft mit gegenseitiger Fürsorge und Unterstüt-

---

929 BT-Drs. 13/4355, S. 21.
930 LSG NRW, MedR 2003, 469, 474; *Augsberg*, in: Höfling (Hrsg.), TPG, § 8 Rn. 62; *Schroth*, MedR 1999, 67.
931 Das BSG weist darauf hin, „dass die erste Gruppe der Beziehungen [Verwandtschaft ersten und zweiten Grades] nicht homogen [...] ist. So gibt es, was die Intensität der Verbundenheit anbelangt, zB zwischen einer Verwandtschaft zweiten Grades und einer Ehe erhebliche Unterschiede. Dementsprechend erscheint es nicht sachgerecht, für die letzte Alternative eine gemeinsame Lebensplanung zu verlangen, wie sie in erster Linie bei Ehegatten üblich ist.", BSGE 92, 19, 28.
932 BT-Drs. 13/4355, S. 21. Dennoch bestehen Auslegungsschwierigkeiten bei der konkreten Bestimmung der Formulierung „besonderer persönlicher Verbundenheit offenkundig nahestehen", vgl. BVerfG, NJW 3399, 3400; *Norba*, Rechtsfragen der Transplantationsmedizin aus deutscher und europäischer Sicht, S. 224 ff.
933 BT-Drs. 13/4355, S. 20.

zung sowie einer gemeinsamen Lebensgestaltung.[934] Die Gesundheit des Einen und dessen Wohlergehen ist demzufolge zugleich ein Teil der Lebensgestaltung und Lebensplanung des Anderen. Gleiches gilt für den vom Gesetz genannten Personenkreis, der sich in besonderer persönlicher Verbundenheit offenkundig nahe steht. Auch hier ist nach der obigen Auslegung in der Regel eine gemeinsame Lebensplanung mit innerer Bindung gegeben, die ein Interesse des Organempfängers an der Gesundheit und dem Wohlergehen des Lebendspenders einschließt.

Die Begrenzung des Empfängerkreises durch das TPG führt dazu, dass zwischen dem Spender und dem Organempfänger also im Regelfall ein starker „personalemotionaler Bezug"[935] gegeben ist. Dieser umfasst auch das Wohlergehen des Anderen. Dies zeigt sich in umgekehrter Weise bereits durch die altruistische Gabe des Organspenders. Dieser willigt freiwillig in die Beeinträchtigung seiner Gesundheit zu Gunsten einer nahestehenden Person ein, um dieser zu helfen. Selbst wenn die Spende nicht stets rein selbstlos ist, sondern regelmäßig auch eigennützige Motive, wie etwa die Schaffung von Entwicklungsmöglichkeiten für das eigene Leben, den Wunsch, wieder eine „normale" Ehe zu führen, einen belastbaren Partner zu haben, mit ihm in den Urlaub fahren zu können, oder das eigene Selbstwertgefühl zu steigern umfasst,[936] so ist die Gesundheit des Organempfängers doch zumindest Teil der Wahrnehmung und im Interesse des Spenders. Es erscheint naheliegend, dass das Interesse am Wohlergehen des Anderen angesichts des vom Gesetzgeber vorausgesetzten Näheverhältnisses nicht nur von Seiten des Organspenders, sondern zugleich auch von Seiten des Organempfängers besteht.

Darüber hinaus sprechen auch die psychologischen Folgen der Lebendspende für den Spender für die Beachtlichkeit der Risiken des Spenders für die Entscheidung des Organempfängers. Wie bereits oben dargestellt wurde,[937] entsteht mit dem „Geschenk des Lebens" beim Organempfänger zugleich ein Gefühl der Verpflichtung.[938] So kann die Vorstellung begründet werden, in einer kaum wiedergutzumachenden Schuld zu stehen und fortwährend dankbar sein zu müssen.[939] Bei der als „Spender-Empfänger-Problematik" bezeichneten psychischen Folge der Lebendspende befürchten Organempfänger, gegenüber dem Lebendorganspender in eine nicht zu

---

934 Vgl. etwa § 1 LPartG. Zu den verschiedenen Ehelehren ausführlich: *Gernhuber/Coester-Waltjen* (Hrsg.), Familienrecht, § 4 Rn. 3 ff.
935 BSGE 92, 19, 30.
936 *Gutmann/Schroth*, Organlebendspende in Europa, S. 112.
937 Vgl. dazu oben unter: 3. C. VI. 2. c).
938 *Illhardt*, Medizinische Ethik, S. 67, sog. „foreign body stage".
939 *Siegmund-Schulze*, Organtransplantation, S. 93.

begleichende Schuld sowie in emotionale Abhängigkeit zu geraten.[940] Dabei sind die gesundheitlichen Folgen für den Lebendspender in der Regel überschaubar.[941]

Um die Sorge des Organempfängers rational zu begegnen und den Organempfänger zugleich psychosomatisch zu betreuen und auf die Transplantation vorzubereiten, sind mögliche Risiken und Belastungen für den Spender daher vor der Transplantation mit dem Organempfänger zu besprechen. Hierdurch kann irrationalen Ängsten des Patienten bereits frühzeitig begegnet werden.[942]

Die Informationen über die Risiken und Belastungen des Spenders weisen Persönlichkeitsbezug auf und sind für eine selbstbestimmte Entscheidung des Organempfängers für oder gegen die Transplantation erheblich. Sie dienen der Gewährleistung einer selbstbestimmten Entscheidung und werden damit vom Selbstbestimmungsrecht des Organempfängers erfasst.[943] Der Arzt muss den Organempfänger daher auch über mögliche Risiken der Organentnahme für den Spender aufklären.

Diese Aufklärungspflicht erfasst grundsätzlich auch die Risiken für das ungeborene Kind in dem, jedenfalls theoretisch denkbaren Fall, dass die Organspenderin schwanger ist. Im polnischen Transplantationsgesetz etwa, in dem die Aufklärung des Organempfängers über die Risiken des Organspenders gesetzlich regelt ist, ist auch die Aufklärungspflicht über „die gesamte medizinische Problematik der Risiken für das ungeborene Kind" vorgeschrieben.[944] Sicherlich wird die Spende durch eine Schwangere, sofern medizinisch möglich, nur dann in Betracht kommen, wenn eine Gefährdung des ungeborenen Kindes auszuschließen ist und die Transplantation keinen Aufschub auf die Zeit nach der Entbindung zulässt. Allein die Tatsache, dass neben der Spenderin auch das ungeborene (ggf. sogar eigene) Kind als völlig Unbeteiligter gefährdet wird, wird vor allem das Gefühl der Verpflichtung und den Eindruck

---

940 *Faller/Lang*, Medizinische Psychologie und Soziologie, S. 262; *Rothgangel,* Kurzlehrbuch Medizinische Psychologie und Soziologie, S. 221.

941 *Offner*, in: Krukemeyer, Manfred/Lison, Arno (Hrsg.), Transplantationsmedizin, S. 293.

942 Zur Implikation eines psychosomatischen Betreuungskonzeptes: *Zipfel/Schlehofer*, Die subjektive Belastung des Organempfängers, in: Krukemeyer/Lison (Hrsg.), Transplantationsmedizin S. 118.

943 Dieses Ergebnis steht auch mit der gegenteiligen Auffassung in Einklang, die das Selbstbestimmungsrecht des Patienten und das Recht der Aufklärung und Einwilligung an der „leiblich-seelischen Integrität des Menschen" und damit primär an Art. 2 Abs. 1 GG festmacht (BVerfGE 52, 131, 168 f.). Denn auch diese Auffassung greift im Hinblick auf die Aufklärungspflicht unterstützend auf die Entfaltung der Persönlichkeit und Würde der Person zurück und erfasst damit Informationen mit Persönlichkeitsbezug.

944 Schwerwiegende Komplikationen bei einer Nierenlebendspende treten in ca. 1 Prozent der Fälle auf und das Risiko, an einer Nierenentfernung zu versterben, beträgt ca. 0,03 bis 0,06 Prozent. Dagegen sind die Risiken für Lebendspender bei der Lebertransplantation aufgrund des komplizierten operativen Eingriffs deutlich höher als bei der Nierentransplantation: Zwischenbericht der Enquete-Kommission Ethik und Recht der modernen Medizin, Organlebendspende, BT-Drs. 15/5050, S. 15.

in einer nicht wiedergutzumachenden Schuld zu stehen, noch verstärken. Im Gegensatz zur „gewöhnlichen" Lebendspende sind die Risiken der eigenen Rettung ungleich höher. Die möglichen Gefahren für das ungeborene Kind durch die Organentnahme bei der Schwangeren sind damit wesentliche Informationen für die Abwägung und Entscheidung des Organempfängers für oder gegen die Transplantation.

Besonderheiten ergeben sich im Hinblick auf die Überkreuz-Lebendspende. Bei dieser Form der Lebendspende stehen sich zwei Paare mit jeweils einem potentiellen Lebendspender und einem potentiellen Organempfänger gegenüber. Obwohl die Voraussetzungen der engen persönlichen Beziehung zwischen potentiellem Lebendspender und potentiellem Organempfänger bei jedem Paar gegeben sind, ist die Lebendspende aus medizinischen Gründen bei beiden Paaren ausgeschlossen. Dagegen ist eine Spende an den jeweils anderen Empfänger des anderen Paares medizinisch möglich.[945]

Die besondere Konstellation einer Überkreuz-Lebendspende wurde, soweit ersichtlich, während der parlamentarischen Beratungen nicht diskutiert und auch im TPG finden sich hierzu keine Regelungen. Die juristische Zulässigkeit der Überkreuz-Lebendspende ist somit allein nach den §§ 8 Abs. 1 S. 2 sowie 17 Abs. 1 S. 1, 18 Abs. 1, 19 Abs. 1 Nr. 2 TPG zu beurteilen. Das Organhandelsverbot und die strafbewehrte Einschränkung des Spenderkreises stellen damit die Grenzen der Zulässigkeit einer Überkreuz-Lebendspende dar. Wesentliche Grundaussagen zur Überkreuz-Lebendspende hat das BSG in seiner Entscheidung vom 10.12.2003 getroffen.[946] Das Gericht lehnte eine vorbehaltlose Übernahme des Begriffes „Handelstreiben" aus dem Betäubungsmittelrecht ab und schränkte, den Begriff teleologisch ein. Demnach sind nur solche Verhaltensweisen vom „Handeltreiben" gem. § 17 Abs. 1 TPG erfasst, die die Gefahr der Ausbeutung im weitesten Sinne in sich tragen.[947] Daher stellt eine Überkreuz-Lebendspende nicht von vornherein einen verbotenen Organhandel dar. Die von § 8 Abs. 1 S. 2 TPG geforderte persönliche Verbundenheit muss indes, da der Wortlaut die Grenze der Auslegung ist, zwischen dem jeweiligen Spender und Empfänger bestehen. Entscheidend ist ein tatsächliches Spender-Empfänger-Verhältnis, für die die besondere persönliche Verbundenheit zum eigenen Partner allein nicht genügt.[948] Vielmehr muss auch zwischen dem Spender und der Person, auf die das Organ übertragen wird, die vom Gesetz geforderte, besondere persönliche Verbundenheit bestehen. Die Überkreuz-Lebendspende erfüllt diese

---

945 Dennoch sind Überkreuz-Lebendspenden eine extreme Seltenheit: *Kirste*, Stellungnahme zum Fragenkatalog der öffentlichen Anhörung „Organlebendspende" der Enquete-Kommission „Ethik und Recht der modernen Medizin" des Deutschen Bundestages am 1. März 2004, Kom.-Drs. 15/132, S. 9.

946 BSGE 92, 19 ff. Zustimmend: *Neft*, NZS 2004, 519, 521; *Nickel/Preisigke*, MedR 2004, 307, 308; *Schroth*, JZ 2004, 469.

947 BSGE 92, 19, 26.

948 BSGE 92, 19, 28; *Nickel/Schmidt-Preisigke/Sengler*, Transplantationsgesetz, § 8 Rn. 20 f.

Voraussetzungen, wenn sich zwischen den Ehepaaren „eine hinreichend intensive und gefestigte Beziehung" entwickelt hat.[949] Freilich genügt hierfür nicht, dass der „persönliche Kontakt zwischen den Partnern der Lebendspende einzig auf den Zweck der Durchführung der Organspende beschränkt" ist. Andererseits ist eine besondere persönliche Verbundenheit nach Auffassung des Gerichtes nicht dadurch ausgeschlossen, dass sich die Organempfänger und Organspender erst auf der Suche nach einem für die Überkreuz-Lebendspende geeigneten Ehepaar kennen gelernt haben und die Beziehung erst eine relativ kurze Dauer hat.[950] Eine Überkreuz-Lebendspende ist damit nach dieser Auslegung zulässig, wenn zwischen dem Spender und dem Empfänger die besondere persönliche Verbundenheit hinreichend intensiv und gefestigt ist.[951]

Damit weist die (zulässige) Überkreuz-Lebendspende nach dieser überzeugenden Auslegung die Besonderheit auf, dass eine besondere persönliche Verbundenheit nicht nur zum eigenen Partner, sondern zumindest auch zum jeweils anderen Spender gegeben ist. Dem schließt sich die Frage an, ob bei dieser Form der Lebendspende der Organempfänger über die Risiken der Lebendspende für den eigenen Partner, über die des anderen Partners, von dem der Organempfänger das Organ empfängt oder gar über die Risiken beider Spender zu informieren ist.

Die zu erwartenden psychischen Belastungen sind bei einer Überkreuz-Lebendspende für den Organempfänger im Vergleich zur „gewöhnlichen" Lebendspende zugleich höher. Die empfundene Dankbarkeitspflicht des Organempfängers gegenüber dem Spender wächst, wenn der gesunde Partner oder Verwandte, einem Fremden ein Organ spendet.[952] Insbesondere die Tatsache, dass ein Teil der transplantierten Organe versagt oder abgestoßen wird, birgt für Organempfänger und -spender die Gefahr der Frustration und Enttäuschung.[953] Die Risiken des eigenen Partners oder der nahestehenden Person sind daher, trotz der Spende durch eine andere Person, von erheblicher Bedeutung für den Organempfänger. Eine Folge der geforderten besonderen persönlichen Verbundenheit der Überkreuz-Lebendspende ist zugleich, dass die Risiken des jeweiligen Spenders Teil der Wahrnehmung und des Interesses des jeweiligen Organempfängers sind, insbesondere weil der Andere in altruistischer Weise seine Gesundheit gefährdet, um dem anderen zu helfen. Auch wenn die Risiken des eigenen Partners dennoch von beherrschender Bedeutung sein werden, wird der Organempfänger den gesundheitlichen Folgen beim eigenen Spender, nicht zuletzt aufgrund der entstanden Verbundenheit und als Folge der altruistischen Gabe, auch Bedeutung zumessen. Der Organempfänger einer Über-

---

949 BSGE 92, 19, 31.
950 BSGE 92, 19, 30.
951 BSGE 92, 19, 31. Zustimmend: *Neft*, NZS 2004, 519, 522; *Nickel/Preisigke*, MedR 2004, 307, 310; *Schroth*, JZ 2004, 469, 471.
952 *Thiel*, in: Kirste (Hrsg.), Nieren-Lebendspende, S. 175.
953 *Thiel*, in: Kirste (Hrsg.), Nieren-Lebendspende, S. 175.

kreuz-Lebendspende ist daher sowohl über die Risiken des eigenen Partners und dessen Spende für den anderen Partner, als auch über die Risiken des Spenders, von dem er das Organ bekommt, zu informieren.

Ausgeschlossen sind dagegen altruistische Lebendspenden unter fremden Personen. Obgleich das TPG hierzu keine ausdrückliche Regelung trifft, folgt aus § 8 Abs. 1 S. 2 TPG, dass ein Näheverhältnis bei der Spende sich nicht wieder bildender Organe bestehen muss. Fehlt dieses Näheverhältnis, ist im Bereich der nicht regenerierungsfähigen Organe eine Lebendspende ausgeschlossen. Die Frage einer Aufklärungspflicht über die Risiken einer Lebendspende eines anonymen Lebendspenders stellt sich folglich nicht. Nach der hier vertretenen Auffassung, ist die ärztliche Aufklärungspflicht über die Risiken und Belastungen der Lebendspende für den Spender gegenüber dem Organempfänger eine Folge des Näheverhältnisses zwischen Organspender und -empfänger und dem daraus folgenden, aus dem Selbstbestimmungsrecht abgeleiteten Persönlichkeitsbezug, den die Informationen für den Organempfänger haben. Diese Nähebeziehung würde bei einer anonymen Organspende definitionsgemäß fehlen und damit auch der Anknüpfungspunkt für die Begründung einer Aufklärungspflicht.

d) Konsequenzen der Bejahung einer Aufklärungspflicht

Die Begründung einer ärztlichen Aufklärungspflicht gegenüber dem Organempfänger über die Risiken der Lebendspende für den Organspender zwingt zu einer anschließenden Betrachtung der Konsequenzen dieser Informationspflicht.

aa) Haftungsfolgen

Kritiker einer Aufklärungspflicht, über das Risiko, dass der Lebendspender mit der Organspende eingeht, wenden ein, dass ein Unterlassen dieser Aufklärung nicht dazu führen könne, dass die Einwilligung des Organempfängers unwirksam- und aus diesem Grund eine am Organempfänger begangene Körperverletzung gegeben sei.[954]

Nach der hier vertretenen Auffassung einer Verselbstständigung der ärztlichen Aufklärungspflicht vom Erfordernis der Einwilligung und deren Zuordnung zum allgemeinen Persönlichkeitsrecht aus Art. 2 Abs. 1 i.V.m. 1 Abs. 1 GG ist die ärztliche Aufklärungspflicht hingegen nicht an die körperliche Integrität des Patienten gebunden. Diese Einordnung hat deliktsrechtliche Konsequenzen, die sich in die Entwicklung des allgemeinen Persönlichkeitsrechtes einreihen:[955]

---

954 *Bockelmann*, Strafrecht des Arztes, S. 99; *Schreiber*, Die gesetzliche Regelung der Lebendspende von Organen in der Bundesrepublik Deutschland, S. 90 f. Kritisch auch: *Trees*, Die Organtransplantation aus zivilrechtlicher Sicht, S. 132 f.;

955 Hierzu bereits: *Schwill*, Ausklärungsverzicht und Patientenautonomie, S. 307.

Zum einen finden sich in der Rechtsprechung Entscheidungen, in denen mangels Körperverletzung zur Haftungsbegründung an das allgemeine Persönlichkeitsrecht angeknüpft wird.[956] Bei der Durchführung einwilligungsloser HIV-Tests etwa ist der Körperverletzungstatbestand nicht erfüllt, weshalb sich das Gericht auf die Verletzung des Selbstbestimmungsrechts, als Teil des allgemeinen Persönlichkeitsrechts, bezieht. Zivilrechtlich kann eine Verletzung des Selbstbestimmungsrechtes trotz kunstgerechtem und indiziertem Eingriff also zu keiner Körperverletzung, sondern einer Verletzung des allgemeinen Persönlichkeitsrechtes, als sonstigem Recht im Rahmen des § 823 Abs. 1 BGB führen.[957]

Zum anderen ist anerkannt, dass § 823 Abs.1 BGB das zivilrechtliche allgemeine Persönlichkeitsrecht als „sonstiges Recht" schützt.[958] Als Rahmenrecht erfordert das allgemeine Persönlichkeitsrecht grundrechtliche Wertungen und Abwägungen, die prinzipiell auch die persönlichkeitsbezogene Selbstbestimmung integrieren können. Die Gewährleistung einer selbstbestimmten Entscheidung unterfällt daher dem sachlichen Schutzbereich des allgemeinen Persönlichkeitsrechtes.[959] Wird das allgemeine Persönlichkeitsrecht verletzt, gewährt die Rechtsprechung einen Anspruch auf Ersatz des immateriellen Schadens.[960] Voraussetzung eines solchen Anspruches ist, dass es sich um eine schwere Verletzung des Persönlichkeitsrechts handelt und zum anderen nach Art der Verletzung eine Genugtuung auf andere Weise nicht zu erreichen ist.[961] Für die in Art. 2 Abs. 2 S. 1 GG begründetet Notwendigkeit der Einwilligung in den ärztlichen Heileingriff genügt es hingegen, wenn der Patient frei von Drohung, Zwang und Täuschung und in Kenntnis der wesentlichen Umstände in die Operation einwilligt.[962] Mit der Erfüllung der Anforderungen an die Wirksamkeit der Einwilligung ist der Tatbestand der Körperverletzung ausgeschlossen. Verletzungen der (weitergehenden) Aufklärungspflicht über die Umstände, denen Bedeutung zuzumessen ist, werden durch die Persönlichkeitsverletzung erfasst.[963]

---

956   LG Köln, NJW 1995, 1621, 1622. Dazu: *Uhlenbruck*, MedR 1996, 206 f. und *Schwill*, Aufklärungsverzicht und Patientenautonomie, S. 307.

957   LG Köln, NJW 1995, 1621, 1622; *Panagopoulou-Koutnatzi*, Die Selbstbestimmung des Patienten, S. 47; *Schwill*, Aufklärungsverzicht und Patientenautonomie, S. 307.

958   BGHZ 13, 334, 338; 26, 349, 354; *Larenz/Canaris*, Lehrbuch des Schuldrechts Band II/2, S. 491; *Medicus/Lorenz*, Schuldrecht II, 1308. Dazu auch: *Schwill*, Aufklärungsverzicht und Patientenautonomie, S. 307 f.

959   So: *Hart*, Heldrich/Schlechtriem/Schmidt (Hrsg.), FS für Heinrichs, S. 314 f.; *Schwill*, Aufklärungsverzicht und Patientenautonomie, S. 307.

960   BGHZ 26, 349, 354; 39, 124, 130 ff.; BGH, NJW 1965, 685, 686; OLG Köln, NJW 1995, 1621, 1622. Vgl. auch: *Schwill*, Aufklärungsverzicht und Patientenautonomie, S. 308.

961   OLG Köln, NJW 1995, 1621, 1622.

962   *Schwill*, Aufklärungsverzicht und Patientenautonomie, S. 308 f.

963   Zu bedenken bleibt, dass diese Auffassung dazu führt, dass die Einordnung in die Persönlichkeitsverletzung dazu führt, dass der Patient (wohl) ein Unterbleiben der erforderlichen Aufklärung zu beweisen hat, da diese, anders als die rechtfertigende Einwilligung in die tatbestandli-

Wird der angemessenen Aufklärung über die Risiken des Spenders für die Gewährleistung einer selbstbestimmten Entscheidung des Organempfängers also, wie hier
vertreten, Bedeutung zugemessen, so wird durch eine fehlende oder unzureichende
Aufklärung das Selbstbestimmungsrecht des Patienten dessen Entscheidungsfreiheit
und nicht die körperliche Integrität verletzt. Die Kritik, dass eine unterlassene Aufklärung über die Risiken des Spenders nicht dazu führen könne, dass die Einwilligung
des Empfängers unwirksam ist und deshalb eine Körperverletzung am Organempfänger vorliegt, kann daher nicht überzeugen.

bb) Aufklärungsverzicht

Darüber hinaus stellt sich die Frage, ob der Organempfänger auf die Aufklärung über
die Risiken für den Spender verzichten kann. Grundsätzlich gilt zwar, dass ein Verzicht des Patienten auf die Aufklärung zulässig ist. „Es gehört auch zur Selbstbestimmung des Patienten, dass er dem Arzt seines Vertrauens freie Hand geben darf,
vielleicht in dem nicht unvernünftigen Bestreben, sich selbst die Beunruhigung durch
Einzelheiten einer Gefahr zu ersparen, nachdem er sich bereits zuvor von der Notwendigkeit ihrer Inkaufnahme überzeugt hat."[964] Erforderlich ist lediglich, dass der
Patient über die Erforderlichkeit des Eingriffes sowie dessen Art und die Tatsache,
dass der Eingriff Risiken berge, informiert wurde.[965] Bei der Lebendspende ist die
Aufklärung des Spenders jedoch in § 8 Abs. 1 S. 1 Nr. 1b) TPG gesetzlich vorgeschrieben. Die Annahme der Möglichkeit eines Aufklärungsverzichtes würde dieser
Regelung widersprechen und zudem die Forderung des § 8 Abs. 2 S. 3 TPG, wonach der Inhalt der Aufklärung aufzuzeichnen ist, obsolet machen. Ein Aufklärungsverzicht des Spenders ist daher nicht möglich.[966]

Allerdings erfasst § 8 Abs. 1 TPG lediglich die Aufklärungspflicht gegenüber dem Lebendspender. Die gesetzliche Forderung einer Aufklärungspflicht wurde in das TPG
aufgenommen, da die Organexplantation für den Lebendspender, wie häufig zitiert,[967] keine Verbesserung des gesundheitlichen Befindens nach sich zieht, sondern
vielmehr die Gefahr einer Verschlechterung des Gesundheitszustandes mit sich
bringt. Für den Organempfänger handelt es sich hingegen um einen Heileingriff, für

---

che Körperverletzung, zum Tatbestand der Verletzung der Entscheidungsfreiheit gehört. Dazu:
Larenz/Canaris, Lehrbuch des Schuldrechts Band II/2, S. 384, die im Hinblick auf den eigen-
mächtigen Heileingriff darauf verweisen, dass den Arzt insoweit eine Dokumentationspflicht
trifft, die die Beweisschwierigkeiten des Patienten ausgleicht.

964 BGH, NJW 1973, 556, 558.
965 *Laufs*, in: Laufs/Kern (Hrsg.), Handbuch des Arztrechts, § 60 Rn. 18.
966 *Gutmann*, in: Schroth/König/Gutmann/Oduncu (Hrsg.), TPG, § 8 Rn. 41; *Schreiber*, Die gesetzliche Regelung der Lebendspende von Organen in der Bundesrepublik Deutschland, S. 84.
967 BSG, NJW 1973, 1432. Vgl. bereits: BT-Drs. 16/3146, S. 28.

den die üblichen Anforderungen an die ärztliche Aufklärung gelten,[968] weshalb ein Aufklärungsverzicht des Organempfängers prinzipiell möglich ist.

Darüber hinaus wurde oben[969] bereits dargelegt, dass die Aufklärungspflicht gegenüber dem Organempfänger über Risiken der Organentnahme für den Spender keine Interessen des Spenders betrifft, sondern ihre Grundlage allein im Selbstbestimmungsrecht des Organempfängers findet. Ein Verzicht auf die Aufklärung des Organempfängers über die Risiken des Spenders ist folglich möglich.

cc) Verletzung der ärztlichen Schweigepflicht

Schließlich bleibt zu erörtern, ob der Arzt, der den Organempfänger über die Risiken beim Lebendspender aufklärt, seine ärztliche Schweigepflicht verletzt. Nach § 203 Abs. 1 Nr. 1 StGB ist das unbefugte Offenbaren fremder Geheimnisse, die dem Arzt oder seinen Gehilfen bzw. den bei ihm zur Vorbereitung auf den Beruf tätigen Personen in ihrer beruflichen Eigenschaft anvertraut bzw. bekannt geworden sind, unzulässig. Gegenstand des nach § 203 StGB geschützten Geheimnisses müssen Tatsachen sein, die sich auf die betroffene Person sowie ihre vergangenen oder bestehenden Lebensverhältnisse beziehen.[970] Die Mitteilung anonymisierter oder allgemeiner Aussagen ist dagegen nicht von der Tathandlung des Offenbarens erfasst.[971] Wird der Organempfänger durch den behandelnden Arzt über die Risiken und Belastungen durch die Organentnahme beim Spender aufgeklärt und sind diese Informationen nicht nur allgemeiner Art, sondern beinhalten konkrete Untersuchungsergebnisse des Organspenders, die dem Organempfänger noch nicht bekannt waren, so offenbart der Arzt ein Geheimnis.

Dass die Lebendspende einer Niere, des Teils einer Leber oder anderer nicht regenerierungsfähiger Organe gem. § 8 Abs. 1 S. 2 TPG nur in verwandtschaftlichen oder vergleichbar engen persönlichen Beziehungen möglich ist, hat keine Auswirkungen auf die Verschwiegenheitspflicht des Arztes. Die Schweigepflicht gilt grundsätzlich auch gegenüber Familienangehörigen, wie Eltern, Ehegatten und Kindern.[972] Der Arzt kann allerdings, sofern keine erkennbaren gegenteiligen Interessen gegeben sind, davon ausgehen, dass er etwa beiden Ehegatten die notwendigen Informationen erteilen darf, wenn sie gemeinsam bei ihm erscheinen.[973]

In Vorbereitung einer Lebendspende ist die nach § 8 Abs.1 S. 1 Nr. 1 c) TPG erforderliche Untersuchung der Spenderindikation zwar unabhängig vom Organempfän-

---

968 *Augsberg*, in: Höfling (Hrsg.), TPG, § 8 Rn. 81; *Gutmann*, in: Schroth/König/Gutmann/Oduncu (Hrsg.), TPG, § 8 Rn. 48.

969 Vgl. oben unter: 5. B. V. 2. und 3.

970 *Fischer*, StGB, § 203 Rn. 4.

971 *Fischer*, StGB, § 203 Rn. 30.

972 *Ulsenheimer*, Arztstrafrecht in der Praxis, Rn. 367.

973 RGSt 38, 62, 66; LK-*Schünemann*, § 203 Rn. 109; *Ulsenheimer*, Arztstrafrecht in der Praxis, Rn. 367.

ger möglich. Der potentielle Organspender ist jedoch gem. § 8 Abs. 2 S. 1 Nr. 5 TPG unter anderem auch über die Erfolgsaussicht beim Empfänger aufzuklären. Dies erfordert eine Aufklärung des Spenders über die Wahrscheinlichkeit des Gelingens der Organverpflanzung im konkreten Fall.[974] Hierfür sind in der Regel Angaben aus Diagnose- und Therapiemaßnahmen sowie Untersuchungsergebnissen beim Organempfänger umfasst, die unter die ärztliche Schweigepflicht fallen. Daher ist eine gegenseitige Entbindung der Ärzte von der Schweigepflicht durch den Organspender und den Organempfänger bereits unabhängig von der Aufklärungspflicht über die Risiken beim Lebendspender erforderlich.[975] Folglich wird der Arzt der Aufklärungspflicht über die Risiken der Lebendspende für den Spender, die auch individuelle Risiken des Spenders beinhaltet, nur nachkommen können, wenn sowohl der Organempfänger, als auch Spender den Arzt von der Schweigepflicht entbinden.

---

974 *Augsberg*, in: Höfling (Hrsg.), TPG, § 8 Rn. 79.
975 Dazu nur: *Gutmann*, in: Schroth/König/Gutmann/Oduncu (Hrsg.), TPG, § 8 Rn. 48.

Kapitel 6
Der Zeitpunkt der Aufklärungspflicht

Die Untersuchungen zur Aufklärungspflicht des Arztes gegenüber dem Organspendeempfänger über die Herkunft und die Qualität des zu transplantierenden Organs haben gezeigt, dass dem Zeitpunkt der Aufklärung eine erhebliche Bedeutung bei der Bestimmung der Aufklärungspflicht zukommt. Zugleich weist die Transplantationsmedizin zahlreiche Besonderheiten auf, die Auswirkungen auf die Ausgestaltung der Aufklärung haben. Aus diesem Grund soll der zeitliche Aspekt der Aufklärungspflicht im Folgenden genauer untersucht werden.

Der Patient muss in der Lage sein, durch hinreichende Abwägung der für und gegen den Eingriff sprechenden Gründe, seine „Entscheidungsfreiheit und damit sein Selbstbestimmungsrecht in angemessener Weise" zu wahren.[976] Der Zeitpunkt der Aufklärung ist daher so festzulegen, dass dem Patienten eine überlegte und frei von äußerem und zeitlichem Entscheidungsdruck gebildete Entscheidung ermöglicht wird. In einem sehr weitgehenden Urteil hat der BGH dazu den Grundsatz aufgestellt, dass die Aufklärung „so frühzeitig wie nötig" zu erfolgen habe.[977] Um diese weite Formulierung zu konkretisieren, differenziert die Rechtsprechung in zahlreichen Urteilen nach den Umständen des Einzelfalles.

Eine Regelung zum Zeitpunkt der Empfängeraufklärung fehlt im TPG ebenso, wie Normierungen zu den inhaltlichen Anforderungen der Aufklärung. Überdies war die Frage, zu welchem Zeitpunkt der Empfänger eines Organs aufzuklären ist, soweit ersichtlich, noch nicht Gegenstand eines gerichtlichen Verfahrens oder einer gerichtlichen Entscheidung.

Nach den „Empfehlungen der Bundesärztekammer zur Patientenaufklärung", die Hinweise zur Verpflichtung der Ärzte zur Aufklärung nach der Berufsordnung für die deutschen Ärzte enthält,[978] hat die Aufklärung zu einem Zeitpunkt zu erfolgen, in dem der Patient noch in vollem Besitz seiner Erkenntnis- und Entscheidungsfähigkeit ist. Jedoch darf die Aufklärung nicht später als am Tag vor dem Eingriff erfolgen, sodass dem Patienten eine Überlegungsfrist bleibt, sofern die Dringlichkeit nichts anderes gebietet.[979] Dabei orientiert sich diese Empfehlung aus dem Jahre 1990 an der Rechtsprechung des BGH.[980] Gleiches gilt für die „Empfehlungen zur Aufklärung der Krankenhauspatienten über vorgesehene ärztliche Maßnahmen" die von der Deutschen Krankenhausgesellschaft unter Mitwirkung der Bundesärztekammer heraus-

---

976 BGH, NJW 2003, 2012, 2013. Ebenso: OLG Düsseldorf, NJW 1963, 1679, 1680.
977 BGH, NJW 1992, 2351.
978 Vgl. § 8 S. 4 (Muster-) Berufsordnung für die deutschen Ärztinnen und Ärzte (In der Fassung der Beschlüsse des 114. Deutschen Ärztetages 2011).
979 Empfehlungen der Bundesärztekammer zur Patientenaufklärung, DÄBl. 1990, A 1279 (Punkt 7).
980 Vgl. dazu die Einleitung der „Empfehlungen zur Patientenaufklärung", DÄBl. 1990, A 1279.

gegeben werden.[981] Auch diese basieren auf einer umfassenden Auseinandersetzung mit der Rechtsprechung.

Nach § 630e Abs. 2 S. 1 Nr. 2 BGB hat die Aufklärung so rechtzeitig zu erfolgen, dass der Patient seine Entscheidung über die Einwilligung wohlüberlegt treffen kann. Dabei weist der Gesetzgeber darauf hin, dass § 630e Abs. 2 S. 1 Nr. 2 BGB die zeitlichen Anforderungen, die die Rechtsprechung an die Aufklärung stellt, festgelegt werden sollen.[982]

Den Ausgangspunkt für die Bestimmung des Aufklärungszeitpunktes bildet daher zunächst die Rechtsprechung des Bundesgerichtshofes.

A. Aufklärungszeitpunkt in der Rechtsprechung

Obgleich sich bereits in einer frühen Entscheidung des BGH aus dem Jahre 1959[983] der Hinweis findet, dass der einwilligende Patient in der Lage sein muss, das Für und Wider des Eingriffes zu beurteilen, was voraussetzt, dass ihm „Zeit zu ruhiger Überlegung"[984] gegeben wird, hat in der Auseinandersetzung mit der Aufklärungspflicht der Ärzte, der Zeitpunkt der Aufklärung erst seit den 1990er Jahren an Bedeutung gewonnen.[985] Einhellig gingen BGH,[986] einzelne Oberlandesgerichte[987] und die Literatur[988] davon aus, dass dem Patienten eine angemessene Überlegungsfrist zugestanden werden müsse. Der Patient müsse genügend Zeit haben, die Alternativen zu überdenken und sich mit Angehörigen und anderen nahestehenden Personen zu besprechen.[989] Einigkeit bestand auch darüber, dass die Aufklärung unmittelbar vor dem Eingriff,[990] oder dann, wenn die Erkenntnis- und Entscheidungsfähigkeit des

---

981 Deutsche Krankenhausgesellschaft: Empfehlungen zur Aufklärung der Krankenhauspatienten über vorgesehene ärztliche Maßnahmen, 5. Auflage 2008.

982 BT-Drs. 17/10488, S. 24 f.

983 BGHSt 12, 379 ff. Vgl. auch: OLG Stuttgart mit NA-Beschluss des BGH vom 10.06.1979, VersR 1979, 1016 und OLG Hamm mit NA-Beschluss des BGH vom 28.04.1981, VersR 1981, 686, 688.

984 BGHSt 12, 379, 383.

985 Zuvor war etwa die Anmerkungen des BGH, NJW 1974, 1422, 1423 ergangen, dass der Einwilligungsfähigkeit, eines unmittelbar vor der Operation befindlichen und unter bewusstseinsdämpfender Mittel stehenden Patienten Grenzen gezogen sind; dem folgend auch OLG Stuttgart, NJW 1979, 2355, 2356; später auch BGH, NJW 1996, 777, 779 und OLG München, NJW 1984, 1412, 1413.

986 BGHSt 12, 379 ff.

987 OLG Düsseldorf, NJW 1963, 1679, 1680; OLG Stuttgart, NJW 1979, 2355, 2356; OLG Celle, NJW 1979, 1251 ff.; NJW 1984, 1412, 1413.

988 *Franzki*, Verhandlungen des 52. DJT II, I 120, 123 f.; *Giesen*, Arzthaftungsrecht, 3. Auflage, S. 120; *Laufs*, Arztrecht, 4. Auflage, Rn. 146; MüKo-*Mertens*, 2. Auflage, § 823 Rn. 442.; RGRK-*Nüßgens*, § 823 Anh. II, Rn. 100; *Tempel*, NJW 1980, 609, 615.

989 *Franzki*, Verhandlungen des 52. DJT II, I 120, 123 f.; MüKo-*Mertens*, 2. Auflage, § 823 Rn. 442.

990 So: OLG München, NJW 1984, 1412, 1413. Vgl. auch: *Brüggemeier*, Deliktsrecht, S. 435 f.; *Franzki*, Verhandlungen des 52. DJT II, I 120, 123 f.; *Giesen*, Arzthaftungsrecht, 3. Auflage,

Patienten unter dem Einfluss von Medikamenten und der Vorbereitung auf die Operation beeinträchtigt sei,[991] nicht als rechtzeitig angesehen werden könne.

I. Die Entscheidung des OLG Celle, NJW 1979, 1251 ff.

Soweit ersichtlich, wurde der Zeitpunkt der ärztlichen Aufklärungspflicht erstmals durch das OLG Celle[992] in einem obiter dictum konkretisiert.[993] Bei dem zugrunde liegenden Fall wurde dem Kläger nach vier Leistenbruchoperationen ein erneuter Leistenbruch operativ behandelt. Dabei stellte sich eine Hodenatrophie[994] auf der rechten Seite ein. Ein Behandlungsfehler konnte hingegen nicht bewiesen werden. Die Rechtswidrigkeit des Eingriffes und damit die Pflicht zur Zahlung eines Schmerzensgeldes wurde stattdessen mit der unzureichenden Aufklärung begründet. Das Oberlandesgericht führte dazu aus, dass die Aufklärung „im richtigen Zeitpunkt und nicht erst unmittelbar vor dem Eingriff"[995] stattzufinden habe. In der Regel sei „das Aufklärungsgespräch [...] schon vor der stationären Aufnahme geboten".[996]

Diese Entscheidung wurde heftig kritisiert. Gerügt wurde nicht nur, dass die Ausführungen des Gerichtes wirklichkeitsfremd seien, sondern auch, dass die Haftung des Arztes willkürlich bejaht oder verneint werden könne, „wenn Gerichte im Rahmen der Verletzung der Aufklärungspflicht den „richtigen Zeitpunkt" festlegten.[997] Deutlich wird freilich, dass der Ausgangspunkt für die genauere Konkretisierung des Zeitpunktes der Aufklärungspflicht das Bedürfnis bildete, dem Patienten Recht zuzusprechen, was mangels Beweises eines Behandlungsfehlers nicht möglich war. Erst die Tatsache, dass dem Arzt in diesem Fall kein Behandlungsfehler nachgewiesen werden konnte, veranlasste die Richter augenscheinlich, den Aufklärungszeitpunkt näher zu betrachten und festzustellen, dass eine Kontrolle der Einwilligungserklärung am Mittag des Vortages sowie eine Aufklärung am Vorabend der Operation nicht ausreichend ist.

S. 120 f.; RGRK-*Nüßgens*, § 823 Anh. II, Rn. 100; *Tempel*, NJW 1980, 609, 615. Einschränkend jedoch OLG Saarbrücken, VersR 1988, 95, 97: wonach keine Bedenkzeit möglich sei, bei einem „akuten Bauch".

991 So: OLG Düsseldorf, NJW 1963, 1679, 1680; OLG Stuttgart, NJW 1979, 2355, 2356. Vgl. auch den Hinweis des BGH, NJW 1974, 1422, 1423 sowie *Franzki*, Verhandlungen des 52. DJT II, I 120, 123 f.

992 OLG Celle, NJW 1979, 1251 ff.

993 Vgl. auch: *Hoppe*, NJW 1998, 782 ff.; *Tempel*, NJW 1980, 609, 615; *Wachsmuth*, NJW 1979, 1253.

994 Atrophische Veränderung der Tubuli seminiferi und der interstitiellen Zellen des Hodens mit Störung der Spermatogenese, meist fokale Atrophie, gelegentliche Schrumpfung des ganzen Organs, *Pschyrembel*, Klinisches Wörterbuch, Stichwort: Hodenatrophie.

995 OLG Celle, NJW 1979, 1251, 1253.

996 OLG Celle, NJW 1979, 1251, 1253.

997 *Wachsmuth*, NJW 1979, 1253.

II. Die Entscheidung des BGH, NJW 1985, 1399 ff.

Der BGH, der sich einige Zeit später mit der Aufklärungspflicht und soweit ersichtlich, zum ersten Mal genauer mit deren Zeitpunkt befasste,[998] entschied zunächst entgegengesetzt. Bei der Klägerin war eine Hysterektomie[999] vorgenommen worden, wobei der Harnleiter durchtrennt wurde, der rezividierende Harninfekte zur Folge hatte. Erneut konnte den Ärzten kein Behandlungsfehler nachgewiesen werden, weshalb eine Verletzung der Aufklärungspflicht, speziell eine unzeitmäßige Aufklärung geprüft wurde. Der BGH urteilte, die Aufklärung am Vorabend habe „nicht zur Unzeit"[1000] stattgefunden. Die Klägerin habe einen Tag vor dem geplanten Eingriff genug Zeit gehabt, ihren Entschluss zur Operation nach der Information des Beklagten zu überdenken, ohne unter einem unzumutbaren psychischen Druck zu stehen. Der Rat zur Operation sei nicht überraschend gekommen, sodass sie mit dem Problem „nicht überfallen" worden sei. Schließlich stellt der BGH unmissverständlich fest, „daß jede größere Operation ihre besonderen Gefahren hat, [weiß] jeder Patient. Werden sie ihm konkret dargestellt, kann er sich damit einen Tag vor dem geplanten Eingriff in der Regel in aller Ruhe auseinandersetzen."[1001]

Während der BGH mit dieser Entscheidung noch eine Aufklärung am Tag vor der Operation als zeitgemäß erachtete, führte eine Entscheidung aus dem Jahr 1992 zu einer Kehrtwende und damit auch Verschärfung der Arzthaftung und gleichsam zu Unsicherheiten auf Behandlungsseite.[1002] Der BGH erklärte, dass die Aufklärung „so frühzeitig wie nötig zu erfolgen hat, um den [...] erforderlichen Rechtsgutsschutz zu erreichen."[1003] Dies sei regelmäßig die Sprechstunde, in der der Arzt den Patienten von der Notwendigkeit der Operation überzeuge und von ihm eine Vorentscheidung verlange.[1004]

III. Die Maßstäbe des Bundesgerichtshofes

Obgleich der BGH betont,[1005] dass sich der Zeitpunkt der Aufklärungspflicht nicht generell bestimmen lasse und nur unter Berücksichtigung der Umstände des Einzelfalles festzulegen sei, was sich schon aus der Tatsache ergäbe, dass der konkrete

---

998 BGH, NJW 1985, 1399 ff.

999 Entfernung der Gebärmutter, *Pschyrembel*, Klinisches Wörterbuch, Stichwort: Hysterektomie.

1000 BGH, NJW 1985, 1399, 1400.

1001 BGH, NJW 1985, 1399, 1400.

1002 *Bergmann*, VersR 1996, 810, 813; *R. Giesen*, MedR 1997, 17, 18; *Hoppe*, NJW 1998, 782, 786; *Pelz*, DRiZ 1998, 473, 478; *Wertenbruch*, MedR 1995, 306, 308.

1003 BGH, NJW 1992, 2351.

1004 BGH, NJW 1992, 2351, 2352.

1005 BGH, NJW 1992, 2351, 2352.

Patient Gelegenheit haben müsse, sich innerlich frei zu entscheiden, präzisierte er den Aufklärungszeitpunkt in den folgenden Urteilen.[1006]

Danach hat die (Risiko-)Aufklärung grundsätzlich so frühzeitig wie nötig zu erfolgen.[1007] Dies ist bei stationärer Behandlung regelmäßig der Zeitpunkt, in dem der Arzt vom Patienten eine Entscheidung über den operativen Eingriffes verlangt und für den Eingriff den Termin bestimmt.[1008] Gleichwohl kann auch eine später stattfindende Aufklärung noch rechtzeitig erfolgen, sodass nicht jede danach erfolgte Aufklärung als verspätet anzusehen ist, mit der Folge, dass dann die Einwilligung unwirksam ist.[1009] Entscheidend ist vielmehr, dass der Patient in der Lage ist, innerlich frei zu entscheiden. So kann eine Aufklärung am Vortag ausreichend sein, wenn etwa die Vorkenntnisse des Patienten diesem eine ausreichende Wahrung seiner Selbstbestimmung ermöglichen.[1010] Die (Risiko-)Aufklärung am Vorabend hingegen überfordert regelmäßig den Patienten, sofern diesem erstmals gravierende Risiken mitgeteilt werden, die seine persönliche, zukünftige Lebensführung entscheidend beeinträchtigen können.[1011]

Normale Narkoserisiken können dem Patienten andererseits noch am Vorabend eröffnet werden, da er regelmäßig zu diesem Zeitpunkt „normale Narkoserisiken abschätzen und zwischen den unterschiedlichen Risiken ihm alternativ vorgeschlagener Narkoseverfahren abwägen" kann.[1012] Keineswegs ausreichend ist eine Aufklärung auf dem Operationstisch, bzw. im Untersuchungsraum oder vor dessen Tür, da beim Patienten so der Eindruck entsteht, sich nicht mehr von dem bereits in Gang gesetzten Geschehensablauf lösen zu können.[1013] Gleiches gilt für den schon unter dem Einfluss von Medikamenten stehenden Patienten[1014] oder die unter erheblichen psychischen und physischen Belastungen stehende Frau während des Geburtsvorganges.[1015] Allein die Tatsache jedoch, so macht der BGH deutlich, dass der Patient, der in Operationsplanungen schon soweit einbezogen ist, dass er diese nicht mehr stören möchte, genügt grundsätzlich nicht für die Annahme, er habe sich nicht mehr

---

1006 BGH, NJW 1992, 2351, 2352 (bei stationärer Behandlung); BGH, NJW 1993, 2372, 2373 (für Entbindungsmethoden); BGH, NJW 1994, 3009 (bei ambulanten Eingriffen); BGH, NJW 1995, 2410 ff. (für diagnostische Eingriffe).
1007 BGH, NJW 1992, 2351, 2352; NJW 1994, 3009; NJW 1995, 2410; NJW 1998, 2734.
1008 BGH, NJW 1992, 2351, 2352; NJW 2003, 2012, 2013, nicht sofern der Termin der Abklärung der Indikation des Eingriffes dient, vgl. *Bergmann*, VersR 1996, 810, 814.
1009 BGH, NJW 1992, 2351, 2352; NJW 1994, 3009; NJW 2003, 2012, 2013.
1010 BGH, NJW 1992, 2351, 2352; NJW 1998, 2734; NJW 2003, 2012, 2013.
1011 BGH, NJW 1992, 2351, 2352; NJW 1998, 2372, 2374.
1012 BGH, NJW 1992, 2351, 2352; Diese Unterscheidung zwischen Vortag und Vorabend wurde von *Giesen*, JZ 1993, 315, 316 als höchst bedenklich und praktisch kaum nachvollziehbar bezeichnet.
1013 BGH, NJW 1992, 2351, 2352; NJW 1994, 3009; NJW 1995, 2410, 2411.
1014 BGH, NJW 1992, 2351, 2352.
1015 BGH, NJW 1993, 2372, 2373.

frei entscheiden können. Sich innerlich zu überwinden ist Teil der Selbstbestimmung des Patienten.[1016] Anhaltspunkte dafür, dass die Entscheidungsfreiheit nicht mehr gewahrt ist, können etwa eine besonders eingeschränkte Entschlusskraft des Patienten oder in der besonderen Art des mitgeteilten Risikos liegen.[1017]

Schließlich ist zwischen den verschiedenen Eingriffsarten zu differenzieren. Bei normalen, ambulanten und stationären Behandlungen, mit weniger einschneidenden Risiken, kann eine Aufklärung noch am Vortag des Eingriffes ausreichend sein.[1018] Bei einfachen ambulanten, sowie diagnostischen Eingriffen, wird die Aufklärung am Tag der Operation als zulässig erachtet. Dann ist dem Patienten jedoch zu verdeutlichen, dass ihm „die Entscheidung darüber, ob er den Eingriff durchführen lassen will, überlassen bleibt."[1019] Im Rahmen größerer Operationen mit erheblichen Risiken, sowie bei stationären Behandlungen ist eine Aufklärung am Tag des Eingriffes grundsätzlich verspätet.[1020] In diesen Fällen ist im Grundsatz so frühzeitig wie nötig, d.h. regelmäßig dann, wenn der Arzt vom Patienten eine Entscheidung über die Duldung eines operativen Eingriffes abverlangt und hierfür den Termin bestimmt, oder die Voruntersuchungen durchführt, aufzuklären. Stationär aufgenommene Patienten sind jedenfalls nicht später als am Tag vor dem Eingriff aufzuklären.[1021]

Eine Ausnahme stellen Notoperationen oder Behandlungen dar, bei denen die für die Operationsindikation entscheidenden Voruntersuchungen nicht früher vorliegen.[1022] In diesen Fällen ist eine Aufklärung nur schwerlich früher, als am Tag der Behandlung möglich.

Die Aufklärungspflicht vor der ersten Operation umfasst auch gegebenenfalls notwendig werdende Operationserweiterungen oder Änderungen der Operationsmethode, sofern diese vorhersehbar sind.[1023] Ebenso ist der Patient über das Risiko einer eventuell notwendigen Nachoperation schon vor dem ersten Eingriff aufzuklären, wenn das in Betracht kommende Risiko dem Eingriff spezifisch anhaftet.[1024] War die Notwendigkeit einer Operationserweiterung vor der Behandlung nicht ersichtlich, ist abzuwägen, ob die Möglichkeit einer ergänzenden Aufklärung besteht. Andernfalls ist die Operation, sofern medizinisch vertretbar zu unterbrechen und die Einwilligung des Patienten einzuholen.[1025] Ist die Fortsetzung der Operation aus medizinischen

---

1016 BGH, NJW 1992, 2351, 2352.
1017 BGH, NJW 2003, 2012, 2013.
1018 BGH, NJW 1992, 2351, 2352; NJW 2003, 2012, 2013.
1019 BGH, NJW 1994, 3009; NJW 1995, 2410, 2411.
1020 BGH, NJW 2003, 2012, 2013.
1021 BGH, NJW 1998, 2734.
1022 BGH, NJW 1985, 1399; BGH, NJW 1992, 2351, 2352; OLG München, MedR 2007, 601.
1023 BGH, NJW 1977, 337, 338; NJW 1993, 2372, 2373. Vgl. auch: OLG Frankfurt a.M., NJW 1981, 1322, 1323 f.
1024 BGH, NJW 1996, 3073, 3074.
1025 BGHSt 11, 111, 114 f.; BGH, NJW 1977, 337, 228.

Gründen geboten, weil etwa die akute Gefahr einer Gesundheitsschädigung abgewendet werden soll oder ein entgegenstehender Wille des Patienten nicht ernsthaft zu erwarten ist,[1026] so kommt eine mutmaßliche Einwilligung[1027] des Patienten in die Operationserweiterung in Betracht.

Diesen Grundsätzen zum Aufklärungszeitpunkt haben sich in der Folge auch mehrere Oberlandesgerichte angeschlossen.[1028]

IV. Kritische Betrachtung der frühzeitigen Risikoaufklärung

Die Annahme des BGH, der Patient sei so früh wie nötig, regelmäßig zum Zeitpunkt des Vorgespräches aufzuklären, wurde von zahlreichen Stimmen in der Literatur kritisiert.

Schon früh führte *Deutsch* an, dass der Patient zwar rechtzeitig aufzuklären sei, nicht jedoch vorzeitig, um den Patienten „nicht unnötig und wiederholt zu beunruhigen."[1029] Er betont die Schutzpflicht des Arztes gegenüber dem Patienten, indem er fordert, dass dem Patienten so jede Beunruhigung durch längere Überlegung erspart bleiben solle. „Entaktualisiert" sei die Einwilligung, wenn der Patient wegen einem anderen Aspekt in das Krankenhaus komme und der Arzt auf eine vormals erteilte Einwilligung zurückgreife.[1030] Aber auch ein zu großer zeitlicher Abstand entaktualisiere die bereits erteilte Einwilligung, sodass nur aus dem Verhalten des Patienten, wie etwa dem freiwilligen Erscheinen im Krankenhaus, eine Aktualisierung entnommen werden könne.[1031] Dem folgt *Katzenmeier*, indem er feststellt, dass ein mehrere Wochen zurückliegendes Aufklärungsgespräch die „Informiertheit des Patienten im Zeitpunkt des Eingriffs" bezweifeln lasse.[1032] Während *Deutsch* die Gefahr sieht, dass der Patient beunruhigt wird, befürchtet *Hoppe* gar, dass sich die Patienten infolge der frühzeitigen Aufklärung „in Angstzustände hineinsteigern und verunsichert werden".[1033] Auf Behandlungsseite sieht *Wachsmuth* in der Forderung der frühzeitigen Aufklärung

---

1026 Vgl. dazu OLG Frankfurt a.M., NJW 1981, 1322, 1323.

1027 Eine mutmaßliche Einwilligung kommt auch bei Operationserweiterungen, die nicht vital indiziert sind, in Betracht. Entscheidend ist der individuelle, hypothetische Wille des Patienten. BGHSt 35, 246, 248 f.

1028 So wurde eine Aufklärung am Vortag vom OLG Oldenburg, VersR 1994, 221 bei Begradigung der Nasenscheidewand als ausreichend angesehen. Gleichsam ausreichend war nach Auffassung des OLG Bremen, VersR 1999, 1370 die Aufklärung zu einem ambulanten Schwangerschaftsabbruch unmittelbar vor dem Eingriff. Das OLG Hamm, NJW 1993, 1538 wertete die Aufklärung vor einer Kontrastmitteluntersuchung kurz vor dem Eingriff im Behandlungsraum als rechtzeitig. Nicht ausreichend war nach Auffassung des OLG Frankfurt a.M., MedR 2006, 294, 296 hingegen die Aufklärung am Vorabend bei der Gefahr der Vergrößerung von Narben oder längerfristigen gesundheitlichen Schäden im Rahmen einer Schönheitsoperation.

1029 *Deutsch*, NJW 1979, 1905, 1907.

1030 *Deutsch*, NJW 1979, 1905, 1906.

1031 *Deutsch*, NJW 1979, 1905, 1906.

1032 *Katzenmeier*, Arzthaftung, S. 364. Vgl. auch: *Hoppe*, NJW 1998, 782, 785.

1033 *Hoppe*, NJW 1998, 782, 785.

eine wirklichkeitsfremde Forderung, die die Entscheidungsbefugnis der Ärzte im Übermaß beschränke.[1034]

Dem ist entgegenzuhalten, dass die aus der Aufklärung folgenden seelischen Belastungen gerade die Kehrseite der Selbstbestimmung des Patienten sind.[1035] Erst die Aufklärung macht den Patienten zum verantwortlichen Partner des „therapeutischen Arbeitsbündnisses".[1036] Die sicher wohlmeinende, gleichwohl paternalistische Vorstellung, vom fürsorgenden Arzt, der durch fundierte Kenntnisse als spezialisierter Experte in der konkreten Situation besser weiß, was gut ist für den Patienten, hat sich zu Gunsten einer zunehmenden Beachtung der Patientenautonomie verschoben. Nur in der Zusammenarbeit mit dem Patienten und der Beachtung seiner Wünsche kann der Arzt das Patientenwohl zutreffend ergründen und nur unter Beachtung dieses Willens ist dem Patienten auch gedient.[1037] Dieses Verständnis der Arzt-Patienten-Beziehung im Sinne einer partnerschaftlichen Zusammenarbeit,[1038] impliziert und fordert die Beachtung des Selbstbestimmungsrechtes und eine ausreichende Aufklärung durch den Arzt. Sofern betont wird, dass der Patient durch eine frühe Aufklärung nicht unnötig und wiederholt zu beunruhigen sei, ist dies letztlich Ausdruck eines Arzt-Patienten-Verhältnisses mit wohlwollenden, paternalistischen Zügen. Würden die Ärzte, so resümiert *Katzenmeier*, sich stärker an einer Behandlungs- und Entscheidungspartnerschaft ausrichten und die Chance zur Zusammenarbeit konsequenter nutzen, so ließen sich Auseinandersetzungen zu einem guten Teil verringern.[1039] Die Forderung nach mehr Respekt vor der Selbstbestimmung und Autonomie des Patienten lässt sich jedoch nur aufrechterhalten, wenn sie einhergeht mit einer rechtzeitigen Aufklärung des Patienten. Dies entspricht dem partnerschaftlichen Prinzip der Offenheit.[1040] Der Patient muss im Augenblick der Entscheidung wissen, worauf er sich einlässt; insbesondere auf welche Risiken.

Sofern als Argument gegen eine frühe Aufklärung angeführt wird, dass Patienten regelmäßig allenfalls ein Drittel dessen reproduzieren können, was der Arzt ihnen beim Aufklärungsgespräch am Vortag mitgeteilt hat,[1041] kann auch dies nicht überzeugen. Zweck der Aufklärung ist es nicht, zu jeder Zeit vollumfänglich informiert zu

---

1034 *Wachsmuth*, NJW 1979, 1253. Dem folgend auch *Bodenburg*, NJW 1981, 601, 603.

1035 Abweichende Meinung der Richter *Hirsch*, *Niebler* und *Steinberger*, BVerfGE 52, 131 ff., Rn. 119, 137.

1036 Begriff bei: *Katzenmeier*, Arzthaftung, S. 57 m.w.N.

1037 *Dickhaut/Luban-Plozza*, Arzt-Patienten-Beziehung, in: Eser/v.Lutterotti/Sporken (Hrsg.), Medizin-Ethik-Recht, Sp. 122, 126; *Katzenmeier*, Arzthaftung, S. 58.

1038 Auch als „therapeutische Partnerschaft" bezeichnet, vgl. *Peintinger*, Therapeutische Partnerschaft, S. 219.

1039 *Katzenmeier*, Arzthaftung, S. 57, insofern ist seine Kritik an der frühen Aufklärung auf S. 364 m.E. nach inkonsequent.

1040 *Hanau*, Arzt und Patient – Partner oder Gegner, in: Prütting (Hrsg.), FS für Baumgärtel, S. 121, 123.

1041 *Deutsch*, NJW 1979, 1905, 1907.

sein, sondern die Entscheidungsfreiheit des Patienten im Hinblick auf die körperliche Integrität zu gewährleisten. Der Patient benötigt die für seine Entscheidung bedeutsamen Informationen lediglich zum Zeitpunkt der Einwilligung. Dafür muss die Aufklärung so rechtzeitig erfolgen, dass er genügend Zeit das Für und Wider des Eingriffes abzuwägen. Wird die Einwilligung zu einem frühen Zeitpunkt erteilt, muss auch die Aufklärung zu einem frühen Zeitpunkt erfolgen. Eine mangelnde Informiertheit des Patienten in der Folgezeit ist allenfalls eine Frage der Fortwirkung der Einwilligung. Wurde die Einwilligung jedoch einmal erklärt, so gilt diese, abgesehen davon, dass der Patient sie widerruft, auch zum Zeitpunkt des Eingriffes.[1042] Zudem stellt sich das Problem, dass die Patienten am Folgetag bestenfalls ein Drittel dessen reproduzieren können, was sie vom Arzt am Vortag erfahren haben, auch bei einer Aufklärung am Vortag der Aufklärung.

Es bestehen daher keine generellen, durchgreifenden Bedenken, den Patienten allgemein so frühzeitig wie nötig aufzuklären.

B. Der Aufklärungszeitpunkt in der Transplantationsmedizin

Obwohl der organisatorische Ablauf der postmortalen Spende vor dem chirurgischen Eingriff erheblich von dem der Lebendorganspende abweicht, bestehen bezogen auf den medizinischen Eingriff viele Übereinstimmungen. Daher ergeben sich insoweit auch Gemeinsamkeiten hinsichtlich der grundsätzlichen Bestimmung des Aufklärungszeitpunktes.

I. Schwerwiegender Eingriff mit erheblichen Risiken

Der BGH hat den Grundsatz aufgestellt, dass bei größeren Operationen mit erheblichen Risiken eine Aufklärung am Tag des Eingriffes grundsätzlich verspätet ist.[1043] Stationär aufgenommene Patienten sind nicht später als am Tag vor dem Eingriff aufzuklären. Regelmäßig ist der Patient vor schwerwiegenden Eingriffen demzufolge so frühzeitig wie nötig aufzuklären, gewöhnlich dann, wenn der Termin für die Operation bestimmt wird.

Die Übertragung dieser Grundsätze auf die Transplantationsmedizin zwingt zunächst zur Konkretisierung des Ausdrucks „größere ambulante Operation mit beträchtlichen Risiken". Bereits vielfach wurde die terminologische Unterscheidung zwischen „normalen, risikoärmeren" und schwerwiegenden, risikoreichen" Eingriffen zutreffend kritisiert.[1044] Die unbestimmten Begriffe sind offen für Interpretationen und bereiten

---

1042 *Deutsch*, NJW 1979, 1905, 1907. Vgl. auch: *Mitsch*, in: Baumann/Weber/Mitsch (Hrsg.), Strafrecht Allgemeiner Teil, § 17 Rn. 106 m.w.N. Ob die „Aktualität" der Einwilligung dennoch eine Rolle bei der Frage der Aufklärungspflicht eine Rolle spielt, vgl. unten unter: 6. B. II. 2. d).

1043 BGH, NJW 2003, 2012, 2013.

1044 *Bergmann*, VersR 1996, 810. 814; *Hoppe*, NJW 1998, 782, 786; *Kern*, NJW 1996, 1561, 1564; *Pelz*, DRiZ 1998, 473, 478; *R. Giesen*, MedR 1997, 17, 18; *Rieger*, DMW 120 (1995), 151, 152; *Wertenbruch*, MedR 1995, 306, 308.

Schwierigkeiten bei einer klaren, an objektiven Kriterien orientierten Abgrenzung, zwischen einfachen, risikoarmen und schwerwiegenden, risikoreichen Eingriffen. Die Tatsache, dass die Risiken des jeweiligen Eingriffes immer auch eine Frage des Einzelfalles ist, erschwert die Eingrenzung zusätzlich.[1045]

Einen Anhaltspunkt können die den Urteilen zugrunde liegenden Sachverhalte bilden. 1985 urteilte der BGH, dass bei einer Hysterektomie die Aufklärung spätestens am Vortag der Operation stattzufinden habe.[1046] In einem späteren Urteil aus dem Jahre 1992 hingegen entschied er, dass bei einer Strumaresektion[1047] die Aufklärung bereits dann zu erfolgen hat, wenn der Arzt den Termin für die Operation bestimmt.[1048] Während also 1985 bei einer Entfernung der Gebärmutter die Aufklärung am Vortag genügte, war 1992 bei der Entfernung pathologisch veränderten Schilddrüsengewebes die Aufklärung bereits bei der Terminbestimmung für die Operation notwendig. Ob allerdings eine Schilddrüsenoperation einen schwerwiegenderen Eingriff mit höheren Risiken darstellt, als die operative Entfernung der Gebärmutter, ist fraglich.[1049] Vielmehr ist vor dem Hintergrund des späteren, strengeren Urteils anzunehmen, dass der Patient auch bei einer Hysterektomie, sofern nicht vital indiziert, früher hätte aufgeklärt werden müssen. Die den Urteilen zugrunde liegenden Sachverhalte tragen damit nur bedingt zur Konkretisierung des Ausdruckes „größere ambulante Operation mit beträchtlichen Risiken" bei. Im Lichte des späteren Urteils zur Strumaresektion kann allenfalls gefolgert werden, dass der BGH vor dem Hintergrund der neueren Entscheidung eher strenge Maßstäbe an die Bestimmung einer „größeren ambulanten Operation" legt.

In Anbetracht dessen handelt es sich bei einer Transplantation um einen *schwerwiegenden* Eingriff. Die postoperative Betreuung nach Leber-,[1050] Lungen- oder Herz-Lungen-Transplantationen,[1051] erfolgt auf der Intensivstation. Ein wichtiger Bestandteil der Intensivtherapie ist die Immunsuppression,[1052] weshalb etwa auch das Infek-

---

1045 *Hoppe*, NJW 1998, 782, 786; *Wertenbruch*, MedR 1995, 306, 308.

1046 BGH, NJW 1985, 1399 ff.

1047 Entfernung des pathologisch veränderten Schilddrüsengewebes bei vergrößerter Schilddrüse, Pschyrembel, Klinisches Wörterbuch, Stichwort: Strumaresektion.

1048 BGH, NJW 1992, 2351 ff.

1049 So auch *Bergmann*, VersR 1996, 810, 814.

1050 *Schrem/Becker/Klempnauer*, Lebertransplantation, in: Krukemeyer/Lison (Hrsg.), Transplantationsmedizin, S. 183, 196.

1051 *Fischer/Haverich*, Lungen- und Herz-Lungen-Transplantation, in: Krukemeyer/Lison (Hrsg.), Transplantationsmedizin, S. 149, 158.

1052 Für Herztransplantationen vgl. *Lehmkul/Hetzer*, Herztransplatationen, in: Krukemeyer/Lison (Hrsg.), Transplantationsmedizin, S. 131; für Herz-Lungen-Transplantationen vgl. *Fischer/Haverich*, Lungen- und Herz-Lungen-Transplantation, in: Krukemeyer/Lison (Hrsg.), Transplantationsmedizin, S. 158; für Nierentransplantationen vgl. *Fornara/Hamza/Rettkowski*, Nierentransplantation, in: Krukemeyer/Lison (Hrsg.), Transplantationsmedizin, S.169; für Lebertransplantationen vgl. *Schrem/Becker/Klempnauer*, Lebertransplantation, in: Krukemeyer/Lison

tionsrisiko steigt. Zudem sind umfangreiche Nachsorgebehandlungen und Rehabilitationsmaßnahmen postoperativ notwendig.

Andererseits werden die Transplantation einer Leber,[1053] des Pankreas,[1054] der Lunge[1055] und sogar des Herzens[1056] als akzeptierte, etablierte oder gar standardisierte Verfahren beschrieben. Dabei darf jedoch nicht aus den Augen verloren gehen, dass die Fünf-Jahres-Transplantatfunktionsraten nach Lungentransplantationen bei 48,7%, nach Herztransplantationen bei 64,4%, nach Leber-Lebendorganspende bei 58,9% (postmortal bei 53,4%), bei Pankreastransplantationen bei 67%, bei Nierenspenden postmortal bei 71,1 % und Nieren-Lebendspenden 87,2% liegt.[1057] Daneben drohen zahlreiche postoperative Komplikationen, ein erhöhtes Infektionsrisiko, zahlreiche transplantatspezifische Komplikationen und das Risiko einer akuten oder chronischen Abstoßung des Transplantats. Eine Transplantation ist für den Patienten damit nicht nur ein schwerwiegender, sondern auch ein *risikoreicher* Eingriff.

Beurteilt man vor dem Hintergrund der dargestellten Rechtsprechung den Zeitpunkt der Aufklärungspflicht, so liegt die Annahme einer Pflicht zur frühzeitigen Aufklärung in der Konsequenz der Rechtsprechung. Der Arzt hat, in Anbetracht der Schwere und der Risiken des Eingriffes, nach den Maßstäben der Rechtsprechung des BGH, den Patienten über die Risiken der Behandlung so frühzeitig wie nötig aufzuklären, um ihm so zu ermöglichen, dass er ausreichend Möglichkeit hat, das Für und Wider einer Transplantation abzuwägen und so sein Selbstbestimmungsrecht zu wahren.

II. Lebendorganspende und postmortale Organspende

Dem Grundsatz nach hat die Aufklärung vor einer Organtransplantation spätestens dann zu erfolgen, wenn der Termin für die Operation bestimmt wird. Dies ist regelmäßig der Zeitpunkt, wenn alle Informationen vorliegen, dem Patienten die Transplantation nahe gelegt wird und der weitere Verlauf in Gang gesetzt wird. Damit ist zunächst eine grobe Orientierung festgelegt. Im Folgenden soll untersucht werden,

---

(Hrsg.), Transplantationsmedizin, S. 198; für Pankreastransplantationen vgl. *Drognitz/Pisarski/Hopt*, Pankreastransplantation, in: Krukemeyer/Lison (Hrsg.), Transplantationsmedizin, S.218; für Dünndarm- und Multiviszeraltransplantationen vgl. *Pascher/Neuhaus*, Dünndarm- und Multiviszeraltransplantation, in: Krukemeyer/Lison (Hrsg.), Transplantationsmedizin, S. 230.

1053 *Schrem/Becker/Klempnauer*, Lebertransplantation, in: Krukemeyer/Lison (Hrsg.), Transplantationsmedizin, S. 183, 196 beschreiben die Lebertransplantation als Routineeingriff.

1054 *Drognitz/Pisarski/Hopt*, Pankreastransplantation, in: Krukemeyer/Lison (Hrsg.), Transplantationsmedizin, S. 207, 212.

1055 *Fischer/Haverich*, Lungen- und Herz-Lungen-Transplantation, in: Krukemeyer/Lison (Hrsg.), Transplantationsmedizin, S. 149.

1056 *Lehmkul/Hetzer*, Herztransplatationen, in: Krukemeyer/Lison (Hrsg.), Transplantationsmedizin, S. 123.

1057 Vgl. die Zahlen aus dem Jahresbericht der DSO 2012, abrufbar im Internet unter: http://www.dso.de/servicecenter/downloads/jahresberichte-und-grafiken.html.

wie dieser Zeitpunkt bei der Lebendorganspende und der postmortalen Organspende konkret zu bestimmen ist. Dabei sind die Unterschiede im organisatorischen Ablauf von Lebendspende und postmortaler Organspende zu berücksichtigen.

1. Lebendorganspende

a) Zeitpunkt der *Spender*aufklärung bei der Lebendorganspende

Orientierungshilfe bei der Bestimmung des Zeitpunktes der Empfängeraufklärung bietet der Zeitpunkt der *Spender*aufklärung bei der Lebendorganspende. Im Gegensatz zur Empfängeraufklärung ist, wie bereits ausgeführt, die Spenderaufklärung bei der Lebendorganspende in § 8 Abs. 1 S. Nr. 1 b) und Abs. 2 S. 1 und 2 TPG detailliert gesetzlich geregelt. Dennoch erscheint eine mögliche Anlehnung an die Spenderaufklärung vor dem Hintergrund der unterschiedlichen Bedeutung des Eingriffes begründungsbedürftig.

Für den Organempfänger stellt die Implantation eines Organs einen ärztlichen Heileingriff dar, weshalb sich die Aufklärungspflichten an denen für ärztliche Heileingriffe orientieren. Demgegenüber ist die Organentnahme für den Spender kein Heileingriff. Sie ist für ihn weder indiziert, noch für seine Gesundheit vorteilhaft. Die Explantation ist lediglich ein Eingriff für einen Dritten.[1058] Hinsichtlich der Aufklärung des Lebend*organspenders* besteht damit ein sog. reziproker Zusammenhang zwischen Indikation und Aufklärung, d.h. „je weniger ein ärztlicher Eingriff medizinisch geboten ist, umso ausführlicher und eindrücklicher ist der Patient, dem dieser Eingriff angeraten wird oder den er selbst wünscht, über dessen Erfolgsaussichten und etwaige schädliche Folgen zu informieren."[1059] Aus diesem Grund sind die gesetzlichen Anforderungen an die Aufklärung des Lebendorganspenders besonders streng geregelt.[1060] Eine Vergleichbarkeit der Interessenlagen ist damit unter diesem Blickwinkel nicht gegeben.

Dennoch können im Bereich der Lebendorganspende hinsichtlich des Zeitpunktes der Aufklärung und der Zeitspanne zwischen Einwilligung und medizinischem Eingriff keine anderen Maßstäbe gelten, wie bei der nach § 8 Abs. 2 TPG notwendigen Aufklärung des Lebendorganspenders. Die Suche nach potentiellen Organspendern setzt zunächst die Bereitschaft des Patienten zu einer Organspende voraus.[1061] Der Wunsch des Patienten und damit auch seine Einwilligung in eine Transplantation sind folglich Voraussetzung für die Kontaktaufnahme zu potentiellen Organspendern. Zudem kommen als Spender gem. § 8 Abs. 1 S. 2 TPG nur Verwandte ersten oder zweiten Grades, Ehegatten, eingetragene Lebenspartner, Verlobte oder andere Per-

---

1058 BSG, NJW 1973, 1432. Vgl. auch: BT-Drs. 16/3146, S. 28.
1059 BGH, MedR 1991, 85.
1060 *Augsberg*, in: Höfling (Hrsg.), TPG, § 8 Rn. 71; *Nickel/Schmidt-Preisigke/Sengler*, Transplantationsgesetz, § 8 Rn. 25.
1061 Zum Organspendeprozess einer Lebendorganspende: *Breyer/Daele/Engelhard/Gubernatis/Kliemt*, Organmangel, S. 63 f.

sonen in Betracht, die dem Spender in besonderer persönlicher Verbundenheit offenkundig nahestehen. Dabei stellt eine geplante Organtransplantation für den Empfänger, den Spender und die Angehörigen eine besondere Belastungssituation dar.[1062] Gerade in dieser Situation, einer möglichen zukünftigen Organspende, wird, auch nach der gesetzlichen Konzeption des TPG, eine enge Verbindung und ein gegenseitiger Austausch zwischen potentiellem Spender und Empfänger gegeben sein. Die psychische Betreuung von Organspender und -empfänger, hier etwa durch rechtzeitige Aufklärung, entspricht dabei auch der Konzeption des TPG. § 10 Abs. 2 Nr. 7 TPG verlangt, dass die erforderliche psychische Betreuung der Patienten im Krankenhaus sicherzustellen ist. Somit erscheint es sinnwidrig, den Spender zeitlich weit vor dem Empfänger aufzuklären. Daher soll zunächst der Zeitpunkt der Spenderaufklärung bei der Lebendorganspende untersucht werden.

Zwar legt § 8 Abs.1 S. 1 Nr. 1b) TPG fest, dass der lebende Organspender gem. § 8 Abs. 2 S. 1 und 2 TPG aufgeklärt und in die Entnahme eingewilligt haben muss. In § 8 Abs. 2 TPG findet sich jedoch keine explizite Regelung zum Aufklärungszeitpunkt und dem Zeitraum zwischen der Zustimmungserklärung durch den Spender und der hierauf durchzuführenden Organentnahme. Dennoch wirkt die Norm mittelbar auf den Zeitpunkt der Aufklärung des lebenden Organspenders.

Gem. § 8 Abs. 2 S. 6 TPG kann die Einwilligung schriftlich oder mündlich widerrufen werden. Der Widerruf hat ex-nunc Wirkung[1063] und schützt den Umstand, dass der aktuelle Wille des Spenders als Verwirklichung des Selbstbestimmungsrechtes zu berücksichtigen ist.[1064] § 8 Abs. 2 S. 6 TPG bekräftigt, dass ein Widerruf der Einwilligung jederzeit möglich und vom Arzt zu beachten ist.[1065] Die Tatsache, dass der Eingriff für den Spender kein Heileingriff ist und damit höchste Anforderungen an die Einwilligung des Spenders zu stellen sind, erfordert zum Schutz des Spenders, dass nach der Einwilligung mit dem Eingriff noch einige Tage gewartet wird, um diesem eine zusätzliche Überlegungsfrist einzuräumen und damit zu ermöglichen, von seinem Widerrufsrecht Gebrauch zu machen, sofern dies medizinisch vertretbar ist.[1066]

1062 *Zipfel/Schlehofer*, Die subjektive Belastung des Organempfängers, in: Krukemeyer/Lison (Hrsg.), Transplantationsmedizin S. 107.

1063 *Augsberg*, in: Höfling (Hrsg.), TPG, § 8 Rn. 99; *Nickel/Schmidt-Preisigke/Sengler*, Transplantationsgesetz, § 8 Rn. 32.

1064 *Augsberg*, in: Höfling (Hrsg.), TPG, § 8 Rn. 99; *Gutmann*, in: Schroth/König/Gutmann/Oduncu (Hrsg.), TPG, § 8 Rn. 50.

1065 RGSt 25, 375, 382; BGH, VersR 1954, 98; *Voll*, Die Einwilligung im Arztrecht, S. 139.

1066 *Esser*, in: Höfling (Hrsg.), TPG, 1. Auflage, § 8 Rn. 108 spricht von „mindestens eine Woche". Dagegen sprechen: *Augsberg*, in: Höfling (Hrsg.), TPG, § 8 Rn. 99, *Nickel/Schmidt-Preisigke/Sengler*, Transplantationsgesetz, § 8 Rn. 32, und *Ugowski*, Rechtsfragen der Lebendspende von Organen, S. 47 von „einigen Tagen" bzw. *Schreiber*, Die gesetzliche Regelung der Lebendspende von Organen in der Bundesrepublik Deutschland, S. 72 von „mehreren Tagen". Vgl. auch: BT-Drs. 13/4355, S. 21.

Betrachtet man in diesem Zusammenhang ferner die Tatsache, dass vor dem Hintergrund der Tragweite der Entscheidung und dem (auch von § 8 Abs. 1 S. 1 Nr. 1b, Abs. 2 TPG gesetzlich geforderten) weiten Umfang der Aufklärung eine Bedenkzeit eingeräumt werden muss, um eine regelmäßig bereits signalisierte Spendebereitschaft zu überdenken und gegebenenfalls aufzuheben, bevor eine Einwilligung erklärt wird, so kann der Zeitpunkt der Aufklärung, abgesehen von den Fällen in denen, wie bereits vom Gesetzgeber gesehen, eine Explantation aus medizinischen Gründen keinen Aufschub duldet, nicht in unmittelbarer zeitlicher Nähe zur Organentnahme gewählt werden. Vielmehr zwingen gerade die Tragweite des altruistischen Entschlusses und die gegebenenfalls eintretenden gesundheitlichen Konsequenzen zu einer frühzeitigen Aufklärung.

Darüber hinaus darf die Lebendspende gem. § 8 Abs. 3 S. 2 TPG erst durchgeführt werden, wenn die nach Landesrecht zuständige Kommission gutachtlich dazu Stellung genommen hat, ob begründete tatsächliche Anhaltspunkte dafür vorliegen, dass die Einwilligung in die Organspende nicht freiwillig erfolgt oder das Organ Gegenstand verbotenen Handeltreibens nach § 17 ist. Die Freiwilligkeit der Einwilligung in die Lebendspende kann von der Lebendspendekommission aber nur überprüft werden, wenn der Lebendspender seine Einwilligung nach Aufklärung erteilt hat. Demzufolge muss die Aufklärung des Spenders vor Einbeziehung der nach Landesrecht zuständigen Lebendspendekommission erfolgen.

Daneben ist nach § 8 Abs. 1 S. 1 Nr. 1c) TPG eine Explantation von Organen nur zulässig, wenn der Spender nach ärztlicher Beurteilung geeignet ist und voraussichtlich nicht über das Operationsrisiko hinaus gefährdet oder über die unmittelbaren Folgen der Entnahme hinaus gesundheitlich schwer beeinträchtigt wird. Der potentielle Organspender muss nach Ansicht des Arztes zunächst aus medizinischer Sicht sowohl physisch, als auch psychisch für eine Organspende geeignet sein.[1067] Für die psychischen Aspekte spielen vor allem die Fragen, wie sich die Organspende auf das Verhältnis zwischen Spender und Empfänger auswirkt und wie der Organspender mit der Organspende umgeht, eine besondere Rolle. Die Feststellung der psychischen Geeignetheit des Patienten, die etwa die rechtzeitige Erfassung ausreichender Bewältigungsressourcen und potentieller Problemfelder auf Spenderseite umfasst,[1068] ist hingegen nur möglich, wenn der Spender weiß, worauf er sich einlässt und damit die psychischen Folgen der Spende überhaupt erfassen kann. Letztlich erfordert damit auch die Feststellung der (psychischen) Geeignetheit des Organspenders eine frühzeitige Aufklärung des Patienten. Schließlich konstatieren Ärzte nachvollziehbar, dass ein frühzeitiges Knüpfen erster therapeutischer Kontakte Voraussetzung dafür ist, dass in potentiellen Krisensituationen im Rahmen des weiteren

---

1067 *Schreiber*, Die gesetzliche Regelung der Lebendorganspende von Organen in der Bundesrepublik Deutschland, S. 92

1068 *Zipfel/Schlehofer*, Die subjektive Belastung des Organempfängers, in: Krukemeyer/Lison (Hrsg.), Transplantationsmedizin S. 117

Transplantationsprozesses „eine psychosoziale Intervention frühzeitig und erfolgreich erfolgen kann."[1069]

Zudem sind zur Feststellung der physischen Geeignetheit zahlreiche Untersuchungen notwendig, in welche der potentielle Spender auch einwilligen muss. Die Pflicht zur Aufklärung über mögliche Entstehungen von Indikationslagen für invasive Folgemaßnahmen (hier zur Spende eines Organs für einen Dritten) ist dabei Teil der Aufklärungspflicht vor Untersuchungsmaßnahmen, welche keine dringliche Indikation für den zu Untersuchenden haben.[1070] Der von *Stockter* anhand der Rechtsprechung entwickelte Grundsatz einer vorgezogenen Aufklärung über mögliche Entstehungen von Indikationslagen für (invasive) Folgemaßnahmen bei Früherkennungs- und Vorsorgeuntersuchungen[1071] lässt sich auch auf die Untersuchungen zur Geeignetheit des potentiellen Spenders übertragen. Die Maßnahmen sind für den Spender nicht vital indiziert, ohne therapeutischen Nutzen und führen zu einer vorübergehenden Belastung. Entscheidend ist auch, dass für den Fall eines positiven Ergebnisses, d.h. hier einer Kompatibilität als Spender, dieser in eine psychische Belastungssituation gerät, da für den Empfänger nunmehr eine Rettungsmöglichkeit geschaffen wurde, wodurch die freie Entscheidung des Spenders zusätzlich beeinträchtigt wird.[1072] Aus diesem Grund ist die Aufklärung zur Organspende zeitlich vorzuziehen.

Diese Wertung einer frühzeitigen Aufklärung ist auch den Materialien zum TPG und damit dem Willen des Gesetzgebers zu entnehmen. In der amtliche Begründung zum TPG[1073] wird in der Einzelbegründung zu § 7 Abs. 2 S. 4 TPG (§ 8 Abs. 2 S. 6 TPG neuer Zählung) klargestellt, dass es in der Regel angezeigt ist, nach der Einwilligung mit dem Eingriff einige Tage zu warten, sofern die Organentnahme aus medizinischen Gründen nicht aufschiebbar ist.[1074] Ergänzt wurde diese Norm durch das Gesetz über Qualität und Sicherheit von menschlichen Geweben und Zellen (Gewebegesetz)[1075] welches zur Umsetzung der Richtlinie zur Festlegung von Qualitäts- und Sicherheitsstandards für die Spende, Beschaffung, Testung, Verarbeitung, Konservierung, Lagerung und Verteilung von menschlichen Geweben und Zellen (Geweberichtlinie)[1076] diente. Obgleich sich die detaillierten Anforderungen an die Aufklärung des Spenders aus Art. 13 Abs. 2 der Gewebe-Richtlinie i.V.m. dem Anhang der Ge-

---

1069 *Zipfel/Schlehofer*, Die subjektive Belastung des Organempfängers, in: Krukemeyer/Lison (Hrsg.), Transplantationsmedizin S. 117.

1070 Ausführlich zum Zeitpunkt der Aufklärung bei der Teilnahme an Screeningprogrammen mit einer Auseinandersetzung der Rechtsprechung: *Stockter*, Präventivmedizin und Informed Consent, S. 131 ff.

1071 *Stockter*, Präventivmedizin und Informed Consent, S. 165 f.

1072 *Stockter*, Präventivmedizin und Informed Consent, S. 157 f., bezeichnet dies als Untersuchungs- bzw. Behandlungsautomatismus.

1073 BT-Drs. 13/4355.

1074 BT-Drs. 13/4355, S. 21.

1075 BT-Drs. 16/3146.

1076 Richtlinie 2004/23/EG vom 31.03.2004.

webe-Richtlinie nur auf Gewebe und Zellen beziehen, sah sich der Gesetzgeber in der Pflicht, einheitliche Anforderungen auch für die Entnahme und Verwendung von Organen zu schaffen.[1077] Allerdings ist weder die Richtlinie, noch die Gesetzesbegründung hilfreich bei der weiteren Bestimmung des Aufklärungszeitpunkts und des notwendigen Zeitraums zwischen der Einwilligung durch den Spender und der hierauf durchzuführenden Organentnahme. Allein der Umstand, dass die Aufklärung vor der Beschaffung der Organe durchgeführt werden muss, ist Punkt A.1. des Anhangs zur Geweberichtlinie 2004/23/EG zu entnehmen. Schließlich verweist die Gesetzesbegründung darauf, dass sich die detaillierten Vorgaben zur Aufklärung an der Rechtsprechung zur Patientenaufklärung orientieren.[1078] Anknüpfungspunkt ist folglich auch hier die Rechtsprechung.

Damit lässt sich festhalten, dass abgesehen von medizinischen Notfällen, zwischen der Einwilligung des lebenden Organspenders und Explantation einige Tage, im Mindestmaß eine Woche,[1079] liegen muss. Zudem erfordern die Tragweite der Entscheidung und der Umfang des Aufklärungsinhaltes eine Bedenkzeit für den potentiellen Spender, der zumindest bereits seine Bereitschaft zur Organspende signalisiert hat, bevor dieser einwilligt. Dieser Zeitraum sollte zumindest drei bis vier Wochen umfassen.[1080] Diese notwendige Bedenkzeit zwingt zu einer frühzeitigen Aufklärung es potentiellen Organspenders. Im Regelfall ist der potentielle Spender zur Vermeidung von Behandlungsautomatismen bereits vor den ersten Untersuchungsmaßnahmen der Geeignetheit als Spender umfassend aufzuklären.

b) Zeitpunkt der *Empfänger*aufklärung bei der Lebendorganspende

Wie bereits dargelegt, können im Bereich der Lebendorganspende hinsichtlich des Zeitpunktes der Aufklärung und der Zeitspanne zwischen Einwilligung und medizinischem Eingriff für den Organempfänger keine anderen Maßstäbe gelten wie bei der nach § 8 Abs. 2 TPG notwendigen Aufklärung des Lebendorganspenders. Dies ergibt sich zum einen aus der Tatsache, dass die Kontaktaufnahme zu potentiellen Spendern die informierte Bereitschaft des Patienten zu einer Organspende voraussetzt. Zu anderen kommen als Spender nur Verwandte ersten oder zweiten Grades, Ehegatten, eingetragene Lebenspartner, Verlobte oder andere Personen in Betracht, die dem Spender in besonderer persönlicher Verbundenheit offenkundig nahestehen. Angesichts einer möglichen Organspende wird regelmäßig eine enge Verbindung und damit auch ein gegenseitiger Austausch zwischen potentiellem Spender und Empfänger gegeben sein. Daher hat sich der Aufklärungszeitpunkt des Empfängers

---

1077 BT-Drs. 16/3146, S. 28.
1078 BT-Drs. 16/3146, S. 28. Vgl. auch: *Roth*, in: Prütting (Hrsg.), Fachanwaltskommentar Medizinrecht, § 8 TPG Rn. 8.
1079 So auch: *Esser*, in: Höfling (Hrsg.), TPG, 1. Auflage, § 8 Rn. 108.
1080 So auch: Schroth, in: Schroth/Schneewind/Gutmann/Fateh-Moghadam (Hrsg.), Patientenautonomie am Beispiel der Lebendorganspende, S. 100.

an dem des Spenders zu orientieren. Im Regelfall ist der Empfänger vor dem Lebendorganspender aufzuklären.

Für die Annahme, dass zwischen der Einwilligung des Empfängers und dem medizinischen Eingriff jedoch auch beim Empfänger des Organs im Mindestmaß eine Woche liegen muss, sind keine Anhaltspunkte ersichtlich. Für den Organempfänger stellt die Implantation eines Organs, im Gegensatz zum Spender, einen ärztlichen Heileingriff dar, weshalb sich die Aufklärungspflichten an denen für ärztliche Heileingriffe orientieren. Prinzipiell gilt hier, dass der vor dem Eingriff liegende zeitliche Abstand zwischen Einwilligung und Transplantation nicht begrenzt ist.[1081] Ein Widerruf der Einwilligung ist jederzeit möglich und vom Arzt zu beachten.[1082]

Gleichwohl handelt es sich, wie bereits oben festgestellt, für den Empfänger eines Organs um einen schwerwiegenden und risikoreichen Eingriff, sodass die Annahme einer möglichst frühzeitigen Aufklärung des Organspendeempfängers in der Konsequenz der Rechtsprechung liegt.

Für den Zeitpunkt der Empfängeraufklärung ist damit festzuhalten, dass die Aufklärung in engem zeitlichem Zusammenhang mit dem Spender des Organs zu erfolgen hat. Grundsätzlich hat die Aufklärung auch für den Empfänger vor der Prüfung der medizinischen Geeignetheit des Spenders zu erfolgen. In der Regel sollten zwischen Aufklärung und Eingriff, sofern die Transplantation aus medizinischen Gründen keinen Aufschub duldet, drei bis vier Wochen liegen.

2. Postmortale Organspende

Die Aufnahme in die Warteliste, die häufig sehr lange Wartezeit auf ein Organ und der Zeitmangel nach der Organzuteilung durch die laufende kalte Ischämiezeit haben wesentlichen Einfluss auf den Transplantationsprozess einer postmortalen Organspende. Diese Besonderheiten sind nicht nur bei der inhaltlichen Ausgestaltung der Aufklärung des Organempfängers zu berücksichtigen, sondern haben auch Auswirkungen auf den Zeitpunkt der Aufklärungspflicht. Grundsätzlich erscheinen dabei zwei Aufklärungszeitpunkte möglich, die im Folgenden zu erörtern sind: a) der Zeitpunkt der Aufnahme in die Warteliste und b) der Zeitpunkt der Organzuteilung.

a) Aufklärung vor Aufnahme in die Warteliste

Nach § 10 Abs. 2 Nr. 1 TPG sind die Transplantationszentren verpflichtet, Wartelisten der zur Übertragung von vermittlungspflichtigen Organen angenommenen Patienten mit den für die Organvermittlung nach § 12 TPG erforderlichen Angaben zu

---

1081 *Mitsch*, in: Baumann/Weber/Mitsch (Hrsg.), Strafrecht Allgemeiner Teil, § 17 Rn. 106; *Voll*, Die Einwilligung im Arztrecht, S. 139.
1082 RGSt 25, 375, 382; BGH, VersR 1954, 98; *Tag*, Der Körperverletzungstatbestand im Spannungsfeld zwischen Patientenautonomie und Lex artis, S. 305; *Voll*, Die Einwilligung im Arztrecht, S. 139.

führen. Unverzüglich nach Vorliegen aller für die Entscheidung notwendigen Informationen hat das Transplantationszentrum über die Annahme des Patienten zur Organübertragung und dessen Aufnahme in die Warteliste zu entscheiden und den behandelnden Arzt darüber zu unterrichten.[1083]

Der Gesetzestext differenziert ersichtlich zwischen der Annahme eines Patienten zur Organübertragung und seiner Aufnahme in die Warteliste. Beides soll nach der Gesetzesbegründung „Voraussetzung und Bestandteil eines Vertrages über die Krankenhausbehandlung zum Zwecke der Organtransplantation" sein.[1084] Da eine Annahme eines Patienten zur Organübertragung jedoch ohne die Meldung des Patienten in die Warteliste keinen Sinn macht, sind beide Voraussetzungen zwangsläufig miteinander verknüpft.[1085]

Vor dieser Aufnahme in die Warteliste sei, so Stimmen in der Literatur, der Patient über die Risiken, Erfolgsaussichten und längerfristigen medizinischen, sozialen und psychischen Auswirkungen aufzuklären.[1086] Auch die Richtlinien zur Wartelistenführung und Organvermittlung enthalten in den allgemeinen Grundsätzen für die Wartelistenführung die Pflicht den Patienten „vor der Aufnahme in die Warteliste zur Transplantation [...] über die Erfolgsaussicht, die Risiken und die längerfristigen medizinischen und psychologischen und sozialen Auswirkungen"[1087] aufzuklären. Eine Begründung für die zu diesem Zeitpunkt angenommene Aufklärungspflicht findet sich in der Literatur jedoch nicht.

Die Aufnahme des Patienten in die Warteliste erfordert einen diesbezüglichen Willen des Patienten. Diesen kann er nur wirksam bilden, sofern er sich der Konsequenzen der Aufnahme bewusst ist. Die Annahme einer umfassenden ärztlichen Aufklärungspflicht über die Transplantation vor der Aufnahme des Patienten in die Warteliste erscheint unter verschiedenen Gesichtspunkten überzeugend:

1083 Verzögerungen durch den behandelnden Arzt bei der Weiterleitung der Befunde an das Transplantationszentrum stellen einen groben Behandlungsfehler dar, der zu einer Umkehr der Beweislast führt, LG Stuttgart, Urt. v. 27.11.1990 – 20 O 426/88 und im Anschluss daran OLG Stuttgart, Urt. v. 6.2.1992 – 14 U 1/91, MedR 1992, 221 ff.

1084 BT-Drs. 13/4355, S. 22.

1085 So auch: *Norba*, Rechtsfragen der Transplantationsmedizin aus deutscher und europäischer Sicht, S. 168. Allein in den Fällen, in denen eine postmortale Organspende vom Organempfänger kategorisch ausgeschlossen wird und ein Lebendspender zur Verfügung steht, ist die Annahme des Patienten zum Zweck der Organübertragung ohne Aufnahme in die Warteliste denkbar. Vgl. dazu: *Edelmann*, VersR 1996, 1065, 1068 sowie die Ausführungen oben unter: 4. A. II. 2. b).

1086 *Lang*, in: Höfling (Hrsg.), TPG, § 10 Rn. 13; *Schreiber*, in: Beckmann/Kirste/Schreiber (Hrsg.), Organtransplantation, S. 81.

1087 Punkt I.7. der allgemeinen Grundsätze für die Vermittlung postmortal gespendeter Organe der Richtlinien für die Wartelistenführung und die Organvermittlung gem. § 16 Abs. 1 S. 1 Nrn. 2 und 5 TPG, DÄBl. 2012, A 2267, 2268.

Der Differenzierung zwischen der Annahme eines Patienten zur Organübertragung und seiner Aufnahme in die Warteliste kommt in zeitlicher Hinsicht Bedeutung zu. § 10 Abs. 2 Nr. 2 TPG verpflichtet die Transplantationszentren über die Aufnahme in die Warteliste nach Regeln zu entscheiden, die dem Stand der Erkenntnisse der medizinischen Wissenschaft entsprechen, insbesondere nach Notwendigkeit und Erfolgsaussicht einer Organübertragung. Die Bundesärztekammer hat (durch die Ständige Kommission Organtransplantation) entsprechend dem Auftrag in § 16 Abs. 1 Nr. 2 TPG die Regeln in Richtlinien festgestellt und damit die Anforderungen konkretisiert. Wie bereits oben festgestellt, erfordert die Meldung des Patienten an die Vermittlungsstelle gem. §§ 10 Abs. 2 Nr. 1, 12 Abs. 4 Nr. 1 TPG i.V.m. § 3 Abs. 2 des Vertrages mit der Vermittlungsstelle die Weiterleitung sowohl persönlicher, als auch medizinischer Daten. Bevor über die Annahme als Patient zur Organübertragung entschieden wird, sind demzufolge die erforderlichen Untersuchungen durchzuführen, um festzustellen, ob eine Indikation zur Transplantation gegeben ist. Die Einschätzung des behandelnden Arztes, der den Patienten gem. § 13 Abs. 3 S. 1 TPG an das Transplantationszentrum meldet, kann in der Regel keinesfalls abschließend sein. Diese Voruntersuchungen bedürfen der Einwilligung des Patienten und demzufolge auch der ärztlichen Aufklärung. Obgleich sich diese Aufklärungspflicht zunächst allein auf die Voruntersuchungen bezieht, ist in diesem Zusammenhang bereits die Aufklärung über die später beabsichtigte Transplantation erforderlich. Zum einen werden an die Aufklärungspflicht bei diagnostischen Eingriffen, die vorübergehend ohne einen therapeutischen Eigenwert durchgeführt werden, strenge Anforderungen an die ärztliche Aufklärungspflicht gestellt.[1088] Diese hohen Anforderungen an die Aufklärungspflicht bei diagnostischen Eingriffen begründen sich darin, „dass jedes dem Patienten zugemutete Eingriffsrisiko seiner Rechtfertigung durch die von dem Eingriff erhofften Vorteile bedarf."[1089] Berechtigt die Behandlung nicht zu der Annahme von (gesundheitlichen) Vorteilen, so sind an die Aufklärung erhöhte Anforderungen zu stellen.[1090] Eine vergleichbare Situation ist in der Transplantationsmedizin gegeben. Der z.T. schwerkranke Patient begibt sich in das Transplantationszentrum und durchläuft die zunächst nicht auf Heilung ausgerichteten Voruntersuchungen in der fernen Hoffnung auf Besserung seines gesundheitlichen Zustandes durch eine eventuelle Transplantation. Zu diesem Zeitpunkt ist jedoch noch nicht sicher, ob der Patient die Indikation zur Aufnahme in die Warteliste hat. Spätestens seit der Einwilligung in die Weitergabe der personenbezogenen Daten an das Transplantationszentrum beim behandelnden (Haus-)Arzt weiß der Patient jedoch, dass eine Transplantation zumindest theoretisch in Betracht kommt. Aus diesem Grund wird er in der Regel auch Hoffnungen auf Heilung haben. Selbst wenn also nicht sicher ist, ob der Patient tatsächlich in die Warteliste aufgenommen wird, bestehen damit auf Seiten

---

1088 *Laufs*, in: Laufs/Kern (Hrsg.), Handbuch des Arztrechts, § 60 Rn. 8 f.; *Stockter*, Präventivmedizin und Informed Consent, S. 165 f.
1089 BGH, NJW 1971, 1887, 1888.
1090 BGH, NJW 1971, 1887, 1888.

des Patienten in der Regel Hoffnungen auf Besserungen seines gesundheitlichen Zustandes die den Arzt zur eingehenden Aufklärung verpflichten.

Überdies wird der Arzt über den Sinn und Zweck der Voruntersuchungen im Zusammenhang nur dann umfassend aufklären können, wenn er bereits zu diesem Zeitpunkt eingehend über die eigentliche Transplantation aufklärt. Ist zum Zeitpunkt der Behandlung erkennbar, dass sich notwendige Nachfolgebehandlungen anschließen, so ist von der Rechtsprechung anerkannt, dass über die spezifische nachfolgende Behandlung bereits vor der ersten Behandlung aufzuklären ist.[1091]

Zudem ist die vertragliche Konzeption der Organtransplantation in die Bestimmung des Aufklärungszeitpunktes einzubeziehen. Nach Auffassung des Gesetzgebers sind die Annahme eines Patienten zur Organübertragung und seine Aufnahme in die Warteliste „Voraussetzung und Bestandteil eines Vertrages über die Krankenhausbehandlung zum Zwecke der Organtransplantation".[1092] Unabhängig davon, ob die Rechtsbeziehung zwischen dem Transplantationszentrum und dem Patienten öffentlich-rechtlich oder als zivilrechtlich einzustufen ist,[1093] erfordert der Vertragsschluss die Abgabe einander entsprechender, auf einen gemeinsamen Rechtserfolg gerichteter Willenserklärungen (Angebot und Annahme).[1094] Von einer Bindungswirkung kann indes nur ausgegangen werden, wenn ein inhaltlich übereinstimmender Wille der Beteiligten erklärt wurde.[1095] Die Aufnahme eines Patienten in die Warteliste und der Abschluss des Vertrages über die Krankenhausbehandlung zum Zwecke der Organtransplantation setzt folglich nicht nur den Willen des Patienten zur Organtransplantation voraus, sondern auch die Kenntnis der wesentlichen Umstände der Transplantation. Bereits oben wurde festgestellt, dass vor allem dann wenn der Patient aufgrund seines Alters oder seiner körperlichen Konstitution für ein spezielles Allokationsverfahren, wie etwa das „Eurotransplant Senior Programm" in Betracht kommt, bereits vor der Aufnahme in die (spezielle) Warteliste umfassend über die Unsicherheiten der Behandlung, die ungewissen Chancen und die Risiken aufzuklären ist.[1096]

Schließlich ist die Notwendigkeit der Weitergabe von Patientendaten in die Bestimmung des Aufklärungszeitpunktes einzubeziehen. Gem. § 13 Abs. 3 S. 3 TPG melden die Transplantationszentren die für die Organvermittlung erforderlichen Angaben

---

1091 BGH, VersR 1996, 330, 331; BGH, VersR 1996, 1239; OLG Stuttgart, VersR 1998, 637; OLG Düsseldorf, VersR 2003, 1579; *Steffen/Pauge*, Arzthaftungsrecht, Rn. 438.

1092 BT-Drs. 13/4355, S. 22.

1093 Die Ausführungen des Gesetzgebers hierzu sind nur wenig hilfreich. Vgl. dazu ausführlich: *Lang*, in: Höfling (Hrsg.), TPG, Einf. IV Rn. 5 ff.

1094 Für den öffentlich-rechtlichen Vertrag: *Maurer*, Allgemeines Verwaltungsrecht, § 14 Rn. 6. Für den zivilrechtlichen Vertrag: *Larenz/Wolf*, Allgemeiner Teil des Bürgerlichen Rechts, § 23 Rn. 11; § 29 Rn. 8. Speziell für das Arztrecht: *Kern*, in: Laufs/Kern (Hrsg.), Handbuch des Arztrechts, § 40 Rn. 15.

1095 *Rüthers/Stadler*, Allgemeiner Teil des BGB, § 19 Rn. 1.

1096 Vgl. dazu bereits oben unter: 5. A. V. 4.

über die in die Wartelisten aufgenommenen Patienten an die Vermittlungsstelle. Hierfür ist nach § 13 Abs. 3 S. 3 TPG die schriftliche Einwilligung des Patienten einzuholen. Diese ausdrückliche Einwilligung bezieht sich zunächst nicht auf den ärztlichen Eingriff, sondern wird vor dem Hintergrund des Datenschutzrechtes gefordert.[1097] § 13 Abs. 3 S. 4 TPG fordert auch „nur", dass der Patient vor der Einwilligung darüber zu unterrichten ist, an welche Stellen seine personenbezogenen Daten übermittelt werden. Die Reglung des § 13 Abs. 3 S. 4 TPG ist daher vor dem Hintergrund des § 4 BDSG zu verstehen, der die Zulässigkeit der Erhebung, Verarbeitung und Nutzung personenbezogener Daten an die Einwilligung des Betroffenen oder ein zwingendes rechtliches Gebot knüpft.[1098] Die datenschutzrechtlichen Anforderungen gehen jedoch darüber hinaus. § 4a BDSG regelt die Voraussetzungen der Einwilligung des Betroffenen in die Erhebung, Verarbeitung und Nutzung seiner personenbezogenen Daten. Danach ist der Betroffene insbesondere auf den vorgesehenen Zweck der Erhebung, Verarbeitung oder Nutzung sowie, soweit nach den Umständen des Einzelfalles erforderlich oder auf Verlangen, auf die Folgen der Verweigerung der Einwilligung hinzuweisen, § 4a Abs. 1 S. 2 BDSG. Eine pauschale Einwilligung in die Datenweitergabe genügt demzufolge nicht.[1099] Stattdessen erfordert auch die datenschutzrechtliche Einwilligung eine Aufklärung des Betroffenen über den Zweck der Datenerhebung, -verarbeitung oder -nutzung. Dies erfordert insbesondere die Mitteilung des konkreten Zwecks der spezifischen Datenverarbeitung.[1100] Die Meldung der für die Organvermittlung erforderlichen Daten (d.h. der personenbezogenen und medizinischen Daten) an die Vermittlungsstelle erfolgt, damit der Patient bei der Allokationsentscheidung durch die Vermittlungsstelle berücksichtigt werden kann. In diesen Zweck kann der Patient hingegen nur einwilligen, wenn er sich zuvor für eine Transplantation entschieden hat. Die Weitergabe der für die Organvermittlung erforderlichen Daten bedingt damit zwingend auch die Kenntnis der Organtransplantation.[1101]

Für eine frühe Aufklärung spricht nicht zuletzt auch ein praktischer Umstand. Nächster Zeitpunkt einer Aufklärung des Patienten wäre andernfalls der Moment nach einer Organzuteilung durch die Vermittlungsstelle. Für die spätere Funktion eines transplantierten Organs im Empfänger ist eine möglichst kurze Ischämiezeit von entscheidender Bedeutung, weshalb der Patient unmittelbar nach dem Eintreffen im Trans-

---

1097 Vgl. dazu bereits oben unter: 4. B.

1098 BT-Drs. 13/4355, S. 27.

1099 *Gola/Schomerus*, BDSG Kommentar, § 4a Rn. 11a; *Simitis*, in: ders (Hrsg.), Bundesdatenschutzgesetz, § 4a Rn. 71.

1100 *Holznagel/Sonntag*, in: Roßnagel (Hrsg.), Handbuch Datenschutzrecht, 4.8 Rn. 45.

1101 Aus diesem Grund hat der Gesetzgeber vermutlich auch darauf verzichtet, die Hinweispflicht auf den Zweck der Datenverarbeitung mit in den Gesetzestext aufzunehmen. Aus datenrechtlicher Perspektive ist die Kenntnis dennoch zwingende Voraussetzung für eine wirksame Einwilligung.

plantationszentrum für die Übertragung vorzubereiten ist.[1102] Im Interesse der Gesundheit des Organempfängers verbleibt demzufolge für eine eingehende Aufklärung nur sehr eingeschränkt Zeit. Dabei besteht die Gefahr, dass sich der Patient, der sich zu diesem Zeitpunkt erstmals mit den Risiken einer Transplantation auseinandersetzt, nicht frei entscheiden kann, weil er glaubt nicht mehr gegen die Transplantation stimmen zu können. Zugleich könnte sich der Patient durch die späte Aufklärung aus Sorge vor den Risiken unreflektiert gegen die Transplantation entscheiden und dadurch die kalte Ischämiezeit durch ein weiteres Allokationsverfahren unnötig verlängern.[1103]

Die oben genannten Auffassungen in der Literatur, die eine Aufklärung des Patienten über die Risiken, Erfolgsaussichten und längerfristigen medizinischen, sozialen und psychischen Auswirkungen fordern, sind demzufolge in der Weise zu präzisieren, dass der Patient bei der Aufnahme im Transplantationszentrum vor der Aufnahme in die Warteliste und zugleich auch vor der Durchführung der notwendigen Voruntersuchungen über die Transplantation aufzuklären ist.

In diesem Zusammenhang stellt sich die Frage, ob der potentielle Organempfänger zu diesem Zeitpunkt auch über die Anästhesie und mögliche Narkoserisiken aufzuklären ist. Wie bereits oben dargestellt, können normale Narkoserisiken nach der Rechtsprechung dem Patienten noch am Vorabend eröffnet werden, da er regelmäßig zu diesem Zeitpunkt „normale Narkoserisiken abschätzen und zwischen den unterschiedlichen Risiken ihm alternativ vorgeschlagener Narkoseverfahren abwägen" kann.[1104] Die Aufklärung über die Anästhesie kann demzufolge deutlich später erfolgen, als die Aufklärung über den eigentlichen Eingriff. Dennoch ist angesichts der Dringlichkeit der Implantation des allozierten Organs die Bedenkzeit deutlich kürzer, sodass die Zeitspanne zwischen Aufklärung und Eingriff bei einer postmortalen Organtransplantation nicht der einer Aufklärung am Vorabend entspricht. *Deutsch/Spickhoff* gehen davon aus, dass eine Aufklärung über die „geringfügigen Gefahren der Anästhesie" direkt vor- oder zumindest am Vorabend des Eingriffes genügt.[1105] Der Einschätzung, dass es sich lediglich um geringfügige Gefahren handelt, die mit einer Anästhesie einhergehen, kann nicht zugestimmt werden. Ein mögliches Risiko der Vollnarkose ist etwa der Herzstillstand, über das der Patient aufgeklärt werden muss,[1106] sodass keinesfalls von lediglich geringfügigen Gefahren ge-

---

1102 „Die Länge der kalten Ischämiezeit korreliert mit der Inzidenz der primären Nichtfunktion, verzögerten Transplantatfunktion und Langzeitfunktion nach Nierentransplantation insbesondere von älteren Spendern.", *Palmes/Spiegel/Dietl*, in: Krukemeyer, Manfred/Lison, Arno (Hrsg.), Transplantationsmedizin, S. 85.

1103 Der Vertrag mit der Vermittlungsstelle berechtigt und verpflichtet Eurotransplant, das Organ verbindlich dem Transplantationszentrum anzubieten, bei dem der nächste geeignete Patient gemeldet ist.

1104 BGH, NJW 1992, 2351, 2352.

1105 *Deutsch/Spickhoff*, Medizinrecht, Rn. 311.

1106 OLG Karlsruhe, MedR 1985, 79, 81

sprochen werden kann. Darüber hinaus besteht bei einer postmortalen Organtransplantation angesichts der Dringlichkeit der Implantation des allozierten Organs und der damit verbundenen, notwendigen Operationsvorbereitungen in der Klinik die Gefahr, dass der Patient nicht mehr völlig frei entscheiden kann. Freilich hat der BGH darauf hingewiesen, dass allein der Umstand, „daß der Patient bereits in solche Operationsplanungen einbezogen ist und er sich einem "Apparat" gegenübersieht, den er möglichst nicht stören möchte," nicht für die Annahme ausreicht, „daß [...] [dem Patient] die Freiheit genommen war, sich gegen den geplanten Eingriff zu entscheiden".[1107] Allerdings handelt es sich bei den Vorbereitungen für eine postmortale Organtransplantation nicht lediglich um reine (Routine-)Operationsplanungen. Die Vorbereitungen sind erforderlich, um die Ischämiezeit des zugeteilten Organs im Interesse des Organempfängers möglichst kurz zu halten und so die Funktionsfähigkeit des Spenderorgans zu steigern und die Abstoßungswahrscheinlichkeit zu verringern. Zudem ist der Gegenstand der Vorbereitungen – das knappe Gut menschliches Organ – nicht mit dem gewöhnlicher (Routine-)Operationsvorbereitungen vergleichbar.

Schließlich darf nicht außer Acht gelassen werden, dass das Narkoserisiko ein Faktor ist, den der potentielle Organempfänger in die Abwägung für oder gegen den Eingriff einbeziehen wird. Daher sind Narkoserisiken dem Patienten bereits vor der Aufnahme in die Warteliste zu erläutern.

b) Kritische Betrachtung der frühzeitigen Aufklärung des Organempfängers

Oben wurde dargelegt, dass keine durchgreifenden Argumente dagegen sprechen, den Patienten grundsätzlich so *früh wie nötig* aufzuklären.[1108] Für die postmortale Organtransplantation ist dieser Zeitpunkt zu konkretisieren: Der Organempfänger ist bereits vor der Aufnahme in die Warteliste und vor der Durchführung der erforderlichen Voruntersuchungen aufzuklären. Angesichts der häufig sehr langen Wartezeiten erlangt die Kritik an der frühen Aufklärung besondere Relevanz.

Das Warten auf ein postmortal gespendetes Organ ist für die Patienten auf der Warteliste eine psychische Belastung, die mit körperlichen und psychischen Symptomen und Beeinträchtigungen der sozialen und Alltagsaktivitäten sowie Einschränkungen der Lebensqualität insgesamt einhergeht.[1109] Nach Aussagen der Patienten ist die Zeit auf der Warteliste die am stärksten belastende Zeit.[1110] So ergaben Studien, dass zwischen 48 und 63 % der auf ein Organ wartenden Patienten an klinisch relevanten psychischen Beeinträchtigungen, wie schwere depressive Störungen und ge-

---

1107 BGH, NJW 1992, 2351, 2352:

1108 Vgl. dazu oben unter: 6. A. IV.

1109 *Frick/Storkebaum*, in: Oduncu/Schroth/Vossenkuhl, (Hrsg.), Transplantation, Organgewinnung und –allokation, S. 86.

1110 *Zipfel/Schlehofer*, Die subjektive Belastung des Organempfängers, in: Krukemeyer/Lison (Hrsg.), Transplantationsmedizin S. 112 m.w.N.

neralisierten Angsterkrankungen litten.[1111] Die Gefahr, dass dem Patienten also infolge der frühzeitigen Aufklärung eine erhebliche seelische Belastung aufgebürdet wird oder dass sich der Patient im Laufe der Zeit in Angstzustände hineinsteigert,[1112] besteht vor dem Hintergrund der langen Wartezeit in besonderem Maße. Es stellt sich daher die Frage, ob die Kritik an der sehr frühen Aufklärung zumindest im Bereich der Transplantationsmedizin überzeugt.

Bereits die Tatsache, dass psychosoziale Faktoren als Indikationskriterien zur Transplantation berücksichtigt werden verdeutlicht, welchen Stellenwert die Beachtung der subjektiven Belastung des Organempfängers entgegengebracht wird. Die Non-Compliance, ebenso wie frühere psychische Beeinträchtigungen und mögliche familiäre und soziale Unterstützung werden erfasst und bei der Einschätzung der Indikation zur Transplantation berücksichtigt. Daher ist die psychosoziale Diagnostik und die Erfassung der individuellen Krankheitsverarbeitung in den meisten Transplantationsprogrammen ein fester Bestandteil.[1113]

Dennoch kann die aus der frühen Aufklärung resultierende psychische Belastung und damit auch die Gefahr psychischer Schädigungen kein Grund gegen die Aufklärung vor der Aufnahme in die Warteliste sein. Die Tatsache, dass die Wartezeit für den Patienten häufig eine schwere psychische Belastung darstellt ist damit kein Argument, die erforderliche Aufklärung zu verschieben. Vielmehr ist davon auszugehen, dass neben dem psychosozialen Betreuungsbedarf auch ein Bedürfnis nach Information besteht.[1114] Darüber hinaus muss sich der Patient neben der grundsätzlichen Entscheidung zur Transplantation bereits während der Wartezeit mit der Tatsche befassen, dass ihm ein neues Organ übertragen wird. Mit einer rechtzeitigen Aufklärung und Betreuung wird dem Patient die Möglichkeit gegeben, sich auf den Zustand nach der Transplantation einzustellen.

Gerade weil die Zeit zwischen der Aufnahme in die Warteliste und der Transplantation als Belastung wahrgenommen wird, ist diesem Zustand nicht durch mangelnde oder späte Information zu begegnen, sondern durch hinreichende Aufklärung. Zugleich bedarf es darüber hinaus der psychosozialen Betreuung durch die Transplantationszentren. Dieses Bedürfnis hat der Gesetzgeber bereits bei der Schaffung des TPG erkannt. Nach § 10 Abs. 2 Nr. 7 TPG sind die Transplantationszentren verpflich-

---

1111 *Zipfel/Schlehofer*, Die subjektive Belastung des Organempfängers, in: Krukemeyer/Lison (Hrsg.), Transplantationsmedizin S. 112:

1112 *Hoppe*, NJW 1998, 782, 785.

1113 Am Beispiel der Herztransplantation: *Zipfel/Schlehofer*, Die subjektive Belastung des Organempfängers, in: Krukemeyer/Lison (Hrsg.), Transplantationsmedizin S. 107 ff.

1114 Eine Untersuchung ergab etwa, dass 30 % der Patienten auf der Warteliste neben dem Angebot einer Transplantationsgruppe den Wunsch nach Einzelgesprächen haben; *Zipfel/Schlehofer*, Die subjektive Belastung des Organempfängers, in: Krukemeyer/Lison (Hrsg.), Transplantationsmedizin S. 119.

tet, vor und nach einer Organübertragung Maßnahmen für eine psychische Betreuung der Patienten im Krankenhaus sicherzustellen.

Schließlich darf ein weiterer Aspekt nicht außer Acht gelassen werden: gerade bei schwierigen und risikoreichen Eingriffen besteht die Gefahr, dass die angelaufenen Vorbereitungen bei verspäteter Aufklärung „eine psychische Barriere für den Patienten bedeuten", sodass dieser „trotz besserer Einsicht oder trotz der nunmehr erkannten Risiken die Operationsbereitschaft widerruft."[1115] Würde der Patient also erst nach Organzuteilung umfassend über die Risiken der Transplantation aufgeklärt, so könnten die bereits laufenden Vorbereitungen der Transplantation und der akute Zeitdruck durch die Ischämiezeit den Patienten in seiner Entscheidungsfreiheit beeinträchtigen. Dabei ist es gerade der Schutzzweck der (rechtzeitigen) Aufklärungspflicht, die Entscheidungsfreiheit des Patienten im Hinblick auf seine körperliche Integrität zu sichern.[1116] Ist die Möglichkeit einer innerlich freien Entscheidung erheblich eingeschränkt, so ist hierdurch der Schutzzweck der Aufklärungspflicht beeinträchtigt.

Die Kritik an einer frühzeitigen Aufklärung überzeugt folglich auch im Bereich der Transplantationsmedizin nicht. Der Patient ist daher bereits vor der Aufnahme in die Warteliste umfassend über die beabsichtigte Organtransplantation aufzuklären. Den psychischen Belastungen, die aus der besonderen Situation der langen Wartezeit resultieren hat das Transplantationszentrum durch psychische Betreuung zu begegnen.

c) Betreuung der Wartelistenpatienten

Das TPG verpflichtet die Transplantationszentren in § 10 Abs. 2 Nr. 1 TPG nicht nur zur Führung der Wartelisten und zur unverzüglichen Entscheidung über die Annahme eines Patienten zur Organübertragung und seine Aufnahme in die Warteliste, sondern auch dazu, über die Herausnahme eines Patienten aus der Warteliste zu entscheiden. Trotz der Verpflichtung der Koordinierungsstelle in § 2 Abs. 3 Nr. 11 des Vertrages mit der Koordinierungsstelle, die Transplantationszentren bei der Führung der Wartelisten zu unterstützen, ist die regelmäßige Untersuchung der Patienten auf der Warteliste eine Aufgabe der Transplantationszentren.[1117] Im Vertrag mit der Vermittlungsstelle wurde geregelt, dass die Transplantationszentren unverzüglich jede Änderung hinsichtlich der übermittelten Daten sowie jede Änderung auf ihrer Warteliste Eurotransplant unter Angabe von Gründen an die Vermittlungsstelle übermitteln.

1115 Staudinger/*Hager*, (2009) § 823 Rn. I 107.
1116 BGH, NJW 1991, 2346, 2347.
1117 Sehr eingehend zur Wartelistenbetreuung nach dem Transplantationsgesetz: *Lilie*, in: Ahrens/v. Bar/Fischer/Spickhoff/Taupitz (Hrsg.), FS für Deutsch zum 70. Geburtstag, S. 643 ff.

Dies erfordert naturgemäß regelmäßige Kontrolluntersuchungen, ob die Indikation zur Transplantation noch besteht. Entsprechend der „Guidelines on Renal Transplantation"[1118] der European Association of Urologie aus dem Jahr 2006 sind bei Nierentransplantationen in Abhängigkeit von Alter und körperlicher Verfassung alle 6-12 Monate körperliche Untersuchungen durchzuführen, um unerwartete Risiken zum Zeitpunkt des Organangebotes zu vermeiden.[1119] Damit die Transplantationszentren dieser Untersuchungs- und Meldepflicht nachkommen können ist die Compliance der Patienten unabdingbar. Aus diesem Grund sind die Patienten bereits vor der Aufnahme in die Warteliste über ihre Mitwirkungspflichten, wie etwa die Teilnahme an regelmäßigen Kontrolluntersuchungen zu unterrichten. Auch die Richtlinien zur Wartelistenführung und Organvermittlung messen der Compliance des Patienten gewichtige Bedeutung zu. Bei der Beurteilung, ob durch die Transplantation eine Lebensverlängerung oder Verbesserung der Lebensqualität des Patienten erwarten lässt, ist auch die Compliance zu berücksichtigen.[1120] Die anhaltend fehlende Compliance des Patienten ist nach allgemeinen Grundsätzen für die Aufnahme in die Warteliste zur Organtransplantation der Richtlinien für die Wartelistenführung und die Organvermittlung ein Ausschlussgrund für die Transplantation.[1121] Neben der Tatsache, dass der Patient bereits vor der Aufnahme in die Warteliste über seine notwendige Mitwirkung aufzuklären ist, lässt sich allerdings keine Aufklärungspflicht über die Organtransplantation während der Zeit auf der Warteliste herleiten.

d) Notwendigkeit der erneuten Aufklärung bei verfügbarem Organ

Mit der Begründung einer Aufklärungspflicht des Arztes vor der Durchführung der erforderlichen Voruntersuchungen ist noch nicht geklärt, ob der Patient, nachdem ihm ein Organ zugeteilt wurde, erneut aufzuklären ist. Zwar erklärt der Patient seine Einwilligung in die Durchführung der Voruntersuchungen, die anschließende Aufnahme in die Warteliste und zugleich auch die Einwilligung in die Transplantation. Die konkrete Durchführung der Transplantation erfolgt jedoch häufig Jahre später,[1122] sodass sich die Frage stellt, ob eine dann erfolgende Transplantation noch von der Einwilligung des Patienten gedeckt ist.

1118 Im Internet abrufbar unter: http://www.uroweb.org/guidelines/online-guidelines.

1119 Punkt I.8.2. der genannten Richtlinie; Empfehlung Grad C: Expertenevidenz.

1120 Punkt I.4. und 6. der allgemeine Grundsätze für die Aufnahme in die Warteliste zur Organtransplantation der Richtlinien für die Wartelistenführung und die Organvermittlung gem. § 16 Abs. 1 S. 1 Nrn. 2 u. 5 TPG, DÄBl. 2012, A 2267 f.

1121 Punkt I.4. der allgemeine Grundsätze für die Aufnahme in die Warteliste zur Organtransplantation der Richtlinien für die Wartelistenführung und die Organvermittlung gem. § 16 Abs. 1 S. 1 Nrn. 2 u. 5 TPG, DÄBl. 2012, A 2267.

1122 Zu den Wartezeiten etwa für die Niere vgl. den Annual Report 2012 der Eurotransplant International Foundation S. 69. Im Internet abrufbar unter: http://www.eurotransplant.org/cms/index.php?page=annual_reports.

Wie jeder medizinische Heileingriff bedarf auch die Implantation eines Organs der rechtfertigenden Einwilligung des Patienten, die zum Zeitpunkt der Behandlung noch fortdauern muss. Wurde bereits zu einem früheren Zeitpunkt eine Einwilligung erklärt, so gilt grundsätzlich die Vermutung, dass diese bis zu einem Widerruf fortbesteht.[1123] Dürfte der Arzt einer Einwilligung, die nicht unmittelbar vor dem Eingriff erklärt wurde, nicht mehr vertrauen, würde dies andernfalls zu einer Verpflichtung der Vervielfachung der Einwilligung führen.[1124] Der Arzt wäre dann gezwungen, die Einwilligung des Patienten unmittelbar vor dem Eingriff erneut einzuholen. Hierdurch verlöre die Einwilligung einerseits ihren Entlastungswert für den Handelnden. Zugleich wäre der Rechtsgutinhaber gezwungen stets kurz vor der Tat seine Einwilligung zu aktualisieren, ohne dass sich zwingend etwas an seinem Willen geändert hat.[1125] Wurde also eine wirksame Einwilligung erklärt, braucht nicht stets eine erneute Einwilligung eingeholt zu werden.[1126] Die Zeitspanne zwischen Einwilligung und Eingriff ist daher zunächst rechtlich nicht begrenzt.[1127] Erklärt der Patient seine Einwilligung in die Transplantation vor der Durchführung der für die Aufnahme in die Warteliste erforderlichen Voruntersuchungen, so kann dem Grundsatz nach davon ausgegangen werden, dass die Einwilligung zum Zeitpunkt der Organzuteilung noch fort gilt.

Dennoch sind auch bei der Fortgeltung der Einwilligung Grenzen zu ziehen. So weist *Deutsch*, wie bereits dargestellt, etwa darauf hin, dass die weit zurückliegende Einwilligung „entaktualisiert" sein könne.[1128] Erfolge der Eingriff nicht in zeitlichem Zusammenhang mit der Einwilligung, so müsse „wenigstens durch das Verhalten des Patienten, etwa dadurch daß er freiwillig ins Krankenhaus kommt, um die Operation vornehmen zu lassen, die Einwilligung wieder aktualisiert werden."[1129] Die Antwort auf die Frage, wie die „Entaktualisierung" dogmatisch zu verorten ist, bleibt *Deutsch* indessen schuldig.

Richtigerweise wird die „Entaktualisierung" bei der Frage nach einem mutmaßlichen Widerruf der Einwilligung einzuordnen sein. Genügt für die Annahme einer Rechtfertigung, dass die Einwilligung zu irgendeinem Zeitpunkt erklärt wurde, so kommt im Zeitpunkt des Eingriffes allein dem Merkmal des „Nicht-Widerrufes" besondere Bedeutung zu. Wurde kein ausdrücklicher Widerruf erklärt, stellt sich die Frage nach einem mutmaßlichen Widerruf. Mit der Anerkennung der mutmaßlichen Einwilligung anstelle der tatsächlichen Einwilligung ist konsequenter Weise auch die Möglichkeit

1123 *Deutsch*, NJW 1979, 1905, 1906; *Mitsch*, in: Baumann/Weber/Mitsch (Hrsg.), Strafrecht Allgemeiner Teil, § 17 Rn. 106.

1124 Allgemein bezogen auf die rechtfertigende Einwilligung: *Mitsch*, Rechtfertigung und Opferverhalten, S. 626.

1125 *Mitsch*, Rechtfertigung und Opferverhalten, S. 627.

1126 *Mitsch*, Rechtfertigung und Opferverhalten, S. 627.

1127 *Mitsch*, in: Baumann/Weber/Mitsch (Hrsg.), Strafrecht Allgemeiner Teil, § 17 Rn. 106.

1128 *Deutsch*, NJW 1979, 1905, 1906.

1129 *Deutsch*, NJW 1979, 1905, 1906.

des mutmaßlichen Widerrufs grundsätzlich anzuerkennen.[1130] Damit sind die Voraussetzungen des mutmaßlichen Widerrufes denen der mutmaßlichen Einwilligung vergleichbar. Der mutmaßliche Widerruf erfasst die Fälle, in denen kein ausdrücklicher Widerruf erklärt wurde aber eine Einwilligung entweder aufgrund geänderter Interessen- oder Motivationslage keine Grundlage mehr hat oder nicht mehr dem Willen des Rechtsgutinhabers entspricht.[1131] Dies verpflichtet denjenigen, der sich auf eine bereits seit längerem bestehende Einwilligung beruft, zu prüfen, ob unter den konkreten Umständen die Einwilligung noch zutreffend ist und mit dem Willen des Rechtsgutinhabers übereinstimmt.[1132] Sind Anhaltspunkte dafür gegeben, dass der Eingriff nicht von der Einwilligung des Rechtsgutinhabers gedeckt ist, ist dessen Einwilligung nach Aufklärung vor dem Eingriff zu „aktualisieren". Umgekehrt kann davon ausgegangen werden, dass die Einwilligung fort gilt, sofern sich die Umstände der Einwilligung nicht geändert haben und keinerlei Anhaltspunkte dafür ersichtlich sind, dass sich der Wille des Rechtsgutinhabers verändert hat. Die Pflicht zur erneuten Aufklärung, die konsequenterweise in vielen Fällen zur „Doppelaufklärung" führt, wird entgegen einigen Stimmen in der Literatur[1133] nur dann anzunehmen sein, wenn Anhaltspunkte dafür gegeben sind, dass die ursprünglich erteilte Einwilligung den geplanten Eingriff deckt.

Ein Indiz hierfür kann der Zeitraum zwischen Einwilligung und Eingriff sein. Zwischen der Einwilligungserklärung und einem viel später erfolgenden Eingriff können sich zahlreiche Bedingungen ändern, die auch Auswirkungen auf die Interessenlage haben, die der Einwilligung zugrunde liegen. So kann der Einwilligung unter Umständen die Motivationslage entzogen sein.[1134] Umso mehr Zeit seit der Einwilligung vergangen ist, desto wahrscheinlicher ist es, dass „die Einwilligung inzwischen ihre Grundlage verloren hat und nicht mehr dem wahren Willen des Rechtsgutinhabers entspricht."[1135]

Ist also zwischen der Einwilligung zur Aufnahme in die Warteliste und der damit verbundenen Einwilligung in die später erfolgende Transplantation bereits ein erheblicher Zeitraum vergangen, kann nicht mehr ohne weiteres davon ausgegangen werden, dass die Transplantation dem Willen des Patienten entspricht. Freilich kann aus der Tatsache, dass sich der Patient, nachdem er über die Zuteilung eines Organs informiert wurde, freiwillig im Transplantationszentrum einfindet, geschlossen wer-

---

1130 *Mitsch*, Rechtfertigung und Opferverhalten, S. 627 ff.; *ders.* JZ 2005, 279, 282. Trotz grundsätzlicher Anerkennung kritisch zu diesem bislang nur sehr knapp erörterten Rechtsinstitut: LK-*Rönnau*, Vor § 32 Rn. 175; Schönke/Schröder-*Lenckner/Sternberg-Lieben*, Vorbem. §§ 32 ff Rn. 44.

1131 LK-*Rönnau*, Vor § 32 Rn. 175.

1132 LK-*Rönnau*, Vor § 32 Rn. 175; *Mitsch*, Rechtfertigung und Opferverhalten, S. 627 ff.; *ders.* JZ 2005, 279, 282.

1133 *Giesen*, MedR 1997, 17, 18; *Hoppe*, NJW 1998, 782, 785.

1134 *Mitsch*, Rechtfertigung und Opferverhalten, S. 596.

1135 *Mitsch*, in: Baumann/Weber/Mitsch (Hrsg.), Strafrecht Allgemeiner Teil, § 17 Rn. 106.

den, dass er seine Einwilligung in die Transplantation aktualisiert.[1136] Es ist jedoch ebenso denkbar, dass sich der Patient lediglich im Transplantationszentrum einfindet, weil er sich nach Organzuteilung verpflichtet fühlt, dass Organ zu akzeptieren, obwohl dies nicht mehr seinem Willen entspricht.

Der mutmaßliche Widerruf kommt, wie die mutmaßliche Einwilligung allerdings nur dann zur Anwendung, wenn bis zum Zeitpunkt des Eingriffes eine diesbezügliche Erklärung des Patienten nicht eingeholt werden kann. Trotz des Zeitmangels durch die Ischämiezeit verbleibt in Vorbereitung auf die Transplantation nach Organzuteilung die Möglichkeit, den Patienten zu informieren und ihm damit die Gelegenheit zu geben, seinen Willen zu aktualisieren. Liegt folglich ein erheblicher Zeitraum zwischen der Aufnahme des Patienten in die Warteliste und der Organzuteilung, wird sich der Arzt in der Regel vergewissern müssen, ob der Patient an der erteilten Einwilligung festhält.

Neben dem Umstand der langen Wartezeit sind die konkreten Umstände der beabsichtigten Transplantation mögliche Anhaltspunkte, die für einen mutmaßlichen Widerruf und die Notwendigkeit einer erneuten Einbeziehung des Patienten in die Entscheidung für oder gegen die Transplantation sprechen. Über die konkrete Organqualität und über die Herkunft kann zum Zeitpunkt der Aufnahme in die Warteliste noch nicht informiert werden. Dennoch ist die konkrete Qualität des zu transplantierenden Organs regelmäßig ein Umstand, dem der Patient Bedeutung zumessen wird. Weicht die Organqualität im konkreten Fall erheblich von der wenigstens durchschnittlichen Qualität ab, so kann darin, wie oben dargestellt,[1137] ein Umstand gesehen werden, der die grundsätzliche Einwilligung des Patienten in die Transplantation in Frage stellt und damit einen Anhaltspunkt für einen mutmaßlichen Widerruf des Patienten bilden. In diesem Fall ist der Organempfänger (erneut) aufzuklären und auf die konkreten Umstände sowie die Organqualität hinzuweisen. Gleiches gilt für die oben festgestellten Fälle, in denen Angaben zur Herkunft des Organs aufklärungspflichtig sind. Sind daher nach der Organzuteilung Informationen über Vorerkrankungen, Angaben zu Nikotin- und Alkoholabusus und Drogenmissbrauch sowie Hinweise auf einen gegebenenfalls nicht zu klärenden Verdacht auf übertragbare Erkrankungen vorhanden, so sind diese in die erneute Aufklärung des Organempfängers einzubeziehen.

1136 Allgemein hierzu auch: *Deutsch*, NJW 1979, 1905, 1906.
1137 Vgl. dazu oben unter: 5. A. V., VI. und VII.

Abschließend sollen die wesentlichen Ergebnisse dieser Untersuchung zusammengefasst werden.

1. Aufklärungspflichten über die Herkunft des zu transplantierenden Organs

Bei den Angaben zur Herkunft des Organs ist zu unterscheiden zwischen personenbezogene Daten und den sonstigen Angaben, die in den Begleitpapieren zum Organ mitgegeben werden. Ausgangspunkt der Untersuchung zur Aufklärungspflicht des Arztes über die Herkunft des Transplantates ist das Verbot der Offenbarung personenbezogener Daten in § 14 Abs. 2 S. 1 TPG. Danach dürfen die Angehörigen eines Organspenders den Namen des Organempfängers nicht erfahren und auch dem Organempfänger darf der Name des Organspenders nicht mitgeteilt werden. Über § 19 Abs. 3 Nr. 3 TPG ist eine Verletzung des Offenbarungsverbotes aus § 14 Abs. 2 TPG unter Strafe gestellt.

Hieran anknüpfend ergeben sich zwei Fragestellungen: Ein entscheidender Teil der zu untersuchenden Aufklärungspflicht über die Herkunft des Transplantates ist die Identität des Organspenders. Folglich hat die Reichweite des Offenbarungsverbotes wesentlichen Einfluss auf eine mögliche Aufklärungspflicht im Hinblick auf die Herkunft des Transplantates. Zum anderen ist fraglich, ob neben den personenbezogenen Daten, Angaben zur Herkunft des zu transplantierenden Organs verfügbar sind, die nicht vom Gebot der Anonymität erfasst sind und sich daher, eine auf diese Angaben beschränkte Aufklärungspflicht zur Herkunft des Transplantates ergeben kann.

Reichweite des Offenbarungsverbotes

Die Beantwortung der Frage nach der Reichweite des Offenbarungsverbotes personenbezogener Daten erfordert die Darstellung der komplexen Systeme der Datenerfassung und -weiterleitung, um festzustellen, welcher Personenkreis sowohl über personenbezogene Daten des Organempfängers, als auch des Organspenders verfügt. Dabei zeigt sich, dass eine Überschneidung der personenbezogenen Daten bei einer am Organspendeprozess beteiligten Person oder Institution nach der Konzeption des Transplantationsgesetzes sowie dem Vertrag über die Vermittlungsstelle und dem Vertrag über die Koordinierungsstelle ausgeschlossen ist. Lediglich der Koordinierungsstelle ist es möglich, personenbezogene Daten von Organspender und -empfänger zusammen zu führen. Die Koordinierungsstelle darf die Daten aus den Begleitpapieren nach § 13 Abs. 2 TPG hingegen mit den personenbezogenen Daten des Organspenders nur gemeinsam verwenden, insbesondere zusammenführen und an die Transplantationszentren weitergeben, in denen Organe des Spenders übertragen worden sind, soweit dies zur Abwehr einer zu befürchtenden gesundheitlichen Gefährdung der Organempfänger erforderlich ist. Im Übrigen ist lediglich ein anonymer Kontakt vorgesehen. Möglich bleibt, dass ein Transplantationszentrum einen Organspender der Koordinierungsstelle meldet und wenig später selbst die Vermittlungsentscheidung von der Vermittlungsstelle bekommt. So ist nicht ausgeschlossen, dass den transplantierenden Ärzten dieses Transplantationszentrums eine Zusammenführung der Daten möglich ist.

Durch Auslegung der §§ 14 Abs. 2 und 19 Abs. 3 Nr. 3 TPG ist die Reichweite des Offenbarungsverbotes zu bestimmen. Der Wortlaut der §§ 14 Abs. 2 und 19 Abs. 3 Nr. 3 TPG ist eindeutig. Er lässt keine gegenseitige Bekanntgabe der personenbezogenen Daten zu. Die Möglichkeit der Rechtfertigung einer Offenbarung personenbezogener Daten durch Einwilligung der Betroffenen ist vom Wortlaut nicht umfasst. Die systematische Auslegung zeigt, dass nach anderen, mit dem TPG in sachlichem Zusammenhang stehenden Gesetzen eine Weitergabe von personenbezogenen Daten mit Einwilligung des Patienten in der Regel zulässig ist. Diese Bestimmungen sind jedoch neben den spezialgesetzlichen Regelungen des TPG nicht anwendbar. Die historische Auslegung lässt erkennen, dass der Gesetzgeber neben den Ausnahmen des § 14 Abs. 3 TPG keine darüber hinausgehenden Ausnahmen vom Offenbarungsverbot vorgesehen hat. Aus dem Sinn und Zweck der §§ 14 Abs. 2 und 19 Abs. 3 Nr. 3 TPG ist zu schließen, dass diese einen umfassenden Schutz der personenbezogenen Daten von Organspender und Organempfänger bezwecken. Durch die Transplantation werden Beziehungen besonderer Art begründet, die eine freie und autonome Entscheidung beeinträchtigen und gegenseitige Abhängigkeiten begründen können. Die strikten Datenschutzbestimmungen des TPG verfolgen das Ziel, die Individualsphäre der Beteiligten zu schützen, Abhängigkeitsverhältnisse zu vermeiden und letztlich auch das Vertrauen in die Transplantationsmedizin zu erhalten. Die Auslegung zeigt also, dass de lege lata eine gegenseitige Offenbarung der personenbezogenen Daten von Organspender und Organempfänger unzulässig ist. Über personenbezogene Daten kann daher folglich auch keine Aufklärungspflicht des Arztes gegenüber dem Organempfänger bestehen

Übrige Angaben zur Herkunft des Transplantates

Die Informationen der Ärzte zur Herkunft des Transplantates vor der Transplantation ergeben sich aus den Begleitpapieren, die den Organen mitgegeben werden. Welche Daten in die Begleitpapieren aufzunehmen sind, wurde in der Anlage 1 der Richtlinie zur medizinischen Beurteilung von Organspendern und zur Konservierung von Spenderorganen gem. § 16 Abs. 1 S. 1 Nr. 4 a) und b) TPG geregelt. Neben umfangreichen medizinischen Parametern, beschränken sich die Angaben auf Alter, Geschlecht und Todesursache des Organspenders. Daneben enthalten die Begleitpapiere Hinweise auf Vorerkrankungen des Spenders, Angaben zu Nikotin- und Alkoholabusus und Drogenmissbrauch sowie über einen gegebenenfalls nicht zu klärenden Verdacht auf übertragbare Erkrankungen.

Eine mögliche Aufklärungspflicht über diese Angaben zur Herkunft des Transplantates ist der Selbstbestimmungssaufklärung zuzuordnen. Durch diese soll der Patient in die Lage versetzt werden, auf informierter Grundlage eine selbstbestimmte Entscheidung zu treffen. Im Hinblick auf die Entscheidung des Patienten, für oder gegen den Eingriff sind die Umstände erheblich und damit aufklärungsbedürftig, denen eine verständige Person in der Situation des Patienten nach der Erfahrung des aufklärenden Arztes im Hinblick auf die Entscheidung für oder gegen den Eingriff vermutlich Bedeutung beimessen würde.

Dabei ist sind die Angaben zu Geschlecht, Alter und Todesursache des postmortalen Organspenders von den Informationen zu Vorerkrankungen sowie Nikotin-, Alkohol- und Drogenkonsum zu unterscheiden. Weder für die Schwere des Eingriffs, noch für die Art der Belastung der Integrität und der Lebensführung spielen Alter und Geschlecht sowie die Todesursache des Spenders eine entscheidende Rolle. Der Arzt braucht, sofern diese Angaben keine Auswirkungen auf die Organqualität haben und zudem für den Arzt kein diesbezügliches erkennbares Interesse des Patienten gegeben ist, diesen hierüber nicht aufzuklären.

Demgegenüber sind die Informationen über Vorerkrankungen, Angaben zu Nikotin- und Alkoholabusus und Drogenmissbrauch sowie Hinweise auf einen gegebenenfalls nicht zu klärenden Verdacht auf übertragbare Erkrankungen im Hinblick auf die Entscheidung für oder gegen die Transplantation erheblich. Denn diese Angaben haben zumindest mittelbar Einfluss auf die Transplantatfunktion und das Transplantatüberleben. Da der Organempfänger vor der Transplantation der Transplantatfunktion und dem Transplantatüberleben regelmäßig entscheidende Bedeutung beimessen wird, hat der Arzt, dem entsprechende positive Befunde vorliegen, diese dem Patienten mitzuteilen.

2. Aufklärung über Erhebung und Verwendung personenbezogener Daten

Erst wenn der Organempfänger dem Arzt höchstpersönliche Informationen mitteilt und diese Informationen für zukünftige Allokationsentscheidungen weitergeben werden, ist etwa die Zuteilung eines postmortal entnommenen Organs möglich. Da die Offenbarung unabdingbare Voraussetzung ist, stellt sich die Frage, ob damit eine Aufklärungspflicht einhergeht.

Aus der ärztlichen Pflicht zur Selbstbestimmungsaufklärung oder zur therapeutischen Aufklärung lässt sich die Informationspflicht hinsichtlich der Datenerhebung und -verwendung nicht herleiten. Anknüpfungspunkt sind daher die datenschutzrechtlichen Bestimmungen.

Mit der datenschutzrechtlichen Terminologie ist zwischen der Erhebung und der Verarbeitung (sensitiver) personenbezogener Daten im Gesundheitsbereich zu differenzieren. Die Erhebung sensitiver Daten ist im öffentlichen, wie im nicht-öffentlichen Bereich vom grundsätzlichen Verbot der Datenerhebung, -verarbeitung und -nutzung ausgenommen. Daneben ist die Nutzung, Speicherung und Änderung zulässig, sofern sie durch einen Arzt oder eine Person geschieht, die der ärztlichen Schweigepflicht unterliegt und dem Zweck der Gesundheitsvorsorge, der medizinischen Diagnostik, der Gesundheitsversorgung oder Behandlung dient oder für die Verwaltung von Gesundheitsdiensten erforderlich ist. Geht die Verarbeitung oder Nutzung über diesen Bereich hinaus, bedarf sie der Einwilligung des Betroffenen.

Diese Wertung ergibt sich auch aus den Bestimmungen des TPG. Nach Maßgabe des § 13 Abs. 3 TPG bedarf sowohl die Übermittlung der personenbezogenen Daten vom Arzt an das Transplantationszentrum, als auch die Übermittlung, der für die Organvermittlung erforderlichen Angaben vom Transplantationszentrum an die Vermittlungsstelle, der schriftlichen Einwilligung des Patienten. Besonderheiten ergeben sich im Bereich der Lebendspende. Akzeptiert ein Patient aus psychischen, religiösen oder moralische Gründen nur ein lebend gespendetes Organ, so ist nicht ersichtlich, weshalb er dennoch aus reinem Formalismus zur Erfüllung der Voraussetzungen des § 8 Abs. 1 S. Nr. 3 TPG auf der Warteliste gemeldet sein muss, bevor die Transplantation vorgenommen werden kann. Die Meldung der für die Organvermittlung erforderlichen Angaben vom Transplantationszentrum an die Vermittlungsstelle ist daher nicht zwingend notwendig.

Die Patienten, die für die Warteliste gemeldet werden sollen, sind darüber aufzuklären, dass ihre personenbezogenen Daten an Eurotransplant in den Niederlanden übermittelt werden. Dieser Hinweis hat nach § 13 Abs. 3 S. 4 TPG vor der Einwilligung in die Übermittlung und damit auch vor der Übermittlung an Eurotransplant zu erfolgen. Ohne die Aufklärung ist die Weiterleitung der Daten rechtswidrig.

Die Aufklärungspflichten über die Erhebung und Verarbeitung personenbezogener Daten vor der Transplantation gehen jedoch darüber hinaus. Eine wirksame Einwilligung in die Offenbarung personenbezogener Daten nach § 203 StGB erfordert, dass der Zustimmende die Bedeutung und die Tragweite seiner Entscheidung zu überblicken vermag. Desgleichen erfordert § 4a Abs. 1 S. 2 BDSG, dass der Betroffene rechtzeitig und umfassend über die beabsichtigte Datenverwendung informiert wird. Für die Übermittlung von Daten des Patienten zur Aufnahme in die Warteliste bedeutet dies, dass neben der Tatsache, dass die Daten an Eurotransplant übermittelt werden, auch mitgeteilt werden muss, dass die Übermittlung den Zweck verfolgt, die Allokation eines geeigneten Organs zu ermöglichen. Zudem ist dem Patienten der Umfang der zu übermittelnden Daten zu erläutern.

3. Aufklärungspflichten über die Qualität des zu transplantierenden Organs

Bei der Untersuchung der Aufklärungspflichten über die Qualität des Transplantates war angesichts der jeweiligen medizinischen und rechtlichen Besonderheiten zwischen postmortaler Organspende und Lebendspende zu differenzieren.

Postmortale Organspende

Ausgangspunkt der Bewertung von Aufklärungspflichten über die Qualität des zu transplantierenden Organs ist der im Arzthaftungsrecht geltende Grundsatz, dass eine Abweichung vom medizinischen Standard in der Regel einen Behandlungsfehler darstellt und Behandlungen an der unteren Grenze des Standards aufklärungspflichtig sind. Dem medizinischen Standard, der sich aus der wissenschaftlichen Erkenntnis, ärztlicher Erfahrung sowie dem Konsens innerhalb der Ärzteschaft bildet, sind auch menschliche Organe zugänglich. Im Bereich der Transplantationsmedizin wird der Stand der Erkenntnisse der medizinischen Wissenschaft in Richtlinien durch die Bundesärztekammer gem. § 16 Abs. 1 TPG festgestellt. Infolge ihrer besonderen Bedeutung bei der Regelung der Transplantationsmedizin kommt den Richtlinien eine starke unmittelbare Bindungswirkung zu. Zugleich enthalten Leitlinien nationaler und internationaler Fachgesellschaften Handlungsempfehlungen für Diagnostik und Therapie in der Transplantationsmedizin. Deren Bindungswirkung variiert zwischen ausnahmsloser Unverbindlichkeit und zwingender Verbindlichkeit in Abhängigkeit von ihrer Qualität und Aktualität. Allenfalls eine untergeordnete Rolle spielen dagegen Qualitätssicherungsmaßnahmen.

Die begrenzte Verfügbarkeit menschlicher Organe und die daraus resultierende, hohe Zahl von Patienten auf der Warteliste sind auf zwei Ebenen zu berücksichtigen:

Zum einen führen Verknappungen in der ärztlichen Versorgung zwangsläufig zu einer Relativierung des maßgebenden medizinischen Standards. Da das (Arzthaftungs-) Recht jedoch nicht losgelöst von medizinischen Gegebenheiten bewerten und generell auf optimale Umstände abstellen kann, sondern sich vielmehr auch an den gegebenen Möglichkeiten orientieren muss, darf der maßgebende Standard nicht einheitlich beim Höchstmaß festgesetzt werden. Gleichwohl ist ein Mindestniveau der medizinischen Versorgung an Qualitätsanforderungen (auch bei der Organqualität) stets zu gewährleisten. Dabei ist es die Aufgabe der medizinischen Wissenschaft, festzustellen, ob ein dem konkreten Patienten alloziertes Organ noch dem Standard entspricht. Nichtsdestotrotz ist festzuhalten, dass die Organqualität von der deutlichen Standardunterschreitung (absolute Kontraindikation) und der relativen Indikation, die nur für bestimmte Empfänger eine absolute Kontraindikation darstellt, über die Standardqualität bis hin zur optimalen Organqualität ("idealer Spender") variieren kann.

Zur Beantwortung der Frage nach einer Aufklärungspflicht des Arztes über die Qualität des durch die Vermittlungsstelle zugeteilten Organs ist angesichts der Schwierigkeiten bei der Bestimmung des maßgeblichen Standards danach abzustufen, ob eine Organqualität unter dem Standard, unterhalb des durchschnittlichen Standards oder im durchschnittlichen Bereich gegeben ist.

Die zweite Ebene, auf der die begrenzte Verfügbarkeit menschlicher Organe zu berücksichtigen ist, ist die der Beurteilung eines Behandlungsfehlers bei einer Unterschreitung des Standards der Organqualität. Ist eine unabhängig vom Organempfänger geltende, absolute Kontraindikation zur Transplantation gegeben, so stellt die Implantation dieses Organs regelmäßig eines Behandlungsfehler dar. Dennoch kann nicht jede unterstandardgemäße Organqualität ausnahmslos als Behandlungsfehler gewertet werden. Im Bereich der Außenseiter- und Neulandmethoden, ebenso wie bei Heilversuchen und klinischen Experimenten sind etwa in Anbetracht der Umstände und vor dem Hintergrund der beteiligten Interessen, Abweichungen vom Standard zulässig, ohne dass diese Verfahren per se pflichtwidrig sind. Abweichungen vom Standard lassen sich durch Aufklärungspflichten harmonisieren, ohne dass der Arzt wegen eines Behandlungsfehlers haftet. Eine vergleichbare Interessenlage ist auch in der Transplantationsmedizin gegeben. Durch die Begründung einer Aufklärungspflicht des Arztes über die Qualität des allozierten, unterstandardgemäßen Organs trägt der Arzt nicht das alleinige Risiko eines Behandlungsfehlers. Zugleich wird dem Patienten durch dessen Einbeziehung in die Entscheidung die Möglichkeit gegeben, selbstbestimmt für oder gegen das Organ zu entscheiden. So kann der Organempfänger sein Selbstbestimmungsrecht wahren und das Recht auf Zugang zu einer Heilungschance und die Freiheit, Risiken einer Selbstschädigung mit Blick auf eine Lebensrettung einzugehen, wahrnehmen. Zugleich wird auf diese Weise verhindert, dass eine Vielzahl von Organen als Konsequenz der haftungsrechtlichen Unzulässigkeit der Behandlung mit einem unterstandardmäßigen Organ nicht transplantiert werden kann. Angesichts der beschränkten Verfügbarkeit menschlicher Organe und der Tatsache, dass nicht sicher gesagt werden kann, ob das Organ im Körper anschließend nicht doch hinreichend funktioniert, wird so eine weitere Verknappung der „Ressource Organ" ausgeschlossen.

Unterschreitet die Organqualität den Standard und ergibt die Nutzen-Risiko-Abwägung ein Überwiegen der Vorteile für den Organempfänger, d.h. insbesondere, dass die Entscheidung, das Organ dem Patienten zu übertragen eine Verbesserung der Situation des Patienten gegenüber der Nichtbehandlung verspricht und wird die Organimplantation vom Heilinteresse des Arztes getragen, so stellt die Standardunterschreitung keinen Behandlungsfehler dar. Der Organempfänger ist jedoch über die Unterschreitung des Standards aufzuklären. Als Folge einer Behandlung unter dem Standard und den damit einhergehenden erhöhten Unsicherheiten und Risiken, entsprechen die Aufklärungspflichten denen experimenteller Behandlungen. Daher ist der Patient insbesondere über die möglichen Unsicherheiten der Behandlung sowie die ungewissen Chancen und Risiken zu informieren. Hierfür muss der Arzt sowohl die Art, die Wirkung und die möglichen Folgen einer Standardorganqualität, als auch die Unterschiede, d.h. die Vor- und Nachteile gegenüber der geminderten Organqualität erläutern.

Bewegt sich die Qualität des allozierten Organs hingegen noch innerhalb des Standards und zeigen sich gleichwohl Defizite im Vergleich zur durchschnittlichen Organqualität, so handelt es sich nach der Terminologie der Rechtsprechung um eine Behandlung in der unteren Bandbreite der von Wissenschaft und Praxis akzeptierten Norm. Dieser Bereich wird haftungsrechtlich durch die Aufklärungspflicht erfasst. Für den Patienten, der in der Regel eine erhebliche Zeit auf ein Organ wartet, ist die Kenntnis der Abweichungen vom durchschnittlichen Standard und deren Auswirkungen auf das Ergebnis der Transplantation im Hinblick auf die Entscheidung für oder gegen den Eingriff von gewichtiger Bedeutung. Deshalb ist der Organempfänger über Abweichungen von der durchschnittlichen Organqualität aufzuklären.

Eine dem durchschnittlichen Standard entsprechende Behandlung ist dagegen unter haftungsrechtlichen Gesichtspunkten als ausreichend anzusehen. Der Behandlungsfehlertatbestand im durchschnittlichen Bereich der Organqualität ist, vorausgesetzt, die Behandlung erfolgt lege artis und ist von der informierten Einwilligung des Patienten getragen, ausgeschlossen. Zugleich besteht auch keine Aufklärungspflicht des Arztes über eine mögliche optimale Organqualität. Nach dem Grundsatz der Therapiefreiheit ist die Wahl der Behandlungsmethode, sofern diese sich innerhalb des medizinischen Standards bewegt, Aufgabe des Arztes. Aufklärungspflichten bestehen nur dann, wenn eine echte Wahlmöglichkeit für den Patienten besteht, die auch tatsächlich verfügbar ist.

Wurde ein postmortal gespendetes Organ mit durchschnittlicher Qualität alloziert, ist die Transplantation eines optimalen postmortal gespendeten Organs keine „durchaus ernstzunehmende Alternative". Über Alternativen aufzuklären, die nicht zur Verfügung stehen, sodass dem Patienten nur theoretische Alternativen aufgezeigt werden, erscheint sinnwidrig. Diese Aufklärung kann dem Selbstbestimmungsrecht des Patienten nicht dienen. Eine Aufklärungspflicht besteht damit nicht völlig losgelöst von tatsächlich verfügbaren, entscheidungserheblichen Möglichkeiten.

Sind im konkreten Fall allerdings neben dem Angebot eines postmortalen Organs die Voraussetzungen einer Lebendorganspende nach Maßgabe des § 8 TPG gegeben, ist es die Pflicht des Arztes hinsichtlich der unterschiedlichen Behandlungsmethoden, Risiken und Heilungschancen aufzuklären und dem Organempfänger so zu ermöglichen, zwischen postmortaler Organspende und Lebendspende zu entscheiden.

Die Aufklärungspflicht des Arztes wird begrenzt durch die medizinische Notwendigkeit, die (kalte) Ischämiezeit möglichst kurz zu halten. Die Aufklärung kann sich daher zugunsten der Gesundheit des Patienten in die wesentlichen Fakten beschränken. Wird dem Organempfänger dagegen (etwa im Eurotransplant Senior Programm) regelhaft ein Organ mit einer Qualität unter dem Standard bzw. in den Grenzbereichen des Standards zugeteilt, so ist der Patient bereits vor der Organzuteilung umfassend über die Unsicherheiten der Behandlung, die ungewissen Chancen und die Risiken aufzuklären.

In Anbetracht der Dringlichkeit der Behandlung ist von den Ärzten im Transplantationszentrum keine umfassende serologische Überprüfung der Organqualität zu fordern. Die Transplantationszentren sind lediglich dazu verpflichtet, die Organe auf äußerlich sichtbare Beschädigungen bzw. Anomalien hin zu untersuchen. Hierzu enthalten die Begleitpapiere der Organe Angaben. Hieran orientiert sich auch die Aufklärungspflicht. Ausgehend von der durchschnittlichen Organqualität sind die Organempfänger über äußerlich erkennbare Qualitätsfaktoren sowie mögliche, bereits festgestellte Befunde und medizinische Angaben in den Begleitpapieren zu informieren.

Die Feststellung, ob die Implantation des konkret allozierten Organs medizinisch indiziert ist, ist allein von ärztlicher Seite durch den Transplantationschirurgen zu treffen. Dennoch kann sich der Patient, nachdem die Frage der medizinischen Indikation und Vertretbarkeit durch den verantwortlichen Arzt positiv festgestellt wurde, für oder gegen das Organ entscheiden. Dem Organempfänger obliegt insoweit die Letztentscheidung.

Lebendspende

Die rechtlichen und medizinischen Besonderheiten der Lebendspende erfordern eine gesonderte Betrachtung möglicher Aufklärungspflichten im Hinblick auf die Organqualität. Aus der Perspektive des Transplantationsgesetzes ist die Übertragung von Organen, die besondere klinische Risiken aufweisen, die wegen ihrer Grunderkrankung möglicherweise eine eingeschränkte Lebenserwartung haben oder bei denen die Gefahr einer verminderten Überlebensdauer besteht, weder durch die Spenderindikation nach § 8 Abs. 1 S. 1 Nr. 1 c) TPG noch durch die Empfängerindikation des § 8 Abs. 1 S. 1 Nr. 2 TPG ausgeschlossen.

Die Organentnahme beim Lebenden ist nach der Konzeption des TPG allerdings dann ausgeschlossen, wenn der Spender über die unmittelbaren Folgen der Entnahme hinaus gesundheitlich schwer beeinträchtigt wird. Da die Motivation des Spenders einer objektiven Abwägung nur schwer zugänglich ist, ist eine Organentnahme, die gegen die guten Sitten verstößt, in der Regel ausgeschlossen. Eine lebensgefährliche Verletzung des Patienten durch ärztliches Verhalten, auch auf Wunsch des Patienten oder das Eingehen einer konkreten Lebensgefahr für den Lebendspender, ist nach § 216 StGB mit Strafe bedroht.

Aus medizinischer Perspektive zeigt sich bei der Lebendspende die Besonderheit, dass die konkreten medizinischen Ergebnisse infolge der Voruntersuchungen des potentiellen Spenders weit vor der eigentlichen Transplantation vorliegen. Die behandelnden Ärzte haben damit frühzeitig sämtliche medizinisch relevanten Informationen zur Verfügung. Zugleich steht der ausführlichen Aufklärung, anders als bei der postmortalen Organspende, keine zur Eile zwingende, (kalte) Ischämiezeit entgegen. Im Gegensatz zur postmortalen Organspende ist bei der Lebendspende daher ein Mehr an Zeit und Informationen gegeben.

Die Empfängerindikation ist als Minimalerfordernis in der Weise zu verstehen, dass die Transplantation lediglich in völlig hoffnungslosen Situationen unzulässig ist. Zudem sind neben den Grundrechten des Organempfängers, dessen Persönlichkeits- und Selbstbestimmungsrechts aus Art. 2 Abs. 1 i.V.m. Art. 1 Abs. 1 GG, dessen Grundrecht auf körperliche Unversehrtheit aus Art. 2 Abs. 1 S. 1 GG und ggf. auch seine Religions- und Weltanschauungsfreiheit aus Art. 4 I GG auch die Grundrechte des Spenders auf allgemeine Handlungsfreiheit, Art. 2 Abs. 1 GG zu berücksichtigen. Daher ist prinzipiell auch eine Lebendspende von Organen mit einer Organqualität unter dem maßgeblichen medizinischen Standard denkbar.

Wird jedoch der maßgebliche medizinische Standard unterschritten, erhöhen sich in der Folge die Anforderungen an die ärztliche Aufklärungspflicht. Der Organempfänger ist in diesem Fall umfassend über die Unsicherheiten der Behandlung und die ungewissen Chancen und Risiken zu informieren. Hierfür muss der Arzt, wie bereits bei der Unterschreitung des Standards der Organqualität bei der postmortalen Organspende festgestellt, sowohl über die Art, die Wirkung und die möglichen Folgen einer Standardorganqualität, als auch die Unterschiede, d.h. die Vor- und Nachteile gegenüber der geminderten Organqualität erläutern. Im Gegensatz zur postmortalen Organspende ist der Zeitrahmen bei der Lebendorganspende weiter gefasst, sodass im Regelfall für eine ausführlichere Aufklärung genügend Zeit verbleiben dürfte.

Bewegt sich die Organqualität dagegen noch innerhalb des medizinischen Standards und weist das Organ dennoch Defizite bei der Qualität auf, so sind diese regelmäßig in Anbetracht des von § 8 Abs. 1 S. 1 TPG beschränkten Spenderkreises bei der Entscheidung, ob der Empfänger die altruistische Lebendspende seiner ihm nahestehenden Person annimmt, regelmäßig von Bedeutung. Der Organempfänger ist demzufolge über die Defizite bei der Qualität des zu spendenden Organs aufzuklären. Liegt die Organqualität der Lebendspende hingegen im durchschnittlichen Bereich, so kann der Arzt grundsätzlich davon ausgehen, dass der Organempfänger der ärztlichen Entscheidung vertraut und keine eingehende fachliche Unterrichtung über spezielle medizinische Fragen erwartet.

Aufklärungspflicht über die Risiken für den Lebendspender

Der Organempfänger ist über die Risiken der Lebendspende für den Spender aufzuklären. Obgleich durch die schuldrechtlichen Grundsätze zum Vertrag mit Schutzwirkung zugunsten Dritter auch Schutz- und Rücksichtnahmepflichten im Sinne des § 241 Abs. 2 BGB, insbesondere im Hinblick auf die körperliche Unversehrtheit, gegenüber Dritten begründet werden können, lässt sich eine Pflicht zur Aufklärung des Organempfängers über die Risiken und Belastungen der Organspende für den Lebendspender aus diesen Grundsätzen nicht herleiten. Die Interessen des Lebendspenders wurden durch die Regelungen des TPG angemessen berücksichtigt. Zudem steht dem Organspender ein eigener vertraglicher Anspruch mit einem vergleichbaren Inhalt aus dem Organentnahmevertrag zu. Daher fehlt es an einer Schutzbedürftigkeit des Lebendspenders.

Die Aufklärungspflicht ergibt sich allerdings aus den Interessen des Organempfängers. Anknüpfungspunkt hierfür ist das Selbstbestimmungsrecht des Organempfängers. Infolge der Trennung der verfassungsrechtlichen Anknüpfung von Heileingriff, Einwilligung und ärztlicher Aufklärungspflicht ist die ärztliche Aufklärungspflicht nicht an die Einordnung der Einwilligung gebunden. Verfassungsrechtlicher Anknüpfungspunkt der ärztlichen Aufklärungspflicht und des Selbstbestimmungsrechtes des Patienten ist nicht wie beim Heileingriff und der Einwilligung Art. 2 Abs. 2 S. 1 GG, sondern das allgemeine Persönlichkeitsrecht aus Art. 2 Abs. 1 i.V.m. Art. 1 Abs. 1 GG. Mit der Anknüpfung an das allgemeine Persönlichkeitsrecht ist das Selbstbestimmungsrecht nicht ausschließlich an die körperliche Integrität des Organempfängers gebunden, sondern weist auch einen Persönlichkeitsbezug auf. Auf diese Weise werden auch Auswirkungen der Behandlung auf Dritte erfasst, sofern diese Persönlichkeitsbezug aufweisen.

Die Risiken und Belastungen sind für den Lebendspender in Anbetracht der von § 8 Abs. 1 S. 2 TPG geforderten Nähebeziehung und des daraus resultierenden starken personal-emotionalen Bezuges notwendige, persönlichkeitsrelevante Aspekte einer Entscheidung des Organempfängers im Hinblick auf die Entscheidung für oder gegen die Transplantation. Die durch das TPG vorausgesetzte persönliche Beziehung impliziert in aller Regel ein gegenseitiges Interesse an der Gesundheit und dem Wohlergehen des Anderen. Zugleich wird durch eine Aufklärung des Organempfängers dem Gefühl des Organempfängers, in einer nicht wieder gutzumachenden Schuld zu stehen, rational begegnet. So kann (irrationalen) Ängsten des Patienten bereits frühzeitig begegnet werden.

Besonderheiten ergeben sich bei der Überkreuz-Lebendspende. Diese ist zulässig, sofern sich zwischen den Ehepaaren „eine hinreichend intensive und gefestigte Beziehung" entwickelt hat. Dies hat Auswirkungen auf die Aufklärungspflicht. Die konkreten Risiken des jeweiligen Spenders werden Teil der Wahrnehmung und des Interesses des jeweiligen Organempfängers, insbesondere weil der Andere altruistisch seine Gesundheit gefährdet, um ihm zu helfen. Demzufolge ist nicht nur über die Risiken des eigenen Partners, sondern nicht zuletzt aufgrund der entstanden Verbundenheit und als Folge der altruistischen Gabe, auch über die individuellen Risiken des Spenders aufzuklären.

Kommt der behandelnde Arzt dieser Aufklärungspflicht nicht oder nur unzureichend nach, so haftet er wegen Verletzung des allgemeinen Persönlichkeitsrechtes, als sonstigem Recht im Rahmen des § 823 Abs. 1 BGB.

Die Aufklärung über die Risiken und Belastungen durch die Organentnahme beim Spender erfordert die Ausführung nicht nur allgemeiner Informationen, sondern konkrete Untersuchungsergebnisse des Organspenders. Sofern diese Informationen dem Organempfänger noch nicht bekannt waren, offenbart der Arzt ein von § 203 Abs. 1 Nr. 1 StGB geschütztes Geheimnis. Da der Organspender überdies gem. § 8

Abs. 2 S. 1 Nr. 5 TPG unter anderem auch über die Erfolgsaussicht der Transplantation beim Empfänger aufzuklären ist, was Angaben aus Diagnose- und Therapiemaßnahmen sowie Untersuchungsergebnissen beim Organempfänger umfasst, die ebenfalls unter die ärztliche Schweigepflicht fallen, ist eine gegenseitige Entbindung der Ärzte von der Schweigepflicht durch den Organspender und den Organempfänger erforderlich.

Während ein Aufklärungsverzicht des Organspenders aufgrund der gesetzlichen Forderung der Aufklärung in § 8 Abs. 1 S. 1 Nr. 1b) TPG nicht möglich ist, stellt die Organimplantation für den Organempfänger einen („gewöhnlichen") Heileingriff dar, weshalb ein Aufklärungsverzicht des Organempfängers prinzipiell möglich ist.

4. Zeitpunkt der Aufklärungspflicht

Nach Auffassung der Rechtsprechung hat die (Risiko-)Aufklärung grundsätzlich so frühzeitig wie nötig zu erfolgen. Dies ist bei stationärer Behandlung und vor schwerwiegenden Eingriffen regelmäßig der Zeitpunkt, in dem der Arzt vom Patienten eine Entscheidung über den operativen Eingriffes verlangt und für den Eingriff den Termin bestimmt. In Anbetracht der notwendigen, umfangreichen postoperativen Nachsorgebehandlungen und Rehabilitationsmaßnahmen, der anschließenden, lebenslang notwendigen Immunsuppression und dem erhöhten Infektionsrisiko handelt es sich bei einer Transplantation nach den Maßstäben des BGH um einen *schwerwiegenden* Eingriff. Zudem handelt es sich angesichts der zahlreichen postoperativen Komplikationsmöglichkeiten und dem Risiko einer akuten oder chronischen Abstoßung des Transplantats auch um einen *risikoreichen* Eingriff. Der Patient ist demzufolge über die Risiken der Behandlung so frühzeitig wie nötig aufzuklären.

Bei der konkreten Bestimmung des Aufklärungszeitpunktes ist zwischen der Lebendspende und der postmortalen Organspende zu differenzieren.

Zeitpunkt der Aufklärung bei der Lebendspende

Ausgangspunkt für die Konkretisierung des Aufklärungszeitpunktes des Empfängers einer Lebendorganspende ist der Zeitpunkt der Aufklärung des Organspenders. Da der Wunsch des Patienten und damit auch seine Einwilligung in eine Transplantation Voraussetzung für die Kontaktaufnahme zu potentiellen Organspendern ist und überdies der Kreis möglicher Lebendspender durch die Regelung des § 8 Abs. 2 S. 2 TPG begrenzt ist, kann eine Aufklärung des Spenders nicht zeitlich weit vor dem Empfänger erfolgen.

Die Organentnahme stellt für den Spender keinen Heileingriff dar. Vor dem Hintergrund der Tragweite der Entscheidung und dem gesteigerten Umfang der Aufklärung muss dem Spender eine Bedenkzeit eingeräumt werden, um die Entscheidung zur Transplantation zu überdenken, bevor eine Einwilligung erklärt wird. Zwischen der Einwilligung des Lebendspenders und der Explantation sollten demzufolge wenigstens einige Tage, im Mindestmaß eine Woche, liegen. Angesichts der Schwere des Eingriffs sollten jedoch in der Regel drei bis vier Wochen liegen. Für den Zeitpunkt der Empfängeraufklärung gilt, dass diese in engem zeitlichem Zusammenhang mit der des Spenders des Organs zu erfolgen hat. Für den Organempfänger handelt es sich um einen schwerwiegenden und risikoreichen Eingriff, sodass die Annahme einer möglichst frühzeitigen Aufklärung in der Konsequenz der Rechtsprechung liegt. Dabei hat die Aufklärung vor der Prüfung der medizinischen Geeignetheit des Spenders zu erfolgen.

Zeitpunkt der Aufklärung bei der postmortalen Organspende

Bevor das Transplantationszentrum über die Annahme eines Patienten zur Organübertragung entscheidet, sind Untersuchungen durchzuführen, um festzustellen, ob eine Indikation zur Transplantation gegeben ist. Diese Untersuchungen erfordern die Einwilligung und damit auch die Aufklärung des Patienten. Über den Sinn und Zweck der Voruntersuchungen wird der Arzt allerdings nur dann umfassend aufklären können, wenn er bereits zu diesem Zeitpunkt den Patienten eingehend über die eigentliche Transplantation informiert. Zudem erfordert der Abschluss des Vertrages über die Krankenhausbehandlung zum Zwecke der Organtransplantation die Aufnahme des Patienten in die Warteliste nicht nur den Willen des Patienten zur Organtransplantation, sondern auch die Kenntnis der wesentlichen Umstände der Transplantation. Der Empfänger einer postmortalen Organspende ist also vor der Aufnahme in die Warteliste und vor der Durchführung der erforderlichen Voruntersuchungen aufzuklären.

Gestützt wird diese Feststellung durch die datenrechtliche Bewertung der Meldung des Patienten in die Warteliste. Für diese ist nach § 13 Abs. 3 S. 3 TPG die schriftliche Einwilligung des Patienten einzuholen. Die Einwilligung erfordert nach § 4a BDSG auch, dass der Betroffene insbesondere auf den vorgesehenen Zweck der Erhebung, Verarbeitung oder Nutzung der Daten hinzuweisen ist.

Wurde bereits zu einem früheren Zeitpunkt eine Einwilligung erklärt, so gilt grundsätzlich die Vermutung, dass diese bis zu einem Widerruf fortbesteht. Hat der Patient daher seine Einwilligung in die Transplantation vor der Durchführung der für die Aufnahme in die Warteliste erforderlichen Voruntersuchungen bereits erklärt, so kann dem Grundsatz nach davon ausgegangen werden, dass die Einwilligung zum Zeitpunkt der Organzuteilung noch fort gilt. Die Einwilligung kann jedoch ausdrücklich oder mutmaßlich widerrufen werden. Der mutmaßliche Widerruf erfasst, im Gegensatz zur mutmaßlichen Einwilligung dabei die Fälle, in denen kein ausdrücklicher Widerruf erklärt wurde aber eine Einwilligung entweder aufgrund geänderter Interessens- oder Motivationslage keine Grundlage mehr hat oder nicht mehr dem Willen des Rechtsgutinhabers entspricht. Anhaltspunkte für eine Änderung des (mutmaßlichen) Willens des Organempfängers können im zeitlichen Abstand zur Einwilligung und in den besonderen Umständen der konkret beabsichtigten Transplantation liegen. Daher kann nicht mehr ohne weiteres davon ausgegangen werden, dass die Transplantation dem Willen des Patienten entspricht, wenn zwischen Einwilligung und Eingriff ein erheblicher Zeitraum liegt oder die konkreten Umstände, insbesondere die Organqualität, nicht den durchschnittlichen Anforderungen entsprechen. In diesem Fall ist der Patient vor der Transplantation erneut aufzuklären.

Ach, Johann S., Xenotransplantation, Bioethik und Verlust der „Natürlichkeit", in: Brudermüller, Gerd/Seelmann, Kurt (Hrsg.), Organtransplantation, Würzburg 2000

Angstwurm, Heinz, Einschätzung des Vorsitzenden der nach § 12 TPG bestellten Prüfungs- und der nach §§ 11 und 12 eingerichteten Überwachungskommission, in: Middel, Claus-Dieter/Pühler, Wiebke/Lilie, Hans/Vilmar, Karsten (Hrsg.), Novellierungsbedarf des Transplantationsrechts, Köln 2010, 239

Ankermann, Ernst, Besprechung zu: Giesen, Dieter, Arzthaftung, Tübingen 1990, DRiZ 1991, 23

Arnade, Johannes, Kostendruck und Standard, Zu den Auswirkungen finanzieller Zwänge auf den Standard sozialversicherungsrechtlicher Leistungen und den haftungsrechtlichen Behandlungsstandard, Berlin/Heidelberg 2010

Arzt, Gunther/ Weber, Ulrich/ Heinrich, Bernd/ Hilgendorf, Eric (Hrsg.), Strafrecht, Besonderer Teil, 2. Auflage, Bielefeld 2009

Baltzer, Johannes, Transplantationsgesetz und Rechtsschutz, SGb 1998, 437

Bamberger, Heinz Georg/ Roth, Herbert (Hrsg.), Kommentar zum Bürgerlichen Gesetzbuch,   Band 2, §§ 611 - 1296, AGG, ErbbauRG, WEG, 3. Auflage, München 2012

Baumann, Jürgen/ Brauneck, Anne-Eva/ Grünwald, Gerald/ Hanack, Ernst-Walter/ Kaufmann, Armin/ Kaufmann, Arthur/ Klug, Ulrich/ Lampe, Ernst-Joachim/ Lenckner, Theodor/ Maihofer, Werner/ Noll, Peter/ Roxin, Klaus/ Schmitt, Rudolf/ Schultz, Hans/ Stratenwerth, Günther/ Stree, Walter, Alternativ-Entwurf eines Strafgesetzbuches, Besonderer Teil, Straftaten gegen die Person, Erster Halbband, Tübingen 1970

Baumann, Jürgen/ Weber, Ulrich/ Mitsch, Wolfgang, Strafrecht, Allgemeiner Teil, 11. Auflage, Bielefeld 2003

Beaucamp, Guy/ Treder, Lutz, Methoden und Technik der Rechtsanwendung, 2. Auflage, Heidelberg/München/Landsberg/Frechen/Hamburg 2011

Bender, Albrecht W., Der Standard in der klinischen Transfusionsmedizin, MedR 2002, 487

Bergmann, Karl Otto, Die Organisation des Krankenhauses unter haftungsrechtlichen Gesichtspunkten, VersR 1996, 810

Bleckmann, Albert, Zu den Methoden der Gesetzesauslegung in der Rechtsprechung des BVerfG, JuS 2002, 942

Bochnik, Hans-Joachim/ Gärtner, H./ Richtberg, Werner, Ärztliche Aufklärung zwischen Vertrauen und Alibi, Einseitiges Rechtsdenken schädigt die Heilkunst, VersR 1981, 793

Bockelmann, Paul, Strafrecht des Arztes, Stuttgart 1968

Bodenburg, Reinhard, Entzerrung der ärztlichen Aufklärungspflicht: Grundaufklärung und Einschätzungsprärogative, NJW 1981, 601

Bohne, Kerstin, Delegation ärztlicher Tätigkeiten, Frankfurt am Main 2012

Böning, Jochen, Kontrolle im Transplantationsgesetz, Aufgaben und Grenzen der Überwachungs- und der Prüfungskommission nach den §§ 11 und 12 TPG, Frankfurt am Main 2009

Borgmann, Matthias, Der BGH klärt nicht auf! Inkongruenzen in der Rechtsprechung zur ärztlichen Risikoaufklärung, NJW 2010, 3190

Borowy, Oliver, Die postmortale Organentnahme und ihre zivilrechtlichen Folgen, Frankfurt am Main/Berlin/Bern/Bruxelles/New York/Oxford/Wien 2000

Braun, Alban, Schweigepflicht in Arztpraxis und Krankenhaus, in: Roxin, Claus/Schroth, Ulrich (Hrsg.), Handbuch des Medizinstrafrechts, 4. Auflage, Stuttgart/München/Hannover/Berlin/Weimar/Dresden 2010

Breyer, Friedrich/ Daele, Wolfgang van den/ Engelhard, Margret/ Gubernatis, Gundolf/ Kliemt, Hartmut, Organmangel, Ist der Tod auf der Warteliste unvermeidbar?, Berlin 2006

Brox, Hans/ Walker, Wolf-Dietrich, Allgemeines Schuldrecht, 35. Auflage, München 2011

Brüggemeier, Gert, Deliktsrecht, ein Hand- und Lehrbuch, Baden-Baden 1986

Bydlinski, Franz, Juristische Methodenlehre und Rechtsbegriff, Wien/New York 1991

Carstens, Thomas, Das Recht der Organtransplantation, Frankfurt am Main 1978

Clement, Ralf, Der Rechtsschutz der potentiellen Organempfänger nach dem Transplantationsgesetz, Frankfurt am Main 2007

Conradi, Ulrich, Verknappung medizinischer Ressourcen und Arzthaftung, Hamburg 2000

Conrads, Christoph, Rechtliche Grundsätze der Organallokation, Verteilung des Mangels oder Mängel der Verteilung?, Baden-Baden 2000

Cramer, Stephan, Genom- und Genanalye, Rechtliche Implikationen einer „Prädiktiven Medizin", Frankfurt am Main 1991

Creifelds, Karl, Rechtswörterbuch, 20. Auflage, München 2011

Damm, Reinhard, Beratungsrecht und Beratungshandeln in der Medizin, Rechtsentwicklung, Norm- und Standardbildung, MedR 2006, 1

Damm, Reinhard, Medizintechnik und Arzthaftungsrecht, Behandlungsfehler und Aufklärungspflicht bei medizintechnischen Behandlungsalternativen, NJW 1989, 737

Damm, Reinhard, Persönlichkeitsschutz und medizintechnische Entwicklung, JZ 1998, 926

Dammann, Ulrich/ Simitis, Spiros, EG-Datenschutzrichtlinie, Kommentar, Frankfurt am Main 1997

Degenhardt, Christoph, Das allgemeine Persönlichkeitsrecht, Art. 2 I i. V. mit Art. 1 I GG, JuS 1992, 361

Deutsch, Erwin, Anmerkung zu OLG Köln, Urteil vom 26-11-1987 - 7 U 108/87, NJW 1988, 2306

Deutsch, Erwin, Arztrecht und Arzneimittelrecht, 2. Auflage, Berlin/Heidelberg/New York 1991

Deutsch, Erwin, Das therapeutische Privileg des Arztes, Nichtaufklärung zugunsten des Patienten, NJW 1980, 1305

Deutsch, Erwin, Das Transplantationsgesetz vom 5.11.1997, NJW 1998, 777

Deutsch, Erwin, Der Zeitpunkt der ärztlichen Aufklärung und die antezipierte Einwilligung des Patienten, NJW 1979, 1905

Deutsch, Erwin, Die neue Entscheidung des BGH zur Aids-Haftung, Zugleich Anmerkung zu BGH, NJW 1991, 1948, NJW 1991, 1937

Deutsch, Erwin, Ressourcenbeschränkungen und Haftungsmaßstab im Medizinrecht, VersR 1998, 261

Deutsch, Erwin/Spickhoff, Andreas Medizinrecht, Arztrecht, Arzneimittelrecht, Medizinprodukterecht und Transfusionsrecht, 6. Auflage, Berlin/Heidelberg 2008

Dickhaut, Hans/ Luban-Plozza, Boris, Arzt-Patienten-Beziehung, in: Eser, Albin/v.Lutterotti, Markus/Sporken, Paul (Hrsg.), Medizin-Ethik-Recht, Freiburg/Basel/Wien 1992, 122

Dreier, Horst (Hrsg.), Grundgesetz Kommentar, Band I, Präambel, Artikel 1-19, 2. Auflage, Tübingen 2004

Drognitz, Oliver/ Pisarski, Przemyslaw/ Hopt, Ulrich Theodor, Pankreastransplantation, in: Krukemeier, Manfred Georg/Lison, Arno Ekkehart (Hrsg.), Transplantationsmedizin, Ein Leitfaden für Praktiker, Berlin/New York 2006, 207

Dunz, Walter, Zur Praxis der zivilrechtlichen Arzthaftung, Karlsruhe 1974

Dunz, Walter/ Nüßgens, Karl/ Heimann-Trosien, Georg/ Steffen, Erich, Das Bürgerliche Gesetzbuch mit besonderer Berücksichtigung der Rechtsprechung des Reichsgerichts und des Bundesgerichtshofes, Band II, 5. Teil: §§ 812 – 831 (Anhang nach § 823: I. Verletzung des Persönlichkeitsrechts, II. Arzthaftungsrecht), 12. Auflage, Berlin/New York 1989

Eckardt, Kai-Uwe, KDIGO: Globale Leitlinien für die Nephrologie, Der Nephrologe 2009, 383

Edelmann, Hervé, Ausgewählte Probleme bei der Organspende unter Lebenden, VersR 1999, 1065

Ehlers, Alexander, Die ärztliche Aufklärung vor medizinischen Eingriffen, Bestandsaufnahme und Kritik, Köln/Berlin/Bonn/München 1987

Eisner, Beat, Die Aufklärungspflicht des Arztes, Die Rechtslage in Deutschland, der Schweiz und den USA, Göttingen, 1992

Engisch, Karl, Einführung in das juristische Denken, Würtenberger, Thomas/Otto, Dirk (Hrsg.), 11. Auflage, Stuttgart/Berlin/Köln 2010

Faller, Hermann/ Lang, Hermann, Medizinische Psychologie und Soziologie, 3. Auflage, Berlin 2010

Fateh-Moghadam, Bijan, Die Einwilligung in die Lebendorganspende, Die Entfaltung des Paternalismusproblems im Horizont differenter Rechtsordnungen am Beispiel Deutschlands und Englands, München 2008

Feuerstein, Günter, Das Transplantationssystem, Dynamik, Konflikte und ethisch-moralische Grenzgänge, Weinheim/München 1995

Fikentscher, Wolfgang, Methoden des Rechts in vergleichender Darstellung, Band III, Europäischer Rechtskreis, Tübingen 1976

Fischer, Gerfried, Medizinische Versuche am Menschen, Göttingen 1979

Fischer, Stefan/ Haverich, Axel, Lungen- und Herz-Lungen-Transplantation, in: Krukemeier, Manfred Georg/Lison, Arno Ekkehart (Hrsg.), Transplantationsmedizin, Ein Leitfaden für Praktiker, Berlin/New York 2006, 149

Fischer, Thomas, Strafgesetzbuch und Nebengesetze, Kommentar, 59. Auflage, 2012

Fornara, Paolo/ Hamza, Amir/ Rettkowski, Olaf, Nierentransplantation, in: Krukemeier, Manfred Georg/Lison, Arno Ekkehart (Hrsg.), Transplantationsmedizin, Ein Leitfaden für Praktiker, Berlin/New York 2006, 167

Fox, Renee C./ Swazey, Judith P., The courage to fail: a social view of organ transplants and dialysis, Chicago 1974

Francke, Robert, Ärztliche Berufsfreiheit und Patientenrechte, Eine Untersuchung zu den verfassungsrechtlichen Grundlagen des ärztlichen Berufsrechts und des Patientenschutzes, Stuttgart 1994

Francke, Robert/ Hart, Dieter, Ärztliche Verantwortung und Patientensicherheit, Eine Untersuchung zum privaten und öffentlichen Recht der Arzt-Patienten-Beziehung, Stuttgart 1987

Franzki, Harald, Diskussionsbeitrag in der Abteilung Arztrecht zum Thema: Empfiehlt es sich, im Interesse der Patienten und Ärzte ergänzende Regelungen für das ärztliche Vertrags-, Standes und Haftungsrecht einzuführen?, in: Verhandlungen des 52. Deutschen Juristentages, Band II: Sitzungsberichte, München 1978, I 120

Franzki, Harald, Von der Verantwortung des Richters für die Medizin, Entwicklungen und Fehlentwicklungen der Rechtsprechung zur Arzthaftung, MedR 1994, 171

Frick, Eckhard/ Storkebaum, Sybille, Leben mit einem fremden Herzen, Psychosomatische Aspekte des Transplantationsprozesses, in: Oduncu, Fuat S./Schroth, Ulrich/Vossenkuhl, Wilhelm (Hrsg), Transplantation, Organgewinnung und – allokation, Göttingen 2003, 84

Fritz, Annette, Zivilrechtliche Ersatzansprüche nach Organentnahme vom lebenden und toten Spender, Frankfurt am Main/Berlin/Bern/Bruxelles/New York/Oxford/Wien 2003

Gernhuber, Joachim/ Coester-Waltjen, Dagmar (Hrsg.), Familienrecht, 6. Auflage, München 2010

Giesen, Dieter, Anmerkung zu BGH, Urteil vom 22.0.1987 – VI ZR 238/86, JZ 1988, 414

Giesen, Dieter, Anmerkung zu Urteil des BGH vom 07.04.1992 – VI ZR 192/91, JZ 1993, 315

Giesen, Dieter, Arzthaftungsrecht, Die zivilrechtliche Haftung aus medizinischer Behandlung in der Bundesrepublik Deutschland, in Österreich und der Schweiz, 3. Auflage, Tübingen 1990

Giesen, Dieter, Arzthaftungsrecht, Die zivilrechtliche Haftung aus medizinischer Behandlung in der Bundesrepublik Deutschland, in Österreich und der Schweiz, 4. Auflage, Tübingen 1995

Giesen, Dieter, Die zivilrechtliche Haftung des Arztes bei neuen Behandlungsmethoden und Experimenten, Bielefeld 1976

Giesen, Dieter, Grundzüge zivilrechtlicher Arzthaftung, Jura 1981, 10

Giesen, Dieter, Zwischen Patientenwohl und Patientenwille, Aufklärungsrechtliche Entwicklungen in der höchstrichterlichen Rechtsprechung Deutschlands, Österreichs und der Schweiz in rechtsvergleichender Sicht. Eine Bestandsaufnahme, JZ 1987, 282

Giesen, Richard, Aktuelle Probleme des Arzthaftungsrechts, MedR 1997, 17

Giessing, Markus/ Dreikorn, Kurt, Nierentransplantation: Quo vadis?, Der Urologe 2009, 1427 ff.

Glatz, Christian, Der Arzt zwischen Aufklärung und Beratung, Eine Untersuchung über ärztliche Hinweispflichten in Deutschland und den Vereinigten Staaten, Berlin 1998

Goetze, Erik, Arzthaftungsrecht und kassenärztliches Wirtschaftlichkeitsgebot, Berlin/Heidelberg/New York 1989

Gola, Peter/ Schomerus, Rudolf, Bundesdatenschutzgesetz, Kommentar, 9. Auflage, München 2007

Greiner, Stefan, Krankengeld und Entgeltfortzahlung bei Organ- und Gewebespende, NZS 2013, 241

Gutmann, Thomas, Probleme einer gesetzlichen Regelung der Lebendspende von Organen, MedR 1997, 147

Gutmann, Thomas/ Land, Walter, Ethische und rechtliche Fragen der Organverteilung, in: Brudermüller, Gerd/Seelmann, Kurt (Hrsg.), Organtransplantation, Würzburg 2000, 87

Gutmann, Thomas/ Schneewind, Klaus A./ Schroth, Ulrich/ Elsässer, Antonellus/ Land, Walter/ Hillebrand, Günther F. (Hrsg.), Grundlagen einer gerechten Organverteilung, Medizin, Psychologie, Recht, Ethik, Soziologie, Berlin/Heidelberg/New York 2003

Gutmann, Thomas/ Schroth, Ulrich, Organlebendspende in Europa, Rechtliche Regelungsmodelle, ethische Diskussion und praktische Dynamik, Berlin/Heidelberg 2002

Gutmann, Thomas/ Schroth, Ulrich, Rechtliche und ethische Aspekte, in: Oduncu, Fuat S./Schroth, Ulrich/Vossenkuhl, Wilhelm (Hrsg), Transplantation, Organgewinnung und –allokation, Göttingen 2003,

Hager, Johannes, J. von Staudingers Kommentar zum Bürgerlichen Gesetzbuch mit Einführungsgesetz und Nebengesetzen, Buch 2, Recht der Schuldverhältnisse §§ 823 E-I, 824, 825 (Unerlaubte Handlungen 1 – Teilband 2), Berlin 2009

Haindl, Hans/ Helle, Jürgen, Die Unzulässigkeit der Wiederverwendung von Einmal-Medizinprodukten, MedR 2001, 411

Hamza, Amir/ Fornara, Paolo, Neue Entwicklungen in der Organlebendspende, in: Lilie, Hans/Rosenau, Henning/Hakeri, Hakan (Hrsg.), Die Organtransplantation, Rechtsfragen bei knappen medizinischen Ressourcen, Beiträge des 6. Deutsch-Türkischen Symposiums zum Medizin- und Biorecht, Baden-Baden 2011, 97

Hanau, Peter, Arzt und Patient – Partner oder Gegner, in: Prütting, Hans (Hrsg.), Festschrift für Gottfried Baumgärtel zum 70. Geburtstag, Köln/Berlin/Bonn/München 1990, 121

Hart, Dieter, „Organisationsaufklärung", Zum Verhältnis von Standardbehandlung, Organisationspflichten und ärztlicher Aufklärung, MedR 1999, 47

Hart, Dieter, Ärztliche Leitlinien – Definitionen, Funktionen, rechtliche Bewertung, MedR 1998, 8

Hart, Dieter, Ärztliche Leitlinien, Empirie und Recht professioneller Normsetzung, Baden-Baden 2000

Hart, Dieter, Autonomiesicherung im Arzthaftungsrecht, Ein Beitrag zur Entkoppelung von ärztlicher Aufklärungspflicht und Körperverletzung, in: Heldrich, Andreas/Schlechtriem, Peter/Schmidt, Eike (Hrsg.), Recht im Spannungsfeld von Theorie und Praxis, Festschrift für Helmut Heinrichs zum 70. Geburtstag, München 1998

Hart, Dieter, Heilversuch, Entwicklung therapeutischer Strategien, klinische Prüfung und Humanexperiment, Grundsätze ihrer arzneimittel-, arzthaftungs- und berufsrechtlichen Beurteilung, MedR 1994, 94

Hart, Dieter, Qualitätssicherung durch Leitlinien, VSSR 2002, 265

Hart, Dieter, Rechtliche Grenzen der „Ökonomisierung", MedR 1996, 60

Hassner, Florian A., Ärztliche Selbstbestimmungsaufklärung und zivilrechtliche Haftung, Aktuelle Rechtsprechung und Entwurf eines Patientenrechtegesetzes, VersR 2013, 23

Hauschild, Armin, Der Maßstab für die ärztliche Aufklärung im amerikanischen, englischen und deutschen Recht, Baden-Baden 1994

Heger, Martin, Erwiderung auf Schroth, Die strafrechtlichen Tatbestände des Transplantationsgesetzes (JZ 1997, 1149 ff.), JZ 1998, 506

Herrmann, Joachim, Soll ein Krebspatient über seine Diagnose aufgeklärt werden?, Juristische Gesichtspunkte, MedR 1988, 1

Hirsch, Günter/ Schmidt-Didczuhn, Andrea, Transplantation und Sektion, Die rechtliche und rechtspolitische Situation nach der Wiedervereinigung, Heidelberg 1992

Höfling, Wolfram (Hrsg.), Kommentar zum Transplantationsgesetz, 1. Auflage, Berlin 2003

Höfling, Wolfram (Hrsg.), Kommentar zum Transplantationsgesetz, 2. Auflage, Berlin 2013

Höfling, Wolfram, Transplantationsmedizin und dead donor rule, MedR 2013, 407

Höfling, Wolfram, Verteilungsgerechtigkeit in der Transplantationsmedizin? JZ 2007, 481

Hohmann, Elmar Sebastian, Das Transplantationswesen in Deutschland, Österreich und der Schweiz, Unter Einbeziehung ethischer und rechtspolitischer Aspekte, Frankfurt am Main, 2003

Hollmann, Angela, Formularmäßige Erklärung über die Entbindung von der Schweigepflicht gegenüber Versicherungsunternehmen, NJW 1978, 2332

Hoppe, Jürgen F., Der Zeitpunkt der Aufklärung des Patienten – Konsequenzen der neuen Rechtsprechung, NJW 1998, 782

Ihle, Judith, Ärztliche Leitlinien, Standards und Sozialrecht, Bremen 2007

Illhardt, Franz Josef, Medizinische Ethik, Ein Arbeitsbuch, Berlin/Heidelberg/New York/Tokyo 1985

Isensee, Josef/ Kirchhof, Paul (Hrsg.), Handbuch des Staatsrechts der Bundesrepublik Deutschland, Band VI, Freiheitsrechte, Heidelberg 1989

Jähnke, Burkhard/ Laufhütte, Heinrich-Wilhelm/ Odersky, Walter (Hrsg.), Strafgesetzbuch, Leipziger Kommentar, 6. Band: §§ 223 bis 263a, 11. Auflage, Berlin 2005

Jäkel, Christian, Patientenaufklärung bei Verwendung aufbereiteter Einmal-Medizinprodukte, MedR 2011, 45

Jandt, Silke/Roßnagel, Alexander, Qualitätssicherung im Krankenhaus, Fragen des Daten- und Geheimnisschutzes, MedR 2011, 140

Jarass, Hans Dieter/ Pieroth, Bodo, Grundgesetz für die Bundesrepublik Deutschland, Kommentar, 11. Auflage, München 2011

Joecks, Wolfgang/ Miebach, Klaus (Hrsg.), Münchener Kommentar zum Strafgesetzbuch, Band 3: §§ 185-262 StGB, München 2003

Jung, Heike, Außenseitermethoden und strafrechtliche Haftung, ZStW 97 (1985), 47

Katzenmeier, Christian, Arzthaftung, Tübingen 2002

Katzenmeier, Christian, Der Behandlungsvertrag – Neuer Vertragstypus im BGB, NJW 2013, 817

Katzenmeier, Christian, Die Rahmenbedingungen der Patientenautonomie, Eine kritische Betrachtung des Patientenrechtegesetz-Regierungsentwurfs, MedR 2012, 576

Kaufmann, Franz Josef, Die Beweislastproblematik im Arzthaftungsprozeß, Köln/Berlin/Bonn/München 1984

Kern, Bernd-Rüdiger, Das Spannungsverhältnis von Haftungsrecht und Kassenarztrecht, MedR 2004, 300

Kern, Bernd-Rüdiger, Die rechtliche Grundlage für die Organtransplantation – Zur Gesetzeslage in den neuen Bundesländern, DtZ 1992, 348

Kern, Bernd-Rüdiger, Haftungsrechtliche Fragen und Probleme des ambulanten Operierens, NJW 1996, 1561

Kern, Bernd-Rüdiger, Zum Entwurf eines Transplantationsgesetzes (der Länder?), MedR 1994, 389

Kindhäuser, Urs/ Neumann, Ulfrid/ Paeffgen, Hans-Ullrich (Hrsg.), Nomos Kommentar zum Strafrecht, Band 2, §§ 146-358, 3. Auflage, Baden-Baden 2010

Kingreen, Thorsten, Auskunftsanspruch des im Wege der heterologen Insemination gezeugten Kindes, Anmerkung zu OLG Hamm, Urteil vom 06.02.2013 – AZ. 1-

14 U 7/12, FamRZ 2013, 641

Kirste, Günter, Forum Organspende, Diatra Journal 2005, 39

Kirste, Günter, Medizinische Aspekte der Organtransplantation, in: Beckmann, Jan P./Kirste, Günter/Schreiber, Hans-Ludwig (Hrsg.), Organtransplantation, Medizinische, rechtliche und ethische Aspekte, Freiburg/München 2008, 13

Kirste, Günter, Stellungnahme zum Fragenkatalog der öffentlichen Anhörung „Organlebendspende" der Enquete-Kommission „Ethik und Recht der modernen Medizin" des Deutschen Bundestages am 1. März 2004, Kom.Drs. 15/132

Kleinewefers, Herbert, Zur Aufklärung des Patienten, VersR 1981, 99

Köhler, Helmut, BGB AT kompakt, 2. Auflage, München 2010

Kohlhaas, Max, Rechtsfragen zur Transplantation von Körperorganen, NJW 1967, 1489

König, Peter, Strafbarer Organhandel, Frankfurt am Main 1999

Kopetzki, Christian, Organgewinnung zu Zwecken der Transplantation, Eine systematische Analyse des geltenden Rechts, Wien/New York 1988

Koppernock, Martin, Das Grundrecht auf bioethische Selbstbestimmung, Zur Rekonstruktion des allgemeinen Persönlichkeitsrechts, Baden-Baden 1997

Kramer, Hans-Jürgen, Ärztlicher Standard unter den Gesichtspunkten Ressourcenverteilung, Wirtschaftlichkeitsgebot und Haftung, MedR 1993, 345

Kramer, Hans-Jürgen, Rechtsfragen der Organtransplantation, München 1987

Krey, Volker/ Esser, Robert, Deutsches Strafrecht, Allgemeiner Teil, 4. Auflage, Stuttgart 2011

Krudop-Scholz, Kristin, Die ärztliche Aufklärung bei der Arzneibehandlung, Frankfurt am Main 2005

Krüger, Matthias/ Lautenschläger, Dunja/ Lilie, Hans, Meldung, Dokumentation, Rückverfolgung, Datenschutz, Fristen, in: Pühler, Wiebke/Middel, Claus-Dieter/Hübner, Marlies (Hrsg.), Praxisleitfaden Gewebegesetz, Köln 2009

Kruse, Jürgen/ Hänlein, Andreas, Sozialgesetzbuch V, Gesetzliche Krankenversicherung, Lehr- und Praxiskommentar, 3. Auflage, Baden-Baden 2009

Kullmann, Hans Josef, Übereinstimmungen und Unterschiede im medizinischen, haftungsrechtlichen und sozialversicherungsrechtlichen Begriff des medizinischen Standards, VersR 1997, 529

Künschner, Alfred, Wirtschaftlicher Behandlungsverzicht und Patientenauswahl, Knappe medizinische Ressourcen als Rechtsproblem, Stuttgart 1992

Kurcz, Claudia, Die Begrenzung der ärztlichen Aufklärungspflicht unter Einschränkung des Selbstbestimmungsrechts des Patienten, Tübingen 2002

Lackner, Karl/ Kühl, Kristian, Strafgesetzbuch, Kommentar, 26. Auflage, München 2007

Lang, Heinrich, Deregulierte Verantwortungslosigkeit?, Das Transplantationsrecht im Spannungsfeld von Kostendruck, regulierter Selbstregulierung und staatlicher Funktionsverantwortung, MedR 2005, 269

Lange, Karl, Die Klinik: Was Patienten nicht wissen, München 1987

Larenz, Karl/ Canaris, Claus-Wilhelm, Lehrbuch des Schuldrechts, Zweiter Band, Besonderer Teil, 2. Halbband, 13. Auflage, München 1994

Larenz, Karl/ Canaris, Claus-Wilhelm, Methodenlehre der Rechtswissenschaft, 3. Auflage, Berlin/Heidelberg/New York 1995

Larenz, Karl/ Wolf, Manfred, Allgemeiner Teil des Bürgerlichen Rechts, 9. Auflage, München 2004

Laufhütte, Heinrich Wilhelm/ Rissing-van Saan, Ruth/ Tiedemann, Klaus, Strafgesetzbuch, Leipziger Kommentar, 2. Band: §§ 32 bis 55, 12. Auflage, Berlin 206

Laufhütte, Heinrich Wilhelm/ Rissing-van Saan, Ruth/ Tiedemann, Klaus (Hrsg.), Strafgesetzbuch, Leipziger Kommentar, 5. Band: §§ 146 bis 210, 12. Auflage, Berlin 2010

Laufhütte, Heinrich Wilhelm/ Rissing-van Saan/ Tiedemann, Klaus (Hrsg.), Strafgesetzbuch, Leipziger Kommentar, 1. Band: Einleitung; §§ 1 bis 31, 12. Auflage, Berlin 2007

Laufs, Adolf, Arztrecht, 4. Auflage, München 1988

Laufs, Adolf, Zum Wandel des ärztlichen Berufsrechts, in: Faller, Hans Joachim/Kirchhof, Paul/Träger, Ernst (Hrsg.), Verantwortlichkeit und Freiheit, Die Verfassung als wertbestimmte Ordnung, Festschrift für Willi Geiger zum 80. Geburtstag, Tübingen 1989, 228

Laufs, Adolf, Zur Freiheit des Arztberufs, in: Ahrens, Hans-Jürgen/v. Bar, Christian/Fischer, Gerfried/Spickhoff, Andreas/Taupitz, Jochen (Hrsg.), Festschrift für Erwin Deutsch zum 70. Geburtstag, Köln/Berlin/Bonn/München 1999, 625

Laufs, Adolf, Zur haftungsrechtlichen Relevanz medizinischer Leitlinien (Thesen), in: Berg, Dietrich/Ulsenheimer, Klaus (Hrsg.), Patientensicherheit, Arzthaftung,

Praxis- und Krankenhausorganisation, Berlin/Heidelberg/New York 2006

Laufs, Adolf/ Katzenmeier, Christian/ Lipp, Volker, Arztrecht, 6. Auflage, München 2009

Laufs, Adolf/ Kern, Bernd-Rüdiger (Hrsg.), Handbuch des Arztrechts, 4. Auflage, München 2010

Lautenschläger, Dunja, Der Status ausländischer Personen im deutschen Transplantationssystems, Frankfurt am Main 2009

Lehmkuhl, Hans/ Hetzer, Roland, Herztransplantation, in: Krukemeier, Manfred Georg/Lison, Arno Ekkehart (Hrsg.), Transplantationsmedizin, Ein Leitfaden für Praktiker, Berlin/New York 2006, 123

Leipold, Klaus/Tsambikakis, Michael/Zöller, Mark A. (Hrsg.), AnwaltKommentar Strafgesetzbuch, Bonn 2011

Lemke, Michael, Stand der Diskussion zum Entwurf eines Transplantationsgesetzes – Eine rechtspolitische Bestandsaufnahme, MedR 1991, 281

Lilie, Barbara, Medizinische Datenverarbeitung, Schweigepflicht und Persönlichkeitsrecht im deutschen und amerikanischen Recht, Göttingen 1980

Lilie, Hans, „Es ist kein Flächenbrand", Interview mit Christina Bernd über die Organspende in Deutschland, Süddeutsche Zeitung vom 08.11.2012, Nr. 258, S.18

Lilie, Hans, „Wir müssen mit tief greifenden Veränderungen rechnen", DÄBl, 2009, A 2537

Lilie, Hans, Ärztliche Dokumentation und Informationsrechte des Patienten, Eine arztrechtliche Studie zum deutschen und amerikanischen Recht, Frankfurt am Main 1980

Lilie, Hans, Ist das Local-Donor-Prinzip mit dem Transplantationsgesetz (TPG) vereinbar?, in: Dierks, Christian/Neuhaus, Peter/Wienke, Albrecht (Hrsg.), Die Allokation von Spenderorganen, Rechtliche Aspekte, Berlin/Heidelberg 1999

Lilie, Hans, Überwachung und Prüfung der Transplantationsmedizin, in: Ahrens, Hans-Jürgen/von Bar, Christian/Fischer, Gerfried/Spickhoff, Andreas/Taupitz, Jochen (Hrsg.), Medizin und Haftung, Festschrift für Erwin Deutsch zum 80. Geburtstag, Heidelberg 2009, 331

Lilie, Hans, Wartelistenbetreuung nach dem Transplantationsgesetz, in: Ahrens, Hans-Jürgen/v. Bar, Christian/Fischer, Gerfried/Spickhoff, Andreas/Taupitz, Jochen (Hrsg.), Festschrift für Erwin Deutsch zum 70. Geburtstag, Köln/Berlin/Bonn/München 1999, 643

Lippert, Hans-Dieter/ Flegel, Willy A. (Hrsg.), Kommentar zum Transfusionsgesetz (TFG) und den Hämotherapie-Richtlinien, Berlin/Heidelberg/New York 2002

Looschelders, Dirk, Schuldrecht Allgemeiner Teil, 9. Auflage, München 2011

Looschelders, Dirk/ Olzen, Dirk/ Schiemann, Gottfried, J. von Staudingers Kommentar zum Bürgerlichen Gesetzbuch mit Einführungsgesetz und Nebengesetzen, Buch 2, Recht der Schuldverhältnisse, Einleitung zum Schuldrecht, §§ 241-243 (Treu und Glauben), Berlin 2009

Maunz, Theodor/ Dürig, Günter, Grundgesetz Kommentar, Band I, Texte, Art. 1-5, München, Loseblatt-Sammlung (Stand: 63. Lieferung, Oktober 2011)

Maurer, Hartmut, Allgemeines Verwaltungsrecht, 17. Auflage, München 2009

Medicus, Dieter/ Lorenz,Stephan, Schuldrecht II, Besonderer Teil, 15. Auflage, München 2010

Mengel, Constanze, Sozialrechtliche Rezeption ärztlicher Leitlinien, Baden-Baden 2004

Miserok, Karl/ Krüger, Matthias/ Sasse, Ralf, Transplantationsrecht des Bundes und der Länder, Kommentare, Wiesbaden 2001 (Stand der Lieferung: August 2006)

Mitsch, Wolfgang, Die „hypothetische Einwilligung" im Arztstrafrecht, JZ 2005, 279

Mitsch, Wolfgang, Rechtfertigung und Opferverhalten, Hamburg 2004

Morris, Peter (Hrsg.), Organtransplantationen - ethisch betrachtet, Berlin 2006

Müller, Sebastian, Die Anonymität der postmortalen Organspende – Warum ist in Deutschland für die Angehörigen kein direkter Kontakt zu den transplantierten Patienten möglich?, Diatra-Journal 3/2012, Forum Organspende, S. 32

Müller, Sebastian/Raschke, Andreas, Homöopathie durch Ärzte und die Einhaltung des medizinischen Standards, NJW 2013, 428

Nagel, Markus, Organtransplantation und Internationales Privatrecht, Berlin/Heidelberg 2009

Narr, Helmut (Hrsg.), Ärztliches Berufsrecht, Band II, Köln Loseblatt-Sammlung (Stand: 15. Lieferung, 2002)

Nebendahl, Mathias, Selbstbestimmungsrecht und rechtfertigende Einwilligung des Minderjährigen bei medizinischen Eingriffen, MedR 2009, 197

Neft, Hans, Die Überkreuz-Lebendspende im Lichte der Restriktionen des Transplantationsgesetzes, Zugleich Anmerkung zum Urteil des BSG vom

10.12.2003, Az.: B 9 VS 1/01 R, NZS 2004, 419

Neidhardt, Karl, Behandlungsrecht des Arztes und ärztliche Aufklärungspflicht in der Sicht des Arztes und des Juristen, NJW 1956, 1097

Neumann, Sebastian, Soziale Absicherung von Organspendern, Auswirkungen des Gesetzes zur Änderung des Transplantationsgesetzes, NJW 2013, 1401

Neuser, Jürgen, Knochenmarktransplantation aus psychologischer Perspektive, in: Koch, Uwe/Neuser, Jürgen (Hrsg.), Transplantationsmedizin aus psychologischer Perspektive, Jahrbuch der medizinischen Psychologie, Göttingen/Bern/Toronto/Seattler 1997, 109

Nickel, Lars Christoph, Die Entnahme von Organen und Geweben bei Verstorbenen zum Zwecke der Transplantation nach dem Transplantationsgesetz vom 5. November 1997 unter Berücksichtigung der nationalen Regelungen und der anderer europäischer Staaten, Bonn 1999

Nickel, Lars Christoph/ Preisigke, Angelika, Zulässigkeit einer Überkreuz-Lebendspende nach dem Transplantationsgesetz, Zum Urteil des BSG vom 10.12.2003 – B 9 VS/1/01 R, MedR 2004, 307

Nickel, Lars Christoph/ Schmidt-Preisigke, Angelika/ Sengler, Helmut, Transplantationsgesetz, Kommentar, Stuttgart/Berlin/Köln 2001

Nicklisch, Fritz, Funktion und Bedeutung technischer Standards in der Rechtsordnung, BB 1983, 261

Nicklisch, Fritz, Technische Regelwerke - Sachverständigengutachten im Rechtssinne?, NJW 1983, 841

Norba, Daniela, Rechtsfragen der Transplantationsmedizin aus deutscher und europäischer Sicht, Berlin 2009

Oduncu, Fuat/ Schroth, Ulrich/ Vossenkuhl, Wilhelm, Transplantation: Organgewinnung und -allokation, Göttingen 2003

Offner, Giesela, Lebendspende bei Nierentransplantationen im Kindesalter, in: Krukemeyer, Manfred G./Lison, Arno E. (Hrsg.), Transplantationsmedizin, Berlin/Ney York 2006, 289

Palmes, Daniel/ Spiegel, Hans-Ulrich/ Dietl, Karl-Heinz, Strategien zur Kompensation des Spenderorganmangels, in: Krukemeyer, Manfred G./Lison, Arno E. (Hrsg.), Transplantationsmedizin, Berlin/Ney York 2006, 81

Panagopoulou-Koutnatzi, Fereniki, Die Selbstbestimmung des Patienten, Eine Untersuchung aus verfassungsrechtlicher Sicht, Berlin 2009

Parzeller, Markus, Verbotsvorschriften, Straf- und Bußgeldvorschriften, in: Pühler, Wiebke/Middel, Claus-Dieter/Hübner, Marlies (Hrsg.), Praxisleitfaden Gewebegesetz, Köln 2009

Parzeller, Markus/ Rothschild, Markus/ Bratzke, Hansjürgen, Auskunftspflichten von Behörden bei postmortalen Gewebetransplantationen unter datenschutzrechtlichen Aspekten, Rechtsmedizin 2004, 258

Pascher, Andreas/ Neuhaus, Peter, Dünndarm- und Multiviszeraltransplantation, in: Krukemeier, Manfred Georg/Lison, Arno Ekkehart (Hrsg.), Transplantationsmedizin, Ein Leitfaden für Praktiker, Berlin/New York 2006, 223

Pawlowski, Hans-Martin, Methodenlehre für Juristen, Theorie der Norm und des Gesetzes, 3. Auflage, Heidelberg 1999

Peintinger, Michael, Therapeutische Partnerschaft, Aufklärung zwischen Patientenautonomie und ärztlicher Selbstbestimmung, Wien 2003

Pelz, Franz Joseph, Entwicklungstendenzen des Arzthaftungsrechts, DRiZ 1998, 473

Pfeiffer, Alexandra, Die Regelung der Lebendorganspende im Transplantationsgesetz, Frankfurt am Main 2004

Pflüger, Frank, Patientenaufklärung über Behandlungsqualität und Versorgungsstrukturen – Erweiterte Haftungsrisiken für Arzt und Krankenhaus?, MedR 2000, 6

Pommer, Wolfgang, Die Empfänger-Spender-Beziehung bei der Nierentransplantation und die Integration des neuen Organs, in: Koch, Uwe/Neuser, Jürgen (Hrsg.), Transplantationsmedizin aus psychologischer Perspektive, Jahrbuch der medizinischen Psychologie 13, Göttingen/Bern/Toronto/Seattle 1997, 145

Pratschke, Johann/ Mittler, Jens/ Neuhaus, Peter, Ausweitung des Spenderpools unter Verwendung marginaler Organe, Der Chirurg 2008, 160

Prutsch, Karin, Die ärztliche Aufklärung, Handbuch für Ärzte, Juristen und Patienten, Wien, 2004

Prütting, Dorothea (Hrsg.), Fachanwaltskommentar Medizinrecht, Köln 2010

Pschyrembel, Willibald, Pschyrembel, Klinisches Wörterbuch, 262. Auflage, Berlin/New York 2011

Rahmel, Axel, Eurotransplant und die Organverteilung in Deutschland, in: Krukemeyer,Manfred G./Lison, Arno E. (Hrsg.), Transplantationsmedizin, Berlin/Ney York 2006, 65

Rahmel, Axel/ Klinkhammer, Gisela, Organallokation - Die Suche nach dem passenden Empfänger, Wie Eurotransplant Organe vermittelt. Ein Besuch im niederländischen Leiden, DÄBI. Dossier Organspende, 2010, 26

Rasmussen, Heike, Der Schutz medizinischer Daten im Sozialdatenschutz, NZS 1998, 67

Ratzel, Rudolf/ Lippert, Hans-Dieter, Kommentar zur Musterberufsordnung der deutschen Ärzte (MBO), 4. Auflage, Berlin/Heidelberg 2006

Rebmann, Kurt/ Säcker, Franz Jürgen/ Ulmer, Peter (Hrsg.), Münchener Kommentar zum Bürgerlichen Gesetzbuch, Band 3: Schuldrecht, Besonderer Teil Teil, Halbband 2: §§ 657 – 853, 2. Auflage, München 1986

Rentsch, Markus/ Illner, Wolf-Dieter, Neue Trends der Nierentransplantation, Einblicke-LMU, Heft 1 2009

Rieger, Hans-Jürgen, Rechtszeitigkeit der Patientenaufklärung bei ambulanten Operationen, DMW 120 (1995), 151

Rixen, Stephan, Datenschutz und Transplantationsgesetz, DuD 1998, 75

Rogall, Klaus, Die Verletzung von Privatgeheimnissen (§ 203 StGB), Aktuelle Probleme und ungelöste Fragen, NStZ 1983, 1

Rosenau, Henning, Die Setzung von Standards in der Transplantation: Aufgabe und Legitimation der Bundesärztekammer, in: Ahrens, Hans-Jürgen/v. Bar, Christian/Fischer, Gerfried/Spickhoff, Andreas/Taupitz, Jochen (Hrsg.), Medizin und Haftung, Festschrift für Erwin Deutsch zum 80. Geburtstag, Berlin/Heidelberg 2009, 435

Rosenberg, Sebastian, Die postmortale Organtransplantation, Eine „gemeinschaftliche Aufgabe" nach § 11 Abs. 1 S. 1 Transplantationsgesetz, Frankfurt am Main 2008

Roßnagel, Alexander (Hrsg.), Handbuch Datenschutzrecht, Die neuen Grundlagen für Wirtschaft und Verwaltung, München 2003

Roßner, Hans-Jürgen, Begrenzung der Aufklärungspflicht des Arztes mit anderen ärztlichen Pflichten, Eine medizinrechtliche Studie mit vergleichenden Betrachtungen des nordamerikanischen Rechts, Frankfurt am Main 1998

Rothgangel, Simone, Medizinische Psychologie und Soziologie, 2. Auflage, Stuttgart 2010

Roxin, Claus, Strafrecht, Allgemeiner Teil, Band I, 4. Auflage, München 2006

Rumler-Detzel, Pia, Budgetierung - Rationalisierung – Rationierung, Einflüsse auf die medizinische Leistungsfähigkeit oder Senkung des medizinischen Standards?, VersR 1998, 546

Rüping, Hinrich, Individual- und Gemeinschaftsinteressen im Recht der Organtransplantation, GA 1978, 129

Rüthers, Bernd/ Fischer, Christian, Rechtstheorie, Begriff, Geltung und Anwendung des Rechts, München 2010

Rüthers, Bernd/ Stadler, Astrid, Allgemeiner Teil des BGB, 16. Auflage, München 2009

Sachs, Michael (Hrsg.), Grundgesetz Kommentar, 6. Auflage, München 2011

Säcker, Jürgen/ Rixecker, Roland (Hrsg.), Münchener Kommentar zum Bürgerlichen Gesetzbuch, Band 5, Schuldrecht, Besonderer Teil III, §§ 705-853, Partnerschaftsgesellschaftsgesetz, Produkthaftungsgesetz, 5. Auflage, München 2009

Sandbiller, Eva, Interdependenzen zwischen Arzthaftungs- und Krankenversicherungsrecht, Bericht zur Tagung an der Deutschen Richterakademie vom 5. 6. – 9. 6. 2001 in Trier, MedR 2002, 19

Satzger, Helmut/ Schmitt, Bertram/ Widmaier, Gunter (Hrsg.), Strafgesetzbuch, Kommentar, Köln 2009

Schelling, Philip, Die ärztliche Aufklärung über die Qualität der Behandlung, Berlin/Heidelberg 2003

Schelling, Philip/ Erlinger, Rainer, Die Aufklärung über Behandlungsalternativen, Eine Besprechung der Urteile des OLG Nürnberg vom 6. 11. 2000 (MedR 2001, 577) und vom 29. 5. 2000 (MedR 2002, 29) sowie des Urteils des OLG Dresden vom 17. 5. 2001 (VersR 2002, 440), MedR 2003, 331

Schenke, Wolf-Rüdiger, Verfassung und Zeit – von der „entzeiteten" zur zeitgeprägten Verfassung, AöR 103 (1978), 566

Schlund, Gerhard H., Die ärztliche Aufklärungspflicht im Spannungsfeld der Gerichte und der Ärzteschaft, VersR 1977, 496

Schmidt-Aßmann, Eberhard, Organisationsformen des medizinischen Sachverstandes im Transplantationsrecht, in: Kern, Bernd-Rüdiger/Wadle, Elmar/Schroeder, Klaus-Peter/Katzenmeier, Christian (Hrsg.), Humaniora, Medizin-Recht-Geschichte, Festschrift für Adolf Laufs zum 70. Geburtstag, Berlin/Heildeberg 2006, 1049

Schmidt-Bleibtreu, Bruno/ Hofmann, Hans/ Hopfauf, Axel (Hrsg.), Grundgesetz Kommentar, 12. Auflage, Köln 2011

Schneider, Lena, Neue Behandlungsmethoden im Arzthaftungsrecht, Behandlungsfehler – Aufklärungsfehler – Versicherung, Berlin/Heidelberg 2010

Schöning, Rolf, Rechtliche Aspekte der Organtransplantation unter besonderer Berücksichtigung des Strafrechts, Zürich 1996

Schönke, Adolf/ Schröder, Horst (Hrsg.), Strafgesetzbuch, Kommentar, 28. Auflage,
München 2010

Schramm, Stephan, Aufklärung über die Nebenwirkungen einer Strahlentherapie,
Zugleich Anmerkung zum Urteil des BGH vom 12.12.1989 (VI ZR 83/89) VersR
1990, 522, VersR 1991, 284

Schreiber, Hans-Ludwig, Recht und Ethik der Lebend-Organtransplantation, in: Kirste (Hrsg.), Nieren-Lebendspende, Rechtsfragen und Versicherungsregelungen
für Mediziner, Lengerich, 2000, 33

Schreiber, Hans-Ludwig, Rechtliche Aspekte der Organtransplantation, in: Beckmann, Jan P./Kirste, Günter/Schreiber, Hans-Ludwig (Hrsg.), Organtransplantation, Medizinische, rechtliche und ethische Aspekte, Freiburg/München 2008,
64

Schreiber, Markus, Die gesetzliche Regelung der Lebendspende von Organen in der
Bundesrepublik Deutschland, Frankfurt am Main 2004

Schrem, Harald/ Becker, Thomas/ Klempnauer, Jürgen, Lebertransplantation, in:
Krukemeier, Manfred Georg/Lison, Arno Ekkehart (Hrsg.), Transplantationsmedizin, Ein Leitfaden für Praktiker, Berlin/New York 2006, 183

Schroth, Ulrich, Anmerkung zum Urteil des BSG vom 10.12.2003 – B 9 VS 1/01 R,
JZ 2004, 469

Schroth, Ulrich, Die rechtliche Absicherung der autonomen Entscheidung des Le-
bendspenders, in: Schroth, Ulrich/Schneewind, Klaus A./Gutmann,
Thomas/Fateh-Moghadam, Bijan (Hrsg.), Patientenautonomie am Beispiel der
Lebendorganspende, Göttingen 2006, 79

Schroth, Ulrich, Fragwürdiger Paternalismus bei der Organlebendspende, in: Lilie,
Hans/Rosenau, Henning/Hakeri, Hakan (Hrsg.), Die Organtransplantation,
Rechtsfragen bei knappen medizinischen Ressourcen, Beiträge des 6.
Deutsch-Türkischen Symposiums zum Medizin- und Biorecht, Baden-Baden
2011, 117

Schroth, Ulrich, Schlusswort, JZ 1998, 506

Schroth, Ulrich, Spenderautonomie und Schadensvermeidung, MedR 2012, 570

Schroth, Ulrich, Stellungnahme zu dem Artikel von Bernhard Seidenath: „Lebendspende von Organen – Zur Auslegung des § 8 I 2 TPG", MedR 1998, 253, MedR 1999, 67

Schroth, Ulrich/ König, Peter/ Gutmann/Thomas/ Oduncu, Fuat, Transplantationsgesetz, Kommentar, München 2005

Schwill, Florian, Aufklärungsverzicht und Patientenautonomie, Das Recht des Patienten zum Verzicht auf die ärztliche Aufklärung, Marburg 2007

Siebert, Arvid, Strafrechtliche Grenzen ärztlicher Therapiefreiheit, MedR 1985, 216

Siegmund-Schulze, Nicola, Organtransplantation, Medizin, Ethik, Recht, Reinbeck 1999

Simitis, Spiros (Hrsg.), Bundesdatenschutzgesetz, Kommentar, 7. Auflage, Baden-Baden 2011

Spickhoff, Andreas, Anmerkung zu BGH, Urt. V. 22.05.2007 – VI ZR 35/06, MedR 2008, 89

Spickhoff, Andreas, Die Entwicklung des Arztrechts 2002/2003, NJW 2003, 1701

Spickhoff, Andreas, Erfolgszurechnung und „Pflicht zum Bruch der Schweigepflicht", Zugleich Besprechung von OLG Frankfurt am Main, Beschl. v. 8. 7. 1999 - 8 U 67/99, NJW 2000, NJW 2000, 875, NJW 2000, 848

Spickhoff, Andreas, Kurzschriftliche Stellungnahme zum geplanten Patientenrechtegesetz, Ausschuss-Drs. 17(14)/0326(4)

Steffen, Erich, Der „verständige Patient" aus der Sicht des Juristen, MedR 1983, 88

Steffen, Erich, Die haftungsrechtliche Bedeutung der Qualitätssicherung in der Krankenhausversorgung, in: Ahrens, Hans-Jürgen/von Bar, Christian/Fischer, Gerfried/Spickhoff, Andreas/Taupitz, Jochen (Hrsg.), Festschrift für Erwin Deutsch zum 70. Geburtstag, Köln/Berlin/Bonn/München 1999, 799

Steffen, Erich, Einfluß verminderter Ressourcen und von Finanzierungsgrenzen aus dem Gesundheitsstrukturgesetz auf die Arzthaftung, MedR 1995, 190

Steffen, Erich, Einige Gedanken zur Arzthaftung unter einer evidez-basierten Medizin, in: Ahrens, Hans-Jürgen/v. Bar, Christian/Fischer, Gerfried/Spickhoff, Andreas/Taupitz, Jochen (Hrsg.), Medizin und Haftung, Festschrift für Erwin Deutsch zum 80. Geburtstag, Berlin/Heidelberg 2009, 615

Steffen, Erich, Grundlagen und Entwicklungen der Rechtsprechung des Bundesgerichtshofs zur Arzthaftpflicht, ZVersWiss 1990, 31

Steffen, Erich, Kostendämpfung und ärztlicher Standard – Anforderungen des Haftungsrecht, Referat beim V. Einbecker Workshop, Januar 1993, MedR 1993, 338

Steffen, Erich/ Pauge, Burkhard, Arzthaftungsrecht, Neue Entwicklungsrichtlinien der BGH-Rechtsprechung, 11. Auflage, Köln 2011

Sternberg-Lieben, Detlev, Die objektiven Schranken der Einwilligung im Strafrecht, Tübingen 1997

Stockter, Ulrich, Präventivmedizin und Informed Consent, Zu den Anforderungen an die informierte Einwilligung in die Teilnahme an Screeningmaßnahmen, Berlin 2008

Stürner, Rolf, Die Einwirkung der Verfassung auf das Zivilrecht und den Zivilprozeß, NJW 1979, 2334

Tag, Brigitte, Der Körperverletzungstatbestand im Spannungsfeld zwischen Patientenautonomie und Lex artis, Eine arztstrafrechtliche Untersuchung, Berlin/Heidelberg/New York 2000

Taupitz, Jochen, Ressourcenknappheit in der Medizin – Hilfestellung durch das Grundgesetz, in: Wolter/ Jürgen/Riedel, Eibe/Taupitz, Jochen (Hrsg.), Einwirkungen der Grundrechte auf das Zivilrecht, Öffentliche Recht und Strafrecht, Heidelberg 1999

Taupitz, Jochen, Richtlinien der Transplantationsmedizin, NJW 2003, 1145

Tempel, Otto, Inhalt, Grenzen und Durchführung der ärztlichen Aufklärung unter Zugrundelegung der höchstrichterlichen Rechtsprechung, NJW 1980, 609

Thiel, Gilbert, Möglichkeiten der Cross-Over Lebendspende zur Nieren-Lebendspende, in: Kirste (Hrsg.), Nieren-Lebendspende, Rechtsfragen und Versicherungsregelungen für Mediziner, Lengerich, 2000, 169

Tinnefeld, Marie-Therese/ Ehmann, Eugen, Einführung in das Datenschutzrecht, 3. Auflage, München 1998

Trees, Peter, Die Organtransplantation aus zivilrechtlicher Sicht, Eine Untersuchung unter besonderer Berücksichtigung der schuldrechtlichen Problematik bei der Transplantation lebender Spender, Mainz 1977

Treptow, Eckhard/ Bonse, Frank, Datenschutzrecht Sachsen-Anhalt, Leitfaden und Kommentierung, München, Stand: 30.11.97

Ugowski, Patrick, Rechtsfragen der Lebendspende von Organen, Münster 1998

Uhlenbruck, Wilhelm, Schmerzensgeld wegen HIV-Test ohne Einwilligung des Patienten, MedR 1996, 206

Ulrich, Moritz, Durchbrechungen der Allokationskriterien des § 12 Abs. 3 TPG, Das old für old" Programm, Frankfurt am Main 2012

Ulsenheimer, Klaus, Arztstrafrecht in der Praxis, 4. Auflage, Heidelberg 2008

Ulsenheimer, Klaus, Haftungsrechtliche Relevanz von Leitlinien, Der Gynäkologe 2004, 69

Uthoff, Rolf F. W./ Fischer, Klaus, Der Zeitpunkt der formularmäßigen Einwilligung des Privatpatienten bei externer Abrechnung - ein Rechtsproblem?, Stellungnahme zur Anmerkung von Pflüger-Demann, MedR 1996, 559

v. Bubnoff, Eckart, Rechtsfragen zur homologen Organtransplantation aus der Sicht des Strafrechts, GA 1968, 65

v. Buch, Anja/ Stobrawa, Franz F./ Kolkmann, Friedrich-Wilhelm, Qualitätssicherung in der Transplantationsmedizin, Es soll Transparenz geschaffen und gleichzeitig den beteiligten Akteuren eine Verbesserung der eigenen Arbeit ermöglicht werden, DÄBl. 2001, A 2147

v. Heintschel-Heinegg, Bernd (Hrsg.), Beck'scher Online-Kommentar, Edition 21, München 2012

v. Mangoldt, Hermann/ Klein, Friedrich/ Starck, Christian (Hrsg.), Kommentar zum Grundgesetz, Band 3: Artikel 83 bis 146, 6. Auflage, München 2010

v. Wulffen, Matthias (Hrsg.), Zehntes Buch Sozialgesetzbuch, Sozialschutzverfahren und Sozialdatenschutz, Kommentar, 7. Auflage, München 2010

v. Ziegner, Catharina, Standardbeschränkungen in der zahnärztlichen Behandlung durch das Wirtschaftlichkeitsgebot?, VSSR 2003, 191

Vogelsang, Klaus, Verfassungsregelungen zum Datenschutz, CR 1995, 554

Voll, Doris, Die Einwilligung im Arztrecht, Frankfurt am Main 1996

Voß, Barbara, Kostendruck und Ressourcenknappheit im Arzthaftungsrecht, Berlin/Heidelberg 1999

Wachsmuth, Werner, Anmerkung zum Urteil des OLG Celle vom 10.07.1978 – 1 U 40/77, NJW 1979, 1253

Wachsmuth, Werner/ Schreiber, Hans-Ludwig, Das Dilemma der ärztlichen Aufklärung, Neue Probleme für die Rechtsprechung, NJW 1981, 1985

Wachsmuth, Werner/ Schreiber, Hans-Ludwig, Der unheilvolle Weg in die defensive

Medizin, FAZ v. 03.10.1980, Frankfurt am Main 1980, S. 10

Walz, Christian, Das Ziel der Auslegung und die Rangfolge der Auslegungskriterien, ZJS 2010, 482

Wank, Rolf, Die Auslegung von Gesetzen, 5. Auflage, München 2011

Weber-Steinhaus, Dietrich, Ärztliche Berufshaftung als Sonderdeliktsrecht, Stuttgart 1990

Weichert, Thilo, Organtransplantation und Datenschutz, Datenschutz-Nachrichten (DANA) 4/5-1995, 23

Weigend, Ewa/ Zielińska, Eleonora, Das neue polnische Transplantationsgesetz, MedR 1996, 445

Wendt, Gerlind, Die ärztliche Dokumentation, Eine beweisrechtliche Untersuchung zu ihrer Bedeutung für die Entscheidung der Sorgfaltsfrage bei der deliktischen Arzthaftung, Baden-Baden 2001

Wertenbruch, Johannes, Der Zeitpunkt der Patientenaufklärung, MedR 1995, 306

Wessels, Johannes/ Beulke, Werner, Strafrecht, Allgemeiner Teil, Die Straftat und ihr Aufbau, 42. Auflage, Berlin 2012

Wessels, Johannes/ Hettinger, Michael, Strafrecht, Besonderer Teil 1,   Straftaten gegen Persönlichkeits- und Gemeinschaftswerte, 35. Auflage, Berlin 2011

Wilhelm, S./ Werner, Wolfram/ Manske, Sabine/ Sperschneider, Heide/ Schubert, Jörg, Aufklärung und medizinrechtliche Fragen im Umfeld der Lebendspende – Nierentransplantation, Transplantationsmedizin 1997, 208

Wolfe, Robert A./ Ashby, Valarie B./ Milford, Edgar L./ Ojo, Akinlolu O./ Ettenger, Robert E./ Agodoa, Lawrence Y.C./ Held, Philip J./ Port, Friedrich K., Comparison of Mortality in All Patients on Dialysis, Patients on Dialysis Awaiting Transplantation, and Recipients of a First Cadaveric Transplant, N Engl J Med 1999, 1725

Wolff, Hans J./ Bachof, Otto/ Stober, Rolf/ Kluth, Winfried (Hrsg.), Verwaltungsrecht I, 12. Auflage, München 2007

Wolters, Heiner/ Unser, J./ Schleicher, Christina/ Anthoni, Christoph/ Senninger, Norbert/ Suwelack, Barbara/ Palmes, Daniel, European Senior Programm (ESP): Erfahrungen in Münster, Transplantationsmedizin 2010, 133

Ziegler, Hans Berndt, Leitlinien im Arzthaftungsrecht, VersR 2004, 545

Zillgens, Barbara, Die strafrechtlichen Grenzen der Lebendorganspende, Frankfurt am Main 2004

Zipfel, Stephan/ Schlehofer, Brigitte, Die subjektive Belastung des Organempfängers, in: Krukemeier, Manfred Georg/Lison, Arno Ekkehart (Hrsg.), Transplantationsmedizin, Ein Leitfaden für Praktiker, Berlin/New York 2006, 107

Zuck, Rüdiger, Der Standort der besonderen Therapierichtungen im deutschen Gesundheitswesen, NJW 1991, 2933

Zylka-Menhorn, Vera, Infektionen durch Organspende, Ein geringes Restrisiko bleibt bestehen – Was zum Schutz des Tranplantatempfängers vor infektiösen Erkrankungen routinemäßig getestet wird, DÄBl. 2005, A 482

Internetpublikationen

Galden, Daniel, Geschichte & Ethik der Verteilungsverfahren von Nierentransplantaten durch Eurotransplant, Tübingen 2007 (im Internet abrufbar unter:

http://tobias-lib.uni-tuebingen.de/volltexte/2007/2874/pdf/Dissertation.Galden.pdf)
(letzter Aufruf: 29.07.2013)

Giessing, Markus, Aktuelle Programme zur Weiterentwicklung der Nierentransplantation: erweiterte Spenderkriterien, Lebendnierenspende und laparoskopische Donornephrektomie, Berlin 2004 (im Internet abrufbar unter: http://edoc.hu-
berlin.de/habilitationen/giessing-markus-maria-2005-01-17/PDF/Giessing.pdf) (letzter
Aufruf: 29.07.2013)

Pratschke, Johann, Der Zusammenhang zwischen Organqualität und spenderspezifischen Risikofaktoren, Berlin 2002 (im Internet abrufbar unter: http://edoc.hu-
berlin.de/habilitationen/pratschke-johann-2003-06-26/PDF/Pratschke.pdf) (letzter
Aufruf: 29.07.2013)

Schöning, Wenzel, Spendervorbehandlung mit warmer HTK-Lösung im Lebertransplantationsmodell der Ratte reduziert den Ischämie/Reperfusions-Schaden, Berlin
2011 (im Internet abrufbar unter: http://www.diss.fu-
berlin.de/diss/receive/FUDISS_thesis_000000021501) (letzter Aufruf: 29.07.2013)

Die Reihe RECHT UND MEDIZIN wird von den Professoren Deutsch (Göttingen), Kern (Leipzig), Laufs (Heidelberg), Lilie (Halle a.d. Saale), Schreiber (Göttingen) und Spickhoff (Göttingen) herausgegeben. Ihre Aufgabe ist es, Monographien und Dissertationen auf dem Gebiet des Medizinrechts zu veröffentlichen. Dieses Gebiet, das an Bedeutung noch zunehmen wird, umfaßt auf der juristischen Seite sowohl zivilrechtliche als auch straf- und öffentlich-rechtliche Fragestellungen. Die Fragen können von der juristischen oder von der medizinischen Seite aus untersucht werden. Übergreifendes Ziel ist es, den medizinrechtlichen Fragen nicht etwa ein gängiges juristisches Denkschema überzuwerfen, sondern die besonderen Probleme der Regelung medizinischer Sachverhalte eigenständig aufzufassen und darzustellen.

Manuskriptzusendungen an die Herausgeber bitte per Brief- bzw. Paketpost. Die Adressen der Herausgeber sind:

Prof. Dr. Dr. h.c. Erwin Deutsch (Zivilrecht und Rechtsvergleichung)
Höltystraße 8
37085 Göttingen

Prof. Dr. Bernd-Rüdiger Kern (Zivilrecht, Rechtsgeschichte und Arztrecht)
Universität Leipzig
Juristenfakultät / Lehrstuhl für Bürgerliches Recht, Rechtsgeschichte
und Arztrecht
Burgstraße 27
04109 Leipzig

Prof. Dr. Dr. h.c. Adolf Laufs (Zivilrecht, Medizinrecht und Rechtsgeschichte)
Kohlackerweg 12
69151 Neckargemünd

Prof. Dr. Hans Lilie (Strafrecht, Strafprozessrecht und Medizinrecht;
federführender Reihenherausgeber)
Martin-Luther-Universität Halle-Wittenberg
Juristische Fakultät: Strafrecht
Universitätsplatz 6
06108 Halle a.d. Saale
hans.lilie@jura.uni-halle.de

Prof. Dr. Dr. h.c. Hans-Ludwig Schreiber (Strafrecht und Rechtstheorie)
Grazer Str. 14
30519 Hannover

Prof. Dr. Andreas Spickhoff (Zivil- und Zivilprozessrecht, Internationales und
Vergleichendes Medizinrecht)
Georg-August Universität Göttingen
Juristische Fakultät
Platz der Göttinger Sieben 6
37073 Göttingen

RECHT UND MEDIZIN

Band 67 Axel Thias: Möglichkeiten und Grenzen eines selbstbestimmten Sterbens durch Einschränkung und Abbruch medizinischer Behandlung. Eine Untersuchung aus straf- und betreuungsrechtlicher Perspektive unter besonderer Berücksichtigung der Problematik des apallischen Syndroms. 2004.

Band 68 Jutta Müller: Ärzte und Pflegende, die keine Organe spenden wollen. Transplantatmangel muss nicht sein. 2004.

Band 69 Ihna Link: Schwangerschaftsabbruch bei Minderjährigen. Eine vergleichende Untersuchung des deutschen und englischen Rechts. 2004.

Band 70 Susann Tiebe: Strafrechtlicher Patientenschutz. Die Bedeutung des Strafrechts für die individuellen Patientenrechte. 2005.

Band 71 Jörg Gstöttner: Der Schutz von Patientenrechten durch verfahrensmäßige und institutionelle Vorkehrungen sowie den Erlass einer Charta der Patientenrechte. 2005.

Band 72 Oliver Jürgens: Die Beschränkung der strafrechtlichen Haftung für ärztliche Behandlungsfehler. 2005.

Band 73 Stephanie Gropp: Schutzkonzepte des werdenden Lebens. 2005.

Band 74 Clemens Winter: Robotik in der Medizin. Eine strafrechtliche Untersuchung. 2005.

Band 75 Barbara Eck: Die Zulässigkeit medizinischer Forschung mit einwilligungsunfähigen Personen und ihre verfassungsrechtlichen Grenzen. Eine Untersuchung der Rechtslage in Deutschland und rechtsvergleichenden Elementen. 2005.

Band 76 Anastassios Kantianis: Palliativmedizin als Sterbebegleitung nach deutschem und griechischem Recht. 2005.

Band 77 Ulrike Morr: Zulässigkeit von Biobanken aus verfassungsrechtlicher Sicht. 2005.

Band 78 Nora Markus: Die Zulässigkeit der Sectio auf Wunsch. Eine medizinische, ethische und rechtliche Betrachtung. 2006.

Band 79 Michael Benedikt Nagel: Die ärztliche Behandlung Neugeborener – Früheuthanasie. 2006.

Band 80 Regina Leitner: Sterbehilfe im deutsch-spanischen Rechtsvergleich. 2006.

Band 81 Martin Berger: Embryonenschutz und Klonen beim Menschen – Neuartige Therapiekonzepte zwischen Ethik und Recht. Ansätze zur Entwicklung eines neuen Regelungsmodells für die Bundesrepublik Deutschland. 2007.

Band 82 Amelia Kuschel: Der ärztlich assistierte Suizid. Straftat oder Akt der Nächstenliebe? 2007.

Band 83 Hans-Ludwig Schreiber / Hans Lilie / Henning Rosenau / Makoto Tadaki / Un Jong Pak (Hrsg.): Globalisierung der Biopolitik, des Biorechts und der Bioethik? Das Leben an seinem Anfang und an seinem Ende. 2007.

Band 84 Ralf Clement: Der Rechtsschutz der potentiellen Organempfänger nach dem Transplantationsgesetz. Zur rechtlichen Einordnung der verteilungsrelevanten Regelungen zwischen öffentlichem und privatem Recht. 2007.

Band 85 Sabine Lebert: Humanes Überschußgewebe – Möglichkeit der Verwendung für die Forschung? Analyse der rechtlichen, ethischen und biomedizinischen Voraussetzungen im Ländervergleich. 2007.

Band 86 Dietrich Wagner: Der gentechnische Eingriff in die menschliche Keimbahn. Rechtlich-ethische Bewertung. Nationale und internationale Regelungen im Vergleich. 2007.

Band 87 Britta Vogt: Methoden der künstlichen Befruchtung: „Dreierregel" versus „Single Embryo Transfer". Konflikt zwischen Rechtslage und Fortschritt der Reproduktionsmedizin in Deutschland im Vergleich mit sieben europäischen Ländern. 2008.

www.peterlang.com